医学图书与论文写作编辑手册

马智 主编

世界图书出版公司

图书在版编目（CIP）数据

医学图书与论文写作编辑手册/马智主编. —北京：世界图书出版公司，2019.5

ISBN 978-7-5192-6237-2

Ⅰ.①医… Ⅱ.①马… Ⅲ.①医学—图书—写作—手册②医学—图书—编辑—手册③医学—论文—写作—手册④医学—论文—编辑—手册Ⅳ.①H152.2-62

中国版本图书馆 CIP 数据核字（2019）第 090090 号

书　　　名	医学图书与论文写作编辑手册
（汉语拼音）	YIXUE TUSHU YU LUNWEN XIEZUO BIANJI SHOUCE
编　　　者	马　智
总　策　划	吴　迪
责　任　编　辑	韩　捷
装　帧　设　计	刘　陶
出　版　发　行	世界图书出版公司长春公司
地　　　址	吉林省长春市春城大街 789 号
邮　　　编	130062
电　　　话	0431-86805551（发行）　0431-86805562（编辑）
网　　　址	http：//www.wpcdb.com.cn
邮　　　箱	DBSJ@163.com
经　　　销	各地新华书店
印　　　刷	吉林省金昇印务有限公司
开　　　本	710×1000　1/16
印　　　张	25
字　　　数	449 千字
印　　　数	1-5000
版　　　次	2019 年 10 月第 1 版　2019 年 10 月第 1 次印刷
国　际　书　号	ISBN 978-7-5192-6237-2
定　　　价	48.00 元

版权所有　翻印必究

（如有印装错误，请与出版社联系）

《医学图书与论文写作编辑手册》编委会

主　审

王　德

主　编

马　智

副主编

（按姓氏笔画为序）

贾　平　崔志军　霍　杰

编　委

许卓文　赵建逸　孙治安

王巧林　张翠平　崔明彦

梁彦英　王晓萱

授鱼不如授渔，授之不如导之，导之成源于善思，生功源于勤奋

己亥朱明昱之

河北医科大学期刊社原社长、编审 李彬之 题

主 审 简 介

王德，编审，江苏淮安人。1985年毕业于南京医科大学，1991年首都医科大学硕士研究生毕业，1993年9月至1994年7月赴美国哈佛大学进修深造，在美学习期间，受到中国驻美总领馆和校方导师好评。回国后曾先后担任《中华医学杂志（英文版）》编辑部副主任、主任及中华医学会杂志社社长。现任中国医师协会报刊出版管理部主任，《中国医学人文》杂志社法人代表、副主编、编辑部主任，兼任中国医师协会人文委员会副总干事、中国科普作家协会医学委员会副主任委员、中国期刊协会医学期刊分会副会长、中国医师协会科研出版工作委员会副主委兼秘书长、中华出版促进会医学出版专业委员会副会长兼秘书长等。2000年被共青团中央和卫生部联合授予"全国青年岗位能手"称号。获国家实用新型专利3项，发表编辑出版、医学人文等论文50余篇，编辑出版百余万字的《国际生物医学核心期刊要览》，填补了国内空白。

主 编 简 介

马智，编审，1942年12月生，河北省宣化人。原任河北省医学情报研究所所长。现任疑难病杂志社社长、主编。曾兼任卫生部医学信息工作管理委员会委员、河北省出版工作者协会副主席、河北省专家献策服务团成员，现任河北省科学技术期刊编辑学会理事长、河北省期刊协会副会长，担任《中国科技期刊研究》《医学情报工作》等10余种杂志的副主编、编委。主持和参与了多项重大的医药卫生研究。2003—2004年作为研究骨干参与"国家中长期科技发展规划战略研究——人口与健康科技问题专题"；主持研究的"河北省城乡居民死亡原因抽样调查研究""太行山区克汀病遗传因素研究"分别荣获河北省科技进步三等奖；参与研究和制定了"卫生部医药卫生科技项目查新咨询工作规定"，参与并完成了卫生部重点研究项目——"中国医药卫生期刊质量管理"研究，起草"中国医药卫生期刊质量评价标准"。在公开发行刊物发表论文60余篇，主编学术专著40余部。

副主编简介

贾平，编审，1955年4月生，河北蔚县人。1978年毕业于河北新医大学，1982年起先后在《中华物理医学杂志》和《中华超声影像学杂志》任编辑、编辑部主任、副总编辑，河北医科大学期刊社社长。曾兼任中国医师协会超声医师分会常委、中国医学影像技术研究会超声分会常委、中国医学装备协会超声装备分会常委、河北省科技期刊编辑学会副理事长、河北省出版工作者协会常务理事，中国科学技术协会科技期刊评估专家等。发表学术论文10余篇，主编或参编出版医学著作20余部。先后获中华医学会"编辑出版工作者金奖"、中国科技期刊编辑学会"优秀编辑银牛奖"等。

崔志军，1972年6月生，河北平山人。现为中国医学著作网总编辑，世界图书出版公司长春有限公司医学编辑部主任，医步（北京）医学研究院院长。兼任白求恩公益基金会医学出版编辑专委会副主任委员兼秘书长、世界中医药学会联合会新媒体专委会副会长、河北省预防医学会健康科普专委会常务副主任委员兼秘书长等。自2006年以来策划编辑出版医学图书数百种，其中《现代肿瘤临床诊治丛书》（13个分册）、《就医指南丛书》（12个分册）、《典型病例荟萃丛书》（48个分册）等图书，反响良好。

霍杰，1957年2月生，河北博野人，1975年1月参加工作，1981年后先后担任临床医生、临床医学教师；1985年参加《河北卫生年鉴（1949—1986）》编委会工作；1994年创办中华护理学会与河北日报社主办的《现代护理报》，并任总编辑；1999年任《中华护理学会90年》编委会副主委、执行主编；1998—1999年与包家明合著《整体护理临床问答》《护理健康教育问答》，由中国医药科技出版社、中国科学技术出版社出版，获浙江大学科学技术进步三等奖；2016年加盟中国医学著作网。

序

由马智编审主编的、基于国家相关法规标准和编撰者们长期经验的《医学图书与论文写作编辑手册》就要和大家见面了，这是医药卫生科技界的一件可喜可贺的事情。作为本书的第一个读者，有感于编著者们的精深学识、经验和本书的独到特点，在这里写上几句是为序。

我与马智编审相识 40 余年。他当过临床医师，曾任河北省医学情报研究所所长、卫生部医学信息工作管理委员会委员、中国科学技术期刊编辑学会医学委员会副主任委员、卫生部科技查新咨询专家委员会副主任委员、河北省科学技术期刊编辑学会理事长、"国家中长期科技发展战略研究"项目骨干研究人员、撰稿人等。我们共同参与了医学情报、医药卫生科技管理和期刊管理等方面的许多研究和学术活动，尤其是"国家中长期科技发展战略研究·人口与健康"项目，国家卫生部和国家新闻出版总署下达的指令性课题"医药卫生期刊管理项目·医药卫生期刊质量要求和评估指标体系研究"，参与推动和规范卫生部医药卫生科技项目查新咨询工作，以及医学卫生科技规划计划等方面多项课题的研究。他是一位眼界开阔，思想独到，熟谙医学科技管理、医学情报管理以及国家相关政策法规的资深编辑学家。他在医学科技写作和编辑两方面功底都很深，不仅都有着长期的丰富的实践经验，而且进行过深入的理论研究和探索。

写作与编辑二者相辅相成，深谙编辑工作的医学科技写作者不多，深谙写作并有颇多医学科技著述的医学科技编辑也不多。本书作者团队将写作与编辑二者集于一体，以国家规章制度和标准为基础，使本书具有权威性、理论性和实用性等诸多特色，不仅对一般的医学编辑人员，而且对广大的医学科技写作人员都具有重要的指导意义。传统出版与数字出版是未来出版的方向，编著者们尝试着融合出版，将附件部分采用二维码技术以便手机阅读。

他们精心打造的这本力作格外引起我的关注，我有幸成为它的第一个读者和受益者。

科技是第一生产力，是历史上最革命的力量（马克思语）。科技文献（包括科技图书和论文）是科技发展的固有产物、客观表征和存在形式，来自科技实践又高于科技实践，是科技发展的基础、引擎和指南，科学继承和发展的阶梯，因此，它对科技的发展起着"龙头"和"龙尾"的承上启下作用，也是综合国力和国家盛衰的重要标志。科技文献的撰写和编辑都是十分重要的科技活动，对于整体科技的发展，尤其是在具体地发挥"龙头""龙尾"作用方面举足轻重。从这个角度来认识编著者们的这本力作，相信它定能不辱使命，发挥应有的作用。

祝贺本书的出版发行！

王汝宽

2019 年 5 月 6 日于北京

王汝宽，1941 年生，江苏人，研究员、教授，医学情报学家。1965 年毕业于北京大学，1972—1978 年完成医学各科讲座和研究生各门基础课程学习，1984—1986 年赴西德协作研究并师从世界医学文献学创始人哥斯塔夫·瓦格纳进修情报学文献学理论、实践和情报管理。曾担任中国医学科学院医学情报研究所副所长、卫生部情报图书专家咨委会主委、卫生部医学信息工作管委会副主任兼办公室主任、中国科学技术情报学会常务理事兼编译报道专委主委、中华医学会医学信息学会主委、中国科学技术期刊编辑学会医学委员会副主委、北京市人民政府顾问专家、国家图书馆咨询专家、"国家中长期科技发展战略研究·人口与健康"专题组专职副组长兼综合组组长及总撰稿人等职。长期从事肿瘤学、医学和生命科学国内外情报分析研究和战略研究，广泛参与国家及科技部、卫生部等多个部门相关科技及科技情报（包括科技期刊）发展战略、规划计划、政策法规等多种研究，多次被评为全国医学情报和全国科技情报先进工作者，荣膺卫生部有突出贡献科学家称号，享受国务院特殊津贴。

前　言

医学图书、期刊是继承、交流、传播、普及医学知识和研究成果的主要载体，也是体现国家科技竞争力与文化软实力的重要标志。古今中外，出版图书、发表论文是作者被社会承认和获得荣誉的关键条件和依据。

医学写作与科技写作一样，同是写作学科的一个分支，它是以医学理论和技术为主要内容的写作。医学写作具有悠久的历史，自有文字记载以来就存在，最早的医学著作——《黄帝内经》结集成书于春秋战国时期。随着科学技术和信息技术的飞速发展，医学知识和研究成果层出不穷，医学写作引起了国内外的普遍重视，不但有相当数量的专门研究论文、专著问世，而且作为一种技能还在大学里有了一席之地。

如何写好书稿和论文，对科学家作者来说是一项基本技能；如何出版精品图书和发表优秀论文，对编辑来说是一项水平和能力的反映。为了贯彻执行国家最新标准、规定，提高广大医药卫生人员作者的写作能力水平和提升广大医学编辑人员的编辑业务素质，特编写《医学图书与论文写作编辑手册》，作为案头书和工具库，供随时查阅。本手册遵循最新修订的国家标准（GB）和有关法规，采用"手册"或"条例"文体，着重实用，内容系统。

医学图书和论文既是科学研究成果的表达，同时又是生产实践的结晶，它对于医学科学进步、卫生健康事业发展有着极为重要的指导意义，所以具备医学图书论文写作能力，不仅对于医药卫生工作者本人具有重要意义，而且对于医学发展也会起到有力的推动作用。

"没有规矩，不成方圆"。本书是基于医药卫生工作者撰写医学著作、医学论文和医学编辑工作者审阅加工医学书刊的需求而编写的。其特点是：其一，指导的权威性。以最新修订的国家标准（GB）和有关法规为依据，用"手册"或"条例"文体，力求精准地解读相关的国家标准和法规，旨在提升作者、编者的写作水平和编辑标准化、规范化能力。其二，出版的融合性。充分利用现代信息技术，采取纸质出版和二维码技术相融合，将国家法规和标准使用二维码技术，既方便读者阅读，又符合出版融合发展的趋势。其三，读者的广泛性。本书不仅是医药卫生工作者撰写图书和论文的工具书，同时也是医学编辑工作者的参考书。其四，内容的实用性。本书逻辑严密、材料丰富，不仅重视吸收最新的语言文字标准规范和与出版有关的政策规定，而且搜集临床常用检验正常参考值、医学英文缩略语中文注释等。既体现学术性，又兼顾可读性，是实用性和操作性较强的一本辅助工具书。

全书共分四大部分，上篇医学写作与编辑规范，中篇医学图书写作与编辑，下篇医学论文写作与编辑，以及附录部分。本书上篇由马智编审执笔，中篇由霍杰和崔志军先生执笔，下篇由贾平和马智编审执笔，附录由赵建逸、王巧林、王华、崔明彦等同志协助搜集、整理。

在本书编写过程中汲取和借鉴了同行专家的一些研究成果，在此表示感谢！由于编写的时间较仓促，书中难免存在一些瑕疵甚至错误，衷心地希望读者给予指正。

马智

2019 年 4 月 5 日

目　录

上篇　医学写作与编辑规范

第一章　汉语文字与语法 (3)
 第一节　规范文字 (3)
 第二节　现代汉语词类 (11)
 第三节　现代汉语的句子成分 (13)
 第四节　句　式 (16)

第二章　标点符号与其他符号 (22)
 第一节　标点符号的用法 (22)
 第二节　其他特殊符号 (32)

第三章　名词术语、缩略词和人地名 (34)
 第一节　医学名词术语 (34)
 第二节　缩略词 (39)
 第三节　人名的规范化书写 (41)
 第四节　地名的规范化书写 (44)

第四章　数字用法和数值修约 (46)
 第一节　数字用法 (46)
 第二节　数值的修约 (53)

第五章　量和单位 (56)
 第一节　量名称及符号 (57)
 第二节　单位名称及符号 (59)

第六章　书刊插图 (70)
 第一节　书刊插图的意义及特点 (70)
 第二节　插图的类型与结构 (72)

  第三节 插图基本要求和常见错误 ………………………………… (74)
第七章 书刊表格 …………………………………………………………… (77)
  第一节 表格的类型与范式 ……………………………………………… (77)
  第二节 表格编排的技术处理 …………………………………………… (79)
第八章 参考文献 …………………………………………………………… (84)
  第一节 参考文献作用及特点 …………………………………………… (84)
  第二节 书写格式 ………………………………………………………… (86)
  第三节 新版《信息与文献　参考文献著录规则》主要修改 ……… (91)
第九章 录入排版与表图制作技巧 …………………………………………… (93)
  第一节 录入排版技巧 …………………………………………………… (93)
  第二节 表图制作技巧 …………………………………………………… (101)

中篇 医学图书写作与编辑

第十章 图书、分类和医学图书 ………………………………………………… (119)
  第一节 图　书 …………………………………………………………… (119)
  第二节 图书构成及分类 ………………………………………………… (127)
  第三节 医学图书 ………………………………………………………… (131)
第十一章 医学图书的出版策划 ……………………………………………… (137)
  第一节 医学图书的选题策划 …………………………………………… (137)
  第二节 医学图书的内容策划 …………………………………………… (142)
  第三节 医学图书的制作策划 …………………………………………… (143)
  第四节 医学图书的出版发行策划 ……………………………………… (148)
  第五节 医学精品图书略述 ……………………………………………… (151)
第十二章 临床医学图书总论 ………………………………………………… (154)
  第一节 临床医学图书范畴及读者对象 ……………………………… (154)
  第二节 临床医学著作评价 ……………………………………………… (155)
    附 国家科技进步奖科技著作评审工作暂行规定 ……………… (156)
  第三节 医学著作编写出版中的著作权问题 ………………………… (159)

第十三章	**医学著作类图书的编写**	(163)
第一节	临床医学著作及其特点	(163)
第二节	临床医学著作编写的基本原则	(164)
第三节	临床医学著作编写要点	(167)
第四节	二维码在医学著作中的应用	(170)
第十四章	**医学教材类图书的编写**	(172)
第十五章	**医学病例类图书的编写**	(176)
第一节	病例类图书及分类	(176)
第二节	CARE 信息清单——2016：病例报告写作须知	(179)
第三节	临床病例图书编写注意事项	(183)
第十六章	**中医中药类图书的编写**	(185)
第一节	中医药类学术图书	(185)
第二节	名老中医临证医案类图书的编写	(190)
第三节	中医药图书的对外出版	(192)
第四节	中医药图书编写注意事项	(195)
第十七章	**护理类图书的编写**	(199)
第一节	护理图书的发展	(199)
第二节	护理图书的选题	(200)
第三节	图书护理与护理图书	(203)
第十八章	**健康科普类图书的编写**	(205)
第一节	医学科普的重大意义	(205)
第二节	"洪昭光热"与医学科普	(206)
第三节	健康科普图书的类别	(207)
第四节	健康科普图书创作的几个问题	(211)
第五节	中国健康科普联盟与共识	(215)
第十九章	**医学图书编辑与质量控制**	(223)
第一节	编辑和编辑学	(223)
第二节	医学图书编辑的基本素质	(224)
第三节	医学图书的语言文字编辑	(225)
第四节	医学图书的插图编辑	(229)
第五节	医学图书的表格编辑	(231)
第六节	医学图书编辑出版的质量控制	(232)

下篇　医学论文写作与编辑

第二十章　医学论文写作与编辑概述 (237)
 第一节　医学科学研究基本概念 (238)
 第二节　医学论文分类 (240)
 第三节　医学论文的基本要求 (243)
 第四节　医学论文出版流程 (245)
 第五节　作者义务与权益 (248)

第二十一章　选题原则与撰写步骤 (249)
 第一节　选题原则 (251)
 第二节　选题方法 (252)
 第三节　论文撰写步骤 (254)
 第四节　选刊投稿 (260)

第二十二章　医学科研设计 (262)
 第一节　医学科研设计基本原则 (263)
 第二节　医学科研设计分类 (264)
 第三节　统计学设计 (271)
 第四节　临床研究注册制度 (280)

第二十三章　论文基本架构及要求 (284)
 第一节　前置部分 (284)
 第二节　正文部分 (292)
 第三节　后置部分 (300)

第二十四章　稿件编辑加工 (301)
 第一节　语法修辞 (301)
 第二节　汉字使用 (302)
 第三节　名词术语使用 (302)
 第四节　日期和时间用法 (303)
 第五节　数字用法 (304)
 第六节　计量单位 (305)

第七节　标点符号 (306)

第二十五章　各类文体写作特点与要求 (308)
第一节　论著类 (308)
第二节　调研（查）报告 (315)
第三节　述评 (316)
第四节　综述 (317)
第五节　讲座 (320)
第六节　短篇报道 (321)
第七节　个案报道（病例讨论） (321)
第八节　荟萃分析（meta 分析） (322)

第二十六章　期刊的结构与出版形式 (325)
第一节　刊名 (325)
第二节　封面 (326)
第三节　目次页 (327)
第四节　版权标志 (327)
第五节　期刊 CN、ISSN 和条形码 (328)
第六节　卷、期 (329)
第七节　版面和页码安排 (330)
第八节　页眉、栏头 (331)
第九节　期刊标识性文字 (331)

第二十七章　医学期刊审读与评价 (332)
第一节　医学期刊审读 (332)
第二节　核心期刊评定 (333)
第三节　期刊评价指标体系 (334)

参考文献 (373)

附录一　编辑出版法规、政策、标准 (375)
附录二　临床常用检验正常参考值 (381)
附录三　医学英文缩略语中文注释 (382)

上篇 医学写作与编辑规范

"没有规矩,不成方圆。"规范是指明文规定或约定俗成的标准,具有明晰性和合理性。"规范化"是指"在经济、技术和科学及管理等社会实践中,对重复性事物和概念,通过制定、发布和实施标准(规范、规程和制度等)达到统一,以获得最佳秩序和社会效益"。标准是科学、技术和实践经验的总结,为在一定的范围内获得最佳秩序,对实际的或潜在的问题制定共同的和重复使用的规则。2017年11月4日第十二届全国人民代表大会常委会第三十次会议修订通过后的《中华人民共和国标准化法》规定,农业、工业、服务业以及社会事业等领域需要统一的技术要求,应当制定标准。我国现行的国家标准分为强制性标准、推荐性标准,涉及保障人身健康和生命财产安全、国家安全、生态环境安全以及满足经济社会管理基本需要的技术要求,应当制定强制性国家标准。1992年以后发布的标准,其标准号中的代号为GB的,属于强制性标准;而代号为GB/T的,属推荐性标准。强制性标准必须执行,有关医学科技书刊的标准属于推荐性国家标准,一旦通过政府的法规、法令作出"必须符合国家标准""应当实施国家标准"等规定后,就具有了一定的强制性执行的要求。在某种意义上讲,标准是对某种产品的最低要求。

医学书刊是一种特殊的产品,其质量是产品的生命。因此,医学书刊的编辑出版应严格执行国家相关的法规、标准。本篇从语言文字、标点符号、名词术语、数字用法、量与单位、书刊插图、书刊表格、参考文献等方面,依照国家有关法规、标准进行解读,供作者、编者在书稿、论文的撰写、编辑中参考,以提高医学书刊的标准化、规范化水平。

第一章 汉语文字与语法

现代科技汉语是一种社会方言。在写作、编辑科技文章的过程中,科技汉语语法是十分需要关注的问题,这是因为在科技文章中,语法错误非常多,比其他的社会方言都多。主要原因往往是科技文献的写作人员认为不值得花力气去关注语法错误;而许多科技文章的写作人员掌握了不止一种外语,主要是掌握了外语的书面语,受外语的影响比较大,将外语的说法和汉语的说法混淆在一起,影响了自己语言的规范性。

关注医学汉语语法,主要是关注科技汉语的词类、句子成分和句式3个方面。

第一节 规范文字

一、汉语言文字的使用

汉语言书刊(中文书刊)的文字符号主要是汉字。汉字十分复杂。由于历史积淀,多义字、异体字、异形字、通假字以及异形词等俯拾即是,加上在文字改革过程中,某些曾经被简化的繁体字和曾经被停止使用的异体字后来又恢复其原字、各学科不断造字、用字从名人现象及日文汉字的干扰等,造成书稿中汉字不规范现象较多。因此,必须使用规范化汉字。

(一)规范汉字与不规范汉字

1. 规范汉字 是国家规定的汉字。新闻出版署、国家语言文字工作委员会1992年7月7日发布,1992年8月1日执行《出版物汉字使用管理规定》(新出联〔1992〕4号)指出:"所称的规范汉字,主要是指1986年10月根据国务院批示由国家语言文字工作委员会重新发表的《简化字总表》所收录的简化字；1988年3月由国家语言文字工作委员会和新闻出版署发布的《现代汉语通用字表》中收录的汉字。"

《简化字总表》：对1964年编印的《简化字总表》中的个别字作了调整。"叠""覆""像""囉"不再作"迭""复""象""罗"的繁体字处理。因此，在第一表中删去了"迭［叠］""象［像］"，"复"字字头下删去繁体字［覆］。在第二表"罗"字字头下删去繁体字［囉］，"囉"依简化偏旁"罗"类推简化为"啰"。"瞭"字读"liǎo"（了解）时，仍简作"了"，读"liào"（瞭望）时作"瞭"，不简作"了"。此外，对第一表"余［餘］"的脚注内容作了补充，第三表"讠"下偏旁类推字"雠"字加了脚注。汉字的形体在一个时期内应当保持稳定，以利应用。《第二次汉字简化方案（草案）》国务院已经批准废止。凡是在《简化字总表》中已经被简化了的繁体字，应该用简化字而不用繁体字；凡是不符合《简化字总表》规定的简化字，包括《第二次汉字简化方案（草案）》的简化字和社会上流行的各种简体字，都是不规范的简化字，应当停止使用。

《现代汉语通用字表》：（以下简称《现通表》）是在1965年1月发布的《印刷通用汉字字形表》（以下简称《印通表》）的基础上增订而成的。《印通表》收字6196个，《现通表》收字7000个。它们确立了同手写体接近的印刷体及其字形（一般称之为"人民体"和"新字形"），规定了所收汉字的字形结构、笔画数目以及笔顺等，是我们使用新型印刷体和新字形的规范性字法标准。同时也是淘汰异体字、使用简体字的新的补充性标准。《现代汉语通用字表》随着2013年6月《通用规范汉字表》的发布而停止使用。

2. 不规范汉字　是指在1986年10月《简化字总表》中被简化的繁体字；1986年国家宣布废止的《第二次汉字简化方案（草案）》中的简化字；在1955年淘汰的异体字（其中1986年收入《简化字总表》中的11个类推简化字和1988年收入《现代汉语通用字表》中的15个字不作为淘汰的异体字）；1977年淘汰的计量单位旧译名用字；社会上出现的自造简体字及1965年淘汰的旧字形。

(二) 使用汉字注意的问题

1. 施行2001年1月1日执行的《国家通用语言文字法》，所有中文书刊必须使用国家规定的最新版规范汉字，目前一律以1986年版《简化字总表》为准，并符合《出版物汉字使用管理规定》。

2. 以简化汉字书写，必要时或涉及文物古迹、书法和篆刻等艺术作品、姓氏及题词、招牌等的手书字，可以保留繁体字或异体字。除特殊需要（如中医古籍、境外发行等），不得使用已废除的繁体字、异体字、通假字；中医古籍的"经文"应核实("血气不和,百病乃变化而生");注意医古文的古今字、异体字、通假字、繁体字、同形字。

3. 不得使用已废止的《第二次汉字简化字(草案)》中公布试用的简化字和《第一批异体字整理表》中规定淘汰的异体字(但下列27个字已恢复为规范字,可以使用:彷、澹、凋、黏、愣、骼、菰、鲙、诓、诃、晖、涸、徼、蒴、邱、鲔、耆、薰、听、雠、划、绌、挫、桉、晔、𫍯、於)。

4. 如果要出版面向港、澳、台地区的书刊,可以用繁体字;如果港、澳、台地区的繁体字版要在内地出版,应转成简体字。

5. 医学名词中,应特别注意几组容易混淆的文字:①症、证、征。②氨、胺、铵。③脂、酯。④原、源、元。⑤胞、孢。⑥蓝、兰。⑦相、像、象。⑧瘀、淤。⑨酐、苷、甘。⑩飘、漂。⑪炭、碳。⑫隔、膈。它们使用在不同名词中,应根据内容而定,无其他规律可行。

6. 应以国家通用语言文字为书面用语,除古文阐释类书籍外,不要使用文言文,确有需要时可以使用少量方言。医学书刊除古籍图书整理外,应用现代汉语语体文,不得用文言文。

7. 语言表达应准确、简明、通俗易懂、逻辑严谨,应努力避免出现不易被读者理解或易致读者产生不同理解的话语。不使用未经公知公用的网络语言,如数字型(88,7456)、字母型(PK)、谐音型(稀饭)。

8. 应逐步使用2001年教育部等联合发布并于2002年3月31日开始试行的《第一批异形词整理表》中推荐使用的词形,尽可能地不使用其对应的词形,例如"标志"与"标识"一组异形词,应使用"标志"而不使用"标识"。

9. 行文中应避免多或漏,诸如"不"这类"要命"字,而且要特别注意诸如"上/下""左/右""前/后""大/小""新/旧"这类互为反义的成对字的书写,确保无误。一些字的用法,如"做"与"作"、"淤"与"瘀"、"症""证""征"等,应规范使用。

10. 文字以《现代汉语词典》《辞海》《中国大百科全书》及各学科英语缩略语词汇为准。

11. 常见医学名词错别字和常用汉字字体、字号对照表,见附录1、附录2。

附录1　常见医学名词错别字

错误	正确	错误	正确
6-氨基乙酸	6-氨基己酸	刺激症	刺激征
6-疏基嘌呤	6-巯基嘌呤	大(血)泡	大(血)疱
DNA片断	DNA片段	单氨氧化酶	单胺氧化酶
阿曲库胺	阿曲库铵	胆红质	胆红素
阿斯匹林	阿司匹林	胆碱脂酶	胆碱酯酶
爱滋病	艾滋病	蛋白片断	蛋白片段
氨苯喋啶	氨苯蝶啶	电介质	电解质
氨基匹林	氨基比林	东莨宕碱	东莨菪碱
八选体	八叠体	窦房节	窦房结
巴金森病	帕金森病	毒毛旋花子甙	毒毛旋花子苷
疤痕	瘢痕	多巴酚酊胺	多巴酚丁胺
白细胞记数	白细胞计数	多贝尔液	朵贝尔液
班秃	斑秃	多谱勒	多普勒
板兰根	板蓝根	多型性皮炎	多形性皮炎
办膜	瓣膜	恶梦	噩梦
爆发流行	暴发流行	耳廓	耳郭
苯丙芘	苯并芘	二尖杉脂碱	二尖杉酯碱
苯妥因纳	苯妥英钠	烦燥	烦躁
鼻翼煽(搧)动	鼻翼扇动	返流	反流
比喹酮	吡喹酮	泛影葡安(铵)	泛影葡胺
扁平苔癣	扁平苔藓	纺缍体	纺锤体
辩症施治	辨证施治	放射性核素掺入	放射性核素参入
杓状软骨	勺状软骨	肺原性	肺源性
标记物	标志物	分裂相(像)	分裂象
表皮松懈症	表皮松解症	分支杆菌	分枝杆菌
病源	病原	酚太尼	芬太尼
博动	搏动	佛波脂	佛波酯
搏来霉素	博来霉素	肤腔	腹腔
侧枝循环	侧支循环	氟脲嘧啶	氟尿嘧啶
檫伤	擦伤	付流感	副流感
超氧化物岐化酶	超氧化物歧化酶	付作用	副作用
成型手术	成形手术	副睾	附睾
驰豫时间	弛豫时间(MRI)	腹泄	腹泻
驰张热	弛张热	干扳照相	干板照像
迟发性皮肤过敏反应	迟发型皮肤超敏反应	杆状指	杵状指
穿通伤	穿透伤	岗上(下)肌	冈上(下)肌
核磁共震	磁共振	革兰氏	革兰

续表

错误	正确	错误	正确
格林-巴雷综合征	吉兰-巴雷综合征	绞股兰	绞股蓝
隔神经	膈神经	结蒂组织	结缔组织
骼神经	髂神经	界线	界限
谷光苷肽	谷胱甘肽	禁忌症	禁忌证
广角型青光眼	开角型青光眼	惊挛	痉挛
捆绳肌	腘绳肌	精神紊乱	精神错乱
捆窝	腘窝	痉孪	痉挛
过泸	过滤	静脉郁血	静脉淤血
过敏源	过敏原	巨嗜细胞	巨噬细胞
寒颤	寒战	菌落记数	菌落计数
汉防已甲素	汉防己甲素	菌珠	菌株
核甘酸	核苷酸	咯血	咳血
黑班	黑斑	柯萨其病毒	柯萨奇病毒
黑朦	黑蒙	咳血	咯血
横隔	横膈	克丁病	克汀病
喉反神经	喉返神经	扣诊	叩诊
华乐氏四联症	法洛四联症	扩约肌	括约肌
华枝睾吸虫	华支睾吸虫	兰斑核	蓝斑核
环丙已烷	环丙己烷	兰氏贾弟鞭毛虫	蓝氏贾第鞭毛虫
环磷酸胺	环磷酰胺	雷公藤多甙	雷公藤多苷
环已亚硝脲	环己亚硝脲	李司忒菌属	李斯德菌属
环椎	寰椎	联锁	连锁
黄胆	黄疸	磷酸二脂酶	磷酸二酯酶
黄芩总甙	黄芩总苷	磷酯	磷脂
黄酮甙	黄酮苷	硫贲妥钠	硫喷妥钠
活性碳	活性炭	硫黄	硫磺
机率(几率)	概率	咯痰	咳痰
肌原性	肌源性	窿突	隆突
畸型	畸形	律草	葎草
已胺碘呋酮	乙胺碘呋酮	氯化氨(胺)	氯化铵
甲氨喋呤	甲氨蝶呤	卵磷酯	卵磷脂
甲苯胺兰	甲苯胺蓝	罗库溴胺	罗库溴铵
甲氢脒胍	甲氰咪胍	罗音	啰音
甲酸脂	甲酸酯	洛氨酸	酪氨酸
假单孢菌	假单胞菌	麻疯	麻风
鉴测	监测	脉络从	脉络丛
胶元	胶原	酶元	酶原

续表

错误	正确	错误	正确
美兰	美蓝	神智不清	神志不清
粘膜	黏膜	肾原性	肾源性
朦胧（神志）	蒙眬	石腊	石蜡
糜蛋白	糜蛋白	食指	示指
纳铬酮	纳洛酮	视朦	视蒙
挠骨	桡骨	适应症	适应证
脑甙酯	脑苷脂	疏基嘌呤	巯基嘌呤
拟杆菌	类杆菌	戍二醛	戊二醛
念球菌	念珠菌	树酯	树脂
尿储留	尿潴留	数码减影	数字减影
脲素	尿素	水份	水分
凝血酶元	凝血酶原	水化氯醛	水合氯醛
浓性分泌物	脓性分泌物	水介	水解
脓球	脓细胞	丝裂源	丝裂原
脓汁	脓液	思睡	嗜睡
偶连	偶联	四迭体	四叠体
哌替定	哌替啶	台酚（盘）兰	台盼蓝
派库溴胺	派库溴铵	苔癣	苔藓
泮库溴胺	泮库溴铵	炭疽芽孢	炭疽芽胞
皮层	皮质	炭元素	碳元素
皮肤搔痒	皮肤瘙痒	碳棒	炭棒
皮肤皱摺	皮肤皱褶	碳粒	炭粒
飘浮导管	漂浮导管	糖甙	糖苷
频临死亡	濒临死亡	糖元	糖原
气管分枝	气管分支	特意性抗原	特异性抗原
强地松	强的松	体症	体征
强心甙	强心苷	烃基脲	羟基脲
侵润	浸润	同功酶	同工酶
侵蚀(肿瘤)	袭蚀(肿瘤)	铜兰蛋白	铜蓝蛋白
青篙素	青蒿素	头胞菌素	头孢菌素
穹窿	穹隆	图象	图像
溶源曲	溶原曲	吐血	呕血
搔痒症	瘙痒症	维安脂	维安酯
色苷酸钠	色甘酸钠	维库溴胺	维库溴铵
神经节甘酯	神经节甘脂	无环乌苷	无环鸟苷
神经元纤维缠结	神经原纤维缠结	细菌定殖	细菌定植
神经原性	神经源性	细菌图片	细菌涂片

续表

错误	正确	错误	正确
狭角性青光眼	闭角型青光眼	萤光灯	荧光灯
纤维蛋白元	纤维蛋白原	萤光素	荧光素
显形遗传	显性遗传	萤光显微镜	荧光显微镜
硝基尿	硝基脲	右旋糖甘	右旋糖酐
硝普纳	硝普钠	予后	预后
硝酸异戊脂	硝酸异戊酯	予激综合征	预激综合征
小脑慕	小脑幕	郁滞	淤滞
心律缓慢	心率缓慢	域值	阈值
心律加快	心率加快	运铁蛋白	转铁蛋白
心率不齐	心律不齐	增殖性疱疹	增生性疱疹
心率失常	心律失常	粘膜皱褶	黏膜皱襞
心跳聚停	心搏骤停	折分	拆分
心原性	心源性	褶迭	折叠
胸膜刺激症	胸膜刺激征	致热源	致热原
雪(许)旺细胞	施万细胞	绉壁	皱襞
血管分枝	血管分支	皱折	皱褶
血像	血象	珠网膜	蛛网膜
鸦片	阿片	贮留	潴留
芽孢杆菌	芽胞杆菌	椎体束征	锥体束征
亚硝酸异戊脂	亚硝酸异戊酯	椎体外系	锥体外系
阳萎	阳痿	椎形切除	锥形切除
依托咪脂	依托咪酯	椎形细胞	锥形细胞
遗传标记	遗传标志	锥管	椎管
乙芪酚	乙菧酚	锥-基底动脉	椎-基底动脉
乙烯雌酚	己烯雌酚	锥体融合	椎体融合
已胺碘呋酮	乙胺碘呋酮	综合症	综合征
异博定	异搏定	纵膈	纵隔
隐形遗传	隐性遗传	组份	组分
隐原性	隐源性	组织孢浆菌	组织胞浆菌
莹光抗体	荧光抗体	祖生牙	阻生牙

附录2 常用汉字字体、字号对照表

字号	磅数	宋体	黑体	楷体
初号	42	宋体初	黑体初	楷体初
小初	36	宋体小初	黑体小初	楷体小初
一号	26	宋体一号	黑体一号	楷体一号
小一	24	宋体小一	黑体小一	楷体小一
二号	22	宋体二号	黑体二号	楷体二号
小二	18	宋体小二	黑体小二	楷体小二
三号	16	宋体三号	黑体三号	楷体三号
小三	15	宋体小三	黑体小三	楷体小三
四号	14	宋体四号	黑体四号	楷体四号
小四	12	宋体小四	黑体小四	楷体小四
五号	10.5	宋体五号	黑体五号	楷体五号
小五	9	宋体小五	黑体小五	楷体小五
六号	7.5	宋体六号	黑体六号	楷体六号
小六	6.5	宋体小六	黑体小六	楷体小六
七号	5.5	宋体七号	黑体七号	楷体七号
八号	5	宋体八号	黑体八号	楷体八号

1 点为 0.35146 毫米，72 点为 1 英寸。

初号=42 磅=14.82 毫米　　小初=36 磅=12.70 毫米　　一号=26 磅=9.17 毫米　　小一=24 磅=8.47 毫米
二号=22 磅=7.76 毫米　　小二=18 磅=6.35 毫米　　三号=16 磅=5.64 毫米　　小三=15 磅=5.29 毫米
四号=14 磅=4.94 毫米　　小四=12 磅=4.23 毫米　　五号=10.5 磅=3.70 毫米　　小五=9 磅=3.18 毫米
六号=7.5 磅=2.56 毫米　　小六=6.5 磅=2.29 毫米　　七号=5.5 磅=1.94 毫米　　八号=5 磅=1.76 毫米

二、汉语拼音

书刊中所涉及的汉语拼音文字，一律按《汉语拼音方案》和 1996 年发布的《汉语拼音正词法基本规则》处理。

1. 用汉语拼音字母拼写中国人姓名，分汉语姓名和少数民族语姓名　①汉语姓名按照普通话拼写，分为姓氏和名字两部分。姓氏和名字分写，复姓连写，笔名（化名）当做真名拼写。原来有惯用的拉丁字母拼写法，并在书刊上常见的姓名，必要时可将之以夹注形式括注在汉语拼音姓名之后。②少数民族语姓名

按照少数民族语,用汉语拼音字母转写,分连次序依民族习惯。③姓名的各个连写部分的第一个字母都用大写字母。连写部分中的元素之间不加连接线。④可以省略调号。

2. 用汉语拼音字母拼写中国地名按《中国地名汉语拼音字母拼写规则》(汉语地名部分)和《少数民族语地名的汉语拼音字母音译转写法》办理。

3. 用汉语拼音字母拼写书名、期刊名、磁带(盘)名、光盘名、人名、地名等名称时,应按照国家制定的有关规定处理。例如,按照《中文书刊名称汉语拼音拼写法》的规则,刊名"疑难病杂志"的汉语拼音应是按词拼写的"YINANBING ZAZHI",而不是密写的"YINANBINGZAZHI"或按字拼写的"YI NAN BING ZA ZHI"。

4. 以 a,o,e 开头的音节连接在其他音节后面时,如果音节界限发生混淆,用隔音符号(')隔开。例如,西安 xi'an,建瓯 Jian'ou,天峨 Tian'e,皮袄 pi'ao,等。

第二节　现代汉语词类

一、词类

现代汉语词类与外语词类比较,多数相同或者相似,但也有一些不同之处。

1. 名词　表示人和事物名称的词。大多数名词前面可以有数量词,如"5个患者",但是集合名词如"药品"前面不能加数量词。方位名词,如"上、下、前、后、以上、以下、前边、后面、以外"等,往往附在一般名词的后面。

2. 动词　表示动作、行为、发展、变化的词。动词后面可以加上"着、了、过"表示完成的情况,不表示时态。汉语的动词的特殊情况:一是能愿动词,表示能够、愿意,如"能、能够、愿意、可以、必须、要、应该、应当",处在一般动词之前;二是趋向动词,处在一般动词之后,如"来、去、上、下、进、出、上来、上去、下来、下去、进来、进去、起来";三是心理动词,表示心理活动,如"想、爱、恨、怕、希望、感谢、佩服、尊敬、想念、惦记、注意、了解、担心"等,它们的前面可以加上"很、特别、十分、非常"等。

3. 形容词　表示事物的形状、性质、状况的词。形容词可以直接做谓语,如"肿块巨大"。非谓语形容词只能做定语,如"人造血管"。

4. 数词　是表示数目多少或顺序的词，分为基数词和序数词。表示数目的数词叫基数词；表示顺序的数词叫序数词。

5. 量词　表示数量单位的词。分为2种：一种是计数单位，如"个、例、根、对"；另一种是计量单位，如"千克(kg)、米(m)、秒(s)、焦耳(J)"。

6. 代词　能替代其他的词、短语或句子的词。代词分为三类：人称代词，如"我、你、他"；疑问代词，如"谁、怎么"；指示代词，如"这、那里、如此"。

7. 副词　在动词、形容词前边，表示时间、频率、范围、状态、语气、程度、肯定和否定，如"立刻、常常、统统、仍然、居然、非常、必定、没有"。

8. 介词　与名词、代词等组成介词短语，表示时间、处所、范围、方向、对象、比较、起止、原因、目的、方式、被动等，如"在、对、把、被、同、以"。

9. 连词　是用来连接词与词、词组与词组或句子与句子，表示某种逻辑关系的虚词。连词可以表示并列、承接、转折、因果、选择、假设、比较、让步等关系，如"和、与、或、而、因为……所以……、虽然……但是……"。

10. 助词　是附着在词、短语、句子的前面或后面，表示结构关系或某些附加意义的虚词。助词有结构助词、时态助词、语气助词三种。结构助词例如"的、地、得、似、所"；时态助词例如"了、着、过"；语气助词例如"吗、呢、吧、啊"。

11. 叹词　表示感叹或者对呼唤的应答，如"啊、哎、喂、哼、哦、咦"。叹词总是独立成句。医学语言中基本不用。

12. 拟声词　描写声音的词，如"鸣、啪、嗵、呜呜、嘟嘟、咔嚓、喔喔"，医学语言中基本不用。

二、纠正词类方面的语病

1. 集合名词前边不加数量词　名词当中有一小部分是集合名词，如"胸腔、手臂、腹部"，它们的特点是不表示数量，所以前面不能加数量词。

2. 起替代作用的代词缺少前词　代词所替代的词语叫"前词"。代词如果起替代作用，就应该有前词。

3. 代词与前词应当保持一致　代词同前词应当在人称、性别、数量、范围等各方面保持一致。

4. 1个代词只能有1个前词　代词指代的对象一定要非常明确，1个代词不能有2个甚至更多的前词。

5. 在不必使用代词的地方可以省略代词。

6. 根据名词、动词的需要选择介词　一定要根据名词、动词的需要选择介词，介词不能用错。介词后面总是要跟着一个名词性的词语(包括名词、代词、名词短语)，如"在某某医院(手术)"。介词和名词组成介词短语，介词短语后面必须跟着动词。

7. 介词短语"把+名词"要紧接动词　"把"是汉语中最具特点的介词。"把+名词"的后面要紧挨着动词,形成"把+名词+动词"的格式,中间不要插入其他成分,不要造成"把+名词+其他成分+动词"的格式。说"别把书拿走"可以,说"把书别拿走"就不行,"别"不能插在介词短语和动词中间。

8. 介词不应该是多余的　介词必须起引介的作用,引介1个名词性成分与动词性成分发生关系。如果1个介词不起作用,这个介词就是多余的。

9. 介词短语应该完整,不能缺少中心词　介词后面必定跟着名词或名词短语,名词短语应该是完整的,名词前面有定语,定语后面有中心词,中心词不能欠缺。

10. 介词短语不能缺少介词　如果缺少介词,介词短语便不完整,上下文的联系也十分松散。

11. 使用"和""以及"等连词应该分清层次　1个句子里如果有不止1个连词,就要看看有没有层次。如果有3个层次,最好是顿号放在最低的层次,"及""以及"放在第2层次,"和"放在最高的层次。如果没有第2层次,就使用"和"和顿号。

第三节　现代汉语的句子成分

现代汉语的句子成分有一般的句子成分和特殊的句子成分。一般的句子成分是主语、谓语、宾语、补语、定语和状语,特殊的句子成分是复指成分(同位语)和插说。这里只介绍一般的句子成分。

一、各种句子成分

1. 主语　是1个句子中所要表达、描述的人或物,是句子叙述的主体。可由名词、代词、数词、名词化的形容词、不定式、动名词和主语从句等都可以充当。其中,名词性词语作主语最常见。谓语性词语也可以作主语但是不常见,而且还受到限制,用谓语性词语作主语的句子,其谓语一般是判断、评价、描写性质的。主语的意义类型比较复杂,可以分为:施事主语、受事主语、系事主语、与事主语、工具主语、处所主语、范围主语、关系主语、目的主语、原因主语、描写主语等。

2. 谓语　是用来说明主语做了什么动作或处在什么状态。谓语可以由动词来充当，一般放在主语的后面。大多数实词都可以做谓语，动词和形容词也可以作谓语。光杆的动词、形容词很少作谓语，一般都要附加或连带别的词语。名词作谓语仅限于说明天气、日期、节气、处所、职业等相对简短的句子。名词性词语作谓语一般用来说明人物的年龄、籍贯、相貌、性格或者说明事物的情况、价格等。

3. 宾语　是谓语动词支配或陈述的对象或承受者，常位于及物动词或介词后面。宾语一般也由名词性词语充当。动词及动词性词组也能作宾语，但对谓语动词有要求。有一些动词专门要求带动词性宾语，例如"加以、遭受"等；有的动词既可以带名词性宾语也可以带动词性宾语，例如"爱、进行"等。形容词作宾语，一般要求谓语动词是表示主观感受或呈现意义的动词，例如"讨厌、恢复"等。主谓词组作宾语，一般要求谓语动词是表示言语活动、心理活动、感受意义、显示意义的，例如"强调、证明"等。宾语的意义类型与主语的差不多，也包括受事宾语、施事宾语等。

4. 定语　是修饰限制主语或宾语的成分，用于描述名词、代词、短语或从句的性质、特征、范围等情况。一般实词和词组都可以作定语，根据定语所表示的意义，可以分为描写性定语和限制性定语。前者起描写作用，后者起区别作用。如果定语是单个词，定语放在被修饰词的前面，如果是词组定语放在被修饰词的后面。

5. 状语　状语是修饰限制谓语的成分，说明事物发生的时间、地点、原因、目的、结果方式、条件或伴随情况、程度等情况的词叫状语。副词的主要功能是作状语，形容词性词组、时间名词、方位词、能愿动词、介宾词组也经常作状语。状语也可以分为描写性的和限制性的。多项状语的排列词序离中心语从远及近一般为：表示时间的名词、副词、方位词组、介宾词组；表示处所的介宾词组、方位词组、名词、代词；表示语气、关联的副词；表示条件、方式、范围、目的、对象、关涉的介宾词组和副词；表示情态的形容词、动词。

6. 补语　是述补结构中补充说明述语的结果、程度、趋向、可能、状态、数量等的成分。补语与述语之间是补充与被补充、说明与被说明的关系，是补充说明动词或形容词性中心语的，可以回答"怎么样""多少次""何处""何时""什么结果"等问题。补语都放在中心语后头，除了趋向动词、数量词、介宾结构和一部分形容词可以直接作补语外，补语多用形容词、数量词、趋向动词、介宾结构来担任，各种关系的词组也常作补语。

口诀：主谓宾、定状补，主干枝叶分清楚。定语必居主宾前，谓前为状谓后补。状语有时位主前，逗号分开心有数。

主语、谓语、定语、状语、补语讲的都是句子成分,介词是指词性划分句子成分。

二、纠正句子成分方面的语病

1. 不能把主语放在介词短语中 "关于""由于""对于""当"等介词,往往放在句子的开头,很容易框住主语,造成句子缺主语的语法错误。造成这样的错误,往往同外语的影响有关。如,"对于这种破坏环境的行为,使有关部门十分注意。"句中应删去"对于","这种破坏环境的行为"是主语。

2. 不能在介词短语后面接着采取使动式 先用介词框住主语,后面接着便用"使","使"的宾语也有做主语的可能,但是由于两头都没有主语,结果整个句子便没有主语了。如"由于体内性激素的影响,使女性和男性在生理上存在着某些差异。"句中如果删去介词,就是"体内性激素的影响,使女性和男性在生理上存在着某些差异","影响"是主语;如果删去"使",则是"由于体内性激素的影响,女性和男性在生理上存在着某些差异","女性和男性"是主语。

3. 不能缺少谓语 谓语是说明主语的句子成分,缺少谓语,就不能陈述或者不能好好地陈述主语,语义就不完整了。无论是缺少全句的谓语还是缺少短语中的谓语,效果都不好。在各种句子成分中,谓语是最不能缺少的,造成谓语欠缺的主要原因是粗心大意。

4. 主语和谓语在语义方面应该能够配合 既然主语是句子里被说明的对象,谓语要陈述主语,所以主语和谓语在语义方面应该能够很好地配合。彼此能够搭配,才能说明一件事,句子才成立。如"这种新药,使用起来十分方便,而且效果很长,可在体内维持12小时。"此句应该是"效果很好"或者"有效时间很长"。"效果"和"好"能够搭配,"时间"和"长"也能够搭配。

5. 不能在真主语后面加上假主语,致使主谓搭配不当 写文章的时候拿不定主意,一会儿想这么写,一会儿想那么写,往往会造成2种格式混用的结果。在主语部分,拿不定主意,就可能写完了主语,又想起了其他的说法,用了另外一个词语做主语,造成了真假主语并用的状况。如"植物经过长期演化的结果,就具备了植物的多样性、复杂性。"此句把"植物"放在主语的位置上,让"经过长期演化"做状语,在主语后面加上"结果",让"结果"占据了主语的位置。谓语"就具备了植物的多样性、复杂性"本来只能陈述"植物",不能陈述"结果",可是把这个假主语放在主语的位置上,谓语就只能陈述"结果"了。

6. 主语和谓语如果不止一项,就应该做到全面配合 有时候主语不止一项,有时候谓语不止一项,有时候主语、谓语都不止一项,这个时候,一定要做到主语和谓语全面配合，不能有一项彼此不能搭配。如："因此，预防和治疗老年痴呆的根本出路在于增加脑细胞中的记忆物质，使大脑细胞的萎缩部分恢复、延长。"句中"使"后面是个主谓短语，主语"大脑细胞的萎缩部分"可以跟谓语中的"恢复"配合，却不能同"延长"搭配。这也是主谓不能全面配合，可以改为"使大脑细胞的萎缩部分恢复，延长寿命"。句中"使"后面是个主谓短语，主语"大脑细胞的萎缩部分"可以与谓语中的"恢复"配合，却不能同"延长"搭配。

7. 不能以为有宾语而丢掉宾语，及物动词都可以带宾语　有时候，宾语可以省略，但是必须省略得明确，不能省略之后留下疑问。作者有时候因为疏忽，自以为省略得很明确，实际上却让读者产生了疑问。这个时候，宾语还是不省略为好。如"只要患者还有百分之一生的希望，医生就应尽百分之百地努力去争取"。句中"争取"是及物动词，可是后面却没有宾语，造成了疑问："争取"什么？所以这只能认为是宾语欠缺。

8. 不能因为有定语就丢掉宾语　现代汉语正常的句子格式是"主语＋动词＋定语＋宾语"，例如"未来的电影世界将是一个艺术家逐渐淡出，而电脑工程师不断切入的时代"。如果出现了丢掉宾语"时代"，只留下动词和定语的语病，上述结构式就成了"主语—动词—定语"。这可以叫做"以定代宾"。

9. 固定的动宾搭配方式一般不能改变　我们的语言中，有许多动宾组合是固定的，如"起……作用""达到……目的""完成……任务"等，如果改变动词或者宾语，就可能使动词和宾语搭配不当。

第四节　句　式

用不同的标准可以把句子分成不同的类型。按照语气来划分，句子可以分为陈述句、疑问句、祈使句、感叹句。医学科技语言基本上只使用陈述句。按照句子的结构来划分，可以把句子分为单句和复句。一般单句有完全句和不完全句，特殊单句有"把"字句、"在"字句、"对"字句、"被"字句、"是"字句等。

一、一般单句

1. 完全句　既有主语又有谓语的单句叫"完全句"。完全句可以按照谓语的情况分为4种，即动词谓语句、形容词谓语句、主谓谓语句、名词谓语句。

(1) 动词谓语句：如"地球表面温度升高了"的谓语"升高"是动词。

(2) 形容词谓语句：如"现阶段的减肥技术和手段可以说都不够安全。"句中的谓语"安全"是形容词。

(3) 主谓谓语句：如"各种灵芝产品相继问世，这些产品大多价格昂贵。"句中谓语是主谓短语"价格昂贵"。

(4) 名词谓语句：如"今天星期天。"句中谓语"星期天"是名词。

2. 不完全句　是分不出主语谓语的独词句，与完全句相比缺主语的句子，在医学著作中常见。

独词句出现在图注时和举例时，如"显微镜构造的图注：①目镜。②物镜。③粗准焦螺旋。④细准焦螺旋……"

没有主语的句子主要有 3 种：存现句、泛指句和某些祈使句。

存现句表示存在、出现、消失的意义。表示存在：如"在 2 个 N 区之间，有 1 个发射区。"表示出现：如"现在各种媒体上出现了减肥产品的介绍。"表示消失：如"试管里减少了 2 克硫酸铜。"

存现句的结构特点是：状语＋动词＋宾语，没有主语，并不是缺少主语的病句。

泛指句往往蕴涵着主语，蕴涵的主语一般指人，但不是具体的人，而是有关的一般人。泛指句的动词，往往表示使用、研究、认识这样一些意义。泛指句没有主语，也不是缺少主语的病句。如"目前仍缺乏大规模的研究来证明其疗效。""1969 年，又研究成功光波导及棱镜耦合器。"

某些祈使句当然没有主语，如"立正！"

二、特殊单句

有几种单句的构造比较特殊，医学书刊中使用频度很高，并且容易出错。

1. "把"字句　该句式是用"把"将宾语提到谓语动词前头的句子，是汉语特有的一种句式。按照宾语的数目，可以大致将"把"字句分为 2 类：一类是单宾"把"字句，只有 1 个宾语；另一类是双宾"把"字句，动词前后各有 1 个宾语。"把"字句都有一种处置的意思，宾语是个处置的对象。如"把声音放大""放大声音"就是对声音的一种处置。

如"卡列尔曾做过一个有名的实验，他把小鸡心脏细胞放在试管里培养。"是单宾"把"字句，"把"将宾语"小鸡心脏细胞"提到动词谓语"放"之前。

如"人们把这种接近光速飞驰的火车称为爱因斯坦火车。"是双宾"把"字句，"称为"前后各有 1 个宾语，一个是"这种接近光速飞驰的火车"，一个是"爱因斯坦火车"。双宾"把"字句的动词往往是使成式动词,里面常常有"成""为""做",例如"成为""变成""当做"等,这是双宾"把"字句的重要特征。

2. "对"字句 "对(对于)……"这样的介词短语做定语或状语的句子叫"对"字句。"对"字句在医学论文的文题中非常多见。

"对"字句中的"对……"可以表示2种不同的意义:一是表示动作的对象,如"人脐带间充质干细胞对类风湿性关节炎患者血清因子及DAS28、HAQ评分的影响。"二是表示与中心词有关的事物,如"利用自然科学知识产出商品时,知识就已经对经济产生推动作用了。"

3. "在"字句 "在……"可以做定语、状语或补语。有"在……"做句子成分的句子就叫"在"字句。"在"字句有"在……上""在……中(里)""在……下"三种常见的格式。如"在常规治疗基础上联合应用盐酸氨溴索临床总有效率明显高于常规治疗。""有腹部手术史者,在手术进镜过程中要格外小心,动作应轻柔缓慢。""要在不断产生新的成果的理论统一指导下,逐步改变中西医的界限。"

当然,"在"的后面还可以跟着其他的词,如"在手术时""在医学领域"。

"在……+动词+下"里的动词,可能是"领导、帮助、支持、教育、协助、组织、启发、指导、询问、教导、带领、率领、关心、关怀、推动、努力"等,这些都是习惯上允许的,不是随便哪个动词都可能用在这种环境里。

4. "被"字句 用"被"表示主语被动的句子叫"被"字句。汉语有2种"被"字句,一类是完全的"被"字句,另一类是不完全的"被"字句。完全的"被"字句,介词"被"后头有介词宾语,介词宾语表示施动者;不完全的"被"字句,仅仅只有1个"被",没有介词宾语。

如"生物大绝灭是指世界上相当多的物种在极短的地质时间内消亡,被新生物替代。"这是完全的"被"字句,"被"后头有介词宾语"新生物","新生物"是"替代"的施动者。又如,"介入技术被引入外科手术,使手术效果更加精准。"这是不完全的"被"字句,"被"后头没有介词宾语,直接出现了动词"引入"。

"被"字句可以和"把"字句调配着使用。"把"字句和"被"字句一交错,有了4种说法:前"把"后"被"、前"被"后"把"、全是"被"字句、全是"把"字句。句式一致,显得严谨一些。

5. "是"字句 用"是"做谓语的句子叫"是"字句。有2种情况,一种是有"是"无"的";一种是有"是"有"的"。有"是"必有"的"的句子,句末的"的"不能欠缺。

如"葡萄糖与氨基酸形成糖蛋白，与脂肪形成糖脂，是构成人体细胞和神经组织的重要物质。""在天文学家看来，地球并不是静止的，它以令人眩晕的速度一面自转，一面绕太阳公转。"

三、复句

2个或2个以上的意义上有联系的单句组成的复杂句子叫"复句"，复句中的每个单句叫"分句"。

1. 各种复句简介　复句有联合式和偏正式2大类。联合复句中几个分句的地位是平等的，没有偏正关系；偏正复句中的分句，有偏有正，正句是意思的重心，偏句说明正句的状况、假设、条件、原因、目的等。

（1）联合复句

1）并列复句：2个或2个以上的分句，各说明一件彼此相关的事。关联词语常常是"……并……""……而……""既……，又……""也……，也……""不是……，而是……""一方面……，另一方面……"。

如"1984年，分子生物学家在对单细胞生物进行研究后，发现了一种能维持端粒长度的端粒酶，并揭示了它在人体内的奇特作用。""人们只能利用降雨的条件进行人工降雨，而不能从无到有地'造'出雨来。"

2）连续复句：说的几件事，按时间顺序安排。关联词语常常是"……又……""……然后……""……再……"。不过，没有关联词语的连续复句也很常见。

如"飞行器进入大气层，就可以由宇宙速度降至亚音速，然后张开降落伞进一步减速，最后安全着陆。""幼小的黑猩猩常常用手掌舀一点水，再用牙齿嚼烂树叶，来汲取手掌中的水。"

3）选择复句：这种复句的各个分句讲明几种情况，但只选择一部分情况。关联词语是"或……，或……""要么……，要么……""不是……，就是……""……或（或者）……"。

如"定位在肺泡膜上的巨噬细胞，或者移至肺淋巴结中，或者渗入到肺组织纤维化区。""这样的产品，要么因体积太大而不便于卫星利用，要么工作效率太低而不值得利用。"

4）递进复句：分句和分句之间，意思一层进一层，这种复句是递进复句。关联词语有"不但……，而且……""不仅……，而且……""不仅……，也……""……还……""不仅……，而且，还……""不仅……，而且，甚至……"。

如"我们以后不仅要做个地球人，而且将要做宇宙人了。""科学家们不但希望能找到人体内所有的生命时钟，更希望能找到拨慢时钟的方法。"

(2)偏正复句

1)转折复句:转折复句的偏句说明一种情况,正句不是顺着这个意思往下说,而是说出一个同偏句相反或相对或者很不相同的意思。关联词语有"虽然……,但是……""虽然……,却……""尽管……,但是……""……而……""……然而……"等。

如"多年来,科学家们一直在寻找导致细胞死亡的基因,但始终没有结果。""在地球上的各处,地心引力的大小虽然各处有区别,却总是指向地心的。"

2)假设复句:该句式的偏句假设某种情况,正句说明在这种假设的情况下产生的结果。关联词语有"如果……就……""假如(即使、倘若)……,就……""若……,则……""如果……,那么……"等。

如"如果在位于地球至太阳距离的1%处的某点位置上,设法漂浮一片尘埃云,那么就可以用来遮挡太阳光。""若对肿瘤患者的化疗药物过度使用或滥用,则必然会给患者造成致命的伤害。"

3)条件复句:该句式的偏句说明条件,正句说明结果,有4种情况:只有A,才B,必要条件,如"只有坚持锻炼,才能保持强壮的体魄";只要A,就B,充分条件,如"只要甲状腺素停止分泌,人就会衰竭死亡";除非A,才B,唯一条件,如"除非各大行星的起潮力之和比太阳引力大若干倍,才会引起地球上的地震";无论A,都B,无条件,如"无论不同动物或个体间存在何种体质量差异,心脏每跳动1次消耗的能量都为1焦耳"。

4)因果复句:该句式的偏句表示原因,正句表示结果。常用的关联词语是"因为……所以……""由于……所以……""之所以……是因为……""既然……就……""从而……""……故……,因此……"。

如"因为力学需要定量地描述物体的运动状况,研究物体的空间位置与时间的关系,所以力学与时空观总是紧紧结合在一起的。""既然电子有了来源和去处,就必然会在导线里流动。"

5)目的复句:该句式的偏句表示目的,正句表示行动。关联词是"为了……""为了……,就……""……以……""……以便……"。

如"为了证明这一点,科学家又用年老体衰的大鼠做了对比试验";"专家们希望有实力的企业与科研单位联合开展这方面的研究,以加快灵芝研究开发事业的发展"。

2. 正确使用复句

第一,复句中成对的关联词,要省去一个时,最好省略前边的一个,不省略后边的一个。如"灵芝虽然是中老年人保健食品,但是现在主要消费群体是肿瘤患者。"此句应省前式,省去了"虽然",读了"但是",就知道前边省去了什么。

第二,在句子与句子的关系不太明确时,不能省略成对关联词语中的某一个。

如果写了一个关联词,另一个省去了,省得不明确,省去的关联词,似乎加在这儿也行,加在那儿也可以,那就不省略。如"人体在大量出汗之后,由于大量失去水分,(所以)口渴而且乏力,食欲缺乏,急需补充水分和盐分"。

第二章　标点符号与其他符号

标点符号是辅助文字记录语言的符号,是书面语言不可缺少的组成部分,用来表示语句的停顿、语气以及标示词语的特定性质和作用,而且还有辅助修辞的作用。如果没有标点,则会使读者难于分清语句的结构,难于理解作者所表达的本意;如果用错标点,则会改变语句含义背离表达的初衷。因此,无论是作者撰文还是编辑加工书刊文稿,务必正确、规范、严谨地使用标点符号。另外,医学书刊还有一些特殊符号,也必须正确、规范地使用。

我国政府历来十分重视标点符号的使用问题。1951 年 9 月,中央人民政府出版总署公布了《标点符号用法》;1990 年 3 月,国家语言文字工作委员会和新闻出版署联合发布了修订后的《标点符号用法》;1995 年 12 月 13 日,国家技术监督局发布了 GB/T 15834—1995《标点符号用法》;2011 年 12 月 30 日,国家质量监督检验检疫总局、国家标准化管理委员会发布了修订后的 GB/T 15834—2011《标点符号用法》。根据最新的国家标准,结合医学书刊的特点,本章就标点符号和其他符号用法做一介绍。

第一节　标点符号的用法

一、点号的用法

点号的作用在于点断,主要表示停顿和语气。分为句末点号(句号、问号、叹号)、句中点号(顿号、逗号、分号)。

1. 句号"。"　国家标准规定:句号"用于句子末尾,表示陈述语气""有时也可表示较缓和的祈使语气和感叹语气"。按此规定,句号只用于以下 2 种情况:一是陈述句完了;二是语气较缓和的祈使句完了。

正确使用句号的难点在于如何正确判断句子是否"完了"。

医学书刊中图或表的短语式说明文字，不论文字长短还是中间有句号，句末结尾处都不用句号。

2. 问号"？"　国家标准规定：问号"用于句子末尾，表示疑问语气（包括反问、设问等类型）"。按此规定，问号主要用在疑问句和反问句的末尾。选择性问句中，通常只在最后一个选项的末尾用问号。

3. 叹号"！"　国家标准规定："用于句子末尾，主要表示句子的感叹语气，有时也可表示强烈的祈使语气、反问语气等"，医学书刊很少使用。

4. 逗号"，"　国家标准规定："复句内各分句之间的停顿，除了有时用分号外，一般都用逗号"；"较长的主语之后""句首的状语之后""较长的宾语之后""某些序次语（"第"字头、"其"字头及"首先"类序次语）"等用逗号。按此规定，可把逗号的适用场合归纳如下：

（1）复句中分句之间的停顿，一般用逗号。

示例：酶是由生物细胞产生的具有特殊催化能力的蛋白质，是一种生物催化剂。

（2）长主语之后的停顿，用逗号。

示例：世界上最早的一批环境背景值数据，是美国学者克拉克测定的。

有的主语虽然很短，但为了强调它，后边也可以用逗号。

示例：这一结论，已为前人所证实。

（3）长宾语之前的停顿，用逗号。

示例：本研究结果显示，NT – proBNP 可以作为评价心力衰竭患者疗效的生物标志物之一。

（4）句首状语之后的停顿，用逗号。

示例：在望远镜发明后的 300 多年中，银河系内连一次超新星都未观测到。

（5）插说成分之后的停顿，用逗号。

示例：综上所述，序贯康复治疗慢性阻塞性肺疾病合并Ⅱ型呼吸衰竭具有很好的临床疗效。

这类插说成分还有"众所周知""正因如此""可以说""另外""再者""总之""显然""当然""实际上"等。有些插说成分，其前边也可以用逗号。

当然，有些情况，插说成分前边也可不用逗号。

（6）序次语后边的停顿，用逗号。

示例：首先，是患者需求的整合，……其次，是医疗资源的整合，……其三,是患者的需求与可选择的医疗资源之间匹配与整合问题。……

(7)某些关联词之后的停顿,用逗号。这类关联词还有"所以""但是""不过""然而""否则"等。当然,如果它们后边的字数比较少或者结构比较简单,也可以不用逗号。

示例:但也有研究发现斑秃的发生与幽门螺杆菌(Hp)感染无明显关系,因此,还需进一步研究,为临床诊疗提供依据。

(8)并列短语比较长,或者内部用了顿号,各组成部分之间的停顿要用逗号。

示例:低分子肝素可以减轻炎性反应,改善凝血功能,临床应用安全,有利于患者预后。

(9)用顿号表示较长、较多、较复杂的并列成分之间的停顿时,最后一个成分可用"以及"进行连接,"以及"之前用逗号。

5. 顿号"、"　　国家标准规定:用于并列词语、需要停顿的重复词语之间。可见使用顿号要注意2点:一是用顿号点断的只能是词或词组;二是这些词或词组只能是并列关系。

示例1:血管由内膜、肌层和外膜构成。

示例2:血液黏性和流动状态的变化,对动脉硬化、血栓形成有直接影响。

顿号除了国家标准规定的上述用法外,并列词素之间的停顿,也可以(但不是必须)用顿号。例如,"手术前、后""婴、幼儿""农、林、牧、副、渔"等,大多数情况下其中的顿号不用更好;但下例中,"前""后"这2个并列的词素之间用顿号就能把对应关系表示得更加清楚,阅读时一眼便可看出。

医学编辑界有一种习惯用法:并列的带有药物剂量之间的停顿和并列的阿拉伯数字、外文字母之间的停顿,用逗号而不用顿号。

示例1:给宽度 b 赋值为 20,25,30,35 cm。

示例2:四君子汤药物组成:人参9克,白术9克,茯苓9克,炙甘草6克。

6. 分号";"　　国家标准规定:分号"表示复句内部并列关系分句之间的停顿,以及非并列关系的多重复句中第一层分句之间的停顿";非并列关系(如转折关系、因果关系等)的多重复句,第一层次的前后两部分之间,也用分号;"分行(或者理解为"分项")列举的各项之间,也可以用分号"。

(1)复句内部并列分句之间的停顿,用分号。

示例:观察组:男16例,女14例,年龄41~68(52.7±4.3)岁;对照组:男14例,女16例,年龄43~66(54.3±4.2)岁。

(2) 非并列关系(如转折关系、因果关系等)的多重复句,第一层次的前后 2 部分之间,也用分号。

示例:随着人类社会的发展,物质和能量的消耗不断增大,能源危机、粮食危机和生态环境破坏威胁着人们的正常生活;因此,世界各国对生物量的转化极为重视,同时十分注意生物量的合理利用和开发。

(3) 分项列举的各项之间,也可以用分号。

示例:从应用角度和控制目的看,计算机控制系统可分为 4 个大类:①计算机操作指示控制系统。②计算机直接数字控制系统。③计算机分级控制系统。④计算机分布控制系统。

分号之间不能用句号。

7. 冒号":"　　国家标准规定:冒号"表示语段中提示下文或总结上文的停顿",用在称呼语后边,表示提示下文;用在"说""想""是""证明""宣布""指出""透露""例如""如下"等动词的后边,表示提示下文;用在总说性话语的后边,表示引起下文的分说;用在需要解释的词语后边,表示引出解释或说明;总括性话语的前边,也可以用冒号,以总结上文。按此规定,冒号的用法归纳为 3 种。

(1) 冒号的第 1 种用法——提示下文。这又分以下 3 种。

第一,冒号用在称呼语后边,表示提示下文。

示例 1:×××先生:

第二,冒号用在"说、想、是、证明、宣布、指出、透露、例如、如下"等动词的后边,表示提示下文。

示例 2:1905 年,爱因斯坦指出:"电磁场……不是某种物质的状态,而是独立存在的客体,它具有同有重量的物质一样的本性,而且也具有惯性。"

示例 3:研究结果表明:IL-23/IL-17 通道可能是溃疡性结肠炎的主要免疫应答通道。

应注意:这类动词的后边不是一定得用冒号,用不用冒号要看句子的结构,要看这类动词的后边是否需要有稍大的停顿。

第三,冒号用在总说性话语的后边,引起下文的分说。

示例 4:心脏由以下部分组成:左心房、左心室、右心房、右心室。

(2) 冒号的第 2 种用法——总结上文。冒号还用在总括性话语之前,以总结上文。"总括性话语"指的是用来总结上文的分句,它前边的停顿要用冒号来表示。

示例 5:电子管的发明使长途通信得以实现;晶体管的问世为数字通信

开辟了道路;电子计算机、集成电路的发展,使通信面貌发生了根本的、质的变化:通信发展的每一进程,都与电子技术的进步密切相关。

(3)冒号的第3种用法——引出解释或说明。

示例:报告人:×××教授

这种用法有时也可出现在文章的题名中,即用在主题名与副题名之间。例如:"医学书刊标准化:成绩·问题·展望"

关于冒号的提示范围。所谓提示范围,是指冒号能管到哪儿。通常情况是,冒号引起的话语与提示性话语所指的范围是一致的。作为句内点号,冒号一般要管到一个句子的末尾;有时可以超出一个句子,管到几个句子,甚至管到几个自然段或段落。由于冒号所管的范围不固定,使用中务必注意要避免产生歧义。

二、标号的用法

标号的作用在于标明,主要标明语句的性质和作用。标号有引号、括号、破折号、省略号、连接号、间隔号和书名号。

1. 引号""" 国家标准规定:引号"标示语段中直接引用的内容或特别需要指出的成分。"行文中直接引用的话和需要着重论述的对象,用引号标示;"具有特殊含义的词语,也用引号标示"。它还规定:"引号里面还要用引号时,外面一层用双引号,里面一层用单引号' '"。据此,将引号的用法归纳为3点。

(1)行文中直接引用的话,用引号标示。

示例:文献[2]作者指出:"有人常把'增长'与'发展'混淆起来,其实这是2个具有不同内涵的概念。'增长'意味着规模的扩大,注重数量上的增加,是'量'的概念,而'发展'的含义不止这些,它还应包括组成部分的联结、变化、相互作用以及由此产生活动能力的提高,更着重于潜力的实现,强调'质'的改善。"

(2)需要着重论述的对象,用引号标示。

示例:金元四大家,是指中国古代金元时期的四大医学流派。即刘完素的"火热说"、张从正的"攻邪说"、李东垣的"脾胃说"和朱震亨的"养阴说"。

(3)具有特殊含义的词语,用引号标示。

示例1:患者在院外给予"降糖宁"口服。

示例2:支持食安部门大力打击那些所谓"包治百病"的药品。

2. 括号"( )" 国家标准规定:括号"标示语段中的注释内容、补充说明或其他特定意义的语句。"可知,标明注释性文字,是括号的基本用法。

括号的主要形式是圆括号"( )",还有方括号"[ ]"、花括号"{ }"、六角括号"〔 〕"和方头括号"【 】"等。

示例1:林冠的结构特点(主要是透光性)的差异直接影响林下的光照状况,以及温度和湿度等。

示例2:有人用氢气还原氧化铜制得5克铜,求有多少克氢气参加了反应,这些氢气在标准状况下占多大体积?(氢气的密度是 0.09 mg/m³)

示例1是句内括号,示例2是句外括号。

3. 破折号"——" 国家标准规定:破折号"标示语段中某些成分的注释、补充说明或语音、意义的变化。"在医学书刊中,行文中解释说明的语句,用破折号标明;事项列举分承,各项之前用破折号。

(1)解释说明词语、句子的。

示例:1842年,奥地利物理学家多普勒首先阐明了这种现象——在静止的观察者看来,运动声源发出的声波频率会发生变化的成因,所以称为多普勒效应。

(2)用破折号标明事项列举。

此外,破折号还用于:①副题名前边。②解释数学式和图表中的字母符号或其他项目。这些,实际上也是用来标明语句的。对于解释图表中的字母符号,破折号可用一字线连接号"—"代替。

4. 省略号"……" 国家标准规定:省略号"标示语段中某些内容及意义的断续等。"包括引文的省略、列举的省略、语义未尽的省略均用省略号。

医学书刊中已约定俗成:在省略外文字母和阿拉伯数字时,省略号只用1个三连点,即"…"。

示例1:岐伯对曰:"阴阳者,数之可十,推之可百……①万之大不可胜数,然其要一也。……②圣人南面而立,前曰广明,后曰太冲;太冲之地,名曰少阴;少阴之上,名曰太阳;……广明之下,名曰太阴;太阴之前,名曰阳明;……③厥阴之表,名曰少阳。是故三阳之离合也,太阳为开,阳明为阖,少阳为枢;……④三阴之离合也,太阴为开,厥阴为阖,少阴为枢。"

示例2:《素问·上古天真论篇第一》云:"女子七岁,肾气盛,齿更发长。二七,而天癸至,任脉通,太冲脉盛,月事以时下,故有子。…… 七七,任脉虚,太冲脉衰少,天癸竭,地道不通,故形坏而无子也。"

示例3:《黄帝内经·阴阳应象大论》曰:"天有四时五行,以生长收藏,以生寒暑燥湿风。人有五藏化五气,以生喜怒悲忧恐。故喜怒伤气,寒暑伤形……"

省略号前后标点的用法:在了解了省略号在句子的位置之后,就可以判断省略号标点使用的一般规律。用于句子前的省略号,省略号前的标点是不能省略的,上个句子结尾该用什么标点就用什么标点,因为它与省略号一点关系也没有,示例1中②、③、④就是这种情况;用于句子中间的省略号,省略前的标点使用与否有两种情况:一是省略号用在没有分句组成的句子中或有分句组成的句子分句中,省略号前后均无须加标点,如示例1中①;二是省略号用于几个分句组成的句子中及这个省略也充当一个分句,省略号的前后标点一定得保留,如示例2。应用于句尾的省略号,省略后的标点可以省略,如示例3。但如果这个省略号前面有引号,那么这个省略号后面的引号不可省略,必须以引号结束全句,如示例3。

5. 连接号　国家标准《标点符号用法》的有关规定,考虑到医学界和医学编辑界的习惯用法,也引入笔者的意见,对连接号的用法做如下介绍:

连接号有4种形式:①"—"(占1个汉字的位置,叫一字线连接号)。②"－"(占1/2个汉字的位置,叫半字线连接号)。③"-"(为字母m宽度的1/3,叫西文连字符)。④"～"(数值范围号)。

(1)一字线"—"连接号的用法

1)连接地名或方位名词。

示例:北京—广州高速列车;在华东—华北—东北平原地区,重力异常值较高。

2)连接世纪、年代、年份、日期和时刻,表示起止。

示例:19世纪80—90年代;2001—2005年;4—6月;15—28日;13:30—16:30

3)连接几个相关的项目,表示递进式发展或工艺流程,也可换用箭头"→"。

示例:人类的发展可以分为古猿→猿人→古人→新人这4个阶段。

4)在表格的表身中,表示"未发现"。

5)在图注中,为节省篇幅和讲求美观,可代替破折号"——"。

(2)半字线连接号"－"的用法

1)连接相关的词语,构成复合词。例如:吉兰－巴雷综合征;铅－锌－镍合金。

2)连接相关的字母、阿拉伯数字之类,组成产品型号及各种代号。例如:101A－型干燥箱;YD－38型压电式加速度计;2,4－戊二酮。

3)用全数字式日期表示法时,间隔年、月、日。例如:2018－08－19

4)连接图序(或表序)中的章节号与图(或表)序号。例如:图3－8;表4－

1-2。

(3)西文连字符"-"作为英、俄、德等西文中的连字符。

(4)数值范围号"~"的用法,用来连接相关的数字,表示数值范围。例如:20~50 cm;80~120 kPa;60%~75%;50~80岁。

6. 着重号"." 标号的一种,标示语段中某些重要的或需要指明的文字,用"."标注在相应文字的下方。

(1)标示语段中重要的文字。

示例:本研究的结论与以往研究的结论不同点是:……

(2)标示语段中需要指明的文字。

示例:应写为瘀证,不应写为淤证

7. 间隔号"·" 国家标准规定:"外国人和某些少数民族人名内各部分的分界"和"书名与篇(章、卷)名之间的分界用间隔号标示"。

示例:卡尔·马克思;爱新觉罗·溥杰;《中国大百科全书·环境科学》

间隔号还用来隔开文章题名或书名中的并列词语和专有名词中的月份和日子。例如:医学书刊标准化:成绩·问题·展望;一二·九运动

8. 书名号"《》" 国家标准规定:书名、篇名、报纸名、期刊名等,用书名号标示。如《实用内科学》《疑难病杂志》。

书名号还可标明影片名、电视片名、戏剧名、歌曲名和文件名等,但不用来标明产品名、会议名、课程名、科研课题名等。

9. 专用号"_" 新增加的标号,标示古籍和某些文史类著作中出现的特定类专有名词,专名号的形式是一条直线,标注在相应文字的下方。

标示古籍、古籍引文或某些文史类、中医古籍著作中出现的专有名词,主要包括人名、地名、国名、民族名、朝代名、年号、宗教名、官署名、组织名等。

示例1:明代李时珍于万历六年(1578年)完成《本草纲目》初稿,万历二十五年(1596年)在金陵正式刊行。(朝代名、人名、年号、地名)

示例2:于是聚集冀、青、幽、并四州兵马七十多万准备决一死战。(地名)

示例3:扁鹊见蔡桓公,立有间。扁鹊曰:"君有疾在腠理,不治将恐深。(人名)"

现代汉语文本中的上述专有名词,以及古籍和现代文本中的单位名、官职名、事件名、会议名、书名等不应使用专名号。必须使用标号标示时,宜使用其他相应标号(如引号、书名号等)。

10. 分隔号 通常是左斜线"/",还用竖线"|"和右斜线"\"两种。作为标号使用,因其用途不同而含义不同,名称亦不同。在医学书刊中,左斜线

"/"主要用于:

(1)在分数中,作为分数线的符号,相当于除号"÷",如 4/5。

(2)在一对密切相关的词语之间,表示"和"或"或"的意思,如患者/家属知情同意。

(3)在有分母的组合单位符号中,是"每"字的符号,如 mg/kg。

(4)在词语或句子分层中作为分隔号,如男/女。

三、标点符号使用的注意问题

1. 点号的降格使用　可把点号表示的停顿时间(t)做如下排队:t(句号、问号、叹号)>t(分号、冒号)>t(逗号)>t(顿号)。

停顿时间最长的点号——句号、问号和叹号的"格"最高,而说停顿时间最短点号——顿号的"格"最低。显然,各种点号的"格"由左至右依次降低。

所谓"点号的降格使用",就是把格高的点号作为格低的点号来使用。点号的降格使用是为了准确表达句子或句组的意思,以及满足分清结构层次的需要,更好地发挥点号的修辞作用。

在写作与编辑实践中,逗号可降格作为顿号使用。

示例:甜菜是块根作物,最适宜种植的土壤是土层深厚,富含有机质,保水、保肥力强,土质疏松,易透水、透气的黑钙土或壤土。

2. 分号可降格作为逗号使用

示例:对于吉兰-巴雷综合征(Guillain-Barre syndrome,GBS)研究已经有 100 余年的历史,大致可分为 三个阶段。第一阶段是 Landry 在 1859 年报告了推测为"上升性麻痹"的 5 个患者;第二阶段是 1916 年以后的 50 余年 Georges Guillain, Jean-Alexandre Barré 和 Andre Strohl 在第一次世界大战期间首次描述了本病的病理变化并命名为 Guillain-Barré syndrome;第三阶段是 1969 年发现了 GBS 的亚型。

3. 句号可降格作为分号和冒号使用。

示例:WHO 实体癌瘤化疗的疗效标准:①完全缓解(CR)。……②部分缓解(PR)。……③稳定(SD)。……④进展(PD)。……。

4. 标点符号的配合和系列标点符号的处理

(1)引号同点号的配合:引语末了要用点号,又有后引号""",如何处理?办法是:凡是把引语作为完整独立的话语来用,点号放在引号之内;凡是把引语作为作者的话语的一部分,点号放在引号之外。

示例 1:Dutrocher 早在 1824 年就指出:"所有动植物都由细胞构成,这些细胞似乎只为简单的黏着力所结合。"

示例2：维纳称"反馈是控制系统的一种方法"，其特点是"根据过去的操作情况去调查未来的行为"。

（2）括号同点号的配合：句内括号位于句中或句末的点号之前，句外括号位于句末点号之后。

示例1：国际通信卫星组织正在研究一种不通过地面中继站就能直接互相通信的卫星（这样，地面上彼此通话该有多么方便！）。

示例2：若S是有限集合，则结论易证。（证明步骤与下面的可数情形类似，从略）

（3）省略号前后的点号：处理省略号前面点号的一般原则是：如果它前面是句末点号，说明它前面是一个完整的句子，那么应予保留；如果它前面是句内点号，则不应保留。

示例1：第一是水稻生产机械化示范工程。……要加快开发国产水稻收割机，争取在产品质量和适用性方面有一个新的突破。

示例2：叶蛋白，泛指从青嫩茎叶中，经榨汁、絮凝、浓缩……一系列工序提取出的一种富含蛋白质的浓缩物。

对于省略后面点号的处理。一般的趋势是不用，因为连文字都省略了，点号当然可以不用；如果需要表示不跟下文连接，那么后面也可以使用点号。

以上关于省略号前后点号的处理方法，对于纯医学语言片段可以另当别论。例如：

其中 $K=1, 2, 3, \cdots, n$。

句中省略号前后都有逗号这类表示方法，科技界和医学界都是认可的。

（4）系列标点符号的处理：指的是一段文字中各种标点符号的配合问题。关于系列标点符号的用法，目前还没有统一规定。

示例1：采用平焰烧嘴有以下经济效果：(1)省燃料；(2)加热快；(3)加热质量好；(4)炉温高。

由于文章中数学式编号一般都用了圆括号，如式(1)、式(2)等。为了区分，这里列项说明序号改用后半括号较好，如1)、2)等。而第2层次用①、②等。

示例2：对于玄武岩溶体结构特征与地球物理场间的关系，可作如下解释：1)由物探理论可知，岩石密度下重力异常值"g"具反消长关系。……；2)地壳厚度与重力异常值"g"密切关联，地壳厚度越大，"g"值越小。……；3)重力异常梯度值"g"主要受地壳厚度变化和岩石密度变化的控制，地壳厚度陡度带或岩石密度递变带均可形成重力异常梯度带。……；4）白榴碱性玄武岩套的溶体结构特征介于碱性玄武岩套与拉斑玄武岩套之间，这为通常所认为的白榴玄武岩来源较深，但在下地壳可能存在次生岩浆房的观点提供了佐证。

"解释"下面分列各项，句末用了分号，一般情况下是对的，但这里各项中还有句号，岂不是分号的格高于句号或分号可以包含句号？所以，1）、2）、3）各项末尾的分号应改为句号。这也是把句号降格作为分号使用。

四、使用英语标点符号应注意的问题

目前，国内书刊英文，特别是医学论文英文摘要中一些标点符号的用法五花八门，有失规范，影响了医学书刊的质量。标点符号在不同的语种中有其固定的用法，并非随心所欲地可以乱用。最新版本的国家标准《GB/T 15834—2011 标点符号用法》是对汉语书面语中常见标点符号用法的规定和说明，并不完全适用于英语类书刊。因此，在使用英语标点符号时，应注意以下常见问题。

1. 英文中的破折号用一字线"—"，而不是用二字线"——"，或半字线"-"。

2. 英文中的连接号用半字线"-"，而不是二字线"——"，或一字线"—"。

3. 英文中的省略号用下三点"..."，而不是中六点"……"、中三点"…"或下六点"......"。

4. 英文中的单引号"' '"和双引号"" ""形式同中文，而不是单撇"ˋˊ"和双撇"ˋˊˋˊ"。

5. 英文中撇号，以 s 结尾的名词只加撇号，不加"s"。表示数字、符号、字母或词形本身的复数加"s"，如 His 7's look like 9's.

第二节　其他特殊符号

医学书刊除使用标点符号外，还需要借助一些特殊符号，如撇号或硬撇号"'"、比号"："、小数点"."、缩写点"."、斜线"/"、标注号"*"、隐讳号"×"、空缺号"□"等，简洁、明了地表达内容。

1. 撇号或硬撇号

(1) 撇号"'",亦称缩写号、高撇号,在医学书刊外文或阿拉伯数字中常见:①表示省略。②表格所有格。③表示复数。④表示年代。⑤表示外文单词中某个音不发等。⑥汉语拼音的隔音符号。

(2) 硬撇号有单撇号"′"、双撇号"″",主要用于:①作为[平面]角单位分"′"和秒"″"的符号。②作为量符号的上标辅助符号。③作为数学、物理学、化学等学科符号的上标符号。

2. 比号":" 用于表示数的比例关系。

3. 小数点"." 用于分隔数值中整数和小数。

4. 缩写点"." 用于某些外文省略。

5. 标注号 常用的有星号"＊"和剑号"†"两个,医学书刊中常用作各种特殊注释的符号。"＊"有时用作某些符号的辅助符号,可以重叠使用。

6. 隐讳号"×" 用于代替书中不便写出来的内容(如保密、回避等)的符号。注意不要与乘号和字母 X 混淆。

7. 空缺号"□" 多用于代替引文中缺少或因损坏而无法确认的字。一个空缺号代替一个需要代替的字,有多少个需要代替的字排同量的空缺号,不能多也不能少。在医学古籍善本图书整理中,因损坏而无法确认的字多用空缺号。

第三章 名词术语、缩略词和人地名

医学名词、缩略词是医学概念的语言符号，是定义确切的医学专业"行话"。所谓"隔行如隔山"，与不懂专业的人交流学术问题时缺乏"共同语言"，就是因为名词起着阻隔作用。因此，它必须具有科学性、单义性、系统性、简明通俗、约定俗成、纯概念性、中文特性、国际性等特点。否则，人们就无法进行科技交流，医学科学技术的发展也会受到严重阻碍。因此，准确使用标准、规范的医学名词十分重要。

第一节 医学名词术语

一、全国科学技术名词审定委员会审定公布的名词术语

全国科学技术名词审定委员会（原称全国自然科学名词审定委员会）于1985年经国务院批准成立，是经国务院授权，代表国家审定、公布科技名词的权威性机构。国务院于1987年8月12日明确批示，经全国科学技术名词审定委员会审定公布的名词具有权威性和约束力，全国各科研、教学、生产经营以及新闻出版等单位应遵照使用。1990年6月23日国家科委、国家教委、中国科学院、新闻出版署联合发文[（90）科发出字0698号]，要求"各新闻出版单位要通过各种传播媒介宣传名词统一的重要意义，并带头使用已公布的名词。各编辑出版单位今后出版的有关书、刊、文献、资料，要求使用公布的名词。特别是各种工具书，应把是否使用已公布的规范词，作为衡量质量的标准之一。凡已公布的各学科名词，今后编写出版的各类教材都应遵照使用"。新闻出版总署已明确将科技名词术语的使用纳入到自2005年3月1

日起执行的《图书质量管理规定》中:"使用科技术语不符合全国科学技术名词审定委员会公布的规范词的,每处计一个差错。"

目前全国科学技术名词审定委员会(以下简称名词委)已公布有关医学学科名词近40余种,内容覆盖医学基础、临床、公共卫生等各个领域。已经完成的有:《微生物学名词》(1989年),《生理学名词》(1990年),《遗传学名词》(1990年),《医学名词》(第一分册:妇产科学等)(1990年),《人体解剖学名词》(1992年),《细胞生物学名词》(1992年),《医学名词》(第二分册:口腔科)(1992年),《组织学名词 胚胎学名词》(1994年),《医学名词》(第三分册:医学遗传学等)(1995年),《医学名词》(第四分册:心血管病学等)(1996年),《医学名词》(第五分册:眼科学)(1997年),《医学名词》(第六分册:外科等)(1998年),《药学名词》(2001年),《心理学名词》(2001年),《医学名词》(第七分册:整形、美容等)(2002年),《中医药学名词》(定义版,2005年),《遗传学名词》(第二版、定义版,2006年),《生理学名词》(第二版、定义版,2007年),《免疫学名词》(定义版,2008年),《生物化学与分子生物学名词》(第二版、定义版,2009年),《细胞生物学名词》(第二版、定义版,2009年),《中医药学名词》(内妇儿科等,定义版,2011年),《微生物学名词》(第二版、定义版,2012年),《泌尿外科医学名词》(定义版,2014年),《中医药学名词》(外科等6个学科,定义版,2014年),《全科医学与社区卫生名词》(定义版,2014年),《放射医学与防护名词》(定义版,2014年),《物理医学与康复名词》(定义版,2014年),《药学名词》(第二版、定义版,2014年),《组织学与胚胎学名词》(第二版、定义版,2014年),《人体解剖学名词》(第二版,定义版,2014年),《心理学名词》(第二版、定义版,2014年),《医学美学与美容医学》(定义版,2015年),《显微外科学名词》(2016年),《地方病学名词》(2016年)等。

二、医学名词术语统一和规范化的原则

医学名词既具有相对稳定性,又随着科学技术的发展不断产生和完善。例如,"白血球""血色素""荷尔蒙""莱塞""抗菌素"等,分别被"白细胞""血红蛋白""激素""激光""抗生素"等所替代,就是因为不断产生的新名词初期使用较混乱,经一定时期进行修订、完善的结果。为此,全国科学技术名词审定委员会将定期、不定期进行标准化、规范化修订和审定,并推广应用。医学名词术语是反映医学专业概念的一种形式和意义结合的语言符号,或者说它是通过语音或文字来表达或限定概念的约定性符号。我国名词术语审定工作有以下几条主要原则:

1. **单义性** 这是指科技术语是单一的，专用的。任何一个概念只能有一个专门固定的术语，即"一词一义"的原则。审定时，对于一个概念具有多个名称的，应选择与概念相符或较贴切的词来确定，只定一个术语。例如，Internet，常被译作"英特网""国际互联网""互联网""全球互联网""国际电脑网络""国际计算机互联网"等，现统一规范称"因特网"。

2. **科学性** 审定科技名词术语应以科学概念为依据，准确严格地反映所指事物的特征，根据其科学性定出名符其义的术语。例如，noise 习称"噪音"。根据我国各种辞书的记载，成调的和有规律的声音叫做"音"，不成调的称作"声"，现已定名为"噪声"。天文学术语 Greenwich，过去称"格林威治"，因字母"w"不发音，现服从科学性，规范称为"格林尼治"。

3. **系统性** 一个术语在学科以至相关领域中并非孤立的、随机的，而是合乎分类学的有机组成部分，它包括了学科的概念体系、逻辑相关性和构词能力等；所以，在审定一个名词时，应充分考虑其所属概念体系，以及它在体系中的上位与下位关系以及因果联系等，以达到系统化。例如，细胞—细胞核—细胞质—细胞器—细胞衣—细胞膜—细胞突，等。

4. **简明通俗** 这指的是科技术语应当简单明了，易懂、易记、易写、易用等。例如，television（电视），feedback（反馈），optical fiber（光纤）等。定名时，往往发现由一长串名词组成的复合词，显得繁冗，又增加记忆负担，这时，可以在不改变概念的前提下尽量减少用词，甚至用其简称或缩略语，达到简明的目的。例如，AIDS（艾滋病）——acquired immune deficiency syndrome（获得性免疫缺陷综合征），laser（激光）——light amplification by stimulated emission of radiation 等。当然，缩略语的使用原则应该是行业承认，公知公用，约定俗成的。反之，就应该在缩略语名词第一次出现时，其后用括号注明中文或外文的全称，以免滥用。

5. **纯概念性** 术语应当只包含具有明确的语义范围的实体，即它的逻辑意义。审定术语应选择语义属于中性的、不包含主观评价成分，不得具有情感色彩的词汇。称"肺结核"，不称"肺痨"；称"艾滋病"，不称"爱滋病"；称"维生素 C 缺乏病"，不称"坏血病"。

6. **中文特性** 术语的定名，应该体现汉语表意文字的特点，使人望文生义，有中国味。例如，Kaschin-Beck disease，过去称"卡-贝二氏病"，现在定名为"大骨节病"等。对外来语是采用意译还是音译，现在仍有争论，但许多定名专家主张应尽量意译，少用音译，以体现中文特性。

7. **国际性** 这是要求术语应与国际上通用的相应术语保持概念一致，

以不违反本民族的构词基本规则为前提，力求词形与发音上也能与国际词接近，尤其是由希腊语等词素构成的术语使用得比较多。例如，X-ray 称"X 射线"，α-particle 称"α 粒子"，β-decay 称"β 衰变"等。目前，以计算机为代表的学科，许多词汇是以原形出现的，而不必再译成汉语，如 WINDOWS，BASIC 等。

8. 内涵特性　有些术语由于历史原因定名不确切，或未能体现其本质特征，有些术语则是以讹传讹沿用下来。据此，名词委按照是否名符其义、体现概念内涵，予以科学定名。例如，"河豚毒素"修订为"河鲀毒素"，"颉颃作用"修订为"拮抗作用"，"心肌梗塞"修订为"心肌梗死"，计算机名词"菜单"修订为"选单"等。

9. 约定俗成　即个别术语的原名虽然不大科学，但由于使用时间较久，应用范围很广，人们早已习惯，则不宜轻易改动，以继续使用为宜，否则将会造成新的混乱。例如，panda（熊猫）虽然它属于熊科动物，但人们已习惯这一称谓，不宜再改作"猫熊"等。一般认为，约定俗成的范围越小越好。

以上 9 条原则是从一组等义词语中选择规范术语的基本标准，其中，单义性、科学性、内涵特性和简明通俗等应当作为定名的主要原则。

三、使用医学名词术语需要注意的问题

1. 注意名词本注释栏里的几项规定

(1)"正名"即名词委公布的规范名称。

(2)"简称"与规范名词等效。例如，光学显微镜—光镜，新陈代谢—代谢，等。

(3)"又称"是不推荐的非规范名。例如，抗坏血酸—维生素 C，中风—卒中，等。

(4)"曾称"是被淘汰废弃的旧名词，不得再使用。例如，先天愚型—唐氏综合征，等。

(5)"俗称"是非学术用名，科技书刊中不宜使用。例如，打嗝—呃逆，囊虫病—猪囊尾蚴病，隐形眼镜—接触镜，等。

2. 按照定名原则纠正尚未统一的名词　例如，建议《化学名词》词条"机理"，宜向《生理学名词》词条"机制"看齐；《心理学名词》词条"克汀病"（音译），宜向《医学名词》词条"呆小病"（意译）看齐；《生理学名词》词条"皮层"，按系统性原则，宜向《人体解剖学名词》词条"皮质"看齐；按外国自然科学家译名通则关于双音节以上的以人名命名的名词不再加"氏"字的规定，《微生物学名词》词条"革兰氏染色""立克次氏体"等译名，宜规范作"革

兰染色""立克次体"等。

3. 贯彻名词术语规范化原则

(1)准确规范：凡国际或国内学术界已通用的名词，切莫杜撰新词或自行定义。如类毒素与毒素类、类风湿与风湿类，都是有确切定义的，并不是玩文字游戏。

医学名词以全国自然科学名词审定委员会公布的、科学出版社出版的《医学名词》为准。①纠正名词中的错别字。例如，《微生物学名词》词条"类葫萝卜素"—"类胡萝卜素"；《遗传学名词》词条"高分辨显带技术"—"高分辨显带技术"，"假两性畸型"—"假两性畸形"；《外科学名词》词条"驱体痛"—"躯体痛"；②使用规范字：例如《人体解剖学名词》词条"内皆"—"内眦"；按词义区分"黏"(nian)与"粘"(zhan)等字，例如医学名词的"黏膜""黏液""黏附"等，口腔医学名词的"粘固""粘结固定桥"等；③使用汉语词典中的首选字。例如，肾脏细尿管中的 Henle loop，《动物学名词》定名为"髓襻"，《生理学名词》定名为"髓袢"，宜统一选用首选字"襻"字。

药学名词以2015年版《中华人民共和国药典》或人民卫生出版社出版的陈新谦、金有豫、汤光主编的《新编药物学》(第17版，2011年)为标准。药品名称应用通用名称，通用名称是药品的法定名称。禁用商品名称、别名、俗名。

尚未审定规范的名词术语以人民卫生出版社出版的《英汉医学词汇》《汉英医学大词典》《中医大词典》，人民军医出版社出版的《现代临床医学辞典》为准。也可参考国家有关标准、规范化教材和专业参考书，或有关医学缩写词辞书。

(2)全文一致：由于历史或翻译的原因，有许多医学名词同一个概念或同一种事物，有不同的名称或书写形式。因此，必须依据全国科学技术名词审定委员会最新公布的标准名词为准，做到全文统一，即使未收入的最新名词，也应做到全文统一，避免混用。

(3)新名词应定义：如果是自己首次提出的，从来没有人用过的新名词，应当在首次出现时给出确切的定义。

(4)由姓名构成的名词：如"裘法祖报道"，不应写成"裘氏报道"或"裘法祖氏报道"，即用全姓名，不单独用姓氏，也不加"氏"字。涉及患者姓名时，应写"姓+某"，如"刘某"，不应写成"刘氏"或"刘×"。涉及外国人姓名时，尽量用原文种的姓，不加"氏"字，如"Gambetti认为"，不应写成"Gambetti氏认为"。但是，如果已有大家熟悉的汉语译名者，可直接用汉语姓，如

"吉雷-巴兰综合征""库欣综合征""帕金森病"等；正文中叙述时，不必写出名的缩写形式，如不应写成"WB Gambetti 认为"或"Gambetti WB 认为"。以外国人姓氏命名的解剖名称、病名、症状、体征、试验、检查等，可根据读者对象统一选用原文种形式或汉语译名，对基层或非专业读者，可统一写汉语译名，如"巴宾斯基征"等；对专业读者，一般写原文种形式，如"Babinski 征"，也可任选其中一种形式，但全文必须统一。

(5) 大小写、上下标、正斜体、中外文书写形式必须标准、规范：医学名词，特别是基础医学名词，大小写、上下标、正斜体、中外文写法比较混乱，如"CO"与"Co"，前者为一氧化碳，后者为钴元素，是完全不同的两种物质；表示显著性检验结果的"P"，如果写成"P（正体）""p（小写、斜体）"都是不正确的。类似上述容易搞错的例子还很多，如 MR 检查中的 T_1WI，T_2WI，甲状腺功能检查的 T_3，T_4 等，不可与指胸椎的 T_1，T_2，T_3，T_4……相混淆。因此，对这些看似不重要的问题，都必须严谨、认真地按标准化、规范化的要求统一书写正确。

第二节　缩略词

医学缩略词是医学名词的缩写形式，它在医学文稿中的作用和重要性不言自明。

1. 通用的缩略词　已公知公用的通用缩略词，可以和医学名词全称一样直接使用，如汉语缩略词"甲亢""冠心病"等。

2. 非通用的缩略词　为叙述方便，对一些较长（多于 5 个字）、文稿中使用频率较高的名词，可自定义缩略词，但在首次出现时应写全称，并在其后的圆括号内写缩写形式，如"慢性阻塞性肺疾病（慢阻肺）""甲状旁腺功能亢进症（甲旁亢）"。此后可直接、统一用"慢阻肺""甲旁亢"，务必注意全称与缩写不要混用。

3. 避免口语化　如"人工流产"缩写为"人流"，"室性期前收缩"缩写为"室早"，"静脉滴注"缩写为"静滴"，"心力衰竭"缩写为"心衰"等都是不正确的。但"生物化学"可缩写为"生化"，这是经审定的标准缩略词。

4. 英文缩略词　文稿中首次使用的，人们不太熟悉的英文缩略词，应先写汉语译名全称，然后在圆括号内写英文全称，逗点后写缩写，如"静态三维成像(static three-dimensional imaging, STDI)""高迁移率族蛋白1(High mobility group box – 1, HMGB – 1)",此后可直接写"STDI""HMGB – 1"等;对人们比较熟悉的名词,多数情况下也可以不写英文全称,如"血栓素 A_2(TXA_2)""低密度脂蛋白胆固醇(LDL-C)""慢性阻塞性肺疾病(COPD)"等;对人们已熟悉的英文缩写,可像汉字缩写一样,直接写缩写形式,如"DNA""RNA""ATP"等。

5. 某些简明、确切的缩略词　一律用英文缩写,如"白细胞(WBC)""红细胞(RBC)""血红蛋白(Hb)""血压(BP)""脉搏(P)""呼吸(R)""体温(T)"等。

6. 外国人姓氏汉译组合缩略词　取汉译姓氏只有1个汉字的,可以加"氏"字,如"唐氏综合征"(Down's syndrome);取汉译姓氏2个或以上汉字,一律不加"氏"字,如"阿尔茨海默病"(Alzheimer's disease);取2位及以上汉译姓氏的,应用姓氏的第1个汉字,不用"氏"字,中间加半字线连接,如"吉兰 – 巴雷综合征"(Guillan-Barre syndrome)。

7. 自定义的缩略词不宜太多　书刊中缩略词,包括自定义的缩略词不宜太多,特别是面向基层读者著作或综合性医学期刊论文更应严格控制,否则将严重影响书刊的可读性。

8. 书刊标题目中缩略词　书名、论文标题目中尽量不用缩略词,但以下情况除外:①众所周知的缩略词,如上述提到的"甲亢""冠心病""DNA""RNA""ATP"等。②专业性或专科性很强专著和论文。

9. 论文摘要中缩略词　提倡尽量写全称,特别是面向基层读者的、综合性医学期刊的论文,以便读者从摘要中直接获取尽可能多的信息。但是,为了浓缩和提高摘要的信息容量,专业性或专科性很强,并拟投专科期刊的论文可适当使用缩略词,一般不必写汉语或英文全称。

10. 其他

(1)缩略词大小写、上下标、正斜体、中外文书写形式与全称词的要求相同,必须标准化、规范化,严谨、认真地写准确,仝稿必须一致。

(2)同形不同义的缩略词,如"TCA"同是"三氯醋酸"和"三碳酸"的缩略词,这种情况完全有可能出现在同一篇论文中,因此,一旦存在这种现象,应设法区分开。

第三节 人名的规范化书写

姓名是个人的代号，属于专有名词。医学书刊中的人名是科技文献著录项目中的重要组成部分，准确地、规范地列名体现对作者和科学家劳动的尊重，同时，消除以往文献在引用人名问题上的混乱，以便把人名正确地、规范地编入索引，为检索文献提供方便

一、中国人姓名

1. **汉语书写规则** 中国人名属汉语语系，包括姓和名2个部分，按姓前名后排列。我国汉族人名的写法大致有6种情况：①单姓+单名，如张华。②单姓+双名，如张远华。③复姓+单名，如欧阳文。④复姓+双名，如皇甫玉珊。⑤双姓+单名，如张杨妹。⑥双姓+双名，林陈慧芳。

人名常见有难字、冷僻字和相似字，编辑加工时须仔细辨别。例如，把姓"傅"写成"付"，把姓"戴"写成"代"，把正体字的姓"萧"写成俗体字的"肖"等。编辑加工时常忘记姓名有"避俗就雅"的习惯，把名的"璧"写成"壁"，把"凤"写成"风"，等。

书写我国少数民族人名时，应本着"名从主人"的原则，按罗马字母或汉语拼音把原名转写为汉字。例如，Babulai(Baburai)—巴布来，Jimu(Jim)—吉木，等。

2. **拼音拼写规则** 根据《GB/T 28039—2011 中国人名汉语拼音字母拼写规则》进行拼写。

(1)正式的汉语人名由姓和名两个部分组成。姓和名分写，姓在前，名在后，姓名之间用空格分开，汉语复姓连写。姓和名的开头字母大写。例如：Wang Fang(王芳)，Ma Benzhai(马本斋)，Ouyang Xiu(欧阳修)，Sima Xiangnan(司马相南)。

(2)由双姓组合(并列姓氏)作为姓氏部分，双姓中间加连接号，每个姓氏开头字母大写。例如：Liu-Yang Fan(刘杨帆)，Zheng-Li Shufang(郑李淑芳)。已专名化了的姓名可连写，庄子(Zhuangzi)。

(3)著名科学家和历史人物的姓名。如果已有惯用拼法，一般宜照写，必要时，可括注。例如：孙逸仙 Sun Yixian(Sun Yat-sen)；张德慈 Zhang Deci(Te Tzu Chang)。

（4）人名的汉语拼音字母须用正体书写，必要时也可用斜体；另外，当以元音 a，o，e 开头的音节在其他音节后面，使音节界限发生混淆时，可采用隔音号"'"隔开。例如：唐西安　Tang　Xi'an。

（5）笔名、字（或号）、艺名、法名、代称、技名、帝王名号等，按正式人名写法拼写。例如：Lu Xun（鲁迅），Cao Xueqin（曹雪芹，"雪芹"为号），Qin Shihuang（秦始皇）。

（6）少数民族语姓名，按照民族语用汉语拼音字母音译转写，分连次序依民族习惯。音译转写法可以参照《少数民族语地名汉语拼音字母音译转写法》执行。例如：Ulanhu（乌兰夫，Wulanfu），Ngopoi Ngawang Jigme（阿沛·阿旺晋美，Apei Awangjinmei），Seypidin（赛福鼎，Saifuding）。

（7）非汉语人名和外国人名，本着"名从主人"的原则，按照罗马字母（拉丁字母）原文书写。例如：马克思　Marx；达尔文　Darwetl；爱因斯坦　Einstein。

（8）中文信息处理中的人名索引，可以把姓的字母都大写，声调符号可以省略。例如：Wang Jianguo（王建国），拼写为：WANG Jianguo；Zhang Ying（张颖）拼写为：ZHANG Ying；Shangguan Xiaoyue（上官晓月）拼写为 SHANG-GUAN Xiaoyue。

二、外国人名的表达

不同国家的姓名表达习惯有显著差别，美国、加拿大、英国、意大利、俄罗斯、泰国、北欧诸国（丹麦、挪威、瑞典、芬兰和冰岛）等的习惯是名前姓后；中国、朝鲜、越南、匈牙利和日本等习惯采用姓前名后的形式。有些国家姓名的表达习惯可能让人难以直接地识别其中的姓和名，此时可参照引文的作者有关姓名表达和对文献引用的方式来进行判断。

1. 在医学书刊中，外国人名一般照搬原文，并且通常只给出姓氏即可。对于人们熟知的外国人名（如爱因斯坦、达尔文等），应使用标准的中文译名。

2. 外国人名译成中文时，应查阅有关最新的各国人名、地名译名手册，如《世界姓名译名手册》《英语姓名译名手册》。

3. 英、美人姓名中前后缀不可省略。如 Jr-Junior，Ⅲ（三世）等，如 F. W. Day. Jr（著录为 Day F W Jr），A. B. Toll，Ⅲ（著录为 Toll　AB Ⅲ）。日本人、朝鲜人、越南人等的姓名用英文表达时最好同时在括号中给出其汉字译名。

4. 在文后参考文献表中，按规定责任者都采用姓前名后的形式，姓氏的字母全部拼写，名缩写为首字母。正文脚注只标注姓。

不同国家作者姓名的习惯表达方式及其在文后参考文献表中的著录格式大致如下：

（1）欧洲人（葡萄牙和西班牙除外）姓名：名前姓后，复姓不可缩写或省略（不论复姓中是否采用连字符）。如 Bird Rosemary（著录为 Rosemary B），Davidson Jeft（著录为 Jeff D），Carson-Peters Henriette（著录为 Henriette C-P）。

（2）葡萄牙人姓名：如果最后一部分中包括指示家庭关系的修饰语（如 Filho，Neto，Sobrinho），则应将它包括于姓中。如 Vidal Neto Victor（著录为 Vidal Neto V）。注意：前葡萄牙殖民地地区的人名也类同；简单姓中以前置词开始时，姓中不包括该前置词，如 Fonseca Maria Anna da（著录为 Fonseca MA）。

（3）西班牙人名：对于包括父姓加母亲婚前姓的西班牙人复姓（如果为已婚女性，可能为介词"de"加其夫姓），使用姓中所有部分，如 Perez y Fernandez Juan（著录为 Perez y Fernandez J）；如果姓中包含有冠词前置词（la，el，las，los），应将它包括在姓中，并大写首字母，如 Las Heras Manuel（著录为 Las Heras M）。

（4）匈牙利人姓名：姓前名后，引用时无须变换位置。如 Bartok Bela（著录为 Bartok B）。

（5）阿拉伯、埃及人姓名：埃及等阿拉伯国家采用名前姓后的方式。如 Khalil Hassan Fahmy（著录为 Hassan Fahmy K）。

（6）印度人姓名：现代印度人姓名已采取名前姓后的格式（其中 Sen 或 Das 应作为姓）。如 Bimal C Sen Gupta（著录为 Sen Gupta BC）。

（7）泰国人姓名：泰国人采取名前姓后的方式。如 Tiep Nguyen Lain（著录为 NguyenLam T），Duangjai Somskdi（著录为 Somskdi D）。

（8）日本、朝鲜人姓名：日本、朝鲜采取姓前名后的方式。如 Hiroko Yakamoto（著录为 Hiroko Y）。

第四节　地名的规范化书写

地名是人们对方位、范围的个体地理实体赋予的专有名称，是各民族交往的重要工具，是社会及科技信息传递中不可缺少的内容。

一、中国地名

准确书写地名关系到国家主权和民族团结，对军事、外交、新闻、出版、测绘、交通、邮电、文教等各项工作都有很大影响，是一项政治性很强的工作。香港、澳门和台湾是我国的神圣领土，在书刊正文和图表中，决不可与我国国名并列。南海诸岛是我国南海大小近300个岛屿、沙洲、暗礁、暗沙的总称，自古以来就是我国的领土，绘制我国领土示意图时，必须加以准确标示。

准确书写地名是科学报道的一项重要内容，农业、气象、地质、医学流行病学等科学研究工作有着强烈的地域性，科技书刊如果只有实验结果，而无明确的实验地名，就会影响书刊的科学性和使用价值。

书写中国地名须注意生、难、僻字和土俗字。例如，安徽省亳县（亳，bo）；四川省的涪陵县（涪，fu）。

注意正确运用简化字。编辑加工地名时，不得使用非规范字。例如，浙江省的"嘉兴""上虞"，有时被误写成"加兴""上于"等。某些书写繁琐的地名国务院已经批准更名，例如，黑龙江省的"爱辉"县、"铁力"县等，江西省的"新于"县等，贵州省的"习水"县等就是更名后的新名。

中国地名汉语拼音字母拼写按照中国地名委员会、中国文字改革委员会、国家测绘局颁发《中国地名汉语拼音字母拼写规则（汉语地名部分）》（2005-08-02），包括分写与连写，数词的书写，语音的依据，大小写、隔音、儿化音的书写和移行，起地名作用的建筑物、游览地、纪念地和企事业单位等名称的书写等。

二、外国地名

1. 国外地名表达以《世界地名手册》为准，或新华社公布地名的为准。对于省或州以下的外国地名，最好直接用原文表示。

2. 外国地名译成中文时，应查阅有关最新的各国地名译名手册，如《世界地名录》《外国地名译名手册》等。

3. 文后参考文献表中外国出版地和出版者的表达　对于专著(书籍)类出版物，需标注出版社名和出版社所在的城市名，即："出版地：出版者"。如果专著中载有多个出版地，可只著录其中一个处于显要位置的出版地。如London：Butterworths，1978(原文：London，Boston，Sydney，Wellington，Durban，Toronto：Butterworths，1978)。

为了简洁，出版社名需要采用缩写形式。通用的主要缩写规则如下：

(1)通常可删减的词：冠词(a，an，the，les 等)，介词(of，de 等)，著名出版机构中具有"出版公司"含义的词(Press，Editions，Books，House，Publishers，Librairie，Verlage，Inc.，Ltd.，C.，Corp. 等)。

(2)避免容易引起混淆的删减：例如，对于不知名的出版社，则应保留其中具有"出版公司"含义的词(如可将 Press 缩写为 Pr，Presses 缩写为 Prs 等)。又如，隶属于大学(University)的出版社(Press)，一定要保留 Pr，因为大学本身也可以独立从事出版活动，而不必通过其附属的出版社。再如，Les Editions INSERM 中的 Editions 应保留，因为 INSERM 也有可能表示另外一个名称。

(3)出版社名称中专业性学术协会或机构的名称应保留，但可缩写：如 Assoc(Association)，Coll(College)，Inst(Institute)，Soc(Society)；如果出版社的名称包含有人名(如 Harry NA，Norton WW，Wiley J)，保留姓即可(如 Abrams，Norton，Wiley)。

(4)如果删除某些词汇后只留下形容词，则不可删除：如 Academic Press 不可删节为 Academic。

(5)以知名机构或学会名称表示的出版社通常可缩写成大写的首字母：如 GPO(Government Printing Office)，IOS(International Organization for Standardization)。

第四章　数字用法和数值修约

在医学书刊中使用数字，主要有阿拉伯数字、汉字数字和罗马数字，特别是阿拉伯数字使用的频率是很高的，因此，数字用法的正确与否，是衡量书刊标准化、规范化程度的一个重要方面。

长期以来，由于没有统一的体例，致使在涉及数字时，是使用汉字还是使用阿拉伯数字，出现了比较混乱的情况。这不但给作者写作和编辑编校工作增加了许多不必要的负担，而且不利于计算机输入、检索，也不利于语言文字的规范化。为了改变数字使用混乱的状况，使出版物在涉及数字时使用阿拉伯数字和汉字数字的体例统一，1987年1月1日，国家语言文字工作委员会等7个单位公布了《关于出版物上数字用法的试行规定》。在该规定实施的基础上，1995年国家技术监督局发布了GB/T 15835—1995《出版物上数字用法的规定》，2011年国家质量监督检验检疫总局、国家标准化委员会修订GB/T 15835—1995标准，发布GB/T 15835—2011《出版物上数字用法》，对书刊出版物中的数字用法做出了规定。现在，医学书刊中数字用法混乱的情况虽然有了很大改变，但不符合国家标准之处仍较普遍。同时，参数范围的表示、数值的修约等方面，也还存在不少问题。

本章针对医学书刊的特点，遵循科学性、简洁性、灵活性原则，综合国家颁布的有关标准和规定，介绍数字用法和修约的一般规则，其中也包括某些约定俗成的内容。

第一节　数字用法

一、数字形式的选用

（一）选用阿拉伯数字

由于阿拉伯数字具有笔画简单、结构科学、形象清晰、组数简短，便于

第四章 数字用法和数值修约

录入等优点,因此,在医学书刊中凡是可以使用阿拉伯数字而且又很得体的地方,均应使用阿拉伯数字。

1. **计量和计数资料数据要用阿拉伯数字** 医学书刊中,总的原则凡处在计量单位、计数单位前面以及计数的数字,包括10以下的个位数字,除个别特例外,均应使用阿拉伯数字。

在使用数字进行计量的场合,如正负数、小数、分数、百分数、比例、部分概数等,为达到醒目、易于辨识的效果,应采用阿拉伯数字。

示例1:-125.03,34.05%,0.5,4/5,63%~68%,1:500,300多。

当数值伴随有计量单位时,如:长度、容积、面积、体积、质量、温度、音量、频率等,特别是当计量单位以字母表达时,应采用阿拉伯数字。

示例2:6 cm,10 mmol/L,5.34 m^2,7 m^3,60~80 kg,34~39 ℃,120 dB。

关于数字"一"可否改用"1",需要加以判别,避免造成不得体。判定的主要"规则"是:用"一"以外的数代替"一",合情理,可以改为"1",不合情理,必须用"一"。例如:他忙碌了1天;他一天忙到晚。

关于数字"二"和"两"可否改用"2",一般来说都可以改,这时的"2"既可读作"二",也可读作"两"。例如:他提了2条建议;电压为2伏(2V);车祸造成1人死亡、2人重伤的悲惨结果。

2. **世纪、年代、年、月、日、时刻可用阿拉伯数字** 日期和时刻可采用全数字式表示,年份必须用全称。例如2006年6月23日7时28分31秒可写作2006-06-23 T 07:28:31。年、月、日之间用半字线"-"连接,时、分、秒之间用冒号":"连接,月、日和时、分、秒均为2位数字,日期和时刻之间用时间标志符"T"连接。

有特定起点和终点的时间段,其连接号用"/"或"—",在医学书刊中宜用"—"。例如:20世纪60—90年代;2001—2005;2006-08-10—09-10;2006-08-20 T 20:21—25。

3. **序数词和编号的数字用阿拉伯数字** 在使用数字进行编号的场合,为达到醒目、易于辨识的效果,应采用阿拉伯数字。

示例:电话号码:58888671;邮政编码:100038;通信地址:北京市海淀区复兴路11号;邮箱:x186@186.net;网页地址:http://127.0.0.1;国际标准书号:ISBN 78-7-80184-224-4;连续出版物刊号:CN 13-1316/R;章节编号:4.1.2;国家标准:GB/T 15835—2011;产品型号:PH-3000型计算机;产品序列号:C84XB-JYVFD-P7HC4-6XKRJ-7M6XH;动物合格证号:SCKX(新)2011-0001;药品批准文号:国药准字 Z20040063。

4. 已定型的含阿拉伯数字的词语　现代社会生活中出现的事物、现象、事件，其名称的书写形式中包含阿拉伯数字，已经广泛使用而稳定下来，应采用阿拉伯数字。

示例：3G 手机；G8 峰会；维生素 B_{12}。

（二）选用汉字数字

1. 非公历纪年　干支纪年、农历月日、历史朝代纪年及其他传统上采用汉字形式的非公历纪年等，应采用汉字数字。

示例：丙寅年；庚辰年八月五日；腊月二十三；清咸丰十年九月二十日；藏历阳木龙年八月二十六日；日本昭和二十年。

2. 概数　数字连用表示的概数、含"几"的概数，应采用汉字数字，一般医学书刊使用较少。

示例：一二十个；几万分之一；三四个月；五六十年前；四十五六岁。

3. 已定型的含汉字数字的词语　汉语中长期使用已经稳定下来的包含汉字数字形式的词语，如语素构成定型的词、词组、惯用语、缩略语或具有修辞色彩的语句时，应采用汉字数字。

例如：二元二次方程，四氧化三铁，二倍体，三叶虫，十二指肠，十字接头，三心二意，五体投地，七上八下，四化建设。

（三）选用阿拉伯数字与汉字数字均可

如果表达计量或编号所需要用到的数字个数不多，选择汉字数字还是阿拉伯数字在书写的简洁性和辨识的清晰性两方面没有明显差异时，两种形式均可使用。

示例1：17 号楼（十七号楼）；3 倍（三倍）；第 5 个工作日（第五个工作日）；100 多件（一百多件）；20 余次（二十余次）；约 300 人（约三百人）；40 天左右（四十天左右）；50 上下（五十上下）；第 8 天（第八天）；0.5（零点五）；76 岁（七十六岁）；120 周年（一百二十周年）；1/3（三分之一）；公元前 8 世纪（公元前八世纪）；20 世纪 80 年代（二十世纪八十年代）；公元 253 年（公元二五三年）；1997 年 7 月 1 日（一九九七年七月一日）；下午 4 点 40 分（下午四点四十分）。

如果要突出简洁醒目的表达效果，应使用阿拉伯数字；如果要突出庄重典雅的表达效果，应使用汉字数字。

示例2：北京时间 2008 年 5 月 12 日 14 时 28 分；十一届全国人大一次会议，不写为"11 届全国人大 1 次会议"；六方会谈不写为"6 方会谈"。

在同一场合出现的数字，应遵循"同类别同形式"原则来选择数字的书写形式。如果两数字的表达功能类别相同（比如都是表达年月日时间的数字），或者两数字在上下文中所处的层级相同（比如文章目录中同级标题的编号），应选用相同的形式。反之，如果两数字的表达功能不同，或所处层级不同，可以选用不同的形式。

示例3：2008年8月8日亦可写二〇〇八年八月八日，不写为"二〇〇八年8月8日"；第一章、第二章……第十二章，不写为"第一章、第二章……第12章"；第二章的下一级标题可以用阿拉伯数字编号：2.1，2.2，……应避免相邻的两个阿拉伯数字造成歧义的情况。

示例4：高三3个班，高三三个班（不写为"高33个班"）；高三2班，高三(2)班（不写为"高32班"）。

（四）罗马数字

在科技文献中，罗马数字也经常被使用；而罗马数字的记数比较特殊，不熟练掌握，在识别或使用时可能出错。

罗马数字的基本数字只有7个，即：I(1)，V(5)，X(10)，L(50)，C(100)，D(500)，M(1 000)。其记数法则为：

(1) 一个数字重复几次，表示该数增到几倍。例如：CCC表示：300。

(2) 一个数字右边附加一个较小数字所表示的数是大、小数字之和。

例如：LI表示50+1=51；DCCV表示500+100+100+5=705。

(3) 一个数字左边附加一个较小数字所表示的数是大、小数之差。

例如：I$\overline{\text{L}}$表示10-1=9；XC表示100-10=90；CMXCIX表示1 000-100+100-10+10-1=999。

(4) 数字上方加一横线，表示该数字扩大到1 000倍。

例如：$\overline{\text{L}}$表示50×1 000=50 000。

(5) 数字上方加2根横线，表示该数扩大到100万倍。

例如：DLXI表示561，$\overline{\overline{\text{DLXI}}}$就表示$561×10^6$=5.61亿。

二、数字形式的使用

（一）阿拉伯数字的使用

1. 多位数　为便于阅读，四位以上的整数或小数，多位数分节方式参照《GB 3101—1993有关量、单位和符号的一般原则》的规定执行，可采用以下两种方式分节：

(1) 第一种方式：千分撇","。

整数部分每三位一组，以","分节。小数部分不分节。四位以内的整数可以不分节。

示例1：624,000；92,300,000；19,351；235.235767；1256。

(2)第二种方式：千分空。

从小数点起，向左和向右每三位数字一组，组间空四分之一个汉字，即二分之一阿拉伯数字的位置。四位以内的整数可以不加千分空。

示例2：55 235 367.346 23；98 235 358.238 368

尾数"0"多的5位以上数字，可改写为以万、亿为单位的数。一般情况下不得以十、百、千、十万、百万、千万、十亿、百亿、千亿作单位，只有法定计量单位的词头例外。

示例3：1 363 000 000人可改写为13.63亿人或13亿6 300万人，但不能改写为13亿6千3百万人；3 000元不能写作3千元，而3 000米可以写作3千米。

尾数有3个以上"0"的整数和小数点后面有3个以上"0"的纯小数，均可改为"$\times 10^n$"（n为正、负整数）的写法。

2. 纯小数　必须写出小数点前定位的"0"，小数点是齐阿拉伯数字底线的实心点"."。

示例：0.46不写为.46或0。46。

3. 数值范围　在表示数值的范围时，除时间范围使用一字线"—"之外，均应采用波浪式连接号"～"或一字线连接号"—"。医学书刊中以用"～"为好。不管哪一种，全本刊物应统一，切忌时而用"—"，时而用"～"。有的刊物用半字线"-"和破折号"——"做范围号是不正确的。前后两个数值的附加符号或计量单位相同时，在不造成歧义的情况下，前一个数值的附加符号或计量单位可省略。如果省略数值的附加符号或计量单位会造成歧义，则不应省略。

示例：36～3.8 ℃；100～150 kg；13万元～17万元(不写为13～17万元)；15%～30%(不写为15～30%)；4.3×10^6～5.7×10^6(不写为4.3～5.7×10^6)，但可写成$(4.3$～$5.7) \times 10^6$。

4. 时间表述

(1)年月日：表达顺序应按照口语中年月日的自然顺序书写。

示例1：2017年5月1日，可写为2017-05-01。"年""月"可按照《GB/T 7408—2005 数据和交换格式 信息交换日期和时间表示法》中的5.2.1.1中的扩展格式，用"-"替代，但年月日不完整时不能替代。

示例2：8月8日(不写为8-8)，2008年8月(不写为2008-8)。

四位数字表示的年份不可简写为两位数字。

示例3:"1990年"不写为"90年"。

月和日是一位数时,可在数字前补"0"。

示例4:2008 - 08 - 08;1997 - 07 - 01。

(2)时分秒:计时方式即可采用12小时制,也可采用24小时制。

示例1:11时40分(上午11时40分);21时12分36秒(下午9时12分36秒)。

时分秒的顺序应按照口语中时、分、秒的自然顺序书写。

示例2:15时40分;14时12分36秒。

"时""分"也可按照GB/T 7408—2005 的5.3.1.1和5.3.1.2中的扩展格式,用":"替代。

示例:15:40;14:12:36。

(3)含有月日的专名:含有月日的专名采用阿拉伯数字表示时,应采用间隔号"·"将月、日分开,并在数字前后加引号。如:"3·15"消费者权益日。

5. 数值的有效位数应全部写出 例如:一组电压数据"0.500, 0.750, 1.000 V"不能改写作"0.5, 0.75, 1 V"。但要注意,属于有效数字的"0"必须写出。例如:已知4 800 000这个数有3位有效数字,则应写作4.80×10^6或480×10^4,而不能写作4.8×10^6。

6. 书写格式

(1)字体:出版物中的阿拉伯数字,一般应使用正体二分字身,即占半个汉字位置。如:234;57.236。

(2)换行:一个用阿拉伯数字书写的数值应在同一行中,不可断开、换行。

(3)竖排文本中的数字方向 竖排文字中的阿拉伯数字按顺时针方向转90度,旋转后要保证同一个词语单位的文字方向相同。

示例:

示例一 雪花牌BCD188型家用电冰箱容量是一百八十升,功率为一百二十五瓦,市场售价两千零五十元,返修率仅为百分之零点一五。

示例二 海军J121号打捞救生船在太平洋上航行了十三天,于一九九〇年八月六日零时三十分返回基地。

(二)汉字数字的使用

1. 概数　两个数字连用表示概数时,两数之间不用顿号"、"隔开。

示例:二三米,一两个小时,三五天,一二十个,四十五六岁。

2. 年份　年份简写后的数字可以理解为概数时,一般不能简写。

示例:"一九七八年"不写为"七八年"。

3. 含有月日的专名　采用汉字数字表示时,如果涉及一月、十一月、十二月,应用间隔号"·"将表示月日的数字隔开,涉及其他月份时,不用间隔号。例如:"十一"国庆节,"五四"运动,"一二·九"运动。

4. 大写汉字数字

(1)大写汉字数字的书写形式

零、壹、贰、叁、肆、伍、陆、柒、捌、玖、拾、佰、仟、万、亿

(2)大写汉字数字的适用场合

法律文书和财务票据上,应采用大写汉字数字形式记数。

示例:3,504元(叁仟伍佰零肆圆),39,148元(叁万玖仟壹佰肆拾捌圆)

5. "零"和"〇"　阿拉伯数字"0"有"零"和"〇"两种汉字书写形式。一个数字用作计量时,其中"0"的汉字书写形式为"零",用作编号时,"0"的汉字书写形式为"〇"。

示例:"3052(个)"的汉字数字形式为"三千零五十二"(不写为"三千〇五十二");"95.06"的汉字数字形式为"九十五点零六"(不写为"九十五点〇六");"公元2012(年)"的汉字数字形式为"二〇一二"(不写为"二零一二")。

(三)阿拉伯数字与汉字数字同时使用

如果一个数值很大,数值中的"万""亿"单位可以采用汉字数字,其余部分采用阿拉伯数字。

示例1:我国2010年第六次人口普查人数为13亿3972万人。

除上面情况之外的一般数值,不能同时采用阿拉伯数字与汉字数字。

示例2:108可以写作"一百零八",但不应写作"1百零8""一百08";4 000可以写作"四千",但不能写作"4千"。

第二节 数值的修约

对实验测定和计算所得的各种数值常常要进行修约,不少人在修约时简单地采用四舍五入的方法,这是不正确的。关于数值的修约,应遵循国家标准《GB/T 8170—2008 数值修约规则》《GB 3100～3102—1993 量和单位规定》规定的实施。

一、步骤

1. 确定保留位数　有 2 种表示方法:一是指定数位,如指定修约到 n 位小数、"个""十""百"……数位;另一是指定保留 n 位有效位数。

有效位字是指在测量中所能得到的有实际意义的数字。一个有效数字构成的数值,只有末位数字是估计数字,其他均为准确数字。有效数字与测量仪器的灵敏度有关,如天平的敏感度为 0.1 mg,那么称重结果 12.34 mg 中,12.3 mg 为准确数字,0.04 mg 为估计数字,2 项合在一起组成有效数字。平均值±标准差($\bar{x} \pm s$)的位数,一般按标准差的 1/3 来确定,如:(3.61±0.42)kg,标准差的 1/3 为 0.14,标准差波动在百分位,即小数点后第 1 位上,故应取到小数点后第 1 位,即 3.6±0.4,过多的位数并无意义。但是在一系列数值并列时,小数点后的位数应一致,例如在 3.61±0.42,5.86±0.73,2.34±0.15 这样一组数据中,3 组数据中最小标准差 0.15 的 1/3 为 0.05,在小数点后第 2 位,则这组数据的有效位数均取到小数点后第 2 位。

2. 按规则进行修约　应遵循国家标准《GB/T 8170—2008 数值修约规则》《GB 3100～3102—1993 量和单位规定》。

二、修约规则

数值修约的规则:4 舍 6 入 5 看右,右边有数应进位,右边无数再看左,奇进偶不进。

1. 拟舍弃数字的最左一位数字≤4,则舍去,≥6,则进 1。

2. 拟舍弃数字的最左一位数字等于 5,若其右边的数字并非全部为"0"时,则进 1;其右边数字皆为"0"时,所拟保留的末位数字若为奇数则进 1,若为偶数或"0"则舍弃。

示例:对下列 4 个已知数进行修约,修约数保留小数点后 1 位,如 3.16

修约为 3.2；3.14 修约为 3.1；3.1503 修约为 3.2；3.1500 修约为 3.2；3.4500 修约为 3.4。

3. 负数修约时，先将其绝对值按上述规定进行修约，然后在修约值前加上负号。

4. 所拟舍弃的数字若为 2 位以上时，不得连续进行多次修约。

示例：对 8.345 7 进行修约，保留到小数点后 1 位，修约后的数应为 8.3。如果进行多次修约，则结果为 8.4。

三、经单位换算后数值的修约

1. 对于准确值，在乘以准确的换算因数后，不得进行修约。

2. 极大值或极小值换算后，应遵循"极大值只舍不入，极小值只入不舍"的原则。

示例：不能大于 8 gal（加仑）。将"gal"换算成"L"保留 2 位小数。

在这里 8 gal 是极大值。按 1 gal = 4.546 L，得 8 gal = 36.368 L。由于只要求保留 2 位小数，根据极大值只舍不入的原则，应修约成 36.36 L。有人把它修约成 36.37 L，这是不对的，因为 36.368 L，已是极大值了，修约成 36.37 L 就变得更大了。

四、参数和偏差范围表示

1. 单位相同的量值范围，只需写出后一个量值的单位。

示例：36.2~37.2 ℃，不必写作 36.2 ℃~37.2 ℃。

2. 百分数的范围，前一个参数的百分号"%"不能省略。

示例：5.3%~9.8% 不能写作 5.3~9.8%。

3. 有相同幂次的参数范围，前一个参数的幂次不能省略。

示例：$4\times10^3 \sim 6\times10^3$ 不能写作 $4\sim6\times10^3$，但可写作 $(4\sim6)\times10^3$。

4. 单位不完全相同的参数范围，每个参数的单位必须全部写出。

示例：36°10′~42°18′。

5. 参数与其偏差的单位相同时，单位只需写 1 次。

示例：25.3 mm ± 0.1 mm，可以写成 (25.3 ± 0.1) mm，但不能写作 25.3 ± 0.1mm。

6. 参数的上、下偏差不相等时，偏差分别写在参数的右上、右下角，单位只写 1 次。

示例：35 ± 21℃ 不应写作 35 + 2℃ − 1℃。

7. 参数的上或下偏差为 0 时，0 前面的"＋"或"－"号应省略。

8. 表示 2 个绝对值相等、偏差相同的参数范围时,范围号"～"不能省略。

示例:5′±2″～-5′±2″不能写作±5′±2″。

9. 表示带中心值的百分数偏差时,应写成(27±2)%,而不应写成 27±2%,但可写作 27%±2%。

10. 附带尺寸单位的量值相乘,按下列方式书写:40 cm×70 cm×90 cm;不能写作 40×70×90 cm 或 40×70×90 cm³。

11. 一系列量值的计量单位相同时,可仅在最末一个量值上写出单位。

示例:60,80,120 mmol/L,不必写作 60 mmol/L,80 mmol/L,120 mmol/L。

五、其他

1. 数字增加、减少的正确表示。

(1) 数字的增加可用倍数和百分数表示:

增加了 3 倍,即原来为 1,现在为 4。

增加到 3 倍,即原来为 1,现在为 3。

增加了 60%,即原来为 1,现在为 1.6。

(2) 数字的减少只能用百分数或分数表示:

降低了 60%,即原来为 1,现在为 0.4。

降低到 60%,即原来为 1,现在为 0.6。

减少了 1/4,即原来为 1,现在为 0.75。

经常见到的"减少了 2 倍""降低了 3 倍"等表述都是错误的。

2. 正确使用数字前后表示约数的词。

(1) "约""近""左右"等不能并用。

示例:"收缩压约为 140 mmHg 左右"的写法是不妥的。

(2) 最大和最小值不应用概数。

示例:"最慢心率为 50 次/分钟左右""最高体温为 39～40 ℃",以及"血压超过 200 多 mmHg"等说法都是不妥的。

(3) 带有"几"字的概数用汉字。

示例:三百几十,五千几百。

第五章　量和单位

量和单位是科技书刊中使用较多的专有名称和符号之一。根据国家技术监督局的规定，除古籍和文学艺术类书籍外，自"1995年7月1日以后出版的科技书刊在使用量和单位名称、符号、书写规则时应符合新标准的规定；所有出版物再版时，都要按新标准进行修改"。因此，作者撰稿和编辑加工中，均应遵照国务院1984年2月颁布的《中华人民共和国法定计量单位》和国家技术监督局1993年12月27日发布的国家标准GB 3100—1993、GB 3101—1993、GB 3102.1~3102.13—1993（共15个文件）的规定，处理好稿件中所涉及的量和单位。

目前，在执行有关量和单位国务院规定和国家标准方面仍存在以下问题。

1. 使用已废弃的非法定单位和单位符号　非法定单位如斤、达因（dyn）、卡（cal）、当量浓度（N）等；单位符号如ok（开尔文）、rmp（转每分）、hr（小时）、y或yr（年）等。

2. 使用已废弃的量名称，如比重（相对密度）、比热（比热容量）、电流强度、绝对温度、克分子浓度等。

3. 未使用国家规定的量符号。例如：质量符号不用m，而用w，P或Q等。

4. 同一部著作或同一篇论文中的单位，时而用中文符号，时而用国际符号；在组合单位中2种符号并用，如"m/秒"。

5. 把一些不是单位符号的符号，如英文缩写字、全称等，作为标准化符号使用。如ppm（10^{-6}）、sec（秒）、Joule（焦）等。

6. 量符号及其下角标符号、单位及词头符号的正斜体、大小写比较混乱。

7. 不善于使用词头构成十进倍数单位。

8. 词头使用错误,如重叠使用、独立使用、对乘方形式的单位加错了词头等。

9. 在图、表等中用符号表示数值的量和单位时,未采用标准化表示法。如"m·kg""m(kg)"等未表示成"m/kg"。

第一节　量名称及符号

量分为物理量和非物理量,物理量定义是"现象、物体或物质的可以定性区别和定量确定的一种属性"。

一、量的名称

量的名称因历史的原因或来源不一,有些量(如物理量"力""质量""长度""电流"等)具有专门名称,而有些量(如某些导出量)则没有专门名称。医学书刊中涉及量名称时,有专门名称者,应使用国标最新版中推荐使用的名称;没有专门名称者,本着命名科学、简明、通俗的原则,推荐参照 GB 3101—1993《有关量、单位和符号的一般原则。附录 A 物理量名称中所用术语的规则》命名。而且,在同一部著作或同一种期刊中,同一个物理量的名称应保持一致;如果同一部著作或同一种期刊中,同一个物理量的名称因引用的文献不同而不同时,应修改为同一个名称,或做必要的说明或注释。

物理量都有其各自的名称。GB 3102.1~13 中,共列出常见的 614 个量,按照科学的命名规则(见 GB 3101—1993 的附录 A)并遵循我国的习惯,为它们规定了名称,这些名称简称它为"标准量名称"。关于量的名称,在使用中一般应该使用标准量名称,不要使用自造的或已经废弃的旧名称。常见标准量名称与非标准的对照见表 5-1。

二、量的符号

量符号应采用国家标准中规定的量符号。有关量符号的一般规则:

1. 量符号一般为单个拉丁字母或希腊字母,只有 25 个用来描述传递现象的特征数是例外,它们均由 2 个字母构成,如欧拉数 Eu、磁雷诺数 Rm 等。

2. 量符号必须采用斜体字母,pH 除外。

3. 矢量、张量符号一律用黑斜体。

表 5-1 常见标准量名称与非标准量名称对照

标准量名称、符号	非标准量名称
面积 A, (S)	亩数
质量 m	重量
密度 ρ,相对密度 d	比重
摩擦因数 μ, (f)	摩擦系数*
质量热容,比热容 c	比热
质量定压热容,比定压热容 C_p	定压比热容,恒压比热
热力学能 U	内能*
电流 I	电流强度
相对原子质量 A_r	原子量
相对分子质量 M_r,分子质量 m	分子量
物质的量 n, (v)	摩尔数,克原子数,克分子数,克离子数,克当量
B 的质量分数 ω_B	重量百分数,重量的百分浓度
B 的体积分数 φ_B	体积百分浓度
B 的浓度,B 的物质的量浓度 c_B	体积克分子浓度,摩尔浓度,当量浓度
粒子注量 Φ	剂量
[放射性]活度 A	放射性强度,放射性

注:*表示暂时仍可与标准量并用,但在实践中不使用

4. 不能把量符号当做纯数来使用。例如,长度厘米为"Lcm",时间秒为"ts"一类说法是不对的(这里的 L 和 t 分别是长度和时间的量符号)。

5. 量符号上可以根据需要附加其他符号,以下标、上标、顶标、底标、侧标符号或(和)其他说明性标记来表示不同的量或同一个量的不同状态。所加的附加符号有上角标字母、"Θ""*"","等,用以表示某些特定的状态、位置、条件或测量方法等,如"*"用于表示"纯的""理想的","Θ"表示"标准的"等。但是,表示变量的符号或数字一般不标右上标,以免与幂次混淆。

6. 量符号的组合规则

相乘:zy,z·y。

对于 2 个字母构成的量符号,为避免误解为 2 个量的相乘,当它们出现在公式中时,相乘的量之间一定要加中圆点"·"或空出 1/4 个字的位置。例如:$Ma·b$,$Ma\ b$,不要排成 Mab。

对于矢量相乘,不加乘号与加"·"和"×"的意义是各不相同的,不能互相变换。

相除：x/y，x·y^{-1}，xy^{-1}。

采用"/"作相除号时，同一行中的"/"不能多于 1 条(加括号时例外)。当分子、分母为多项式时，如采用"/"，必须使用括号。

三、量符号的使用和注意事项

1. 不可以将元素符号、化学式作为量符号使用。例如：盐酸的质量不可以写成 HCl = 5 kg，而应写成 $m(\text{HCl}) = 5$ kg 或 $m\text{HCl} = 5$ kg；铁的质量分数不可以写成 Fe% = 67.89%，而应写成 $w(\text{Fe}) = 67.89\%$ 或 $W\text{Fe} = 67.89\%$。

2. 不可以用量的英文名称的缩写字母组合作为量的符号。因为这种缩写是量的英文名称的简称。虽然国标给出的某些量的符号是由英文名称中的某个或某两个单词的第一个字母构成，但它已不是简单意义的英文名称的简称。书刊中遇到用缩写字母组合作为"量符号"而又无合适的符号可供选择替代时，如 LC，CD，COD 等可以继续使用，但必须用正体印刷，以表明它们是英文名称的缩写，不是量符号。

3. 基于国标 GB 3102.11—1993《物理科学和技术中使用的数学符号》引言中"本标准适用于所有科学技术领域"已更改为"本标准规定物理科学、工程技术和有关的教学中一般常用的数学符号；过于专门的数学符号未列入"，因此标准中列出的常数"π""e""i(j)"以及微分符号"d"、偏微分符号"δ"在非纯数学学科中排正体，在纯数学学科中仍可排斜体。

第二节　单位名称及符号

一、单位名称

1. 单位名称有全称和简称 2 种。单位名称用于不带数值的叙述性文字中，还用于口语中，在不致混淆的场合可以使用简称。

2. 书写名称时不加任何符号。

示例：物质的量单位的名称为摩尔每升，而不是摩尔/升、摩尔/每升。

3. 名称和符号表示的顺序一致。

示例：速度单位符号 m/s(米/秒)，其名称应为"米每秒"，而不是常见到有人说的"秒米""秒分之米""每秒米"。

4. 除号对应的名称为"每"，且"每"只能出现 1 次。

示例：摩尔气体常数的单位符号为 J/(mol·K)，其名称为"焦耳每摩尔开尔文"或"焦每摩开",而不是"焦耳每摩尔每开尔文"。

5. 乘方形式的单位名称,其顺序是指数名称在前,单位名称在后,指数由数字加次方组成;当长度的2次和3次幂是面积和体积时,其相应的指数名称为"平方"和"立方"。

示例:截面系数单位"m^3"的名称为"三次方米",体积单位"m^3"的名称为"立方米"。

(一)法定单位的组成

我国现行的法定计量单位由三部分组成:①SI 基本单位:即国际单位制(SI)的基本单位7个(见表5-2)和辅助单位2个(见表5-3)。②SI 导出单位:包括SI辅助单位在内的具有专门名称的SI导出单位和由于人类健康安全防护上的需要而确定的具有专门名称的SI导出单位(见表5-4)。③非SI法定单位:我国选定的暂时许可与SI单位并用的我国法定计量单位(见表5-5)。

SI基本单位、SI导出单位、非SI法定单位可以自己组合(自组)和相互组合(合组)构成组合单位,也可以和SI词头构成倍数单位(个别例外)。

表5-2 国际单位制(SI)的基本单位

量的名称	单位名称	单位符号
长度	米	m
质量	千克(公斤)	kg
时间	秒	s
电流	安[培]	A
热力学温度	开[尔文]	K
物质的量	摩[尔]	mol
发光强度	坎[德拉]	cd

表5-3 国际单位制(SI)的辅助单位

量的名称	单位名称	单位符号
平面角	弧度	rad
立体角	球面度	sr

表 5-4 国际单位制中赋予专门名称的导出单位

量的名称	单位名称	单位符号	换算关系和说明
[平面]角	弧度	rad	$1\ \text{rad} = 1\ \text{m/m} = 1$
立体角	球面度	sr	$1\ \text{sr} = 1\ \text{m}^2/\text{m}^2 = 1$
频率	赫[兹]	Hz	$1\ \text{Hz} = 1\ \text{s}^{-1}$
力	牛[顿]	N	$1\ \text{N} = 1\ \text{kg}\cdot\text{m/s}^2$
压力,压强,应力	帕[斯卡]	Pa	$1\ \text{Pa} = 1\ \text{N/m}^2$
能[量],功,热量	焦[耳]	J	$1\ \text{J} = 1\ \text{N}\cdot\text{m}$
功率,辐[射能]通量	瓦[特]	W	$1\ \text{W} = 1\ \text{J/s}$
电荷[量]	库[仑]	C	$1\ \text{C} = 1\ \text{A}\cdot\text{s}$
电压,电动势,电位(电势)	伏[特]	V	$1\ \text{V} = 1\ \text{W/A}$
电容	法[拉]	F	$1\ \text{F} = 1\ \text{C/V}$
电阻	欧[姆]	Ω	$1\ \Omega = 1\ \text{V/A}$
电导	西[门子]	S	$1\ \text{S} = 1\ \Omega^{-1}$
磁通[量]	韦[伯]	Wb	$1\ \text{Wb} = 1\ \text{W}\cdot\text{s}$
磁通[量]密度,磁感应强度	特[斯拉]	T	$1\ \text{T} = 1\ \text{Wb/m}^2$
电感	亨[利]	H	$1\ \text{H} = 1\ \text{Wb/A}$
摄氏温度	摄氏度	℃	$1\ ℃ = 1\ \text{K}$
光通量	流[明]	lm	$1\ \text{lm} = 1\ \text{cd}\cdot\text{sr}$
[光]照度	勒[克斯]	lx	$1\ \text{lx} = 1\ \text{lm/m}^2$
[放射性]活度	贝可[勒尔]	Bq	$1\ \text{Bq} = 1\ \text{s}^{-1}$
吸收剂量,比授[予]能,比释动能	戈[瑞]	Gy	$1\ \text{Gy} = 1\ \text{J/kg}$
剂量当量	希[沃特]	Sv	$1\ \text{Sv} = 1\ \text{J/kg}$

表 5-5 我国选定的暂时许用非国际单位制单位

量的名称	单位名称	单位符号	换算关系和说明
时间	分	min	$1\text{min} = 60\text{s}$
	[小]时	h	$1\text{h} = 60\text{min} = 3\ 600\text{s}$
	天[日]	d	$1\text{d} = 24\text{h} = 86\ 400\text{s}$
平面角	[角]秒	″	$1″ = (\pi/648\ 000)\text{rad}\ (\pi\ 圆周率)$
	[角]分	′	$1′ = 60″ = (\pi/10\ 800)\text{rad}$
	度	°	$1° = 60′ = (\pi/180)\text{rad}$
质量	吨	t	$1\text{t} = 10^3\ \text{kg}$
	原子质量单位	u	$1\text{u} \approx 1.660\ 565 \times 10^{-27}\ \text{kg}$
体积	升	L(l)	$1\text{L} = 1\text{dm}^3 = 10^{-3}\ \text{m}^3$
旋转速度	转每分	r/min	$1\text{r/min} = (1/60)\ \text{s}^{-1}$
长度	海里	nmile	$1\text{nmile} = 1\ 852\text{m}(只用于航程)$
速度	节	kn	$1\text{kn} = 1\text{n mile/h} = 1\ 852/3\ 600)\text{m/s}$ (只用于航行)
能	电子伏	eV	$1\text{eV} \approx 1.602\ 177 \times 10^{-19}\ \text{J}$
级差	分贝	dB	
线密度	特[克斯]	tex	$1\ \text{tex} = 10^{-6}\ \text{kg/m}$
面积	公顷	hm²	$1\ \text{hm}^2 = 10^4\ \text{m}^2$

(二)法定单位名称

不同文种有各自文种的单位名称。本书所说的单位名称专指 SI 单位的中文名称。法定单位名称的构成和命名规则如下:

1. SI 单位名称由规定的 7 个 SI 基本单位名称、21 个 SI 导出单位的专门名称,以及由这 28 个规定名称组合而成的组合单位名称构成。

2. 组合单位名称按其单位符号的乘除、乘方等组合形式命名。乘除形式的单位名称按其单位符号表示的顺序命名,其中的乘号没有对应的名称;除号的对应名称为"每"字,无论分母中有几个单位,"每"字只出现一次。乘方形式的组合单位名称,除长度表示面积和体积外,按指数名称"n 次方"在前,单位名称在后顺序命名。见表 5-6。

3. 单位分子为 1,分母有单位时,按"每单位名称"或"负几次方单位名称"命名。

4. 当长度的二次和三次幂分别用于表示面积和体积时,"二次方"改为"平方","三次方"改为"立方",其他量仍用"二次方"和"三次方"。

表 5-6 组合单位名称命名示例

量名称	单位符号	单位名称	错误名称
电偶极矩	$C \cdot m$	库仑米	
电偶极矩	A/m	安培每米	每米安培
线电流	$Pa \cdot s/m$	帕斯卡秒每米	每米帕斯卡秒
质量热容	$J/(kg \cdot K)$	焦尔每千克开尔文	每千克开尔文焦尔、焦尔每千克每开尔文
截面二次矩	m^4	四次方米	米四次方
曲率	m^{-1}	每米,负一次方米	米负一米方
面积	m^2	平方米	二次方米、平方、平米
体积	m^3	立方米	三次方米、立方、方

(三)法定单位名称的使用和注意事项

1. 在书刊中单位名称只用于叙述性文字中。例如:土地面积用"平方千米"或"平方公里",导线截面积用"平方毫米",这是行业惯例。

2. 组合单位的名称中不得附加乘号、除号和其他符号。例如:"欧姆米"不得写成"欧姆·米""欧姆-米"、[欧姆][米]。"米每秒"不得写成"米/秒"、[米]/[秒]、"米/每秒"。

3. 不应该使用不规范的或淘汰的单位名称,见表 5-7 列出的示例。

表 5-7 常见不规范或淘汰单位名称示例

不规范或淘汰的	规范的或暂用的	不规范或淘汰的	规范的或暂用的
呎	英尺	忽米	10微米
吋	英寸	丝米	0.1毫米
啪	英担(1英担=112磅)		
咭	英石(1英石=14磅)	公分(质量)	克
喻	盎司	公丝(一般不用)	毫克
唡	英亩	公毫(一般不用)	厘克
哷;浔	英寻	公厘(质量)	分克
哩	英里	公钱	十克
浬,海浬	海里	公两	百克
公尺	米	公吨	吨
公分(长度)	厘米	公担	分吨(=100公斤)
公厘(长度)	毫米		
		昉	方(响度级单位)
[市]石	100升	唻	宋(响度单位)
[市]斗	10升	嘆	美(音调单位)
[市]升	1升	紫	旦(纤度单位)
[市]合	0.1升	紈	特(纤度单位)
[市]担	50公斤		
[市]斤	0.5公斤	乇	托
[市]两	50克	瓩	千瓦
[市]钱	5克	新烛光、烛光、支	坎[德拉]
[市]分(质量)	0.5克	马力	千瓦
[市]厘(质量)	50毫克	周;周/秒	赫[兹]
[市]里	0.5公里	克分子;克原子	摩[尔]
[市]丈	(10/3)米	立米、立方、方	立方米
[市]尺	(1/3)米	平米、平方	平方米
[市]寸	(1/30)米,(1/3)分米	秒米;米秒	米每秒
[市]分(长度)	(1/3)厘米		
[市]厘(长度)	(1/3)毫米	达因	牛[顿]

二、单位符号

(一)单位符号和单位的中文符号

单位符号有中文符号和国际符号 2 种。在国家标准中,只推荐国际符号,未列出中文符号。鉴于目前还经常碰到中文符号,并且尚存在不少问题。

1. 单位的国际通用符号简称符号,由国际计量局选定的有 28 个符号,其他的单位许多都可以由 28 个符号通过乘除或乘方形式组合而成。此外还有许多非 SI 单位符号，如 min（分钟）、h（小时）、d（日，天）、a（年）、t（吨）等。

单位符号没有复数形式，符号上不得附加任何其他标记或（和）符号。例如土壤中氮的质量分数单位"g/kg"不得写为"gN/kg 土"。单位符号一律正体印刷，符号中的字母除源于人名单位的首字母要大写，以及升的符号"L"可以大写以外，其余均小写。

2. 单位的中文符号、单位名称的简称作为该单位的中文符号使用。例如名称"焦耳"省略"耳"字后，"焦"即作为中文符号作用。中文符号使用时不应混淆单位名称及其中文符号，例如体积单位符号"m^3"，其名称是"立方米"，其中文符号是"米^3"。摄氏度的符号"℃"可以作为中文符号使用。

（二）单位符号、中文符号的使用和注意事项

书刊中涉及的单位符号和单位的中文符号必须符合其使用规则。

1. 单位和词头的符号用于公式、数据表、曲线图、刻度盘等需要明了的地方，也用于叙述性文字中。

2. 组合单位中一般不得同时使用单位符号和单位的中文符号。例如密度单位"kg/m^3"不得写作"千克/m^3"或"kg/米^3"。但是，当组合单位中出现的单位是诸如"件""种""元""次"等非物理量单位时，可以混合使用，例如服药次数可以写作"次/d"。

组合单位中的中文符号不得写作单位名称，例如"千克每平方千米"的中文符号是"千克/千米^2"或"千克·千米$^{-2}$"，不得写作"千克,平方千米"或"千克·平方千米$^{-1}$"。

相乘的组合单位符号之间，建议采用加间隔号的表示形式，例如"N·m"和"牛·米"（虽然国标规定还有其他形式）。

相除的组合单位，一般采用如"ml/min（毫升/分）"或"ml·min^{-1}（毫升·分$^{-1}$）"两种形式之一。

相除的组合单位分母由两个以上单位组合构成时，分母中的单位间要加分隔号，所有单位用括号括起，单位符号间的左斜线"/"不能多于一条。分母中的单位采用负指数形式表示时，每个单位之间也应加间隔号"·"。例如"mg/(kg·d)和"kg·kg^{-1}·d^{-1}"。

3. 单位符号应写在全部数值之后，数值与符号之间应空一定空隙（通常是为四分之一字长）；数值与中文符号之间可以不留空隙。

4. 单位符号都必须作为一个整体使用，不得拆开。例如，摄氏度的单位符号为"℃"，"20 摄氏度（20 ℃）"不得写作或读作"摄氏 20 度"或"20 度"，也不得写作"20 °C"。

5. 角度的度、分、秒的符号单独使用时，要用圆括号括起。如"°""′"

"″"；与数值合用时，排在数字的右上角，如"48°37′50″"。

6. 过去习称的"无量纲"已更名为"量纲一"。任何量纲一的量的Ｉ一贯单位都是"一"，符号是"1"；在表示量值时，"1"一般不明确写出，而且不能与词头结合以构成其十进倍数或分数单位，其十进倍数或分数以 10 的幂表示。

（1）单位"1"有时具有专门名称及其符号。例如：[平面]角的单位名称是"弧度"，符号是"rad"（1 rad = lm/m = 1）；立体角的单位名称是"球面度"，符号是"sr"（1sr = lm，m = 1）；场量级的单位名称是"奈培"，符号是"Np"（INp = 1）；声压级、声强级、声功率级的单位名称是"贝[尔]"，符号是"B"。

（2）数字"0.01"可以百分符号"%"代替；数字"0.001"一般应避免使用千分符号"‰"，但在如医学界统计"出生率""死亡率""病死率"等特殊情况下，原统计数字中出现的"‰"可以保留，不宜简单地把数值中的小数点移前一位改为"%"。

（3）由于百分是纯数字，因此，书稿中常见的把"质量分数"或"体积分数"说成"质量百分（数）"或"体积百分（数）"在原则上是无意义的，写成"%（m/m）"或"%（V/V）"是错误的。

7. 根据国家质量技术监督局和卫生部联合发布的质量监督量函[1998]126 号文件精神，血压计量单位恢复使用毫米汞柱（mmHg），但在书中首次出现时，应注明 mmHg 与千帕[斯卡]（kPa）的换算系数（即 1 mm Hg = 0.133 kPa）。厘米水柱（cmH_2O）参照执行（1 cmH_2O = 0.098 kPa）。

8. 我国规定的土地面积法定计量单位名称（符号）是平方公里（km^2）、公顷（hm^2）、平方米（m^2）。[市]亩为非法定计量单位，然而在目前情况下，必要时仍允许继续使用，但在首次出现时，应注明其与法定计量单位的换算关系，即 1 亩 = 1/15 公顷 = 10 000/15 平方米 = 666.7 平方米。使用时应按照准确度的要求选用不同的换算系数。如 1 亩可为 666.7 m^2 或 666 m^2 或 667 m^2。"平方公里"亦称"平方千米""百万平方米"；其国际符号为"km^2"，读作"平方千米"。

9. 非法定计量单位一般应换算为法定计量单位。但根据"个别科学技术领域中，如有特殊需要，可使用某非法定计量单位，但必须与有关国际组织规定的名称、符号相一致"的规定，其中一些非法定计量单位，若换算为法定计量单位困难很大，且换算后会给读者带来不便时，可根据学术界惯例而保留使用，但应：①或在其后括注法定计量单位。②或在其第一次出现时加脚注注明其与法定计量单位的换算关系。③或在书刊前（或书刊末）列出书中各种非法定计量单位与法定计量单位的换算表。

10. 翻译书中的英制单位(不是单位的英文名称)一般不宜直接改为我国法定计量单位,但应在其后括注法定计量单位。

11. 在非图表的叙述文字中,某些单位是使用单位名称还是单位符号,应根据这个单位的具体情况而定。例如"年",符号"a",行文中写"3a 6 个月"不得体,应写"3 年 6 个月"。符号"a"一般用于图表、公式、组合单位以及和词头组合成的单位中。例如:图坐标"t/a";单位面积年产量的单位"t/($hm^2 \cdot a$)"和与词头组合如"500 Ma"(500 兆年)等。

12. 高分子化合物的当量浓度 N 换算为法定计量单位困难时,可以保留使用。但是,撰稿时应避免使用当量浓度的称谓。

13. 图的坐标标注和数据表的栏目栏头用量与特定单位的比表示量的数值。例如:用"V/m^3"形式,而不用"$V(m^3)$"或"$V\ m^{-1}$"形式。

14. 包括翻译书在内的所有中文版书刊,不得用英文单位名称或缩写作为单位符号,例如"sec""day""yr"等。

15. 容积"升"的符号"l"与阿拉伯数字"1"可能混淆,当其在没有词头而单独使用时,宜采用大写字母"L";在有词头时,既可以采用小写,也可以采用大写,但全书全刊应统一。

16. 单位符号有严格的界定,书刊稿中常见的单位"a 每 b",即"apb"形式,应仿照"rpm"定为"r/min"形式修改。同样,应避免使用"ppm""ppb"等一类单位符号。不得已使用这些单位时,应指明其与法定单位或与 10 的幂的关系。并且要注意,西方国家对 ppb、ppt 所代表的数值是不十分一致的,如 ppb(为 Npartsperbillion 的缩写,在美国、法国表示 10^{-9},在英国、德国表示 10^{-12}),ppt(为 partspertrillion 的缩写,在美国、法国表示 10^{-12},在英国、德国表示 10^{-18})。

17. 日常生活和贸易中,"重量"一词可使用。

18. 虽然我国旧制度量衡单位(例如[市]寸、[市]尺、[市]丈、[市]里、[市]斤、[市]升等)已废用,中医书刊稿中出现这些单位时,不能随便地换算成现行的法定单位,特别是涉及中医古籍时更要谨慎。这是因为在我国各个历史时期,长度、容量、重量的单位与现行的法定单位比较,有较大的差别。如果要标注或换算成法定单位,务必要搞清楚是哪个时代的单位。

19. 在涉及医学内容时,要特别注意用来描述穴位位置的"寸"。这个"寸"不是一般意义的长度单位,而是指"同身寸",它依患者的身高、胖瘦不同而不同,绝不能换算成法定单位。

20. 不应使用须废除的单位符号,见表 5-8。书刊中常见错用单位符号,见表 5-9。

表 5-8 常见废弃单位及换算系数

单位名称	符号	换算系数
微(米)	μ	1 μ = 1 μm
费密	Fermi	1 Fermi = 10^{-15} m = 1 fm
达因	dyn	1 dyn = 10^{-5} N
千克力	kgf	1 kgf = 9.806 65 kN
吨力	tf	1 tf = 9.806 65 MN
标准大气压	atm	1 atm = 101.325 kPa
工程大气压	at	1 at = 9.806 65 × 10^4 Pa
托	Torr	1 Torr = 133.322 Pa
毫米汞柱[1]	mmHg	1 mmHg = 133.322 Pa
毫米水柱	mmH$_2$O	1 mmH$_2$O = 9.806 65 Pa
西西	cc	1 cc = 1 ml
道尔顿	D	1 D = 0.992 1u
开氏度	°k	1°k = 1 K
转每分[2]	rpm	1 rpm = 1 r/min
尔格	erg	1 erg = 10^{-7} J
卡	cal	1 cal = 4.186 8 J
大卡	kcal	1 kcal = 4.186 8 kJ
度(电能)		1度 = 1kW·h
[米制]马力		1马力 = 735.499 W
英马力	hp	1 hp = 745.7 W
奥斯特	Oe	1 Oe ≈ 79.578 A/m
高斯	Gs	1 Gs ≈ 10^{-4} T
麦克斯韦	Mx	1 Mx ≈ 10^{-8} Wb
体积克分子浓度	M	1 M = 1 mol/L = 1 kmol/m^3
当量浓度	N	1 N = (1mol/L)/Z(离子电荷数)

注：1. mmHg 可用于表示血压，但必须给出其与 kPa 的换算关系；2. "转每分"仍为法定单位"r/min"的名称

表 5-9 常见错用单位符号

量的名称	错用单位符号(方括号中的为正确符号)
长度	M [m]; Cm [cm]; um [μm]; mμm [nm]
质量	KG, Kg [kg]; T [t]
压力	pa, P$_a$, P [Pa]
力	nt [N]
时间	sec, (″), S [s]; m, (′) [min]; hr, hs(复数) [h]; day [d]; wk [星期, 周, 无国际符号]; mo [月, 无国际符号]; y, yr [a]
电容	f [F]
电阻率	Ω - m [Ωm]
频率	HZ, H$_z$ [Hz]

续表

量的名称	错用单位符号(方括号中的为正确符号)
功,能量	ev[eV];Kev[keV];Joule[J]
功率	w[W];KW[kW]
光通量	Lm,lum(lm)
光照度	Lx,lux[lx]
放射性活度	bq[Bq]
剂量当量	sx[Sv]

三、SI 词头及使用

(一)词头的构成 SI 词头已由 16 个增至 20 个,如表 5-10 所示。

表 5-10　SI 词头构成表

所代表的因数	词头名称		词头符号
	中文名称	外文名称	
10^{24}	尧[它]	yotta	Y
10^{21}	泽[它]	zetta	Z
10^{18}	艾[可萨]	exa	E
10^{15}	拍[它]	peta	P
10^{12}	太[拉]	tera	T
10^{9}	吉[咖]	giga	G
10^{6}	兆	mega	M
10^{3}	千	kilo	k
10^{2}	百	hector	h
10^{1}	十	deca	da
10^{-1}	分	deci	d
10^{-2}	百	centi	c
10^{-3}	毫	milli	m
10^{-6}	微	micro	μ
10^{-9}	纳[诺]	nano	n
10^{-12}	皮[可]	pico	p
10^{-15}	飞[母托]	femto	f
10^{-18}	阿[托]	atto	a
10^{-21}	仄[普托]	zepto	z
10^{-24}	幺[科托]	yocto	y

(二)SI 词头的使用和注意事项

1. 现行 20 个 SI 词头(代表因数 $10^{24} \sim 10^{-24}$)用于构成倍数单位(十进倍数单位和分数单位)。词头符号与所紧接的单位符号共同组成一个新单位,其间不留空隙,如 kPa(千帕)、mg(毫克)、cm(厘米)、ml(毫升)等。表示的因数等于、大于 10^6 的 7 个词头为大写体,其余 13 个均为小写体。特别要注意区分 Y(10^{24})和 y(10^{-24})、Z(10^{21})和 z(10^{-21})、P(10^{15})和 p(10^{-12})、M(10^6)和 m(10^{-3})。

2. 用 SI 词头构成倍数单位时,应通过适当的选择,使量的数值处于实用的范围,一般是处于 0.1~1 000。但是,在某些领域(情况)习惯使用的单位和在同一量的数值表中或叙述同一量的文字中为对比方便使用相同单位时,则不受这个限制。

3. SI 词头不得单独使用和重叠使用。例如:"纳米"应写成"nm",不能写成"n"和"纳"或"mμm"和"毫微米";质量的 SI 单位是"kg(千克)",但组合倍数单位时应以"g(克)"为构建单位,因此,"毫克"应写成"mg"而不应写成"μkg"和"微千克"。

4. SI 词头 h(百)、da(十)、d(分)、c(厘)一般只用于长度、面积、体积单位,但根据习惯和方便,必要时也可以用于其他场合。

5. 以乘方、相乘、相除和相乘除形式构成组合单位时,除分母中可以保留质量单位(kg)以及长度、面积、体积单位选用的词头以外,一般一个组合单位只用一个词头,也不在组合单位的分子/分母中同时采用词头,应将词头置于组合单位的第一个单位前。例如:摩尔热力学能单位" kJ/mol"不宜写成"J/retool"。但此规定并不是硬性的,如"kJ/kg""mg/cm³""μg/ml"等却是允许使用的。因此,具体使用时,根据方便、需要,特别是当专业标准有规定时,可以在分子和分母中都使用词头。

6. SI 以外的某些单位亦可以用 SI 词头构成倍数单位。例如:m 和 Ci(居里)可以组合成 mci(毫居里)等。

7. 摄氏温度单位摄氏度(℃),角度单位度(°)、分(′)、秒(″),时间单位日(d)、时(h)、分(min),以及转每分(r/min)不得用 SI 词头构成组合单位。但是,热力学单位开[尔文](K)和时间单位年(a)、秒(s)可以用 SI 词头构成倍数单位。例如:Ma(兆年)、ms(毫秒)等。SI 单位 kg 和 dB 不得直接用 SI 词头构成倍数单位,但去掉词头 k 和 d,g 和 B 可以用 SI 词头构成其他的倍数单位。例如:Mg 和 kB。

第六章 书刊插图

插图在出版界被誉为"形象语言""视觉文字",与文字一样用来作为表达作者意图的有效工具。所谓图文并茂,不仅要求写出高水平的文字内容,同时也要求插入高水平的插图,二者并重,不可偏废。明代李时珍巨著《本草纲目》中有许多插图,图像逼真,是图文并茂的典范。在医学书刊稿件中,特别是基础医学、影像学、医学科普文稿,几乎都有插图。对于某些内容,如生物外观、人体形态结构等病理学、影像学照片类插图,是难于用文字定量描述的,还有一些研究结果必须借助插图才能帮助读者直观的理解。插图不仅可以使某些内容的描述简洁、清晰、准确,有利于紧缩篇幅、节约版面,而且具有活跃和美化版面的功能,使读者爽心悦目,提高阅读的兴趣和效率。计算机制图技术的发展,给作图提供了先进的手段。在促进传统媒体与新兴媒体融合发展的今天,插图对提高医学书刊质量具有重要的意义。

第一节 书刊插图的意义及特点

与文艺类插图不同,医学书刊插图的特点之一是它的原始设计,一般只能由文章作者来完成,因此,也可以认为医学科技插图的原始设计是文章作者的"天职";但是,由于多种原因,作者送交的图稿又常常不够准确,不够规范,有待改进和完善。因此,在医学文稿的加工中,编辑要像对待文字一样,对图面进行审理和修改,甚至重新设计,否则,书刊的出版质量就难以保证。

一、插图的意义

1. 形象直观 插图以直观的方法,简洁地表述量与量之间的关系,明确地显示了事物形态、结构、特性及其变化趋势。它可以节约文字,使读者迅速理解,一目了然,形象直观地表述科研构思和技术知识。

2. 紧缩篇幅　用简单的图形取代大量文字、表格,将其难以表达清楚的复杂问题透彻地提示给读者,使文章更清晰并可紧缩篇幅,节约版面。

3. 美化版面　在平淡的叙述中运用一些精美的插图,可以使版面美观,图文并茂,互相配合。文字可以说明图,但更主要的是以图辅助文字表达的内容,不仅可以提高读者的信任度,而且还可以增加读者的兴趣。

4. 超越语言障碍　具有自明性的插图,可使不同语言的读者,通过插图加快对文章内容的理解。

二、书刊插图的特点

医学书刊的插图与其他一切图画或照片一样,都追求美的完善,这是图片的共性;但是,插图作为医学文稿的辅助表述手段,它又不同于一般的美术绘画。相对于文章的信息功能来说,它对艺术性的要求毕竟是第二位的,而着重要求插图能完整且清晰地表述人体有关组成部位的形态及其相对位置或相互关系,或数据间的关联,或事件的发生顺序等,为此提供科学、准确的相关信息。

1. 图形的示意性　医学书刊一般总是图文并茂、互相配合的,以文说明图,但更为主要的是以图辅助文字描绘难于用文字表述的内容。为了简化图面,突出主题,这种描绘通常多是示意性的。因此,这种示意性的表述方式也反映在插图比例缩放上,一般不必详细标注尺寸比例(某些有尺寸效应的图例外)。函数曲线图也不像供设计或计算用的手册那样精确,可省略或简化细密的横竖坐标分隔线,采用简化坐标图的形式。

2. 内容的写实性　美术作品为追求艺术效果,可以运用虚实结合处理的夸张手法,重点刻画版面的主要物像或物像的主要部分。除医学科普外,医学书刊的插图一般不能用夸张手法。只要是对读者有意义的信息,都要求严格地忠实于描述对象,详尽地把整个对象都用墨线勾画出来,不可臆造或添枝加叶。

3. 取舍的灵活性　美术作品要求反映某一主题思想的画面完整,医学书刊的插图则要求反映文字难于表达而又想告诉读者的某些信息内容。因此,它不要求画面的完整性,尽量省略次要部分,而且为了突出主题,节约版面和绘图时间,也为了读者更容易理解,凡是能用局部或轮廓、符号表达的,就不该用整图、剖面图或照片类的写实图。

4. 绘制的规范性　这可能是医学书刊插图不同于工艺画面的一项主要

特征。通常的工艺作品都无例外地要求出奇而制胜，要求能引发读者无穷的遐想，而医学书刊插图却正好相反，它强调表述的规范化，因为正是这样大量重复的规范化的表述方式才能保证作者传递出来的信息能够快速、方便、准确且唯一地被读者所汲取。

第二节 插图的类型与结构

一、插图的类型

现代科学门类越来越多，科技插图的种类日益增加。面对门类繁多的插图，医学插图可以分成两大类——线条图(也称墨线图)和照片图(也称网目图)。

1. 照片图 又分单色(黑白)与彩色之分。

(1)黑白图：主要见于 X 线片、CT 片、MR 片、黑白超声图、电子显微镜照片、心电图、脑电图、脑磁图、电泳图等。

(2)彩色图：主要见于人体照片、内镜、光学显微镜照片、彩色超声图片等。文稿作者提供的照片往往是原始照片，未经加工处理，投稿时作者要选择部位明确、图像清晰、层次分明、反差适中的照片。为了突出重点不分散读者注意力，作者要进行剪裁，裁去照片中多余的部分。

2. 线条图 线条图(统计图)包括条图、圆图、线图、半对数图（又称算术对数线图)、散点图、直方图、多边图和统计地图等。

不同图形其用途也不同。设计插图时应使图形适合于资料内容的性质，这是设计插图的重要原则，使用量最大的是函数图。比较性质相似的间断性资料应采用条图，不能用线图或直方图；表示连续性资料的频数分布，应采用直方图或多边图；说明某事物在时间的发展变化，或某现象随另一现象变迁的连续性资料，则应采用线图，不能用条图。线图和多边图都适用于连续性资料，但有所区别。多边图是直方图的另一表达形式，曲线以下面积表示频数，其纵轴的数值必须从零开始；线图的纵轴一般表示数量，纵轴的数值可以不从零开始。

二、基本结构

插图包括图序、图题、纵坐标轴线、横坐标轴线、标值、纵标目(计量单位)、横标目(计量单位)、图中曲线、图注等，如图 6-1。

(一)线条图

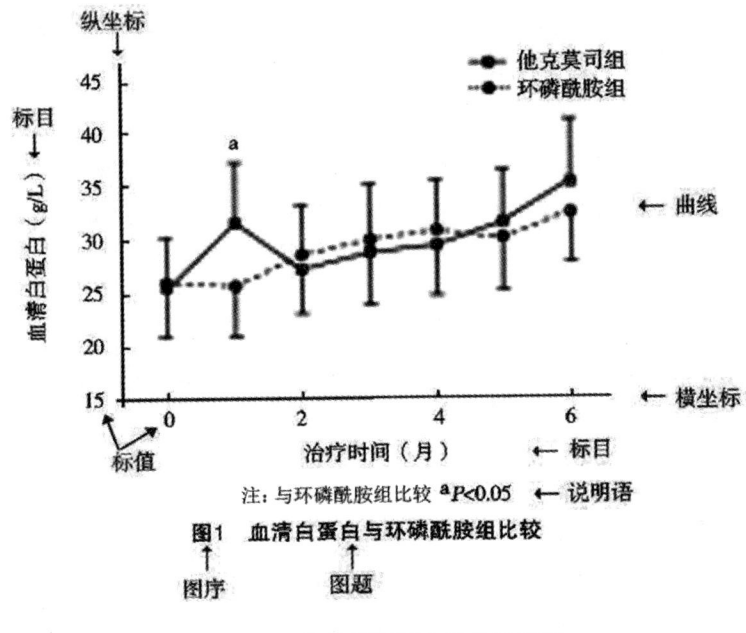

图6-1　线条插图基本结构示意图

1. 坐标　①坐标轴线应互相垂直,轴的长短以能包括图中曲线为限。②坐标轴标尺用短而细的黑线垂直画在坐标轴内侧。③每个坐标轴都应有标目,同时应注明单位,标目应与被标的坐标轴平行,排在坐标轴的外侧,而不应排在坐标轴终端。④为了有效地利用版面,坐标轴的起点可以是"0",也可以不是"0",而是接近曲线起点的数字,可以在坐标轴中间加删节线(∥),以缩短图面的轴线长度,但必须写清断开后的数字。⑤坐标标值应防止标注得过分密集,可以选用0,0.1,0.2……或0,2,4,6……或0,30,60……排在坐标轴外侧紧靠标值的短线的地方。防止选用不规则的标值,如选用标值为0.395,0.790,1.185……可改成标值为0.4,0.8,1.2……(同时相应移动标值线)。为了阅读方便,标注的标尺数值其范围一般为0.001~1 000,当数值过大或过小时,可采用乘10^n(n为正负整数)的办法来简化。⑥要认真选取标目上的物理量的单位,按照国标计量的规定运用单词头(E,P,T,G,M,k,h,da,c,m,μ,p,f,a),如用5 mg代替0.005 g等。

2. 图中线条　①图中线条要求准确无误、美观流畅、主次分明、清晰易懂。②线条描绘要粗细均匀,疏密适当,弧线要光滑,各接点处准确自然,不要有折点、开脱、延伸或粗黑点。③曲线应比坐标轴线稍粗,以2:1为宜。横、纵坐标的宽度以 3:2 或 2:3 为宜。④如果坐标轴上标注的数值已表明趋向性,则不必在轴的终端画箭头。⑤引线应细于主线,其长短、方向间隔要适当,排列要整齐,不交叉重叠。

(二)示意图

线条图中在书刊运用较多的为示意图,如解剖学、化学结构式、药用植物学等。作者提供电子图稿有的比实际制版图或大、或小,缩去时应整体缩小或放大。

第三节 插图基本要求和常见错误

一、插图的基本要求

1. 插图要为文内容服务　图所表达的内容应与文章论证的中心问题紧密配合,同文字、表格有机地构成一体。

2. 图序、图题与图注齐全　凡插在正文中的照片图和线条图,全文插图应按顺序统一编号。插图必须有图序、图题与图注,居中写在图的下方。图序号一律用阿拉伯数字表示,如图1、图2,文稿只有一图者序号为图1,图序末不加标点符号,图序与图题之间空一字。图题应该简洁明确,具有自明性,图题最好不超过15个字。图注排在插图与图题之间。

3. 插图还应有自明性　任何图都应有"自明性",这是设计插图的另一个重要原则。所谓自明性就是说每幅图除了图本身的文字、符号、数字外,无需其他文字说明,就可以看明白这幅图所表述的内容,因此,每幅图应可以独立存在。

4. 插图要精选　能用文字或表格表达清楚的问题尽量不用插图,切忌与文字、表格重复。

5. 设计要合理精炼　符合统计学与规范化要求。图形要简明,项目要齐全,各种符号、计量单位、名词术语应符合国家标准及有关专业标准。图中文字要精炼,文字应精简到最低限度,示意文字尽可能用字母、符号代替。图中外文字符大、小写,正、斜体要符合规范。

6. 图稿大小要适当　根据图形繁简,线条疏密程度考虑,绘图最好略大于预计的制版尺寸,一般以放大 0.5,1 倍为宜。大 16 开本正文中半栏图宽为 6.5 cm,通栏图宽为 13 cm。高:宽宜 5:7。图中文字、符号或数字字体、字号要全书刊一致。

7. 插图的位置　应放在文稿相应文字下方,通栏图应顶天立地。必要时半栏图可跨栏排,但不应超过另栏的 1/3。插图应排在正文中首次提到图的自然段后面,图多时可集中于文末。

8. 图的宽度　双栏排以一个图占一栏或两个图占一栏,3 个图或 4 个图占两栏为宜;一栏的宽度不应超过 7 cm,两栏(通栏)的宽度不超过 16 cm;当插图为一组图时,应按顺序在右下角标明 A,B,C,D 或①、②、③、④等。特指部位或病变部位一定要用箭头标注。

9. 图片格式　图题放在图的下边,图注放在图题和图之间。为了使图更清晰,请转换成 JPG 格式。方法:将图复制到桌面上,点击右键→打开方式→Acdsee→查看→全屏幕→工具→格式转换→JPG→确定。Acdsee 是专门处理图形的软件,可从网上下载。

10. 线条图　线条要清晰,尽量用计算机制图,标值线一般标在纵坐标和横坐标的内侧。

11. 显微镜图　组织切片图、显微结构图应注明染色方法、放大倍数。若为彩色图应注明,图的颜色及对比度应清晰。应注明核准图序和方向。作者对照片图应精心剪裁,突出所要观察的部位。保留其有用的部分,若为 2 张图以上,应剪裁成同样大小。

12. 心电图、脑电图影像图　心电图要截取有意义的心动周期;脑电图、影像图(彩色超声除外)要截取有价值的图像,背景不要用彩色,可用 E-mail 发送。

二、插图常见错误与纠正

插图常见错误有以下 10 种,如图 6-2。

1. 坐标轴线过粗　横、纵坐标轴线过粗,而坐标图中的曲线过细。

正确的制图方法是,坐标轴线要细(但印刷后不能断线),坐标图中曲线宜粗(一般为坐标轴线的 2 倍)。

2. 坐标图中曲线不清晰　为微机制图,用不同颜色表示不同曲线,由于各种颜色的屈光度不同,各曲线制成黑白线图后则深浅不一,效果不佳。

正确的制图方法是,不同曲线均用墨线制作,只是用不同形式的墨线区分不同的曲线。

3. 纵坐标与横坐标比例失调　纵坐标与横坐标之比均不协调,或细高或扁长,视觉效果不好。

正确的纵坐标与横坐标之比宜为5:7。

4. 标值线方向标反　标值线均标在了坐标轴的外侧。

正确的标值线标注方向是，标值线均应标注在坐标轴的内侧，即纵坐标轴的右侧，横坐标轴的上方。

5. 标值线未等距分隔　横坐标标值线间隔表示的数量不等。

正确的标值线间隔应为等距。

6. 标目错标在标值处　错误地将标目与标值放在了一起，是因为未将二者的概念理解清楚：标值是坐标轴定量表述的尺度；标目是说明坐标轴物理意义的必要项目，通常由物理量的名称或符号和相应的单位组成。

正确的方法是，标值与标目应分开标注，图中的量和单位宜放在标目处。

7. 纵坐标标目方向标注错误　作者常将纵坐标的标目竖排。

纵坐标标目正确的标注方向为顶右底左。

8. 图注或说明语位置放错　作者常将图注或说明语置于图题下。

图注或说明语正确的标注方法是，放在图题上方，即图与图题之间。

9. 坐标轴线标注终端画有箭头　坐标轴线标注了数值表示出增值方向，仍在轴的终端画有箭头，或纵坐标出现了随意延伸的标志。

正确的标注纵坐标尺截至1即可，纵坐标尺从"0"开始。

10. 坐标轴线未标注　纵、横坐标线不是从"0"开始无截值符。

正确的标应用删节线"∥"。

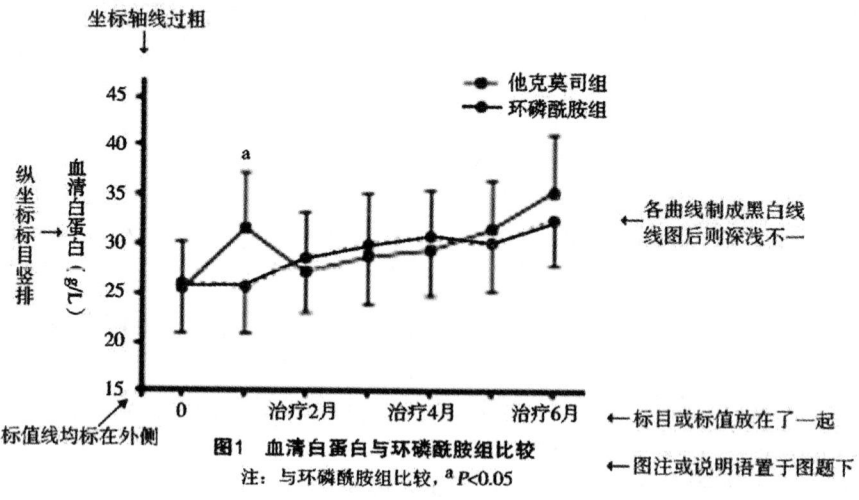

图6-2　线条图常见错误示意图

第七章　书刊表格

在医学书刊中，表格是常用的统计描述方法，正确的表格可以对数据进行概括、对比或做直观的表达，可以简洁明了地表达内容，让读者一目了然，因此编辑在对表格进行编辑加工时应注意表格格式是否规范，数据与文字表述是否一致等问题。

第一节　表格的类型与范式

一、表格的类型

1. 挂线表　又称系统表或组织图，通过使用横线、竖线或括号等将相关文字连贯起来，以表达事物的系统关系。挂线表的每一层的内容必须为同类型或同级并列项，如表7-1。

表7-1　神经系统结构表

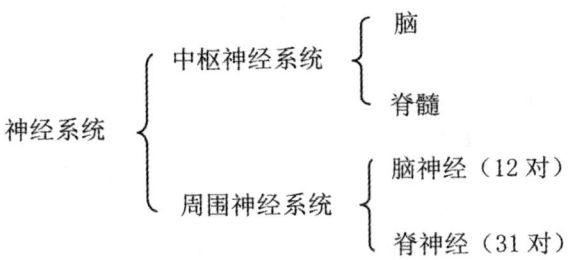

2. 无线表　省略各行列间线条，可用于表达较少项目内容的事物关联性，如药物配方、食品成分等，常不归入表系列编号，随文出现，如表7-2。

表 7-2　氯霉素滴耳液配方

药品	用量
氯霉素	20 g
乙醇	160 ml
甘油	加到 1 000 ml

3. 卡线表　医学书刊中使用最广的表格，分为完全表（所有表线不省略）、不完全表（省略左右墙线）和三线表（通常包括顶线、栏目线、底线），卡线表主要由表序、表题、横纵栏目、表身和表注（不一定有）构成。

二、表格规范格式

医学书刊一般用三线表，三线表是卡线表的一种，顶线和底线通常用反线画出，而栏目线多以正线画出。三线表并不一定只有 3 条线，必要时可加辅助线，如图 7-1。

1. 表序和表题　表序和表题放在表格的正上方，表序号通常用阿拉伯数字，图书一般采用"章-序-表"形式，亦可全书从头到尾编序号，但不管用哪种方式，全书应统一；论文按出现前后顺序。表题放在表序之后，与表序空一个字符或两个字符。必须准确地反映表中内容，并且要简明扼要，高度概括表中内容。

2. 栏头　三线表中的栏头由于省略了斜线，所以不能同时对横纵栏目的属性进行指示，而在医学论文中通常用于对同列纵栏目属性的指示。

3. 栏目　反映表身中与之相对应信息的特征或属性，包括横栏目和纵栏目。根据国家标准 GB 7713—1987 规定："表格编排一般指内容和测试项目由左至右横读，数据依序竖排。"也就是说，纵栏目一般为测试项目，即被研究事物的各项指标，横栏目一般为内容，即被研究的事物。但也不必拘泥于所谓主、谓语之分，有时为排版美观和方便，横纵栏目可以互换。

4. 共用单位　如果整个表格使用同一类物理量和相同的单位（相同的单位是指包括词头在内的整个单位都一样），则在整个表格的栏目上和表身上都可省略单位，而把共用单位集中标注在表题的右端。

5. 表注　是对表格中内容的补充或说明，编排在表身下方，一般加"注"字。也可采用备注栏（通常放在表格右侧），如有多条需要注释，可在被注内容右上角标号，并将注解放于表底线下方，需要注意的是注解中的标号要与表中一致。

6. 数字　GB/T 15835—2011《出版物上数字用法》中规定："使用数字计量的场合，为达到醒目、易于辨别的效果，应采用阿拉伯数字"。小数点前面的"0"不能省略，对同一栏目中的小数点对齐，小数点后面的有效位数也要统一。

7. 其他　表的主要组成部分，内容多为数值。对带有范围内容的可采取居中排。对数值后面的计量单位，如无特殊应归并到栏目。栏目中不详的数据可用"…"表示，不存在的数据用"-"表示。栏目中内容如有重复，应重复填写，而不可使用"同上""…"等字样。

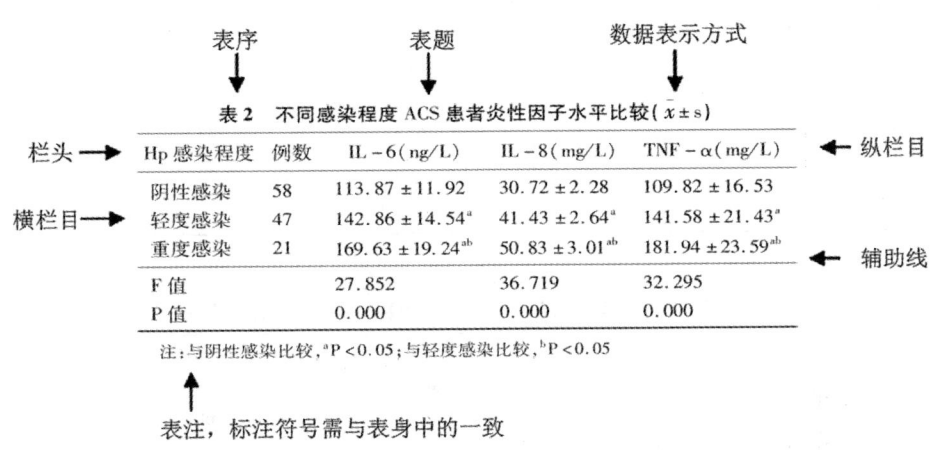

图7-1 表格的基本结构

第二节 表格编排的技术处理

一、三线表的补充表述手段

对表述内容较多的表格，简单的三线表格有时会使其失去了应有的清晰的逻辑对比功能，此时的解决方法就是添加辅助线。如在栏头上添加辅助线，可解决栏目多层次的问题。三线表中的辅助线可根据表格项目进行增加和删减，不仅局限一根辅助线。适当添加或删除辅助线，可以使表格阅读更方便、版面更简洁美观。

表格一般排在所对应正文后面，即表随文列，左右居中。使文字与表格尽量在同一页面，如必须要分开也应在同一节或同一章。如页面为多栏，跨栏表格最好放在页面的最上或最下面进行编排。

二、表格的特殊处理

1. 竖切横并 对横向数据少，纵向数据多的表格，为了节约版面或美观，可将表格纵向切断，下段表格放在右侧，与左侧表格用双线分隔，形成左右叠合表，右侧表的横栏目要与左侧一致，如图7-2。

表 4 "肯尼迪病 1234 量表"各条目与总分的相关性

条目	相关系数
语言	0.415
吞咽	0.492
书写	0.421
立卧撑	0.748
上肢上举	0.553
行走	0.721
跑步	0.683
上楼梯	0.742
蹲起	0.748
呼吸	0.342

转换为

表 5 "肯尼迪病 1234 量表"各条目与总分的相关性

条目	相关系数	条目	相关系数
语言	0.415	行走	0.721
吞咽	0.492	跑步	0.683
书写	0.421	上楼梯	0.742
立卧撑	0.748	蹲起	0.748
上肢上举	0.553	呼吸	0.342

图 7-2 竖切横并表示例

2. 横切竖并 对横向数据多，纵向数据少的表格，可采用横向切开，将切下的部分放置在下边，用双线与上段分隔，纵栏目与上段一致，如图 7-3。

表 6 2 组患者治疗前后尿流动力学指标测定结果比较 ($\bar{x} \pm s$)

组别	例数	Q_{max}(ml/s)				MUP(cmH$_2$O)				MUCP(cmH$_2$O)				ALPP(cmH$_2$O)			
		治疗前	治疗后	t值	P值	治疗前	治疗后	t值	P值	治疗前	治疗后	t值	P值	治疗前	治疗后	t值	P值
联合组	45	25.83±2.84	36.65±3.51	16.076	0.000	43.78±14.26	79.13±14.29	11.746	0.000	-17.29±4.67	15.64±3.17	39.137	0.000	59.74±13.65	86.82±13.15	9.584	0.000
对照组	45	26.11±2.47	31.72±3.97	8.049	0.000	44.14±14.58	57.88±15.19	4.378	0.000	-16.98±4.52	10.98±4.21	30.365	0.000	59.99±13.51	70.18±14.52	3.447	0.001
t值	-	0.499	6.241			0.118	6.835			0.320	5.932			0.087	5.698		
P值		0.619	0.000			0.906	0.000			0.750	0.000			0.931	0.000		

为了使表中数据间距离宽松一些可改为

表 7 2 组患者治疗前后尿流动力学指标测定结果比较 ($\bar{x} \pm s$)

组别	例数	Q_{max}(ml/s)				MUP(cmH$_2$O)			
		治疗前	治疗后	t值	P值	治疗前	治疗后	t值	P值
对照组	45	26.11±2.47	31.72±3.97	8.049	0.000	44.14±14.58	57.88±15.19	4.378	0.000
联合组	45	25.83±2.84	36.65±3.51	16.076	0.000	43.78±14.26	79.13±14.29	11.746	0.000
t值	-	0.499	6.241			0.118	6.835		
P值		0.619	0.000			0.906	0.000		

组别	例数	MUCP(cmH$_2$O)				ALPP(cmH$_2$O)			
		治疗前	治疗后	t值	P值	治疗前	治疗后	t值	P值
对照组	45	-16.98±4.52	10.98±4.21	30.365	0.000	59.99±13.51	70.18±14.52	3.447	0.001
联合组	45	-17.29±4.67	15.64±3.17	39.137	0.000	59.74±13.65	86.82±13.15	9.584	0.000
t值		0.320	5.932			0.087	5.698		
P值		0.750	0.000			0.931	0.000		

图 7-3 横切竖并表示例

3. 竖横互换 有时由于版面原因，或使表格表达更清晰，需要将表格横纵栏目进行互换，如图7-4。

表8 2组椎体前缘高度分析 ($\bar{x} \pm s$, mm)

项目	单纯手术组	联合组	t值	P值
术前	17.53±1.23	17.39±1.06	0.547	0.586
术后4周	20.93±1.03	24.86±1.12	-6.290	0.000
术后12周	21.32±1.02	24.25±1.03	-5.408	0.000
术后24周	20.98±0.82	25.05±0.92	-6.748	0.000
F值	55.904	71.209		
P值	0.000	0.000		

转换为

表8 2组椎体前缘高度分析 ($\bar{x} \pm s$, mm)

组别	例数	术前	术后4周	术后12周	术后24周	F值	P值
单纯手术组	38	17.53±1.23	20.93±1.03	21.32±1.02	20.98±0.82	55.904	0.000
联合组	42	17.39±1.06	24.86±1.12	24.25±1.03*	25.05±0.92*	71.209	0.000
t		0.547	-6.290	-5.408	-6.748		
P		0.586	0.000	0.000	0.000		

图7-4 竖横互换表示例

4. 跨页并合 又称对页表或和合表，因数据较多而又不方便进行横叠或纵叠表时，且要求表格在同一视面时，可将表格编排在双、单页码上，如图7-5。

表1 人口年龄构成 单位：人 续表

年龄(岁)	人口数 合计	男	女	年龄(岁)	人口数 合计	男	女	年龄(岁)	人口数 合计	男	女	年龄(岁)	人口数 合计	男	女
总计	432237	212847	219390	28	7841	3730	4111	57	5468	2754	2714	86	632	280	352
<1	4435	2295	2140	29	10232	4783	5449	58	5022	2514	2508	87	491	206	285
1	4270	2245	2025	30	9208	4335	4873	59	5066	2546	2520	88	377	164	213
2	4462	2384	2078	31	7679	3659	4020	60	4703	2305	2398	89	312	128	184
3	3989	2071	1918	32	7376	3598	3778	61	4570	2344	2226	90	237	109	128
4	4078	2125	1953	33	6957	3397	3560	62	4164	2102	2062	91	174	64	110
5	3680	1896	1784	34	6411	3127	3284	63	3645	1802	1843	92	112	49	63
6	3642	1880	1762	35	6155	2952	3203	64	3644	1796	1848	93	117	44	73
7	3579	1875	1704	36	6159	2986	3173	65	3633	1892	1741	94	78	27	51
8	2260	1188	1072	37	5243	3088	3155	66	3253	1674	1579	95	59	19	40
9	3723	1908	1815	38	7093	3503	3590	67	2796	1387	1409	96	41	15	26
10	3276	1781	1495	39	7863	3882	3981	68	2858	1411	1447	97	21	6	15
11	3381	1769	1612	40	7947	3991	3956	69	3227	1467	1760	98	21	6	15
12	3222	1663	1559	41	8604	4169	4435	70	3254	1432	1822	99	11	1	10
13	3153	1585	1568	42	7223	3604	3619	71	3334	1407	1927	100	4	2	2
14	3292	1645	1647	43	8150	4089	4061	72	3386	1385	2001	101	7	2	5
15	3443	1733	1710	44	5859	3032	2827	73	3691	1538	2153	102	1		1
16	3580	1847	1733	45	6646	3408	3238	74	3570	1558	2012	103			
17	3966	1993	1973	46	7138	3637	3501	75	3138	1426	1712	104	3	1	2
18	4145	2026	2119	47	7713	3993	3720	76	2853	1343	1510	105			
19	4181	2013	2168	48	10365	5295	5070	77	2525	1204	1321	106	1		1
20	4254	2047	2207	49	6957	3729	3228	78	2398	1168	1230	107			
21	6329	2872	3457	50	3470	1826	1644	79	1988	968	1020	108			
22	8407	4490	3917	51	5412	2830	2582	80	1553	769	784	109	1		1
23	9091	4212	4879	52	5410	2782	2628	81	1512	780	732				
24	10266	4868	5398	53	6174	3210	2964	82	1262	619	643				
25	9696	4520	5176	54	6277	3274	3003	83	1038	481	557				
26	8122	3754	4368	55	5712	2913	2799	84	786	364	422				
27	6875	3177	3698	56	5432	2867	2565	85	680	308	372				

图7-5 跨页并合表示例

5. 换页接续 因版面原因或表格纵向数据较多，需 2 页或以上才能编排完，此时需换页接续，续表应在左上角或右上角加上"续表"字样，如图 7-6。

附录5
食品安全事故常见致病因子的临床表现、潜伏期及生物标本采集要求

致病因子	潜伏期	主要临床表现	生物标本	送样保存条件(24h 内)
主要或最初症状为上消化道症状(恶心、呕吐)				
亚硝酸盐	一般10~20 min,由腌制不当或变质的蔬菜引起的中毒一般1~3 h,最长可达 20 h	口唇、耳廓、舌及指(趾)甲、皮肤黏膜等出现不同程度发绀,可伴有头晕、头痛、乏力、恶心、呕吐;中毒明显者可出现心悸、胸闷、呼吸困难、视物模糊等症状;严重者可出现嗜睡、血压下降、心律失常,甚至休克、昏迷、抽搐、呼吸衰竭	血液 呕吐物 胃肠内容物 尿液	必须立即采样,若现场不能检验,可带回实验室测定,采样量约10 ml,抗凝剂以肝素为佳,禁用草酸盐,应冷藏保存,如长时间运输,可冷冻采样量50~100 g,使用其塞玻璃瓶或聚乙烯瓶密闭盛放,应冷藏保存,保存和运输条件同上采样量300~500 ml,使用其塞玻璃瓶或聚乙烯瓶密闭盛放,应冷藏保存,保存和运输条件同上
金黄色葡萄球菌及其肠毒素	1~6 h(平均2~4 h)	恶心,剧烈地反复呕吐,腹痛、腹泻	粪便或肛拭子 呕吐物	新鲜粪 5 g,置于无菌、干燥、防漏的容器内。或采样拭子沾满粪便插入 Gary-Blair 运送培养基1中,冷藏运送至实验室 采取呕吐物置无菌采样瓶或采样袋密封送检,冷藏运送至实验室
蜡样芽孢杆菌(呕吐型)	0.5~5 h	以恶心、呕吐为主,并有头晕、四肢无力	粪便或肛拭子 呕吐物	新鲜粪 5 g,置于无菌、干燥、防漏的容器内。或采样拭子沾满粪便插入 Gary-Blair 运送培养基1内保存,冷藏运送至实验室 采取呕吐物置无菌采样瓶或采样袋密封送检,冷藏运送至实验室
椰毒假单胞菌酵米面亚种(米酵菌酸)	4~24 h	恶心、呕吐、轻微腹泻、头晕、四肢无力,严重者出现黄疸、肝肿大、皮下出血、血尿、少尿、意识不清、烦躁不安、惊厥、抽搐、休克;一般无发热	粪便或肛拭子 呕吐物	新鲜粪 5 g,置于无菌、干燥、防漏的容器内。或采样拭子沾满粪便插入 Gary-Blair 运送培养基1内保存,冷藏运送至实验室 采取呕吐物置无菌采样瓶或采样袋密封送检,冷藏运送至实验室

续表

致病因子	潜伏期	主要临床表现	生物标本	送样保存条件(24 h 内)
主要或最初症状为上消化道症状(恶心、呕吐)				
诺如病毒	12~48 h(中位 36 h)	恶心、呕吐,水样无血腹泻、脱水	粪便或肛拭子 呕吐物	新鲜粪10 g(10 ml)或呕吐物,置于无菌、干燥、防漏的容器内。肛拭子置于 2 ml 病毒保存液中。冷冻或冷藏运送至实验室
维生素 A(动物肝脏)	0.5~12 h	头痛、恶心、呕吐、腹部不适、皮肤潮红、皮屑甚至皮肤脱落		
咽喉肿痛和呼吸道症状				
溶血性链球菌	12~48 h	咽喉肿痛、发热、恶心、呕吐、流涕、偶有皮疹	咽喉拭子	采集咽喉拭子,尽快划线接种血平板,或将拭子插入 Stuart 运送培养基2中,冷藏运送至实验室
主要或最初症状为下消化道症状(腹痛、腹泻)				
产气荚膜梭菌、蜡样芽孢杆菌(腹泻型)	2~36 h(中位 12 h)	腹痛、腹泻,有时伴有恶心和呕吐	粪便或肛拭子	新鲜粪 5 g,置于无菌、干燥、防漏的容器内。或采样拭子沾满粪便插入 Gary-Blair 运送培养基1保存,冷藏运送至实验室
变形杆菌	5~18h	腹痛、急性腹泻,可伴有恶心、呕吐、头痛、发热	粪便或肛拭子 呕吐物 血清	新鲜粪 5 g,置于无菌、干燥、防漏的容器内。或采样拭子沾满粪便插入 Gary-Blair 运送培养基1内保存,冷藏运送至实验室 取呕吐物置无菌采样瓶或采样袋密封送检,冷藏运送至实验室 血清 2~3 ml,冷藏或冷冻保存,避免反复冻融

图 7-6 换页接续表示例

三、注意事项

1. 表格要有自明性　表格不宜太繁琐，用最简洁的表格表达复杂的内容，让读者一目了然。

2. 主语应在左栏　左栏一般为主语，即纵表头，为"项目名称/单位"。

3. 表格内容与文字表达不宜完全重复　文字表达与表格应互为补充，文字可以是对表格简单的介绍，而表格一般是对文字表述中繁多的数据进行补充。

4. 表格中不宜重复"%"或计量单位　如果整个表格使用同一类物理量和相同的单位，则在整个表格的栏目上和表身上都可省略单位，而把共用单位集中标注在表题的右端。

5. 表格中空格的表述　表格中不宜出现空格，如栏目中不详的数据可用"…"表示，不存在的数据用"－"表示。栏目中内容如有重复，应重复填写，而不可使用"同上""…"等字样。

第八章 参考文献

参考文献是医学书刊的一个重要组成部分,特别是医学论文,参考文献引用得是否正确、书写是否符合标准,已成为考核医学论文和医学期刊质量的一项指标。

我国于 1987 年颁布了国家标准——GB 7714—87《文后参考文献著录规则》,2005 年进行了修订 GB 7714—2005《文后参考文献著录规则》,2015 年再次进行了较大修改,更名为 GB/T 7714—2015《信息与文献 参考文献著录规则》。

论文后的参考文献表可有两种:一种是作者在论文中引用某些文献的参考文献表,置于正文之后;一种是作者推荐可供读者参考的有关本研究课题的文献题录,作为著作附录部分。

第一节 参考文献作用及特点

一、功能作用

1. 标志作用 医学书刊所讨论的主题,一定是某学科领域的某一问题。对于这一问题,该领域的学者已经发表的具有独到的、有价值的见解、观点,是一篇新的学术论著得以立论的基础。有了这个基础,学术论文才有可能具备较高的学术水平,可见参考文献的新颖性和权威性是反映论著水平高低的重要标志之一。一般来说,某论著引用参考文献若是最新的,且被刊载在权威刊物上或其作者为学术权威,则说明该论著起点较高,可见,论著的价值、水平与作者运用资料或参考文献的情况息息相关。通过对论著的引文量、引文类型、引文语种、引文的衰减系数或最新引用时限等的分析,可以对论著本身水平和作者的科研能力等作出某种评估。

2. 检验作用　参考文献为论著树立了一杆标尺,使得检验能够自然、客观地进行。不仅如此,参考文献还可以对论著中的某个具体论点或观点起到检验、证明的作用。在自然科学论著中,一些观点或论点所依据的事实等往往以参考文献的形式表现出来。自然科学的重要特征之一就是能够重复,只要给定的条件相同,不论谁来从事这一研究或实验,这种必然联系都不会改变。如果作者论著中的结论是正确的、科学的,就能经得起审稿者、编者、读者或其他任何人的检验。对参考文献与正文的内容从学术角度比较,可以判断论著是否有学术上的独创性和先进性。而作者敢于把论文所依据的理论和经验依据列出,把检验判断的主动权交给读者,这是对读者的尊重。

3. 评价作用　对于书刊被引用的某一项参考文献作者,表明其获得了一种学术的认可。而作者著录参考文献,在表明自己论著学术水平的同时,也是在对别人(被引用者)的论著作出评价,参考文献由此也就获得了评价功能。实际上,论著与参考文献之间的评价是相互的。如果说水平标志功能指的是参考文献对论著、被引用者对引用者所作的评价的话,那这里的评价功能就是专指论著对参考文献、引用者对被引用者所作的评价。参考文献的这种评价功能在一般学术论文的作者意识中,尤其是一部分临床医学论文作者的意识中没有引起足够重视。正是作者在著录参考文献时的每一次个人评价行为,被有关情报部门收集、汇总、统计后,按照文献计量学等学科的原理进行处理,得出的结果成为判断期刊及其刊载论文学术水平的重要的直接依据。

4. 保护作用　以著作权法的角度看,论著作者与被引文献的作者的关系,实质上是作品使用者与作者(著作权人)的关系。对作者与使用者权利义务关系的规定正是著作权法的核心内容之一,而参考文献的著录就直接涉及著作权法的这一核心内容。不重视参考文献实质上是法律意识,至少是著作权法意识不强的一种表现。著录参考文献的行为是《著作权法》意义上的合理使用行为。著录参考文献首先是对被引用者著作权的保护,也是对被引用者劳动成果的继承和尊重。

二、内容特点

1. 继承性　作者将引用的参考文献列出,是为了说明他的某些论点、数据、资料是有根据的。既表示尊重和继承前人的科学成果,也是为了精简正文的文字,并向读者提供进一步检索有关资料的线索,或者让读者去比较文献记载与本文的差异,了解本文独到之处。如果引用前人的资料,而不写出文献,难免有剽窃他人作品之嫌。

2. 限制性　被列入的引文参考文献应该只限于那些著者亲自阅读过，而且正式发表的出版物，或其他有关档案资料等文献。译文、文摘、转载、私人通信、内部讲义及未发表的著作，一般不宜作为参考文献著录，但可用脚注或文内注释的方式，以说明引用依据。已被采用尚未出版的原稿，可列入文后参考文献表中，但应在该刊名后用圆括号注明"排印中"。

3. 时空性　随着医学科学技术的发展，医学著作特别是论文是有时间性和空间性的。在引用论文的时间要求，要尽量引用近期的，除追溯渊源者，一般以近5年内出版者为宜，进展类综述时间更应当短些；在引用论文的空间性要求，由于科学是没有国界的，我国有些学科与国外先进水平还有较大的距离，不但要引用国内的，也要引用国外的，只引用国内著作或只引用国外著作都是不可取的。

4. 权威性　在作者阅读过的著作中，应当选择引用那些有影响的作者和影响力较大的出版单位，这些权威性文章不仅能够开拓研究思路，而且有助于提升论著的学术水平。

5. 准确性　要求著录项目齐全，排列顺序标准，著录符号和外文字母拼写正确。

第二节　书写格式

国家标准 GB/T 7714—2015《信息与文献　参考文献著录规则》指出，"参考文献"是指"对一个信息资源或其中一部分进行准确和详细著录的数据，位于文末或文中的信息源"，分为"阅读型参考文献"和"引文参考文献"。前者指"著者为撰写或编辑论著而阅读过的信息资源，或供读者进一步阅读的信息资源"；后者则指"著者为撰写或编辑论著而引用的信息资源"。一般而言，论文只著录引文参考文献，对阅读型参考文献可酌情按注释处理。

引文参考文献的标注体系有"顺序编码制"和"著者—出版年制"。前者指引文采用序号标注，参考文献表按引文的序号排序；后者指引文采用著者—出版年标注，参考文献表按著者字顺和出版年排序。其中，顺序编码制为我国学术书刊所普遍采用。

1. 文内标注格式　采用顺序编码制时，在引文处，按它们出现的先后用阿拉伯数字连续编码,并将序码置于"[ ]"内,把序码作为上角标,或者作为语句的组成部分。一般按以下3种格式,将文献序号置于方括号内加以标记。

(1)引文部分写出作者姓名的,角码置于作者姓名右上角。

(2)引文部分未写出作者姓名的,角码置于引文之后右上角。

(3)引文的序号作为正文文句的组成部分,则不用角码标注,而用与正文相同的字体字号的数字书写。

示例1:Matsushita 等[8]和 Sischoff 等[9]研究发现,从食管到右半结肠,嗜酸性粒细胞数目是增加的。

示例2:有研究显示,香烟烟雾刺激产生的炎性反应被认为可能关联到肺肿瘤的生长[10]。

示例3:按照参考文献[5]的方法,用淋巴细胞分离液收集人外周血中的单个核细胞。

这里[8][9][10]作为引文注,用上角标形式表示;而[5]是语句的组成部分,不必写成角标。对于同一处引用多篇文献,应将各篇文献的序号在"[ ]"内全部列出,各序号间用",",如遇连续序号,起讫序号间用"-"连接。对于多次引用同一著者的同一文献时,只在正文中标注首次引用的文献序号。

2. 参考文献表的著录格式　　GB/T 7714—2015《信息与文献　参考文献著录规则》要求的,主要文献著录格式及举例如下:

(1)专著

[序号]主要责任者. 题名:其他题名信息[M]. 其他责任者. 版本项(第1版不写). 出版地:出版者,出版年:页码.

[1] 吴以岭. 脉络论[M]. 北京:中国科学技术出版社,2010:120.

[2] Goldman L Schafer AI. 西氏内科学[M]. 王贤才,译. 24版. 北京:北京大学医学出版社,2012:1059.

(2)专著中析出的文献

[序号]析出文献主要责任者. 析出文献题名[M]//专著主要责任者. 专著题名:其他题名信息. 版本项. 出版地:出版者,出版年:析出文献的页码.

[3] 俞茂华,杨永年,叶红英. 糖皮质激素的内科临床应用[M]//陈灏珠,林果为,王吉耀. 实用内科学. 14版. 北京:人民卫生出版社,2013:1191-1197.

[4] Bonow RO. Guidelines for infective endocarditis[M]//Bonow RO, Mann DL, Zipes DP, et al. A textbook of cardiovascular medicine. 9th ed. Philadelphia:Elsevier Science,2011:1558-1560.

(3)期刊析出的文献

[序号]作者.篇名[J].刊名,出版年份,卷号(期号):页码.DOI.

[5]程国涛,袁劲松,余开湖,等.中枢神经细胞瘤的影像学表现及其临床价值[J].疑难病杂志,2014,13(1):42-45.DOI:10.3969/J.issn1671-6450.2014.01.015.

[6] Ludke AR, Mosele F, Caron-Lienert R, et al. Modulation of monocrotaline-induced cor pulmonale by grape juice[J]. J Cardiovasc Pharmacol, 2010, 55(1): 89-95. DOI: 10.1097/FJC.0b013e3181c87a9d.

(4)报纸析出的文献

[序号]作者.题名[N].报纸名称,出版年份-月-日(版次).

[7]陈敏华.中晚期肝癌射频消融治疗[N].中国医学论坛报,2011-06-30(B2).

(5)学位论文

[序号]作者.题名[D].培养单位所在地:培养单位,出版年:页码.

[8]滕军燕.缺血性心血管病风险评估模型的建立与研究[D].济南:山东大学,2017:50-52.

(6)电子文献

A.期刊论文网络电子版

[序号]作者.题名[J/OL].刊物名称,年,卷(期):页码[引用日期].获取或访问路径.

[9]江向东.互联网环境下的信息处理与图书管理系统解决方案[J/OL].情报学报,1999,18(2):4[2000-01-18].http://www.chinainfo.gov.cn/periodical/gbxb/gb-xb99/gbxb990203.

B.优先出版期刊论文(刊期号未定)

[序号]作者.标题[J/OL].刊物名称[检索日期].网址.DOI.

[10]周鹏.浅谈高职英语教学中跨文化交际意识及能力的培养[J/OL].教育教学论坛[2011-12-13].http://www.cnki.net/kcms/detail/13.1399.G4.20111109.1127.001.html.DOI:CNKI:13-1399/G4.20111109.1127.001.

C.专著网络电子版

[序号]作者.题名[M/OL].其他责任者.出版地:出版者,出版年:页码[引用日期].获取或访问路径.

[11]王文萍.肿瘤与淋巴水肿[M/OL].北京:中国中医药出版社.2007:58[2018-05-15].http://www.tushu001.com/ISBN-9787802311701.html

文献类型及其标识代码,见表 8-1。

表 8-1　文献类型及其标识代码

文献类型	标识代码
普通图书	M
会议录	C
汇编	G
报纸	N
期刊	J
学位论文	D
报告	R
标准	S
专利	P
数据库	DB
计算机程序	CP
电子公告	EB
档案	A
舆图	CM
数据集	DS
其他	Z

电子文献载体类型及其标识代码,见表 8-2。

表 8-2　电子文献类型及其标识代码

载体类型	磁带(magnetic tap)	磁盘(disk)	光碟(CD-ROM)	联机网络(online)
标识代码	MT	DK	CD	OL

《信息与文献　参考文献著录规则》(GB/T 7714—2015)的著录用符号中,":"的用法修改为"用于其他题名信息、出版者、引文页码、析出文献的页码、专利号前","；"不变,即"用于期刊后续的年卷期标识与页码以及同一责任者的合订题名前",示例分别为:

[1] 1981(1)：37-44；1981(2)：47-52.
　　　年　期　　页码　　年　期　　页码

[2] 顾炎武.昌平山水记：京东考古录[M].北京：北京古籍出版社,1982.

对于引自序言、前言或扉页题词的页码,可按实际情况著录。如:

[1] 王细荣.图书情报工作手册[M].上海：上海交通大学出版社,2009：

前言2.

[2] 徐中玉.序一[M]//王细荣.大世界里的丰碑——湛恩纪念图书馆的前生今世.上海:上海交通大学出版社,2014:序一ⅰ-ⅱ.

外国人名不管姓还是名全部字母均要大写,团体责任者第一个单词和实词的首字母大写;题名中的专有名词和第一个单词首字母大写,其他小写,题名不可用斜体。如:

[1] World Healt h Organization. Factors regulating the immune response:report of WHO Scientific Group[R]. Geneva:WHO,1970.

(7)已出版的档案文献用代码"A"标识,其著录格式为:

[序号]主要责任者.档案文献题名[A].出版城市:出版者,出版年:页码。例如:

[1] 中国第一历史档案馆,辽宁省档案馆.中国明朝档案总汇[A].桂林:广西师范大学出版社,2001:21-33.

至于未出版的档案,原则上以脚注或文内注的方式注明来源,其参考的著录格式为:

圈码序号 责任者.文献题名:原件日期[A].收藏地:收藏单位(收藏编号):页码.例如:

①叶委员剑英关于安平事件调查结果的声明:1946-09-09[A].北京:中央档案馆.

②国务院外国专家局的报告:1958-12-11[A].呼和浩特:内蒙古自治区档案馆(全宗252,目录1,卷宗57):65-67.

(8)古籍的著录格式为:

[序号]主要责任者.题名:其他题名信息[M].其他责任者.版本项.出版地:出版者,出版年:页码.例如:

[1] 沈括.梦溪笔谈[M].刻本.茶陵:东山书院,1305(元大德九年):2.

[2] 杨炯.杨盈川集[M].四部丛刊影印刊刻本.上海:商务印书馆,1919(民国八年).

(9)各种未定义类型的文献著录格式为:

[序号]主要责任者.文献题名[Z].出版地:出版者,出版年.例如:

[1] 故宫博物院.故宫日历:2015[Z].北京:故宫出版社,2014.

最后要指出的是,凡出现在文后"参考文献"项中的标点符号都失去了其原有意义,且其中除书名、篇名等文献名外的所有标点最好是半角;参考文献的英文人名缩写规则为:①姓名缩写只缩写名而不缩写姓。②无论东西方人,缩写名的书写形式都是姓在前、名在后。③杂志作者名中,全大写一定是姓。④省略所有缩写点。

三、著录常犯的毛病

1. 普遍的问题是书写不准确、项目不齐全，错误百出，刊出后不便读者查阅。

2. 把与文章关系不大或未亲自阅读过的文献也列为参考文献。

3. 有的文献过于陈旧。

4. 引用内部资料、学术会议资料汇编，读者难以查到。如果要引用，可将引用部分摘要列入正文引用处，并标明出处。

5. 只引用国外文献而不引用国内文献，或只引用国内文献而不引用国外文献。

6. 该列入的没列入，不该列入的罗列过多。

7. 某些书刊，以节省篇幅或编排上的方便为由，将文献一刀砍去。写上一个"参考文献从略"，这是不认识参考文献的重要意义所致。

第三节　新版《信息与文献　参考文献著录规则》主要修改

2015年5月15日，国家质量监督检验检疫总局和中国国家标准化管理委员会联合发布了国标《信息与文献　参考文献著录规则》(GB/T 7714—2015)。此标准已于2015年12月1日正式实施。与2005版标准相比，GB/T 7714—2015主要做了以下修改：

1. 本标准的名称由《文后参考文献著录规则》更名为《信息与文献　参考文献著录规则》。

2. 根据本标准的适用范围和用途，将"文后参考文献"和"电子文献"分别更名为"参考文献"和"电子资源"。

3. 在"术语和定义"中，删除了参考文献无须著录的"并列题名"，增补了"阅读型参考文献"和"引文参考文献"。根据ISO 690：2010(E)修改了"文后参考文献""主要责任者""专著""连续出版物""析出文献""电子文献"的术语、定义、英译名。

4. 在著录项目的设置方面，为了适应网络环境下电子资源存取路径的发展需要，本标准新增了"数字对象唯一标识符"(DOI)，以便读者快捷、准确地获取电子资源。

5. 在著录项目的必备性方面，将"文献类型标识(电子文献必备，其他文献任选)"改为"文献类型标识(任选)；"将"引用日期(联机文献必备，其他电子文献任选)"改为"引用日期"。

6. 在著录规则方面，将"8.1.1"中的"用汉语拼音书写的中国著者姓名不得缩写"改为"依据 GB/T 28039—2011 有关规定用汉语拼音书写的人名，姓全大写，其名可缩写，取每个汉字拼音的首字母"。在"8.8.2"中增加了"阅读型参考文献的页码著录文章的起讫页或起始页，引文参考文献的页码著录引用信息所在页"。在"8.5 页码"中增补了"引自序言或扉页题词的页码，可按实际情况著录"的条款。新增了"8.6 获取和访问路径"和"8.7 数字对象统一标识符"的著录规则。

7. 在参考文献著录用文字方面，在"6.1"中新增了"必要时，可采用双语著录。用双语著录参考文献时，首先用信息资源的原语种著录，然后用其他语种著录。"

8. 为了便于识别参考文献类型、查找原文献、开展引文分析，在"文献类型标识"中新增了"A"档案、"CM"舆图、"DS"数据集以及"Z"其他。

9. 各类信息资源更新或增补了一些示例，重点增补了电子图书、电子学位论文、电子期刊、电子资源的示例，尤其是增补了附视频的电子期刊、载有 DOI 的电子图书和电子期刊的示例以及韩文、日本、俄文的示例。

10. 著录细则中对于页码增补了"引自序言或扉页题词的页码，可按实际情况著录"的条款。"参考文献标注法"中增加了规定："如果顺序编码制用脚注方式时，序号可由计算机自动生成圈码。"

第九章　录入排版与表图制作技巧

第一节　录入排版技巧

一、Word 中正文的输入

1. 普通文字　使用各种输入法正常输入正文,无须对排版等进行设置(要使用两端对齐的基本设置,不然右侧边界的字会出现进进出出、很不齐的现象),输入完成后再进行排版。

2. 上下标及公式的输入

(1)快捷方式的调出方法:可以通过菜单调出上下标,方法为:在工具栏的任意位置单击鼠标右键→弹出菜单后选择最后一行的"自定义"→然后在"命令"→"格式"选项中找到"X^2"和"X_2",并用鼠标左键按住拖放到工具栏的任意位置,当出现"I"标志时,松开左键,上下标的快捷方式设置成功。

公式编辑器的快捷方式从"插入"选项中调出,也要用鼠标左键拖拉到桌面工具栏的任意位置。但是如果在安装 Word 时没有安装公式编辑器,就需要在使用这个功能时进行安装,系统会有提示,如果当时已经安装,就可以正常使用了。

(2)输入方法:如 $a^2 + b^2$ 的输入只需在输入 a2 + b2 后,选中 2,然后单击快捷方式"X^2",即可转为上标,其余雷同。也可以在完成一个上标的设置后,选中该上标格式,用格式刷刷其他需要设置上标的文字。即:先设置 a^2 为上标,然后选中 2,再双击格式刷,就可以将其他地方刷上标了。

如果用到公式录入,就要使用公式编辑器(出入→对象→公式 3.0),打开后出现图 9-1 的公式界面,单击选择格式,详细的对应关系如图 9-2。这些格式可以组合使用,如输入比较复杂的数学公式就要用到这些组合功能。

图 9-1　公式编辑器菜单栏

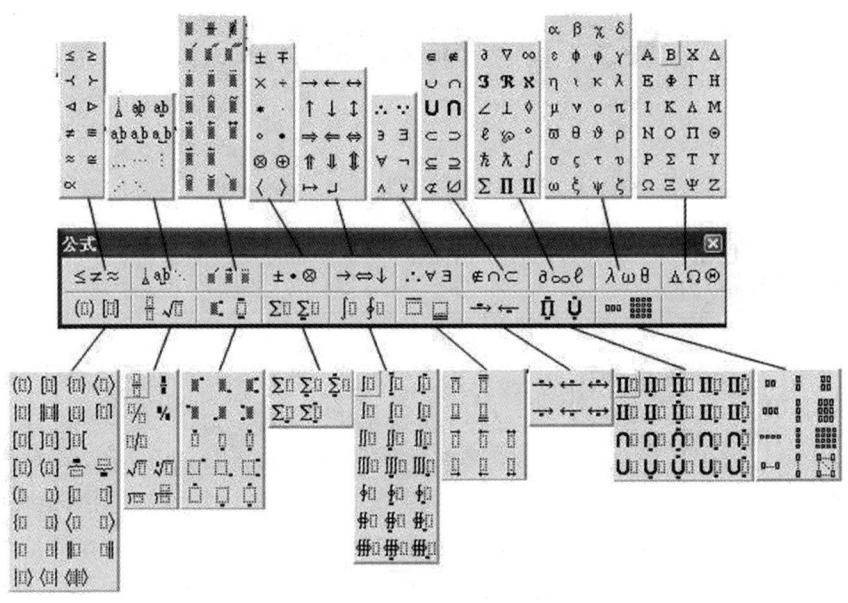

图 9-2　公式编辑器全部输入格式对照图

3. 特殊符号的输入　一般根据输入法来确定如何输入特殊符号，如℃、≈、≤、≥、⊿、■、√和外国人名中间的小点·等就要在输入法提供的功能中选择输入了。如拼音加加可以直接定义成组符号，紫光拼音可以单独定义符号，微软拼音、智能 ABC 和五笔字型可以在输入法提供的软键盘中选择特殊符号的输入。只是有些需要转换，而有些则可以直接输入无需进行转换，如拼音加加、紫光、自然码等输入法在输入特殊符号时都不用单独转换，而是有一些特殊的设置，如自然码（可以引入拼音加加使用），以字母 O 开头，可以输入 od：±、-、×、÷、∑、¢、℃、≤、≥……；oz：°No、☆、★、○、●……；ot：→、←、↑、↓、↗、↘、↖；oh：各种希腊字母；oe：各种俄文字母,or:各种日文符号;oi:各种编号,①②……(1)(2)……1.2.……(一)(二)……;用户还可以自己定义或增加特殊符号,这样就可以像输入正文文字一样的快速录入,从而提高办公效率。

4. 格式刷的使用　格式刷属于常用工具栏的命令,其图标为 ,可用来简化批量重复操作,如设置标题为黑体3号字,只要完成了一个标题的设置,就可以在选中该内容之后双击格式刷图标,然后让鼠标"带着"刷子将其他标题刷为相同的格式,作者在使用中经常用格式刷处理标题样式(如字体、字号、行距等)、段落缩进、设置上下标、表格内统一样式等,学会使用格式刷,以后就不用逐个设置相同格式的标题、段落的内容了。

二、文档排版技巧

由于工作用纸多为 A4 或 B5,因此纸张一般设置成 A4 的。正文字体、字号一般使用宋体、小四号,标题可以适当大一些,如三号字或小二号字,一般设置成黑体字。文件内容输入完成后,基本按下面操作进行排版。

1. 设置首行左缩进　首行左缩进就是第一行开始空两格,设置方法为:选中全部文字,快捷操作方法是 ctrl + A,或在打字区域的左侧,出现如图 9 - 3 所示的箭头时,三击鼠标左键。快速选中文字另有几种快捷方式,选中一行:单击鼠标左键;选中一段,快速双击左键;选中全文:快速三击左键;选中文章中的部分内容,鼠标点到开始点,然后移动鼠标到目标位置,暂不点击,先按住 shift,再点击鼠标左键,该范围的文字即被选中。这些操作应该比用鼠标从头拉到尾快很多,而且方便操作。然后单击"格式"菜单项的"段落",设置首行缩进2个字符。这样之后全文即完成了首行缩进。

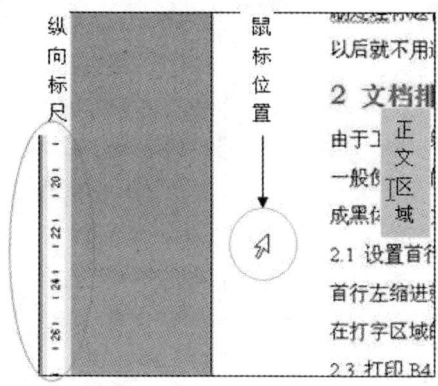

图 9 - 3　快速选中一行、一段或全文时的鼠标状态

2. 设置标题字体、样式(无须生成目录的操作) 先设置文章的大标题字体、字号,它是单独设置的。计算机内安装的字体均可以供选择,字号系统提供了 1~1638 点阵的字号,标题一般选择三号或者小二号,以示与正文区别。如打印特大字,会用到人工输入字符点阵的情况,如打印 50 号、300 号字等,可以试试看。文章内部的各级小标题字体、字号设置,可以在设置好一个后,用格式刷进行快捷设置。

3. 打印 B4 拼页 16 开文件(带页码格式) 在打印页数较多的文件时,如想打印纸张,没有页号是相当麻烦的事情,一般使用 16 开(B5)的纸张格式,而打印时又想打印成 8 开(B4)的,还想保留原有的页号格式(如第 X 页,共 Y 页),怎么办? 折页打印不行,没有单独的页号,可以按照图 9-4 操作:先按 B5 或 16 开纸张正常输入文字,并设置好页码样式(页眉、页脚);然后将页面设置成 B4 纸张(相当于 8 开),横放,在页面设置→页边距→页码范围选项中选择"拼页",这样设置后就可以打印出 8 开纸张,左右都是 16 开,且都有页码格式的文件。根据打印机的不同,纸张一般都是纵向放入打印机。如使用 EPSON-LQ1600 系列的打印机,可以通过调整纸张装入打印机的默认位置,按住控制+微调进纸,直到打印机出现声音提示,不再能够微调为止,打印机的装纸初始位置设置完成(在本次使用而未关打印机的过程中,每次装纸,自动进纸到此位置),如打印蜡纸,还应在每次自动进纸后人工微调进纸 8 下(点动),这样能够确保打印的文字在打印蜡纸的有效区域内。这样就减少了人工调整蜡纸进纸位置,可能引起的打印位置不准确或纸张损失。

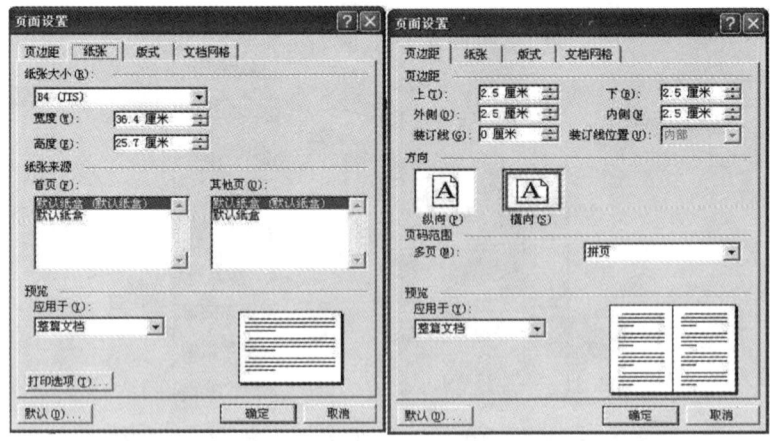

图 9-4　B4 拼页 16 开文件打印设置

4. 设置标题(可用来生成目录) 在编辑讲义、成册的技术或管理文件时,总想快速查找到指定章节,同时还要自动生成目录(序号—章节—页号),这就用到了"标题"概念,在 Word 的"格式"工具栏的最左侧,单击样式的下拉箭头,出现标题样式,如图 9-5、图 9-6。

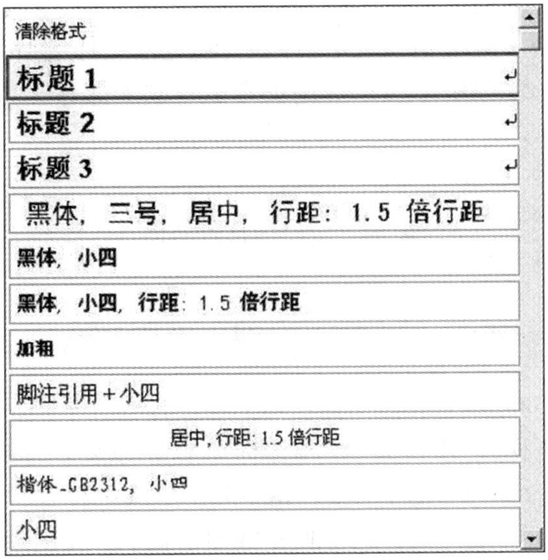

图 9-5 标题下拉菜单

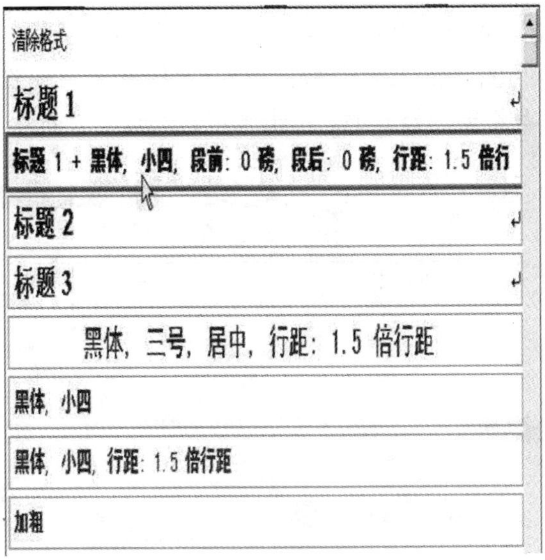

图 9-6 设定标题样式

下面简要介绍标题设置方法：鼠标选定需设置的标题行（以设置一级标题为例），单击样式出现如图9-5所示的下拉菜单，鼠标移至标题1，单击鼠标左键，完成第一个标题设置，然后修改标题1的字体、字号、行间距，完成后再执行一次图9-5下拉菜单出现图9-6的对话框，单击图9-6中箭头所指位置"标题1+黑体，小四，……"，标题设置即告完成，其他同级标题可用格式刷刷一遍，二级及下级标题设置步骤同上，超过三级标题后，需将页面从"页面视图"调为"大纲视图"，然后应用提升标题或降低标题的命令，如图9-7，来设置标题样式。

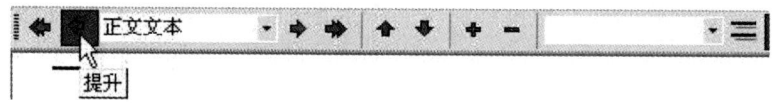

图9-7　大纲视图页面提升、降低标题操作

使用 Word 2000 设置标题的操作与上述步骤有所不同，在选定一个作标题的行后，单击"样式"下拉菜单，单击标题1（仍以设置标题1为例），进入编辑状态后，修改标题1的字体、段落等格式，选中标题行后，光标单击并移到样式下拉菜单的标题1一行，回车或单击确认，在出现的对话框中，选择第一行"更新样式，以反映最近所做修改"，这样对标题1样式的修改及设定就完成了，其余等级的标题操作类推。

5. 自动生成目录　标题设置完成后，执行插入"引用——索引和目录"命令（Word 2000 可直接插入索引和目录），光标移至目录选项，如图9-8，将格式调整为作者希望的格式后，单击确定，完成目录插入。

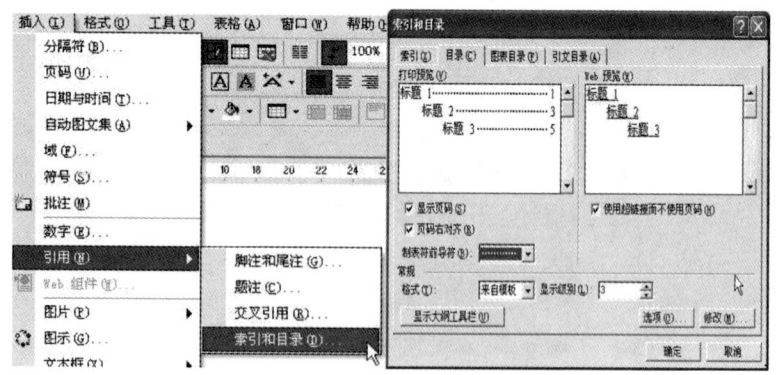

图9-8　插入索引和目录对话框

有时插入目录后,还需对文件内容(如正文、标题等)进行修改,这就会使部分章节的名称、页码发生变化,这样目录就需要进行更新,否则修改过的内容就无法正确显示。更新目录时,只需在文件内容修改后,在目录区域单击鼠标右键,在出现快捷菜单中选择并单击"更新域",在弹出的对话框中,选择"更新整个目录",如图9-9,目录立即被更新。

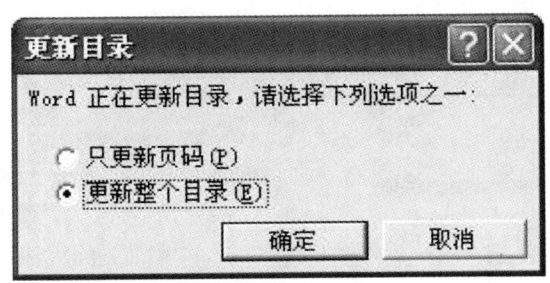

图9-9　更新目录操作

6. 文本框及图文混排技巧　在一般的技术文献中,经常会使用到文本框、图片、图文混排等操作,下面仅就文本框及图文混排的技巧进行介绍。

(1)文本框的使用技巧:在工具栏区域内单击鼠标右键,调出"绘图"工具栏,使用绘图工具中提供的自选图形、直线、箭头、文本框等可进行一般简图的绘制,图9-10a为作者使用 Word 2000 绘制的简图。

在图9-10a的绘制过程中,使用了矩形、自选图形(曲线)、直线(虚线)、文本框、选择对象以及文本框组合,在图9-10a中所有文字、数字均通过文本框输入,以便进行组合。

具体步骤为:使用矩形、曲线、直线绘制基本图形,两条竖线设置为虚线;添加图中文字标识的文本框、横坐标、纵坐标标识,绘制图 X 的标识文本框;随后进行组合操作,单击绘图工具栏"选择对象",将鼠标移到图9-10b的左上方,按住鼠标左键不放,并向右下方拖动,直到覆盖图形的所有区域,松开鼠标,图形就被选中了;选定后的样式如图9-10b所示,之后在图形区域单击右键,选择组合,如图9-11,图片即可成为图9-10a的样式,这时可以任意移动图片,该图会跟着整体移动,而不至于有的跟着移动,有的不动,造成图形混乱。

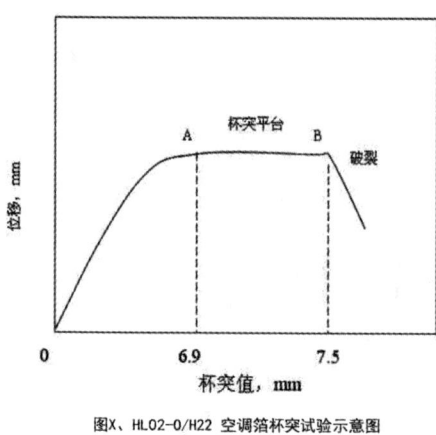 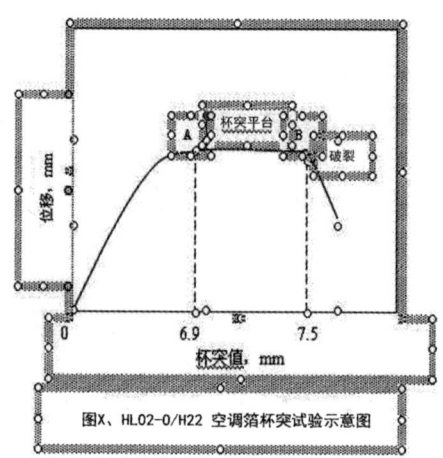

a. 绘制完成效果图　　　　　　b. 组合选定效果图

图9-10　文本框绘制组合样式

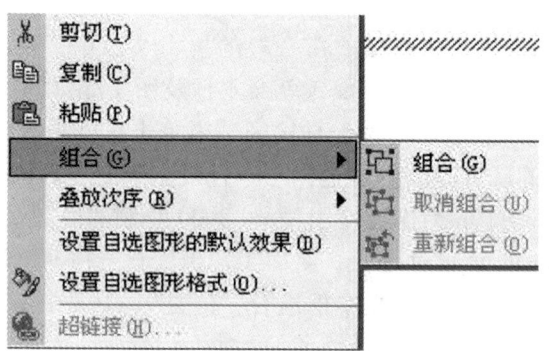

图9-11　文本框组合对话框

(2)图文混排技巧:当文本框及图片插入到文档后需要进行图文混排,具体步骤为:选定图片后单击鼠标右键,在弹出的对话框中,选择"设置图片格式";然后选择高级对话框,此时会出现图9-12所示的两个高级选项,在图9-12a中最下方的三个选项都可以选定,在图9-12b中,一般使用上下型或四周型(偏右侧)的混排样式,以上内容都选定后按"确定",即可完成图文混排。需要说明的是图9-12a选项不适用于数码相片、扫描照片等格式,这类图片应使用图9-12b的设置。这种格式的图片如需进行图文混排,应在执行"分解图片"命令后才能进行,该命令在"绘图"选项中,如图9-12c所示,可以通过自定义将快捷方式拉到桌面上。

第九章 录入排版与表图制作技巧

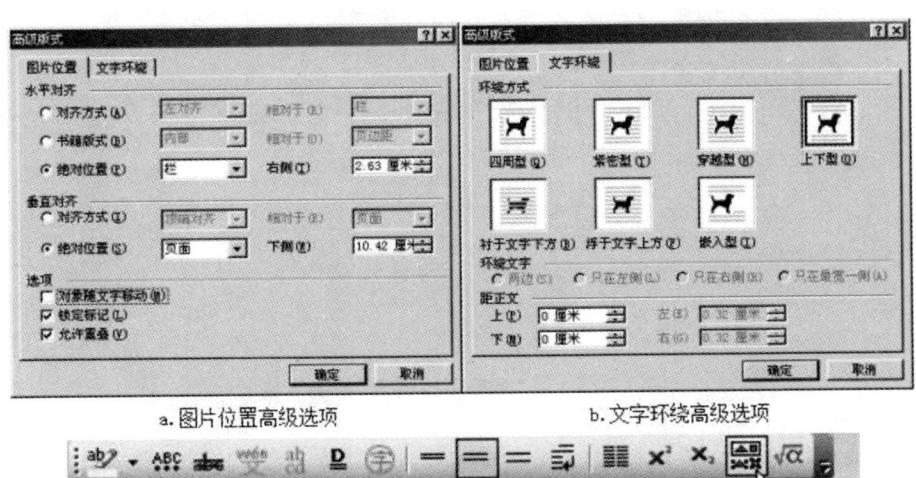

图 9 – 12　设置图片格式对话框

有关文稿编辑、录入、排版的技巧还有很多，可以在日常应用中进一步发掘，应该说入门以后再进一步的学习就变得简单多了，如使用 Word 的绘图功能绘制简单的图形、文本框的组合、图文混排等技巧都应掌握，计算机的许多功能仍需进行挖掘。

第二节　表图制作技巧

一、表格制作技巧

打开 Word 2007，点击"插入"选择卡中的"表格下拉列表"，然后在出现的图示表格中随意滑动来确定要绘制的表格大小，最后点击以完成单元格的绘制工作，如图 9 – 13。

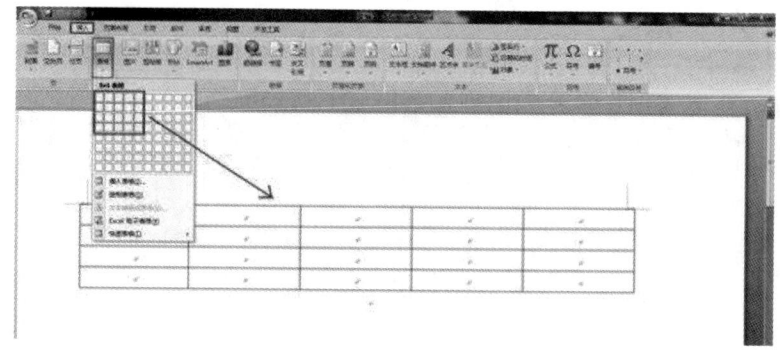

图9-13　用"表格下拉列表"绘制表格

也可以通过设置窗口来实现表格的插入。具体方法：点击"插入"选项卡中的"表格"，从其下拉列表中选择"插入表格"，在弹出的对话框中输入"列数：5，行数：4"，也可实现同样的插入表格操作，如图9-14。

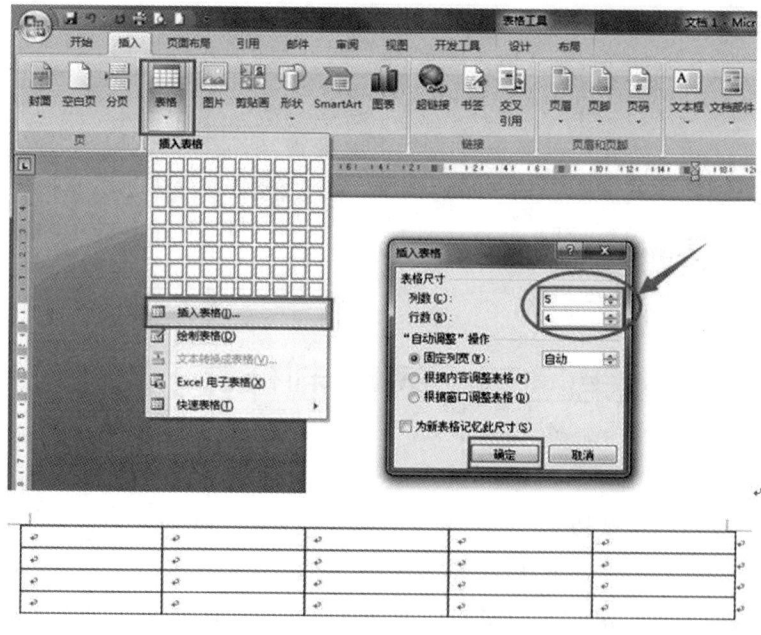

图9-14　用指定列数、行数绘制表格

如在当前表格中插入行或列，只需将光标放在想要插入行或列的位置，然后点击"布局"选项卡中的"行和列"区域中相应内容，如图9-15。

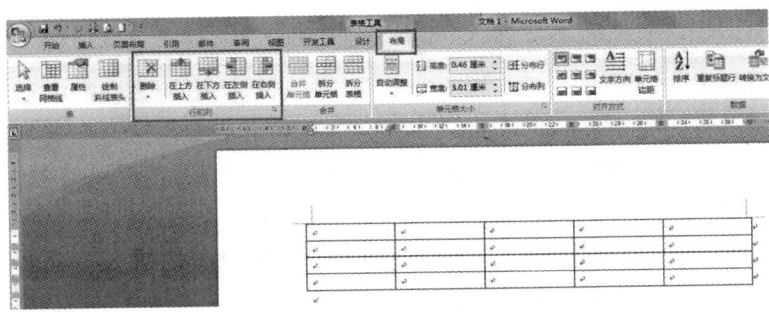

图9-15 用"布局"菜单可方便插入行和列

如合并当前表格中某些单元格,仅需将光标放在想要插入行或列的位置,然后点击"布局"选项卡中的"合并单元格",如图9-16。

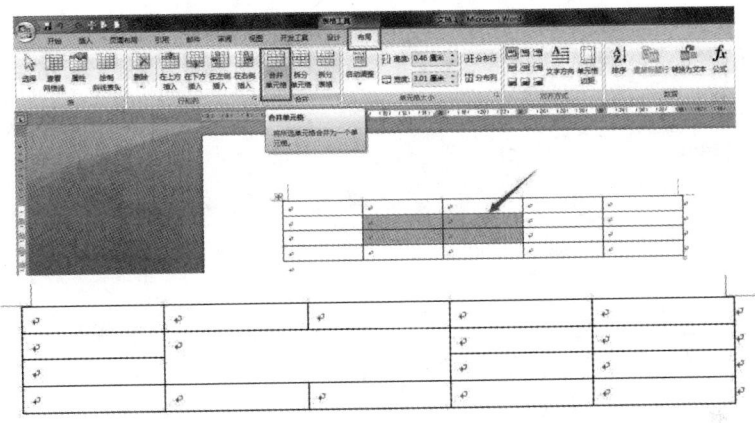

图9-16 "合并单元格"图示

利用"设计"选项卡中的"绘制表格"操作进行手动绘制表格,如图9-17。

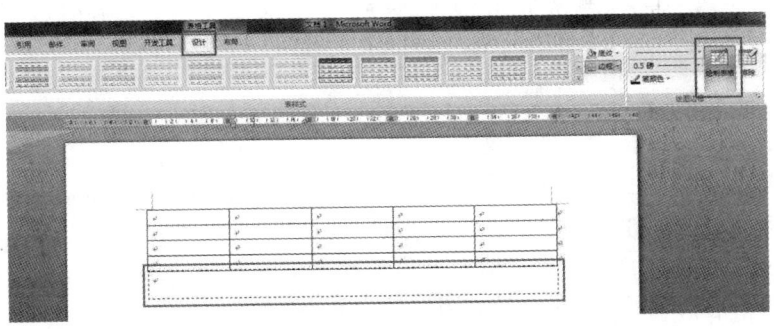

图9-17 手动绘制表格

二、统计图制作技巧

统计图是利用点的位置、线段的升降、直条的长短与面积的大小等各种几何图形,将研究对象的内部构成、对比情况、相互关系等形象而又生动地表达出来,给读者留下深刻而又清晰的印象。常用的统计图有柱形图、条图、圆图、线图、散点图等,目前很多计算机软件都可以方便地绘制各种统计图。

下面用比较常用的 Excel 表格做统计图,图形里面的数据可以按照数据源里面的数据做随意的调整,方便统计,容易修改。

(一)方法与步骤

1. 柱形图制作　如2000年某三地男女婴儿死亡率统计图。

(1)打开一个 Excel 表格,在表格里面输入要做图的数据资料,输入之后,全选数据资料,如图9-18。

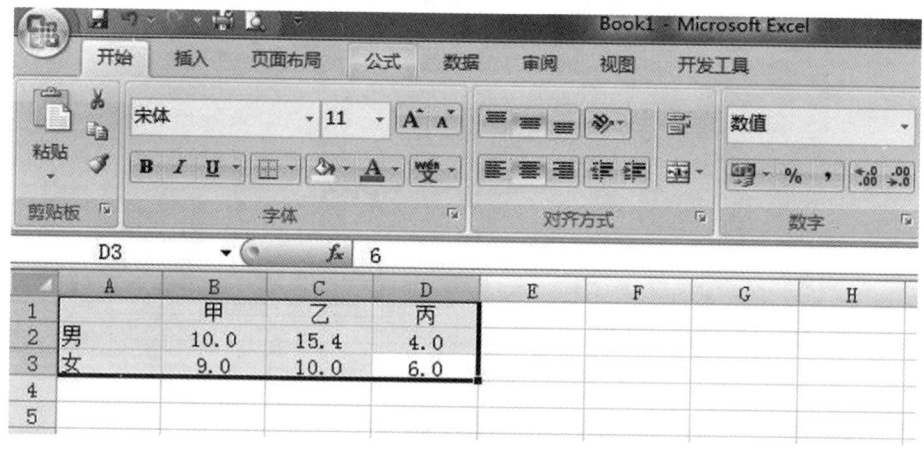

图9-18　输入数据资料

(2)点击"插入"菜单下面的"柱形图",点开后有很多种的格式可供选择,选好后就会自动生成柱形图,如图9-19。

(3)如不满意当前的图表格式,可右键点击更改图表类型,修改到合适的格式。更改为圆柱图,如图9-20。

(4)自动生成图表之后,你会发现柱形图上面没有数值。此时选中柱形图,右键选择"添加数据标签",就会有对应的数字出现,如图9-21。

(5)根据自己所需,在坐标轴位置,点击鼠标右键"设置坐标轴格式"可以达到你所要的最终柱形图,如图9-22、图9-23。

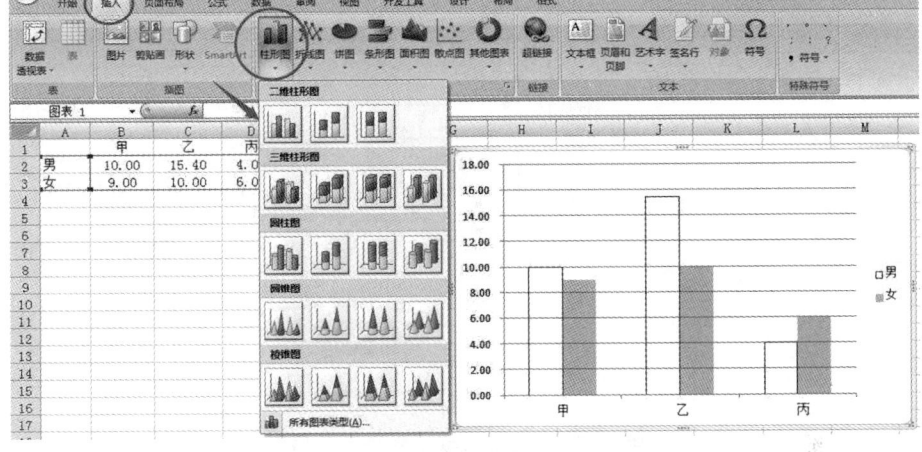

图 9-19 柱形图菜单及生成的柱形图

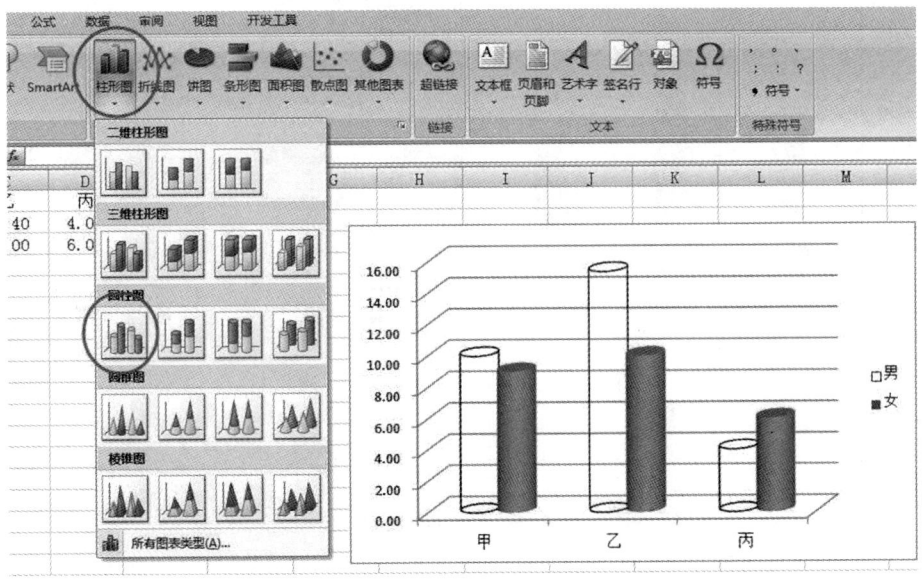

图 9-20 圆柱图菜单及生成的圆柱图

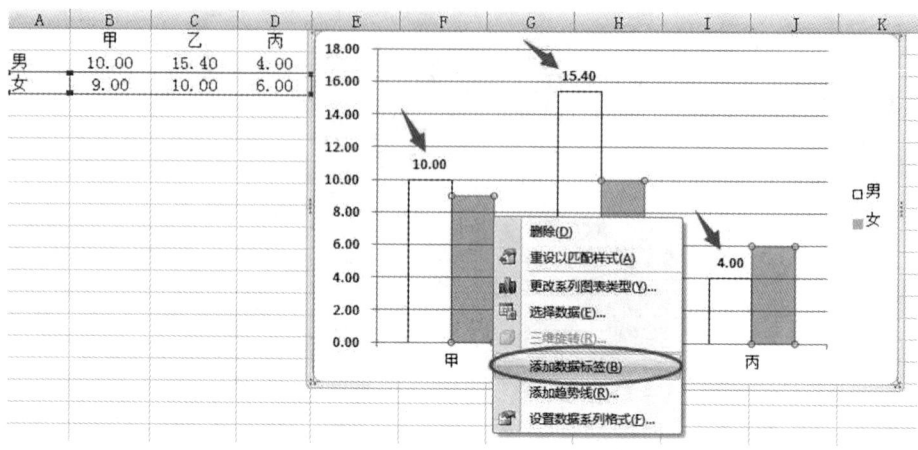

图9-21 添加数据标签具体数值

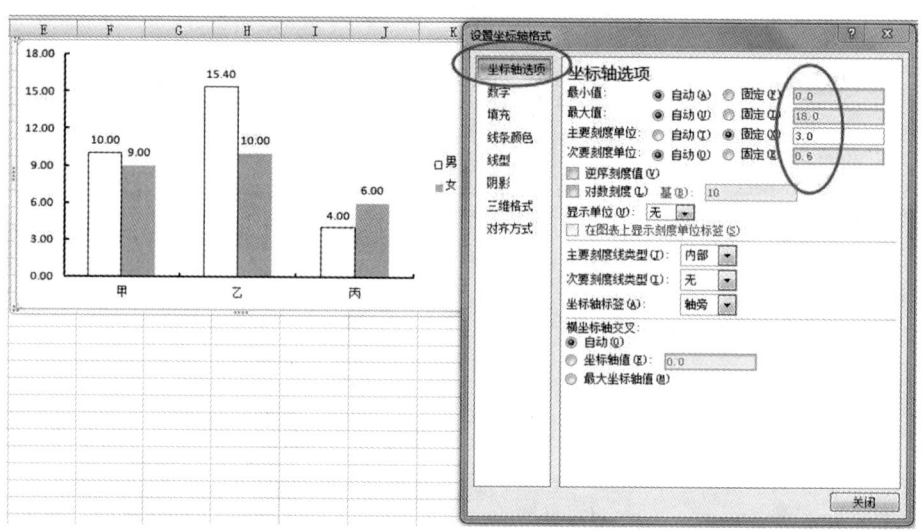

图9-22 设置坐标轴格式菜单

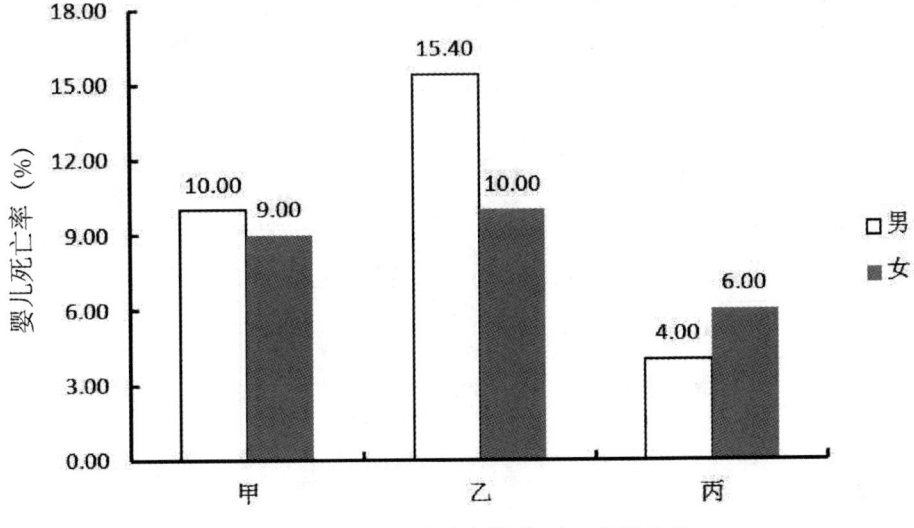

图× 某三地男女婴儿死亡率的比较

图 9-23　柱形图最终形成格式

2. 线图制作　适用于描述两个计量资料之间的关系，即描述一个连续型指标变量是如何随着另一个连续型指标变量的变化而变化的。线图的绘制方法是以自变量的观察值为横坐标，以因变量的观察值为纵坐标，在平面直角坐标系中用点的形式描画出第一对观察值所在的位置，然后用直线连接相邻的点。下图是 1975—2000 年痢疾和百日咳死亡率的变化趋势。

（1）打开一个 Excel 表格，在表格里面输入所要做图的数据后，选取线图需要的数据，点击插入→折线图，如图 9-24。

（2）选好后水平轴需要用年度表示，选择水平轴点击鼠标右键→选择数据→水平(分类)轴标签→编辑→选取年度，设置横坐标过程，如图 9-25。

（3）坐标轴格式可以根据自己的需求更改。点击鼠标右键→设置坐标轴格式→坐标轴选项，按需求更改即出现纵坐标轴标示，如图 9-26。

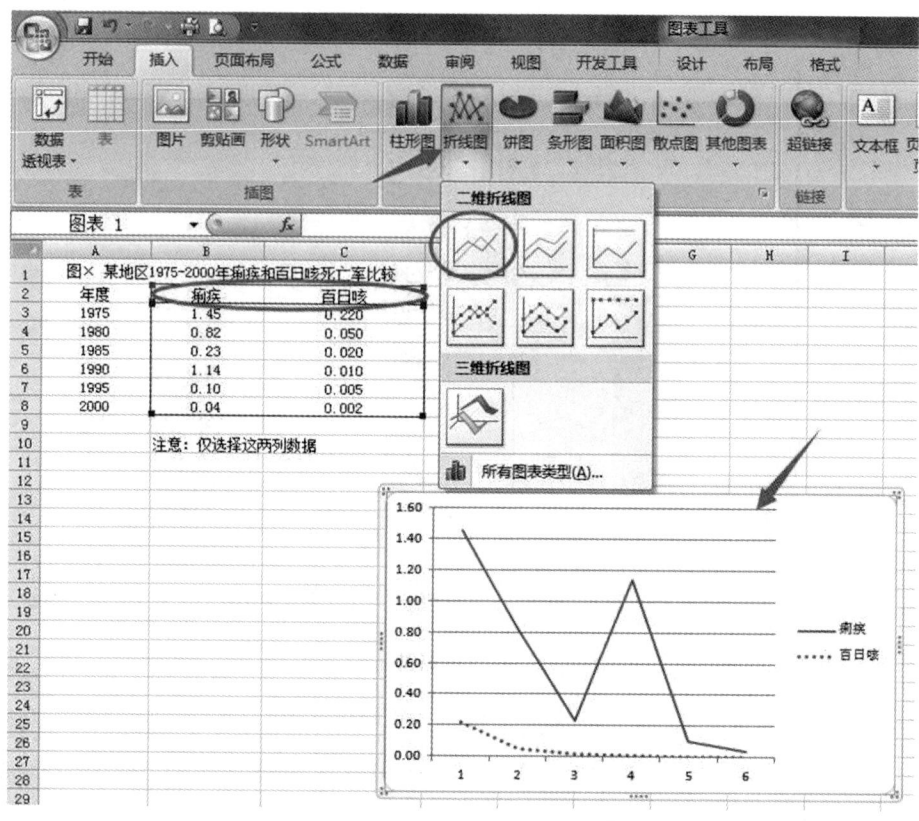

图9-24 制作线图过程

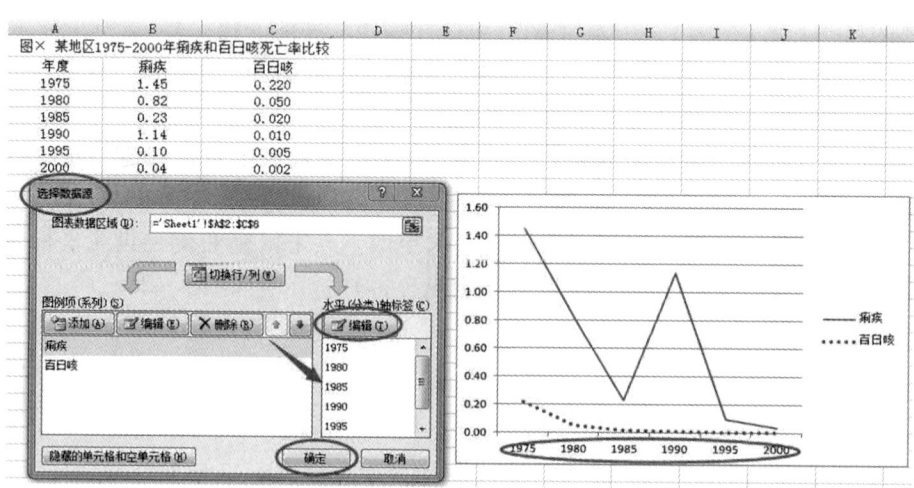

图9-25 设置横坐标过程

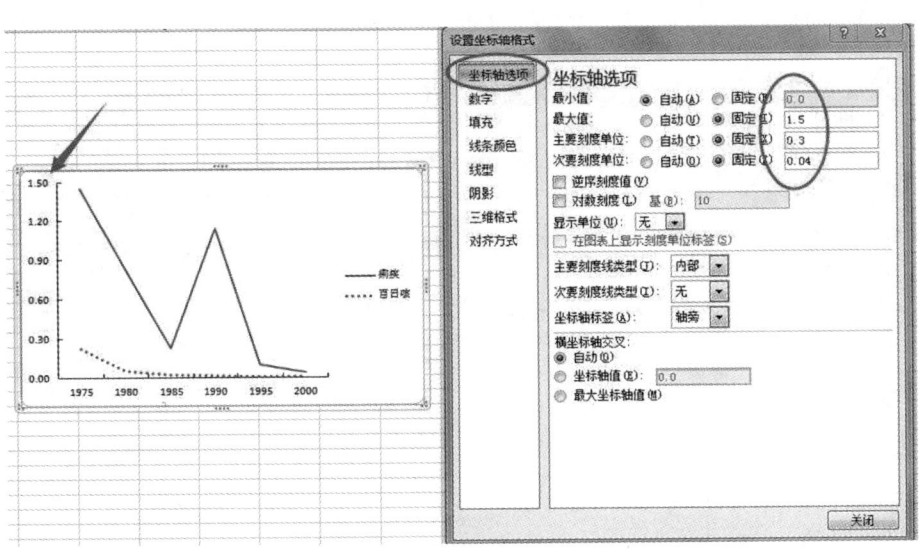

图 9-26 设置纵坐标过程

(4)点击绘图区曲线,鼠标右键设置数据系列格式→数据标记选项→根据自己所需类型选择即可出现图例,如图 9-27。

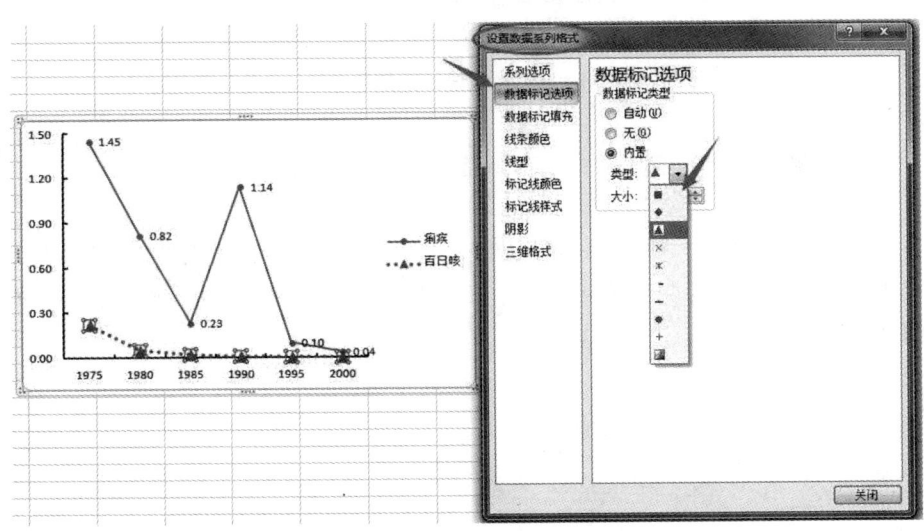

图 9-27 选取不同的图例类型

(5) 纵坐标和横坐标及图题均可用插入→文本框实现，如图 9-28。

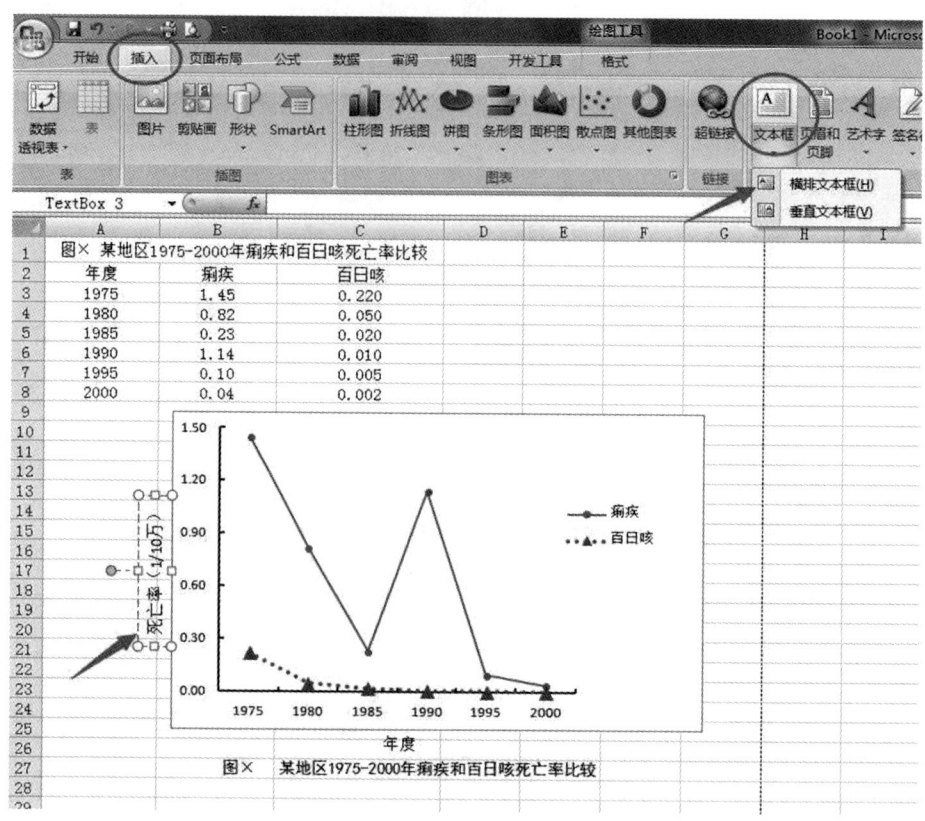

图 9-28　用文本框菜单添加任意标识

3. 散点图制作　如血铅与尿铅关系的散点图。插入里有很多的图表方式供选择，提供相应数据均可完成，步骤同上，下图为自动形成散点图，如图 9-29。

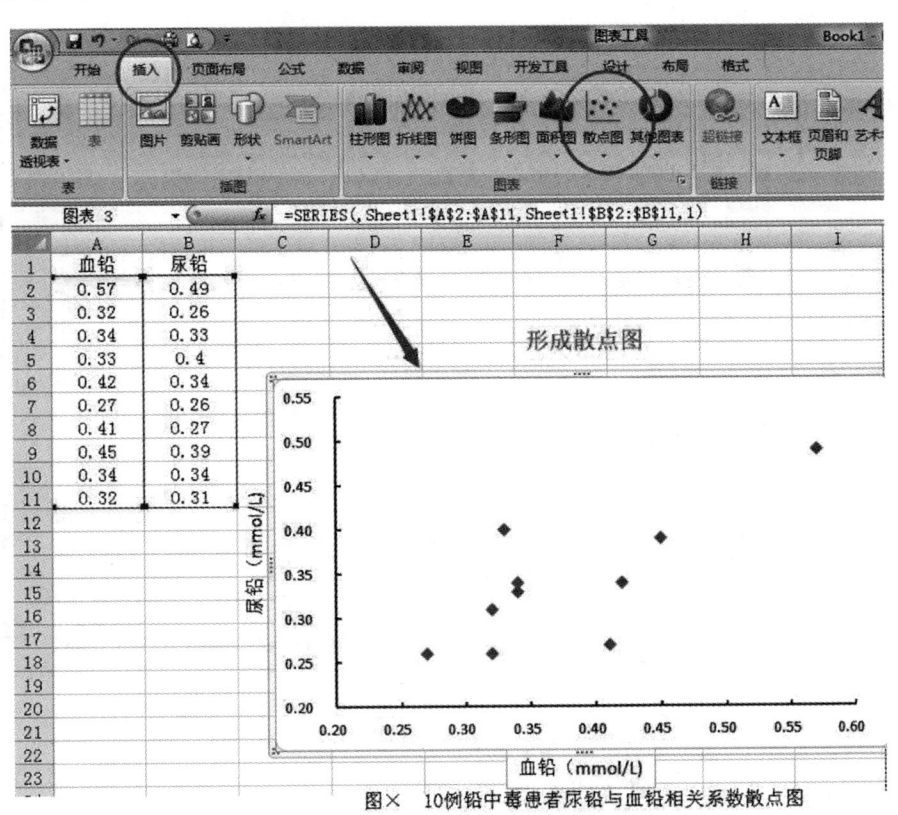

图 9-29 制作散点图过程

(二)绘图技巧

1. 画出不打折的直线　在 Word 中如果想画水平、垂直或"15°, 30°, 45°, 75°"角的直线, 只需在固定一个端点后, 按住 Shift 键, 上下拖动鼠标, 将会出现上述几种直线选择, 位置调整合适后松开 Shift 键即可。

2. 巧取 Word 文件中的图片　有时在 Word 文件中发现有特别需要的图片, 并想要把它保存下来, 用什么办法得到该图片的单独文件呢? 首先打开 Word 文件, 选择"文件→另存为"选项后会弹出一个对话框, 选择好文件名和路径后, 并从"保存类型"下拉菜单中选择"Web 页"方式保存, 如图 9-30, 完成后再去所选择的保存路径下会发现一个与选择的文件名相同名称的文件夹, 进入该文件夹, 并从"保存类型"下拉菜单中选择"网页"方式保存。但要注意的是每个图都有两个图形文件对应, 如图 9-31, 要选择那个容量大的图片文件。

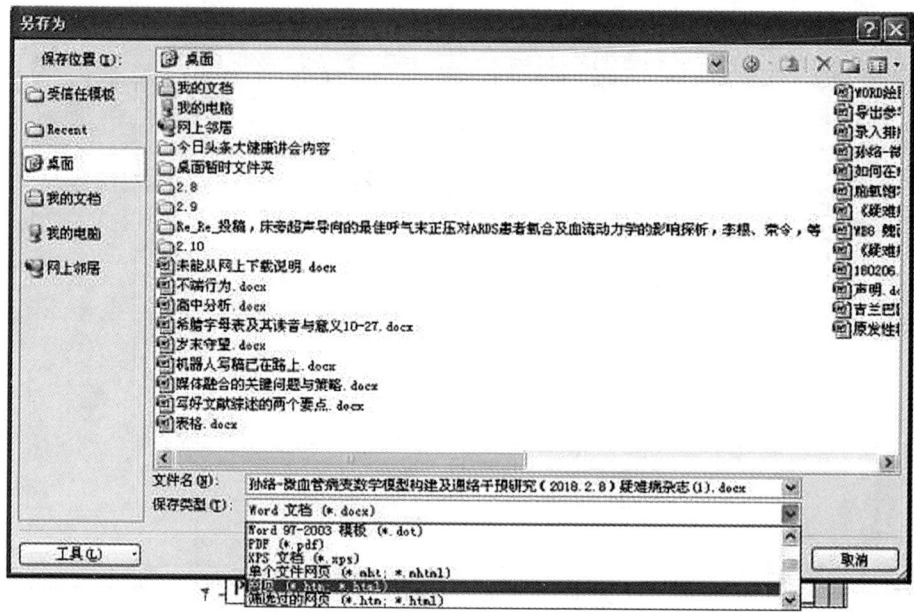

图 9-30 "文件→另存为"选项后会弹出一个对话框

图 9-31 相同名称的文件夹中文章的全部图标

3. Shift 键巧用　在 Word 中绘画时,常出现直线不直、圆图不圆的情况,在用 Word 及其他一些 Office 组件中,有时会画一些直线带箭头的直线或者其他一些简单的图形,"Shift"键便可起到特殊的作用。如在插入→形状工具栏选择椭圆工具(如图 9 – 32)画一个圆,常常绘制出不标准的圆,此时可在绘画时按住"Shift"键便可画出标准的圆,如图 9 – 33,同样在选择矩形工具时按住"Shift"键便可画出正方形,选中直线工具时按住"Shift"键便可绘画笔直的直线(但只能绘制出四个方向的直线)。

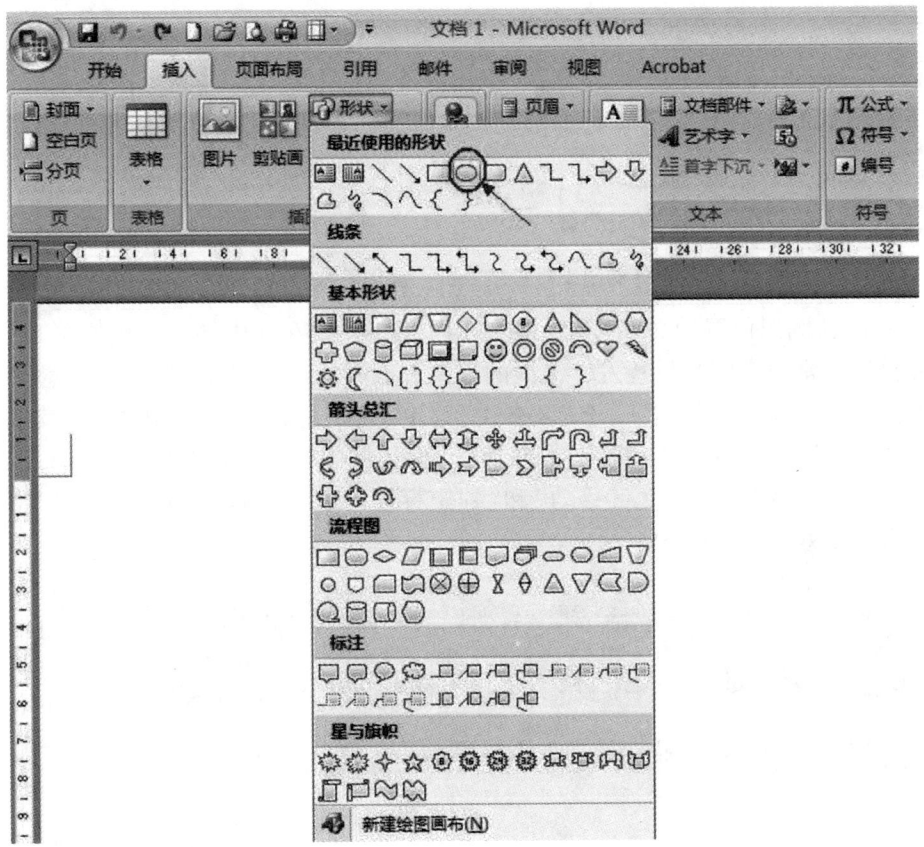

图 9 – 32　选择菜单插入→形状工具栏选择椭圆工具

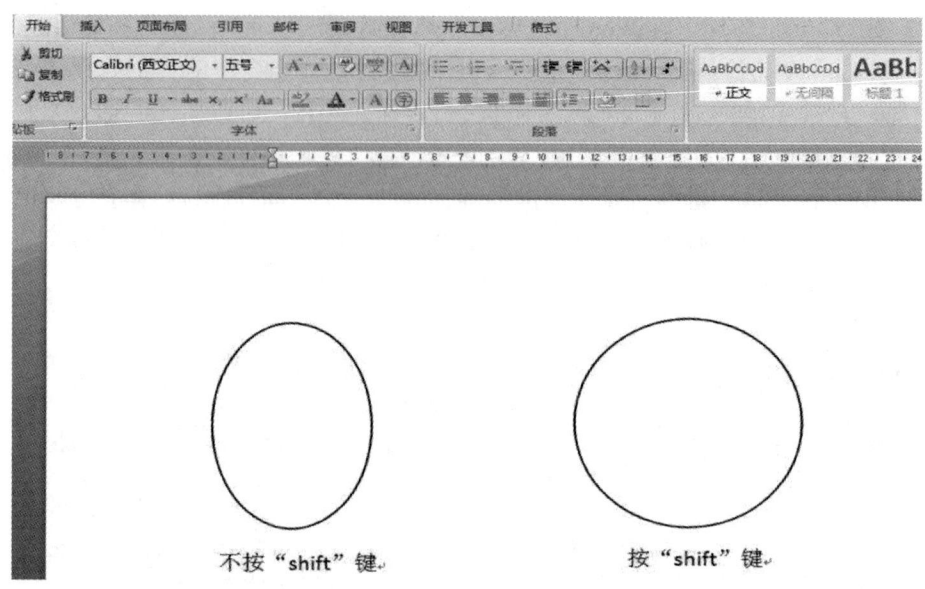

图9-33　选择椭圆工具按住"Shift"键与不按"Shift"键的区别

4. 让图形位置随文字移动　有些用户发现在 Word 中插入一些图形后,在排版时常出现图片位置发生错误的现象怎么办? 选中文件中需要禁止移动的图片,用鼠标单击图片,选择"格式"菜单下的"位置",选择其中的"其他布局选项",如图9-34。进入"高级版式"对话框中的"图片位置"选项卡。取消选择其中的"对象随文字移动"和"锁定标记"两个复选项,单击"确定"按钮即可生效,如图9-35。

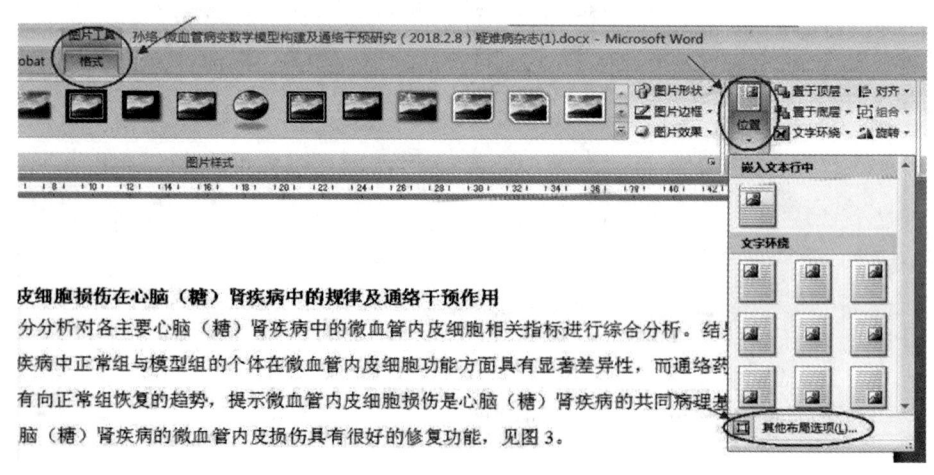

图9-34　选择其他布局选项

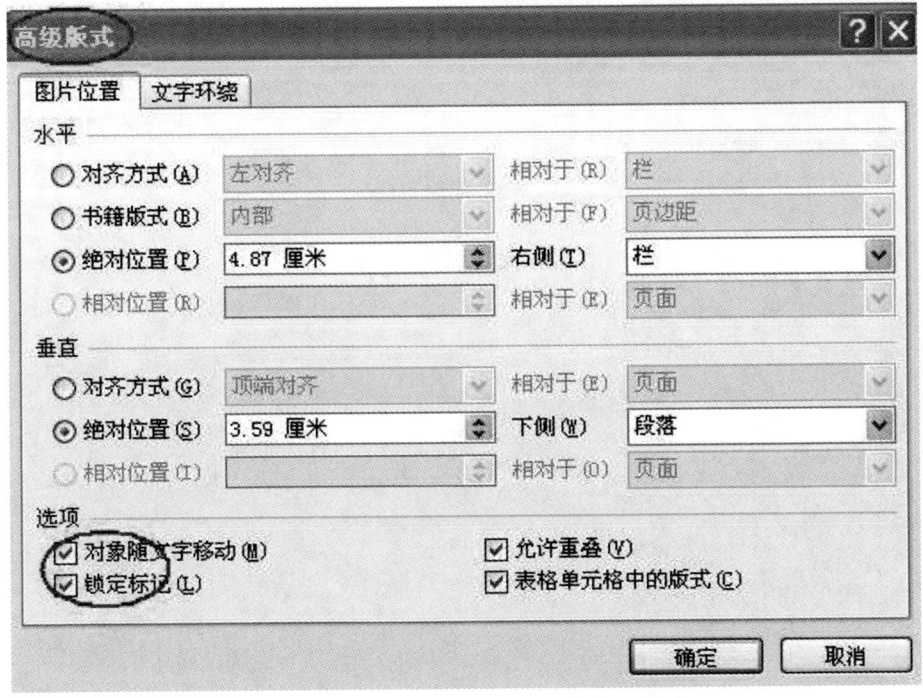

图 9-35　其他布局选项下的高级版式菜单

5. 快速将图片恢复原状　在 Word 中对图片进行了编辑修改后，又想恢复图片原状，只需单击"格式"工具栏上的"重设图片"图标按钮即可，还可以利用常用工具栏上的撤销操作来快速完成恢复，如图 9-36。

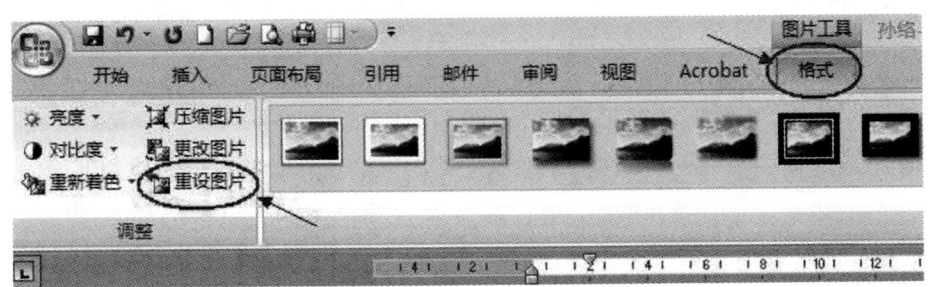

图 9-36　快速将图片恢复原始状态

中 篇

医学图书写作与编辑

本篇共十章,分为三个部分:第一部分包括第十章和第十一章,主要介绍图书、图书分类和医学图书的基本概念,以及医学图书的选题、内容、制作和出版发行策划;第二部分是本篇的重点,包括第十二章至第十八章,主要介绍临床医学图书及著作类、教材类、病例类、中医中药类、护理类、健康科普类图书的基本概念和编写特点;第三部分为第十九章医学图书的编辑与质量控制。

医学图书的写作和编辑,是相辅相成的两个方面,好的书稿来自写作,而好的图书来自编辑。医学图书的作者,不但要有丰富的医学积累和写作经验,还要有一定的医学图书编辑规范常识;同理,医学图书编辑,既要有丰富的编辑学理论和编辑实践经验,还要对医学理论和学科发展有一定的了解和把握。因此,写作与编辑是医学图书成功的两翼。本篇从这两方面展开论述,以期对医学图书的作者和编辑有所帮助。

第十章 图书、分类和医学图书

第一节 图 书

一、图书的定义

"书"的概念是广泛的,用作动词,有记录、画图之意;用作名词,有装订成册的著作、文书、文件等含义。在古代,"书"因其记载的载体和内容不同,其含义也有区别,如"著于竹帛谓之书"(《说文解字·序》)"书者,五经六籍总名也"(《尚书·序疏》)。

"图书"二字最早来源于上古的神话传说,且是分开来使用的。《易·系辞》说道:"河出图,洛出书,圣人则之。""图书"一词的使用最早出现于《史记·萧相国世家》:"何独先人收秦丞相御史律令图书藏之……","图书"在这里指的是地图和文书档案之义。唐代以后,"图书"一词的使用日渐频繁起来,并逐渐与档案区分开来。清朝艺术家徐康《前尘影录》一文中提及"古人以图书并称,凡有书必有图,故有'图书'一说"。

如今,图书的定义有狭义和广义之说。狭义的"图书"是指图书馆或图书专业人员在实际工作中,将其与期刊、报纸、科技报告、技术标准、视听资料、缩微制品等区别开来的出版物;广义的"图书"泛指各种类型的读物,包括甲骨文、金石拓片、手抄卷轴、当代出版的书刊、报纸、声像资料、缩微胶片(卷)及机读目录等新技术产品。

我国出版业对图书的定义是:通过一定的方法和手段将知识内容以一定的形式和符号(文字、图画、电子文件等),按照一定的体例,系统地记录于一定形态的材料之上,用于表达思想、积累经验、保存知识与传播文化的工具。

联合国教科文组织对图书的定义是:凡由出版社(商)出版的不包括封面和封底在内49页(5~48页的称为小册子)以上的印刷品,具有特定的书名和著者名,编有国际标准书号,有定价并取得版权保护的出版物称为图书。

书籍的"籍"最早指的是户口簿、登记,现泛指图书簿册之意。狭义的"书籍"指记录文字和图书纸张的集合;广义的"书籍"指一切用于传播信息的媒介。

在现代社会生活中,书、图书、书籍通常都泛指以传播知识为目的,用文字或其他信息符号记录于物质形态上,用于传播知识的工具。三者区分常不严格。

二、书籍的起源和发展

中国的书籍形式,是从竹简和木牍开始的。

1. 简策和简牍 简策始于商周时期(约公元前14世纪)。在纸张发明和推广之前,人们把竹子或木头削成细长的片,用来记录文字。用竹子削成的片称为"简",用木头削成的片则称为"牍",用绳将若干简或牍编串在一起,合称"简策"或"简牍"。简牍具有材源丰富、价廉易得、制作简单、修改简单等优点,从殷商到两汉,流行时间长达1 600~1 700年之久。但也因材质笨重、容量过大、携带不便,简牍逐渐被其他书写载体所替代。

2. 帛书 帛的本意为白色丝织物,帛书是指将白色绢帛作为书写记事作画的材料,起源于春秋时期。到春秋战国末期,帛已经泛指所有的丝织物。竹帛并行,同用于书写。绢帛较之简牍,其优点显而易见,如美观轻柔、书写清晰、携带轻便等。但也因当时社会生产力水平低下,其价值昂贵,绢帛仅供少数上层社会人士享用。

3. 泥版书 公元前3世纪,美索不达米亚(西亚两河流域)地区出现了人类最古老的一种图书——泥版书。苏美尔人将两河流域的黏土制成规格相同、重约一千克的软泥版,并用削尖的木制笔在软泥上刻画字符,晾干后投入火中烧烤制成泥版书。泥版书起源于西亚,后来传至希腊克里特岛、迈锡尼等地,其制作和使用一直延续到公元1世纪。泥版书多用于记录债务清单、契约等内容。

4. 纸草书 公元前3000年,古埃及人将一种类似于芦苇的莎草科植物(盛产于尼罗河畔沼泽地)的茎部切成薄片,压平后,将若干片粘成长幅,即制成莎草纸。古埃及人用芦苇茎为笔在纸草上书写字符,写成后卷在木杆上形成卷轴即成纸草书。纸草书多用于礼赞圣明、记录文学、书写哲学宗教文献等重要信息,广泛流传于希腊、罗马和地中海沿岸其他国家。

5. 羊皮书 "羊皮书"一词源自于拉丁文"帕加马(Parchment)"之转义,它由古代中东地区的帕加马人发明。据说在公元前197年至前159年,帕加马人因古埃及人停止供应莎草纸而不得不寻找其他书写工具,人们将动物宰杀留下来的毛皮在石灰水中洗净,晾干后绷开,用石头将其打磨平整用来书写。羊皮书多用于书写公文、宗教文献等重要文件,是手抄本的标准形式。因羊皮较纸草具有携带轻便,经久耐用,易于保存、折叠等优点,在 4 世纪取代纸草书成为欧洲各国的主要书写材料,直至 15 世纪被纸张印制的书籍取代。

6. 贝叶经　贝叶是贝多罗树的叶子,在佛教发源地印度,佛教徒们用贝叶书写佛教经典,贝叶经的名字由此而来。人们将采集到的贝叶按一定规格裁剪,放入锅中水煮后,洗净、晒干、压平,用墨线弹成行后再用铁笔按行刻写。在书写完的贝叶上涂上油墨,待油墨晾干后,再用细绳串连装订成册。人们在写满字的贝叶上涂一次墨,用布抹擦,让墨水汁残留在刻痕内,即形成清晰印迹。因贝叶具有防潮、防蛀、防腐等特点,可流传百世,人们常将圣人的事迹及思想记录在象征光明的贝多罗树叶上,而佛教徒也将最圣洁、最有智慧的经文刻写在贝多罗树叶上。

7. 蜡版书　在公元前 3 世纪左右的罗马时期,人们将薄木板表面的中间部分掏空注入融化的蜡,在蜡未硬化前用金属或动物骨头在其上面刻写文字,再将刻写好的蜡版打孔穿绳,使用时只需将木板烤热使蜡变软即可。因蜡版书可重复使用,因此使用非常广泛,学者、诗人、僧侣、商人都用它记录信息。直到公元 1 世纪手抄本的出现后,蜡版书才被其他书写工具所取代。

8. 纸写书　在西汉时期,人们的思想文化十分活跃,对文化知识和传播工具的需求旺盛,人们开始用大麻、苎麻为原料制作纸张用于书写。东汉时期,蔡伦在总结前人造纸经验的基础上,改进造纸方法。他将树皮、麻头、敝布、渔网等材料用水浸渍、蒸煮,捣成糨糊状,在细帘子上摊成均匀的薄片,晒干后即变成纸。这是人类在经过简、帛、泥、蜡等书写工具的漫长的演变过程后,找到的最合乎理想的书写工具——纸,并使其很快成为图书生产的主要材料,促进了图书的普及。

9. 印刷书籍　纸张的出现,解决了图书生产的材料问题,但随着经济文化的发展,手抄书已远远不能满足人们日益增长的精神文化需求。

雕版印刷——大约在唐朝(公元 618—907 年),人们从印章和拓碑中得到启发,将要印的字写好贴在雕刻的木板上,再用刀根据墨迹雕刻成阳文,在雕好的板上涂墨、铺纸、压平,然后取下便可。早期的雕版印刷大多用于印制佛经、佛画等宗教印刷品。收藏在英国伦敦博物馆的公元 868 年雕版印刷的《金刚经》,是现存最早的标有年代的雕版印刷品。

泥活字印刷——宋仁宗庆历年间(公元 1041—1048 年),毕昇在雕版印刷的基础上，对印刷技术进行改良，用胶泥做成大小一致的小型方块，刻上反体单字，用火将其烧硬制作成泥活字。印刷时只需按内容依次拣字排列，并用黏合剂（松脂或蜡）加以固定，刷墨、铺纸、压平即可，印完的泥活字取下后仍可反复使用。这一技术很快在国内运用，并迅速流传到了国外。

铅活字印刷——15世纪中期，即毕昇发明的泥活字传入欧洲400年后，德国人约翰·谷登堡对此技术进行改良，采用铅、锑、锡等合金材料来制作活字，并发明了铸字盒、冲压字模、铸造活字的铅合金、木制印刷机、印刷油墨等一整套印刷工艺。谷登堡利用压葡萄汁机改制成螺旋式手扳木质印书机，将过去的"刷印"方式改进为"压印"，为印刷机械化开辟了新道路。谷登堡的一系列发明，为他赢得了"现代印刷术创始人"的称号。

胶版印刷与汉字激光照排——1904年，德国人卡斯帕·赫尔曼和美国人艾拉·华盛顿·鲁贝尝试在一张纸的正背面都印上图案，图像先从印版传到压印滚筒的橡皮布上，再印到纸上，这种间接压印方式产生出了更高印刷质量的产品，充满弹性的橡皮布表面将油墨更加均匀地传递给纸张，这就是现代胶印技术的由来。1979年以王选教授为首的北京大学科研人员开发出精密汉字照排系统样机，经过多年发展，这一技术已引领出版印刷界突破了传统活字印刷和计算机照排技术的世界性难题，王选教授因此被誉为"当代毕昇""汉字激光照排系统之父"。

数码印刷——将电脑文件直接印刷在纸张上，有别于传统印刷繁琐的工艺过程的一种全新印刷方式。它的特点：一张起印，无须制版，立等可取，即时纠错，可变需求，按需印刷。数码印刷是在打印技术基础上发展起来的一种综合技术，以电子文本为载体，通过网络传递给数码印刷设备，实现直接印刷。印刷生产流程中无版和信息可变是最大特征，涵盖印刷、电子、计算机、网络、通信等多种技术领域，使现代出版进入了"高速"时代。

10. 电子书　所谓的电子书，是指将文字、图片、声音、影像等信息内容以数字化的形式植入磁、光、电介质，并借助于特定的数码设备读取或使用的数字化出版物。电子书由 E-book 的内容、阅读器、阅读软件三部分构成。电子书的主要格式有 PDF, EXE, CHM, UMD, PDG, JAR, PDB,TXT, BRM 等。电子图书自1967年，在 IBM 的资助下，Andriesvan Dam 和来自布朗大学的一个团队成功开发出了世界上第一个"超文本文件编辑系统"以来，其发展正在经历着这样的历程：黑白、静态→彩色、动态→柔性（可折叠）、太阳能……随着阅读需求的不断演变，将要产生彩色动态显示技术，改进屏幕刷新速度，并将在产品可用性、无线服务能力等方面有进一步提升，具备极强实用性的彩色柔性技术也将充分整合到新型的电子阅读器上。

三、书籍编辑活动

(一) 书籍编辑活动的渊源

文字和书写材料的产生，是人类进入文明社会的显著标志，为了保证信息传递的正确性，与之相关的另一项活动——图书编辑便应运而生了。

早在甲骨刻辞时代，人们便将创造出来的符号进行搜集、鉴别、选择、加工、规范、定型再创造，使之成为大家共同认识、统一使用的符号，而这一活动也被认为是我国早期的编辑活动。

春秋末期，孔子在整理"六经"的实践过程中，秉承"述而不作"的编辑原则、"无征不信"的编辑理念和"多闻阙疑"的编辑方法，为后世保存了比较系统的中国古代编辑历史资料，他的编辑方针及思想对后世的编辑工作产生了深远的影响。

汉成帝河平三年，刘向受命整理书籍，与任宏、尹咸、李柱国等人组成了一个书籍编辑班子，对国家收藏的图书进行大规模的整理，这是我国历史上第一次由官方组织的大规模校书活动。

魏晋南北朝时期，由于当时的社会文化背景复杂，南北两方在学术上相互批判。为统一文化思想，政府开设秘书监掌管图籍校著。此后，秘书监便一直作为中央管理图书及编纂事务的独立机构。

唐代在政治、经济、文化艺术上繁荣发展，加之图书生产技术的进步，政府的图书编纂活动十分频繁，其编辑技术和编纂机构日益完善，编辑工作成为了一项重要的学术活动。

随着文化活动和科学技术的发展，编辑对象和内涵都在不断地扩大。编辑对象涉及图书、期刊、报纸、广播、影视、电子出版物等。图书编辑的内涵也由当初"顺其次第，编列简策而成书"之义，渐渐演变成当今"获得国家新闻出版机关颁发的责任编辑证书，在出版单位从事文字整理、加工、策划的工作或从事这项工作的专业人员"。

(二) 图书编辑活动的功能

1. 优化整合功能 所谓优化整合，是指人们通过某种决定性的方式，把各种相容的、异质的或复杂的文化要素综合成一个相互适应、和谐一致的文化模式。面对多元文化现存的社会现状，编辑要始终坚持科学的指导思想和工作态度，选择先进、积极、健康、向上的信息，并对其内容进行整理、加工、优化、完善、调整和规范，使之适于复制、传播，引导社会成员自觉地调整和规范自己的情感和行为。

2. 科学导向功能　书籍是人类进步的阶梯，这是社会赋予图书最重要的使命。一本好书，或可净化人的灵魂，或可指引人们前进的方向，或可教会人们掌握一种科学的方法……这些都是图书作为人类进步阶梯不可替代的伟大作用。因此，图书编辑活动正是实现图书这一伟大作用的重要环节。在编辑活动的整个过程中，只有坚持科学、严谨的态度和方法，才可能创造出导向正确、思维严谨、为广大读者喜闻乐见的优秀图书作品。

3. 组织协调功能　编辑工作是一项组织性较强的工作，其内容涉及组织选题、组织稿件、组织出版等多个环节。组织选题，就是要与书店、读者沟通，获得读者需求信息，并落实选题；组织稿件，就是要与作者沟通，获得稿源；组织出版，就是要对稿件进行编辑加工，使之通过印刷发行向社会流通。可见，组织活动贯穿图书出版的全过程。另外，编辑在作者和读者之间充当着中介的角色，是沟通作者与读者关系的枢纽，编辑既要了解读者的阅读需求，对作者的书稿提出意见和建议；又要从读者的实际出发，通过编辑出版的书籍，提高读者、重塑读者。

四、图书出版活动

（一）出版的概念

所谓出版，是指将作品编辑加工后，经过复制向公众发行。出版的概念由以下三个基本要素组成。

1. 对作品进行编辑加工　出版的目的是使作者的作品成为具有适合读者阅读消费的出版物内容。出版不是对原始信息进行开发，而是对已有的作品进行开发。接受原始信息，将其归纳成系统知识，形成知识产品的任务，主要由作者完成。已有作品的形成过程属于作者创作过程，不属于出版活动，作家写作、画家写生、音乐家谱曲等都不能叫出版，就是这个道理。

出版是对作品进行选择、优化的过程。这种选择是按照适合读者阅读消费的要求进行的，并且还要按照同样的要求，对所选作品中的知识信息进行管理、补充和完善，这就是对原作品进行编辑加工。

2. 对编辑加工好的作品进行大量复制　其目的是使作者的作品有能供读者消费的某种载体形式。无论采用何种方式将作品进行复制，出版都是一个使编辑加工好的知识信息具有能供读者消费的载体形式的过程。只有经过大量复制，作品中所含的知识信息才能向读者广泛传播。档案工作也需对文件进行编纂、整理，使分散的材料能编辑成分门别类的案卷，但档案工作不

第十章 图书、分类和医学图书

是出版,就是因为它缺少大量复制的过程。

3. 将复制的出版物进行广泛传播　通过各种方式将经过编辑加工并大量复制的作品广泛向读者传播,是出版活动的内在动机与目的。从西方语言中"出版"这一词语的演变来看,法语 publication 和英语 publish 均源自拉丁语 publishing,而拉丁语 publishing 的本义即是"公之于众"。所以,西方国家给出版所下的定义中,都含有"公之于众"或类似的含义。现代出版物的传播是通过出售、出租等方式向公众提供一定数量的复制件完成的。

(二)出版业的形成和发展

我国出版业发展的历史进程,按出版物制作方式的不同可划分为四个时期,即手工抄写出版时期、手工印刷出版时期、机械印刷出版时期和电子出版时期。各个时期的出版业,由于受当时政治、经济、文化、科学和教育等因素的不同影响,而呈现出不同的特征与发展规律。

1. 手工抄写出版时期　是我国出版业的形成及初步发展时期。此期出版业的发展,还处于低水平运行状态。手工抄写出版时期从西汉末年开始,延续到公元 6 世纪雕版印刷术的出现为止,经历了 600 余年的历史。此时期出版业的发展,具有明显的早期特征。

2. 手工印刷出版时期　这一时期,从雕版印刷出现的公元 6 世纪初到 19 世纪中叶机械化印刷厂在我国建立为止,共 1300 多年。此期出版业发展中引人注目的成就是雕版印刷术的发明及活字印刷术的发明与改进。特别是活字印刷术沿着古丝绸之路经波斯传入埃及,再传入欧洲。德国人谷登堡研制了铅锑锡合金活字(即铅字),使活字印刷进一步得到改进,由此使世界出版业逐步进入机械印刷新的发展时期。

3. 机械印刷出版时期　从 1844 年宁波华花圣经书房的成立直到目前,我国出版业处于机械印刷为主的时期。这 150 多年的发展历程,大体可分为四个阶段:①西方印刷术的传入与译书机构的设立。②近代民族出版业的兴起。③传播新文化的进步出版业的发展。④新中国出版业的建立和发展。据历年《中国出版年鉴》及相关资料统计,我国 1949 年、1959 年、1969 年、1979 年、1989 年、1999 年、2009 年和 2016 年,各年的图书出版种数分别为 8 000,41 905,3 964,17 212,74 973,14 1831,301 719,319 147,即 2016 年出版图书种数是 1949 年的近 40 倍,是 1969 年的 80 倍。

4. 电子出版时期的到来　从 20 世纪 80 年代初期开始,以北京大学研制、开发激光照排系统并投入使用为标志,我国出版业即进入了电子出版时期。其具体表现包括下列几个方面:①计算机普遍应用于出版物生产制作领域。②电子出版物成为重要的出版产品。③网络出版活动有了快速发展。由此可见，我国电子出版时期已经到来。

电子出版时期的一个重要特征是以电子技术为核心来发展出版业。随着电子技术的不断发展，出版物的生产制作技术也不断创新。目前出版业有两个发展重点，将成为我国电子出版发展的两个重点方向，一是按需印刷的应用，二是电子书的生产。

按需印刷(printing on demand，简称POD)，是建立在数字式信息远距离传输和高密度存储的基础上，用计算机将散字化图书直接印制成印刷文本的技术。其操作过程是将图书内容数字化后，利用电子文件在专门的激光打印机上高速印制书页，并用专用配套设备完成折页、配页、装订等工序。目前，美国、日本、德国、英国、法国等国的一些批发商和连锁店已普遍使用此项技术。我国的一些出版单位和印制企业也已实现了技术突破，接需印刷已在我国出版界，特别是一些专业著作出版上普遍应用。

(三) 开展出版活动的条件

开展出版活动的条件是由构成出版概念的三个基本要素决定的，出版活动的产生，必须具备以下一些基本条件。

1. 必须具备一定的能形成出版产品的资源条件　出版资源是指与出版产品形成直接相关的各种要素的集合，由出版文化资源与物质生产资源两大类资源组成。这里所指的资源条件，主要是出版选题资源，即直接构成出版物使用价值的知识内容的来源。有了一定文化成果的积累，才可促使各类作品的大量出现；而只有大量作品的出现，才使出版活动的产生具有了前提条件。

2. 必须具备一定的能对出版产品进行加工制作的生产条件　出版具有的编辑加工与产品复制两大要素，都是通过出版工作的加工制作环节表现出来的。它实际上包括两个过程，一是知识产品的形成过程(选题、编辑加工、定稿等)；二是物质产品的制作过程(制版、印刷、装订等)。

3. 必须具备广泛组织出版物公之于众的流通传播条件　将出版物公之于众，是出版内涵的重要组成部分。出版工作的发行环节，即是出版物公之于众的具体实现环节。将出版物从生产者手中转移到消费者手中，要通过一系列复杂的流通组织工作来实现。必须具有广泛组织出版物实现公之于众的传播条件，使劳动产品能够货畅其流，出版工作的整体运行才能进入良性循环。

4. 必须具备由一定规模的消费需求构成的市场条件　消费需求是生产发展的动力，出版领域也不例外。马克思在《政治经济学批判导言》中指出："产品在消费中才得到最后完成……没有消费，也就没有生产，因为如果这样,生产就没有目的。"出版领域如果没有消费,出版产品的生产也就没有目的。正是对出版物的消费需求将出版工作与整个社会联系在一起,才使出版工作者的劳动与其他社会成员的劳动进行交换成为可能,出版产品的价值才因此得以实现。

第二节　图书构成及分类

一、图书的构成

(一)图书的形式构成

1. 书皮　又叫封面(广义),记载书名、卷、册、著者、版次、出版社、定价等信息,封面能增强图书内容的思想性和艺术性,对图书的内容具有从属性,即封面的形式要和图书的内容相关,为读者所理解并喜闻乐见。书皮分为以下3个部分。

(1)封面(狭义):即书皮的正面,内容包括书名、卷、册、著者、版次、出版社等信息。

(2)封底:即书皮的背面,主要内容为图书定价和识别码(条形码或二维码)信息,也可包括图书内容提要、作者简介、丛书书目等信息。

(3)书脊:即书的脊背,也称书背,即书的封面和封底的联结处。一般印有书名、作者名、出版单位名等。

一般图书的封面有平装或精装2种。平装封面即软质纸封面,一般用200克以上的铜版纸彩印,并覆上有光或无光(亚光)的塑料薄膜,使封面增加厚度、牢度和抗水性能。精装封面一般由纸板及软质纸或织物制成书壳,内加环衬,比平装封面考究、精致,但制作成本相对较高。

2. 书芯　是图书的主体,主要包括扉页、版权页、文前部分、正文、文后部分等。

(1)扉页:是书翻开后的第一页,印有书名、作者名、出版者名,扉页有时可对封面作者的内容做出补充,如增加作者单位、职务职称等。

(2)版权页:一般安排在扉页的反面,或者正文后面的空白页反面。文字处于版权页下方和书口方面为多。图书版权页,是一种行业习惯称呼,是指图书中载有版权说明内容的书页。版权页一般上部为图书在版编目数据

(CIP),下部为版本记录信息。

(3)文前部分:为版权页之后至图书正文开始之前的内容,一般包括:作者(编委会)名单、主要作者(主编/著者/编者)介绍、题词/献词/致谢、序言、前言、目录等。

(4)正文:为图书内容的主体部分。

(5)文后部分:为图书正文之后的内容部分,可有附录、参考文献、内容索引、彩色插图、后记(题跋)等内容,是对图书内容的完善和必要的补充。

(二)图书的内容构成

1. 书名　即出版物名称,出现在封面、扉页、版权页上,有书眉时也会出现(一般在偶数页上)。书名是图书识别和查询的主要标志。

2. 署名　即把作者的名字写在图书上的安排,一般在封面、书脊、扉页、版权页上要署作者或主要作者(主编)的名字,集体编写的图书一般要单独加编委会名单页,主编、副主编、编委(者)等分别署名。

3. 题词/致谢　一般在编委会名单页(如有)或扉页之后。题词一般是作者邀请有关领导、专家用书法笔迹的形式,对本书给予的高度的概括评价。致谢也称谢辞,说明此书是受了谁的启发或者在什么著作的基础上进一步发展。也可感谢师友同行的启发、讨论与争辩对该书问世的促进作用。谢辞并不是虚文假礼,而是学术发展在一个具体方面的真实记录,是对前人学术成果的一种必要的尊重。

4. 序言　也称书序,分为自序和他序两种,以他序为多,一般由作者邀请同行专家或有关领导撰写,主要是对该书和作者的介绍和评述。

5. 前言　是作者对作品的引言,主要对图书、作者和创作过程做出说明,也包括对该书出版给予帮助的感谢,以及恳请读者批评指正的用意。前言可署"编者"虚名,也可署主编等具体作者姓名。

6. 目录　放置前言之后、正文之前,是全书的提纲,一般分为篇、章、节及附录、参考文献等。目录一般收录章、节两级标题,节后面的标题一般不加入目录。

7. 正文　为图书的主体部分,一般内容较多的科技类图书特别是医学著作都采用篇、章、节的格式撰写。科学普及类图书,因读者对象为大众群体,不一定采用篇、章、节的格式,而更多采用简单的问答或标题格式。

8. 附录　是对图书正文的一种补充,以便读者对正文内容加深理解或延伸阅读。附录一般要和正文内容密切相关,没有必要的附录可以不加。

9. 参考文献　是学术研究和图书写作过程中,参考、借鉴或引用过的文献资料的著录,其格式应符合《信息与文献 参考文献著录规则》(GB/T 7714—2015)。参考文献一般位于图书正文之后,大型著作或参考文献较多时,章或节后也可著录参考文献。

10. 后记 是指写在书籍或文章之后的文字。多用以说明写作经过,或评价内容等,又称跋或书后。有时作者用后记的形式对研究问题提出引人深思的看法,让读者能够进行更深层次的思考。

对于医学专业图书来说,以上构成图书内容的 10 个部分当中,题词/致谢、序言、附录、后记 4 个部分,是作者根据需要和可能选用采用的,即可有可无;其他 6 个部分构成了一本图书的实质内容,是不可缺少的部分。

(三)图书的设计构成

1. 开本 是指图书幅面的规格大小,即一张全开的印刷用纸裁切成多少页。常用的图书开本有:16 开(787 mm×1092 mm 1/16),大 16 开(889 mm×1194 mm 1/16),小(特)16 开(710 mm×1000 mm 1/16),大 32 开(889 mm×1194 mm 1/32)等。

2. 印张 是一本图书印刷时所用的纸张数量的计算单位,图书中一张纸有正反两面,即 2 个页码,在开本确定的情况下,一个印张的页数与开数相同,纸张数是其 1/2。印张是核算印刷费用及图书定价的主要依据。

3. 图书字数 即版面字数,其计算方法:总字数 = 每页行数×每行字数×总页数。图书总页数包括文前和内文的全部页面。图书版面字数是计算图书容量及作者稿酬的主要依据。

4. 版式(版面) 指图书排版的式样,包括版心、排式(横排或竖排、单栏或多栏)、书眉、页码、行距、标题、字体、插图等大小格式的安排。版式代表着图书的风格,医学专业图书的版式,应以端重、大方为主,避免零乱、花哨现象。

5. 版心 指图书版面上排印的文字、图画的部分,不包括四周的白边(周空,各约 20 mm)。16 开本科技图书的版心一般为 140 mm×22 mm。科技图书排版时,文字、表格、插图等都不能超出版心。

6. 页码 是图书每页上表明次第的数字,书中奇数页码称"单页码"(放书眉章名),偶数页码称"双页码"(放书眉书名)。图书文前部分除目录外,一般不编排页码(暗码),内文部分应顺序编码(包括篇章页的暗码)。

7. 字体和字号 字体是印刷字的体式。计算机汉字的字体有宋(宋体)、黑(黑体)、楷(楷体)、仿(仿宋体)等数十种。字号是印刷字大小的规格。汉字目前常用的字号(号数制)有 18 种(小七至特大)。字号也常用点数制

(Point，P磅)表示。如图书中常用的5号字，即10.5P。

二、图书的分类

图书分类，既是一个大众普遍应用的方法，又是一个十分复杂和严谨的学科课题。

图书分类的大众应用，一般是根据读者对象，将图书分为教科书、文学书、历史书、科技图书、儿童读物、科学普及读物等，实体书店一般也是根据大众习惯按这种分类摆放图书。但这种分类是相对笼统的，不适合图书管理和查询，必须有一个科学、系统、包罗万象的同属分类方法。

《中国图书馆分类法》(原称《中国图书馆图书分类法》)是我国编制出版的一部具有代表性的大型综合性图书分类法，是当今国内图书馆使用最广泛的分类法体系，简称《中图法》。《中图法》初版于1975年，1999年出版了第四版，2010年，又经修订出版了第五版。修订后的《中图法》正式改名为《中国图书馆分类法》，简称不变。新版《中图法》全面补充了新主题、扩充了类目体系，使分类法跟上科学技术发展的步伐。同时规范类目，完善参照系统、注释系统，调整类目体系，增修复分表，明显加强了类目的扩容性和分类的准确性。

图书分类法又叫图书分类词表，是按照图书的内容、形式、体裁和读者用途等，在一定的哲学思想指导下，运用知识分类的原理，采用逻辑方法，将所有学科的图书按其学科内容分成几大类，每一大类下分许多小类，每一小类下再分子小类。最后每一种书都可以分到某一个类目下，每一个类目都有一个类号。分类词表是层次结构的类号(字母)和类目(数字)的集合。

《中图法》将中国图书分做"马列主义、毛泽东思想/哲学/社会科学/自然科学/综合性图书"五大部类和如下22个基本大类：

A. 马克思主义、列宁主义、毛泽东思想、邓小平理论
B. 哲学、宗教
C. 社会科学总论
D. 政治、法律
E. 军事
F. 经济
G. 文化、科学、教育、体育
H. 语言、文字
I. 文学
J. 艺术

K. 历史、地理

N. 自然科学总论

O. 数理科学和化学

P. 天文学、地球科学

Q. 生物科学

R. 医药、卫生

S. 农业科学

T. 工业技术

U. 交通运输

V. 航空、航天

X. 环境科学、劳动保护科学(安全科学)

Z. 综合性图书

医药、卫生图书位于第 16 大类,大类号 R;其下又依次分为 20 个小类,如临床医学分在第 7 个小类,小类号 7R4 临床医学;每个小类下又分为若干个子类,如诊断学分在第 1 个子类,子类号 1R44 诊断学;每个子类下又分为若干个类目,如影像诊断学分在第 4 个类目,类目号 4R445 影像诊断学;有些类目下还分有小类目,如 4R445 影像诊断学下就分有 1R445.1 超声波诊断等 8 个小类目。这样,每一种医药、卫生图书都可以分到某一个类目下,每一个类目都有一个类号。通过网络可以便捷地查询每一本中文图书的图书分类号及同类图书。

《中国图书馆分类法》对于医药卫生工作者从事科学研究和论文、论著撰写,都有极大的帮助,通过查询、阅读馆藏相关专业及类别的图书,可以借鉴他人已经取得的研究成果,了解相关学科发展的前沿信息,从而为自己的研究和写作提供极大的帮助。

第三节 医学图书

一、医学图书的重要作用

医学图书,即医药、卫生图书,属于自然科学类别图书,是整个图书分类系统,特别是自然科学大类中的重要组成部分。据中国版本图书馆中国 ISBN 中心统计显示,2018 年 4 月一个月共制作图书 CIP 数据 14862 条,自然科学图书 CIP 数据 6 444 条，其中医药、卫生图书 1149 条，分别占图书总量的 7.73%，自然科学图书总量的 22.5%。

医学图书对于医药卫生学科发展以及每一位医药卫生工作者的成长，都是至关重要、不可或缺的。医学科学迅猛发展，新成果、新理论、新技术不断涌现，医学信息技术的日新月异为医疗服务工作的进一步完善提供了可能，医学科研活动的进展、医学信息技术的传播与交流在新技术的帮助下取得很大的进步，临床医护人员选择医院某些重要课题和科研项目，在进行科研攻关，或在临床工作中经常会遇到一些疑难病的诊断治疗，以及手术过程中出现的异常、病例讨论、学术交流乃至新药的性能、用药剂量等，都希望通过医学图书、期刊资料，了解到最新的医学信息。现代医学正是通过图书、期刊、网络、会议等信息不断交流的促进和推动下，得以快速发展。

二、医学图书发展简史

中国医学古籍以其历史之悠久、数量之浩瀚、内容之丰富堪称人类文明史之瑰宝。《黄帝内经》是我国医学宝库中现存成书最早的一部医学典籍，与其后问世的《难经》《伤寒杂病论》《神农本草经》构成中国传统医学四大经典著作。北宋时期，政府成立"校正医书局"，该书局不仅是我国历史上最早设立的医书校正机构，也是世界上最早设立的医书出版机构。宋代校正医书局的设立及其对古医籍的校勘整理工作起到了承前启后、继往开来的历史作用。后来的元、明、清诸代均未继续成立专门的校正医书机构。因此，宋代校正医书局也是我国古代唯一专门出版医学书籍的机构。

近、现代医学图书是伴随着西医在我国的传入而发展起来的。明末清初，大量的西方传教士来到中国。他们在给中国带来基督教的同时，也把西方的近代科学技术和医药学带到了中国。近代西方医学在我国的传入，除了表现在开设教会医院和诊所外，还包括开办学校、留学活动和编译西医书刊。我国第一本西医类图书作者是英国传教士医生合信（Hobson，1816—1873 年），他是医学硕士，英国皇家外科学会会员，毕业于伦敦大学。1839 年受伦敦会派遣来到中国，曾在澳门、香港、广州从事传教与医疗活动。在 1850 年编译了《全体新论》一书，原名为《解剖学和生理学大纲》，该书介绍了各种动物骨骼的比较、韧带和肌肉；描述了脑髓脊髓和神经系统及各个感觉器官、泌尿器官、生殖器官；对心脏和肺部的论述占有重要的章节；对各内脏都有说明和图解，最后根据身体组织结构做一短评。该书出版后曾经数次再版，对当时中国的医学界影响非常之大。

从 19 世纪 50 年代到辛亥革命前，有 100 多种外国人译著的西医书籍在我国流传。辛亥革命之后,我国开始由官方有组织地从事医书编译工作。从1850年合信译《全体新论》出版,到1935年坎宁安的《实用解剖学》第3卷问世,80多年间有200多种西方医学著作在我国流传。

中华人民共和国成立后,我国的医疗卫生事业得到了前所未有的发展。同时,一批专业编辑出版医药卫生类图书的医学专业出版社,以及以编辑出版医药卫生类图书为重要出版方向的科技出版社先后成立。《实用内科学》《协和内分泌和代谢学》《黄家驷外科学》《吴阶平泌尿外科学(上下卷)》《王忠诚神经外科学》《林巧稚妇科肿瘤学》《诸福棠实用儿科学(上下)》《钱礼腹部外科学》等重要医学著作,既是我国近、现代医学发展成就的标志,也成为我国一代又一代医学工作者奋进前行的基石。

三、医学图书的分类

医学图书按"中图法"可分为20个大类,但在编辑、出版领域,为便于识别和定位,可将"中图法"的20个大类整合为以下五个类别:

1. 基础医学类　可将"中图法"中R-0一般理论、R-3医学研究方法、R1预防医学、卫生学、R3基础医学、R9药学这5类图书归入基础医学图书之类,这类图书的属性以教材类图书居多,读者对象主要是医学院校师生。

2. 中医药类　"中图法"中R2中国医学与本类图书完全切合。中医药类图书涉及范围广泛,既包括中医古籍整理出版,也包括现代中医临证经验的总结,还包括中西医结合的理论和实践方面的研究等。

3. 临床医学类　"中图法"中有12类图书基本上都可以归入临床医学图书之类,包括R4临床医学、R5内科学、R6外科学、R71妇产科学、R72儿科学、R73肿瘤学、R74神经病学与精神病学、R75皮肤病学与性病学、R76耳鼻咽喉科学、R77眼科学、R78口腔科学、R8特种医学。临床医学类图书是医学图书的最大类别。

4. 医学科普类　"中图法"中没有此类图书分类,但在编辑出版活动中,医学科普图书已成为医学图书的一大类别,在R1预防医学、卫生学中有R193卫生宣传教育分类,医学科普图书似可归入此类。随着科普事业的发展和大众生活的需要,这类图书会有更大的发展和广阔的市场。

5. 医学辞书和年鉴类　医学辞书根据学科属性本可归入以上相关类别,但考虑到这类图书的编辑出版属性,单独列出也有必要。医学年鉴类图书应属于R-1现状与发展类别,主要记述卫生事业或学科发展的年度状态,如《中国卫生年鉴》《中国内科年鉴》《中国口腔医学年鉴》《中国医学装备年鉴》等。

6. 医学译著类 "中图法"中也没有此图书分类，根据学科可归入相关分类，《中图法》中 R79 外国民族医学似可归入此类。随着医学科学的发展和对外交往的增多，引进版医学图书已成为医学出版市场的一个热点，一些经典西医名著，如《希氏内科学》《威廉姆斯产科学》《坎贝尔手术骨科学》等，受到读者的普遍欢迎。我国输出的医学图书大多集中在传统中医领域，输出地主要集中在华语地区，这方面随着我国"一带一路"发展战略的推进，优秀中文医学图书必将迈出"走出去"的更大步伐。

四、医学图书的出版

(一)医学图书出版机构

1. 医学图书专业出版机构　1953 年人民卫生出版社成立，标志着新中国医学图书出版事业的兴起，至今已有人民卫生出版社、中国医药科技出版社、中国中医药出版社、中医古籍出版社、新疆人民卫生出版社、中国人口出版社等多家出版社。医学图书专业出版机构是医药卫生图书出版的主力军，有作者统计，约 70% 的医药卫生图书是由医药卫生图书专业出版社出版的。

2. 科技类图书出版机构　是我国医药卫生图书出版的又一支重要力量，主要有科学出版社、中国科学技术出版社、科学技术文献出版社以及各省、自治区、直辖市的科学技术出版社等。医药卫生图书多年来在科技类图书出版机构的出书占比均超过 20%，科技类图书出版机构对医药卫生图书的出版都十分重视，无论在品种和数量上，科技类出版社在医药卫生图书出版领域，都发挥着重要作用。

3. 大学出版机构　大学出版社是改革开放以后发展最快的一类出版机构，医药卫生图书当然也是医药卫生类大学出版社主要的出版方向，如北京大学医学出版社、中国协和医科大学出版社、海军军医大学出版社、空军军医大学出版社、上海中医药大学出版社等，其他一些合并有医学院校的综合性大学出版社，也有一定数量的医学图书出版，如复旦大学出版社、浙江大学出版社、中山大学出版社、中南大学出版社、四川大学出版社等。

(二)医学图书出版流程

1. 选题　是医学图书出版的首要环节，选题的重要性不仅关乎图书的自身销量与阅读量，更直接关系学科的发展与创新。医学图书选题一般来源于两个方面，一个是作者方面，即作者已有明确的选题方向，或已有比较成熟的书稿，向出版社投稿；二是出版社编辑方面，即出版社的策划编辑，确定了选题方向后，向作者约稿。选题确定后，才可进入出版流程的下一个环节。选题确定前，还应该报出版社审定和备案。

2. 组稿　医学图书组稿的途径分为出版社向作者约稿与作者向出版社投稿两种。组稿环节主要包括约稿申请、接受约稿、接受来稿、登记来稿等，这种组稿方式现在都可以通过网络来完成，能够大幅度减少组稿时间，实现图书的更快出版。组稿作为医学图书出版流程制度中的准备阶段，它的目的是为后续的审稿环节明确处理对象。

3. 审稿　在医学图书出版流程制度中，审稿无疑是其中一项至关重要的环节，它是确保医学图书具备高质量的重要手段。医学图书必须具备新颖的选题、充足的论证论据、事实依据、文笔丰满、结论正确等要素。审稿环节共分为初审、复审、修改及终审等环节，各环节的根本目的是使书稿达到本书出版的最好水平，并将可能出现的差错降到最低限度。

4. 加工　是由编辑对图书中的文稿表达进行审核与修改，在加工时需要确保文稿中的内容准确、语言简练、图表规范等。编辑在进行加工时，还要对文稿的结构、文献、计量单位等进行反复推敲，以此确保实现图书精益求精的目的。

5. 其他出版流程　主要包括图书排版、校对、封面设计、质量检查、定稿、图书印刷、图书发行、结算稿费、出版后审读等，这些出版流程较为简单和容易，一般由相关专业人员完成即可。在图书定稿、付印前，必须有作者或主要作者签字同意。

(三) 医学图书出版方式

1. 常规出版　指出版社依照有关方针政策和出书范围，有计划地组织出版活动，并单独核算和承担盈亏责任的方式。现我国绝大多数出版社的大多数图书是以这种方式组织出版的。这种方式组织出版的图书，一般均由出版社总发行，由新华书店经销。出版社也可按照有关规定采取多条发行渠道、多种购销形式发行。以常规方式出版的图书一般称为本版书。

2. 联合出版　指两家或两家以上出版单位共同投资、联合组织出版图书的出版方式。这在国家之间的合作出版业务活动中尤为常见。它以签订合同方式进行。其发行由一方承担或合同各方共同承担，也可委托出版合同外的他方承担。同一种书稿用不同国家的文种出版并在各自国家发行时，应遵守各自国家的有关法规、政策。

3. 协作出版　是我国改革开放后出现的一种出版方式，又称委托出版，也称为自费出版。协作出版正常的程序是：出版社初审稿件后，认为书稿内容达到出版要求，符合本社出书范围和新闻出版管理部门规定的协作出版的图书范围,即自然科学和工程技术著作,出版社与供稿者签订协作出版合同,并按有关规定向出版社交纳管理和编审费用,出版社负责书稿编审并提供书号。协作出版的图书,主要交新华书店发行,必要时也可对口征订发行。在经营上,由协作者自负盈亏。

4. 众筹出版　是一种近年在中国出版界新颖的出版方式。原理是:握有图书内容资源的作者和出版社都觉得一本书很有出版价值,但苦于资金短缺,于是就拿到网上向读者筹资。众筹出版翻译自国外 crowdfunding(众筹)一词,作为"互联网+"的概念,在传统的图书出版行业掀起了一股新风。众筹由三个因素构成:发起人,即有创造能力,有超值产品,但并不一定是缺乏资金的人;支持者,即对筹资者的故事和回报感兴趣的,有能力支持的人;网络平台,也就是连接发起人和支持者的互联网终端。众筹不是捐款也不是投资,支持者的参与均设有相应的回报,可能是实物,可能是服务,也可能是两者均有。所以,对一个项目的支持是典型的购买行为。众筹出版是出版业与社会化网络时代结合的新产物,改变了一般意义上的生产者和消费者的位置,为出版物的生产和流通提供了更为广阔的融资渠道,同时也为我国整个出版产业带来了更多生机。

5. 按需出版　是出版单位出版图书完全依据市场需求,出版单位与作者签订供稿合同,作者需要支付一笔一次性的费用,然后按 10%~20% 的版税,或依据实际图书销售状况付给作者稿酬。而读者通过网站选择想要买的书,付费后,出版商就会印刷、装订、出版后寄给读者。按需出版是一种全新的出版方式,它通过采用先进的数据处理技术、数字印刷和网络系统,将出版信息全部存储在计算机系统中,需要时直接印刷成书,省去制版等中间环节,真正做到一册起印,即需即印。它突破了传统模式的印数限制,印量较少时,制作成本比传统印刷大大降低;而且数字印刷系统自动化程度高,也节省大量的人工费用。

6. 网络出版　也叫互联网出版,是伴随着网络技术的发展而出现的一种新型的电子出版形式。根据原国家新闻出版总署《网络出版服务管理规定》,网络出版是指通过信息网络向公众提供的,具有编辑、制作、加工等出版特征的数字化作品,并通过互联网发送到用户端,供公众浏览、阅读、使用或者下载的在线传播的行为。网络出版应具有下列特点:①主体合法性。②产品数字化。③流通网络化。④交易电子化。随着网络技术的快速发展以及人们阅读习惯的改变,网络图书出版必将迎来更大的发展。

第十一章 医学图书的出版策划

第一节 医学图书的选题策划

一、医学图书选题策划的概念

选题是选题工作或选题方案的简称,是编辑学中最重要的概念之一。选题的内涵不仅指所选出版物的题目本身,尚包括确定该题目的整个构思过程以及对该出版物进行整体设计的过程,应强调选题工作的"综合性"和"整体性"。随着出版业的不断发展、编辑学理论体系的日趋完善,对选题的概念的理解也日渐深刻和具体,越来越强调在选题过程中的策划成分,策划思想贯穿于选题的全过程。

策划在《辞海》的解释为:"计划和打算",也指谋划、谋略的意思。策划并不是瞬间灵感所产生的"点子",而是由若干个"点子"在某个系统内进行整合的理性过程。策划是为达到预定的目标,仔细盘算,精心设计,进行发明创造的过程。

医学图书选题策划要达到的基本目标有以下几个:①确定图书名称。②确定图书的基本内容及结构。③确定图书的读者群体。④确定图书的作者。⑤确定图书的发行方式。

医学是自然科学领域最复杂的一个学科分支,其知识结构和体系极其深邃、庞大。如何在浩如烟海的医学知识海洋中,提取、制作出一部结构清晰、体系完整的医学图书精品,奉献给高知识读者群体的医药卫生工作者以及广大的医学院校师生,无疑是一个高难度的系统工程。这就需要医学图书策划编辑在医学图书选题过程中,充分发挥作者—读者的桥梁和纽带的主导作用;着力培养优秀的医学图书作者队伍,广泛接触,倾听读者心声,打造广受读者欢迎并喜闻乐见的医学图书精品。

二、医学图书策划编辑的作用和任务

1. 桥梁和纽带的作用　医学图书选题策划是随着图书出版事业的发展，特别是图书市场化进程的加快而兴起的。与传统的案头编辑工作不同的是，图书策划编辑工作的重点是作者和读者这两头，即扮演作者和读者之间的桥梁和纽带的作用。图书策划编辑只有和医学图书作者及读者保持密切的交流和联系，才有可能成为他们的知心朋友，也才有可能了解他们的愿望和需求，从而获得重要甚至重大图书出版选题的"灵感"。

2. 策划编辑制　近年国内一些出版社，特别是一些大型的医药卫生出版社或科技图书出版社，已开始实行"策划编辑制"，即在出版社内设立独立的策划编辑中心，或在编辑部内设立独立的策划编辑。策划编辑制是美、英等西方发达国家出版业所普遍采用的形式，随着出版事业的不断发展，选题策划工作和书稿文字编辑工作的分开也是必然的趋势。

3. 培养稳定的高水平的作者团队　有编辑形容"优秀的作者团队就是出版人的衣食父母"。图书既然是系统知识的完整集合，那么作者就是掌握了这些系统知识并完成这种完整集合的人。优秀的医学图书作者必须具备两条要素：一是必须是相关专业系统知识的掌握者；二是必须具备一定的文字写作和团队组织能力，后者对于主编和需要多名作者共同参与的大型著作尤为重要。医学图书策划编辑通过各种途径与一批具备上述两条要素的医学专家建立并保持良好的关系和联系，就等于为自己开辟了一条优秀图书选题的通道。这里需要提及的是，在图书选题策划工作中起主导作用的图书策划编辑，必须尊重作者的首创精神，特别是作者已经有相对成熟的书稿或写作思路时，不宜随意变更作者的思想和阐述。当然，作者也是愿意倾听并接受编辑成熟和建设性的修改意见的。

4. 广泛接触，倾听读者心声　图书作为精神、文化和知识产品，最终必然要接受市场（读者）的检验，图书进入市场只有受到读者广泛欢迎并喜闻乐见，才算圆满完成了这本图书的选题策划工作。医学图书策划编辑与读者的关系，包括两个方面：一是在选题策划过程中，必须充分考虑读者群体的大小、知识层次的高低、收入水平的多寡等因素；二是图书出版后，应采取尽可能客观的方法，了解读者对图书的评价，以便汲取有益经验，克服不足之处，为可能的再版积累修改资料。

三、医学图书选题策划的基本原则

1. 创新性　就是选题的独创性和开拓性。独创性指在书籍的内容、形式、写作角度、编撰体例、设计装帧等方面独有的创新。开拓性指开发新的选题领域或者在原有的选题领域中拾遗补缺。每一个选题都应该有新的构思，形成鲜明的个性特色，避免和已经出版的书籍重复雷同。

创新性首先是图书内容的创新，如原河北中医学院教师赵洪钧所著《近代中西医论争史》是第一本全面探讨这一医学史研究课题的专著，该书1989年和2012年分别由安徽科学技术出版社和北京学苑出版社出版，受到国内外医学界特别是医史学界的重视。山西省人民医院刘燕萍和笔者等主编的《中国护理发展史》（中国医药科技出版社，1999年），不但受到国内护理界的重视，连澳大利亚、泰国等护理专业研究生也曾联系作者，函购图书并探讨学术问题。这些图书选题之所以比较成功，关键之点就是创新，填补了国内医史学界的相关空白。

医学图书选题创新是多方面的。河北医科大学李恩教授是国内知名的中西医结合专家，早在20世纪70年代由他领衔主编的《基础医学问答》《临床医学问答》（人民卫生出版社1976年，1979年首版）曾创下销售数百万册的记录。浙江大学城市学院包家明教授和笔者合著的《整体护理临床问答》《护理健康教育问答》（1998年、1999年中国医药科技出版社、中国科学技术出版社首版），也曾创下首印8 000册，图书尚未出厂，征订已超印数的现象，几年间连续重印多次，以满足读者需求。这些图书并非内容创新之作，可谓医学专业领域的普及读物，成功的要素是满足了广大读者的普遍需要。

2. 权威性　就是作者在所编著图书领域的学术权威性。权威性是医学图书作为学术著作的显著标志。《黄家驷外科学》是中国医学出版领域最耀眼的明珠，该书1960年首版，至今已出8版，历届主编黄家驷、吴阶平、裘法祖、吴孟超、吴在德等都是我国医学、外科学领域的翘楚，该书曾获首届国家图书奖、卫生部首届科学技术进步一等奖、国家科学技术进步三等奖等。当然，并不是每一本医学著作都要由医学大家担纲，前述《中国护理发展史》的主要作者刘燕萍，本职工作是手术室护士长，她对护理学科发展有着特别的兴趣，数年如一日查找史料，访问前辈，勤奋写作，终使该书得以问世。

3. 实用性　是指图书的使用面和适用性，使用面越广，适用性越强，销售量越大，说明选题越成功。近年医学图书市场已成饱和状态，各级各类出版社的医学图书选题面临着读者市场的严峻挑战，如何突破重围，占领医学图书出版的制高点，很多出版机构和图书策划编辑进行了很多大胆和有益的尝试，如查房手册类、读片指南类、医嘱护嘱类、典型病例类等，这些图书与传统的医学教科书类图书的写法不同，针对性和适用性更强，很受年轻的专业读者的欢迎。这类图书选题策划的成功在于，读者明确，错位竞争，系列展开，抢占市场，因此，也成为医学图书出版策划的成功经验。

四、医学图书选题策划的常用方法

1. 追踪热点法　学科发展是医学图书出版的源泉和动力，没有学科的发展就没有出版的推陈出新。作为医学图书策划编辑，必须经常阅读近期学术期刊，积极参加相关学术会议或活动，及时了解学术热点及学科发展趋势。相对成熟的新理论、新技术及专题论坛都是选题的策划热点。这类选题成功的关键，是要有站在学科前沿的专家、学者。科学技术文献出版社自2016年起陆续推出了临床医学专家学者年度观点丛书，目前已出版数十种，如《脑干胶质瘤 张力伟 2016 观点》《帕金森病 冯涛 2017 观点》《肿瘤营养 石汉平 2018 观点》等。

2. 作者遴选法　好的作者是产生好书稿的前提和基础。反过来讲，策划了好选题没有好的作者，也不可能出版好的图书。运用作者遴选法就是根据所策划的选题内容、体裁、风格及读者对象来遴选、发现和确定作者的方法。当然，这个过程是一个调查研究的过程，要求策划编辑在掌握有关作者信息资料的基础上，走出社门，走向社会，有的放矢地遴选作者，开展调查研究，综合考虑被遴选人的各方面情况，确定合适的作者人选。有了合适的作者，也就可能有了好的书稿、好的图书。要真正遴选、发现优秀的作者，关键还在于医学图书编辑要多策划质量较高或影响较大的选题，以此来扩大出版社在社会上的影响。只有这样，才能吸引更多的优秀作者，建立一支高水平的作者队伍，从而形成好选题——好作者——好图书——好效益的良性循环。

科学技术文献出版社2016年起推出了临床医学专家学者年度观点丛书，所选作者都是国内顶级水平的临床医学专家，有的还是两院院士，如《脊柱侧凸 邱贵兴 2016 观点》的作者邱贵兴，中国工程院院士，现任中国协和医科大学北京协和医院外科学系主任、骨科主任、主任医师、教授、博士生导师，兼任中华医学会骨科学分会主任委员；《脑卒中 霍勇推荐 2016 观点》作者霍勇，北京大学第一医院教授、主任医师、博士生导师、美国心脏学院院士（FACC），现任北京大学第一医院心内科及心脏中心主任，第十三届全国政协教科卫体委员会委员。

3. 填补空白法　是指编辑在他人尚未涉及的医学领域或出版领域，策划出高水平、有价值的选题的方法。这是医学编辑尤应重视的选题策划方法。医学发展十分迅速，新知识、新技术、新理论层出不穷。在医学研究的许多领域，有许多尚待编辑开垦的处女地，如果学术著作能进入到这些研究的前沿地带，将会给出版业带来新的生机与活力。前述《近代中西医论争史》《中国护理发展史》，都因填补了学科发展的空白而受到读者的欢迎和学界的重视。

医学出版领域也有空白之地，需要策划编辑开动脑筋，加以填补。如近年医学图书中，二级学科中的内、外、妇、儿等图书或选题，比比皆是，同一选题多有撞车，但这方面并不是找不出更好的选题来。临床各科的查房手册系列、医嘱系列、典型病例系列、读片系列等，都是在传统的教科书系列基础上的大胆、成功的突破。2017年起，中国医学著作网（www.yixuezhuzuo.com）着手开发典型病例系列图书，至今已出版《中国呼吸内镜介入治疗典型病例（第一卷）》《肝胆外科临床诊治与典型病例荟萃》《神经内科临床典型病例精品荟萃》《泌尿外科临床典型病例荟萃》《溶栓病例精选荟萃——卒中亚型与溶栓治疗》等图书数十种。中华医学会呼吸病学分会主任委员、广州医科大学附属第一医院广州呼吸健康研究院院长、国家呼吸系统疾病临床医学研究中心副主任陈荣昌教授对《中国呼吸内镜介入治疗典型病例（第一卷）》一书出版评价说，该书"汇集了很多我国优秀的呼吸介入病学的专家的成果，通过介绍临床实际病例诊治过程中经验和操作技术，传递知识，分享经验。无论对于临床一线工作的医护人员还是专注于呼吸介入治疗研究探索的专家学者，都是非常有益的参考书。"

4. 好书借鉴法　医学图书策划编辑应该十分关注、学习已经出版的优秀图书的策划经验，不仅仅是优秀的医学图书，还包括其他自然科学图书，甚至政治读物。笔者在1998年曾与浙江大学附属邵逸夫医院护理教育部包家明主任策划编写一本当时十分热门的整体护理图书，当时图书市场上已有十几种，但多是教科书类的整体护理图书，对于工作十分忙碌的临床护士的学习以及尽快普及整体护理知识，多有不便。正在迷茫之际，看到报纸新闻介绍当年国家"五个一"工程图书奖获奖图书中有一本《邓小平理论学习问答》的图书获奖，且出版社只是一个普通的师范大学出版社，从中受到启发，迅速拟订了《整体护理临床问答》的图书选题并迅速开始写作，不到半年时间，即完成了写作和出版，受到护理界的广泛欢迎，很多地区和医院护士人手一册，广东等省份还将该书作为整体护理竞赛考试用书，连续几年多次重印，并数月占据中国医药科技出版社发行榜前三至五名。可见，医学图书策划编辑应该眼观六路，耳听八方，通过借鉴其他优秀图书的出版或写作经验，可以为医学图书的选题策划提供极大的帮助。

5. 学科丛书法　医学专业特别是临床医学专业分科详细，目前国家层面的中华医学会有88个专科分会、462个专业学组,中国医师协会有57个专科医师分会、25个专业委员会,各省、自治区、直辖市基本也有相应的医学学术团体。如何发挥这些专科学术组织的作用,开辟医学专科系列图书选题的新领域,是医学图书策划编辑面临的重大机遇和挑战。中国医学著作网(www.yixuezhuzuo.com)近年在这个领域做了大胆尝试并取得了很好的成果,先后与河北省医学会放射学分会合作编写、出版了《临床影像诊断与典型病例丛书》(7种),与河北省医学会超声分会合作编写、出版了《实用超声技术诊断学丛书》(8种),与河北省医学会神经外科分会合作编写、出版了《实用神经外科疾病临床诊治重点与难点丛书》(9种)等。这些图书的编写和出版,极大地调动了相关学科医护人员学习和写作的积极性,推动了学科的建设和发展,也为医学图书的策划和开发做了有益的探索。

第二节　医学图书的内容策划

医学图书的选题策划是从战略上解决一本图书的主题决策问题,这一问题解决后,还要从战术上解决图书的内容问题。如河北医科大学第二医院神经外科焦保华教授主编的《神经胶质瘤——基础与临床》(科学技术文献出版社,2006年7月首版)是国内较有影响的神经外科学专著,选题策划完成后,具体编写哪些内容,分出哪些章节,仍是需要精心策划,加以完成。内容策划和选题策划,既紧密联系,又有所区别,在一本图书完成选题策划后,进行具体内容策划过程中,应注意把握以下原则。

1. 全面性原则　医学图书比较医学论文的一个突出特点,就是知识体系更为全面。因此,一本医学著作的选题确定后,首先要考虑的就是这个选题的内涵边界在哪里?在这个边界范围内,表述的范围不能有所遗漏。《神经胶质瘤——基础与临床》一书,共16章,原书稿为14章,分别为基础内容3章,诊断学内容3章,治疗学内容6章,预后评价等内容2章,后根据策划编辑建议,增加了第十五章胶质瘤患者的临床护理和第十六章常见的神经胶质瘤,从而使该书的内容更加全面,与"神经胶质瘤——基础与临床"的主题也更加切合。

2. 逻辑性原则　医学图书内容表述的逻辑性十分重要,《神经胶质瘤——基础与临床》的前3章流行病学与遗传学基础、生物学基础及病理学是之后的 3 章诊断学内容的基础和铺垫,而前 6 章又是后 6 章治疗学内容的基础和铺垫,最后 4 章则是对全书内容的完善和必要的补充。从而使 60 万字的图书内容前后衔接紧密,环环相扣,逐步展开,较好地实现了选题目标。

3. 适用性原则　也即实用性原则,主要是为读者着想的,具体策划时应考虑以下几方面:①内容适用:尽可能满足读者特别是临床一线医护人员的需要。②语言适用:注意语言表述顺畅,语法正确,言简意赅。③图表得当:图表可以增加图书的可读性,但也会增加图书的制作成本。特别是一些质量低劣的插图,宁缺毋滥。④容量适用:一本书的选题目标 30 万字可以完成,绝不拉杂到 40 万字,以节省读者的时间和购书成本。

4. 照应性原则　一本医学著作或一本医学科普读物,都是一个内容整体,全书的各个部分都应相互关联,彼此照应,不能有所脱节,或顾此失彼。如有的著作文前有专家题词,或序言,但作者没有在前言或后记中,对题词或序言作者有所介绍,就会让读者对题词或序言不好理解,也失去了对题词或序言作者的应有的尊重。医学图书中一般应避免使用"我院""我科"这样的第一人称指代,必要使用时,在书的前言或署名中应明确具体的医院,以便与"我院""我科"相照应。否则,"我院""我科"就不知是何院、何科了。

第三节　医学图书的制作策划

一、医学图书的体例策划

图书内容确定之后,还要进一步确定图书体例,特别是多人合著或大部头的医学专著,更需要事先明确图书体例,使每个参加写作的作者都有所遵循,也便于读者阅读和查询,并为后续的编辑和排版工作打下良好的基础。体例是一本书的结构形式,在图书内容确定之后,还必须有一个良好的表现形态,这就是图书体例策划的重要性所在。

(一)体例结构的设置原则

1. 总原则　体例结构设置总的原则,要考虑学科体系的安排,阐述和论证的方法,认识的一般规律,内容的复杂程度和篇幅大小等。

2. 一致性原则　图书体例设置的一致性,是对一本图书的最基本的要求,大到篇、章、节,小到节下的每一级目次,以及名词术语、计量单位、内容表述,都要做到全书一致。一致性原则是书稿写作和编辑加工都应该遵守的一个重要原则,特别在体例结构设置时,要充分考虑一致性原则对各级标题的表现要求,精心设置各级标题,使之既符合图书内容的实际需要,又符合一致性原则的体例要求。

3. 简明性原则　　在保证完整表述图书内容的基础上,不管是图书的体例设置,还是具体标题的语言表述,都应该注意简明扼要,避免繁复,以节省读者的阅读理解时间。

4. 标题设置原则

(1)层级分明:准确区分不同层次的内容,每一层次应设立一个标题,不同层级的标题不能重复。同一层次的标题字体、字号、格式相同,词组结构尽量保持一致,下级标题与上级标题应有隶属关系。标题的占行要考虑美观。

(2)言简意赅:能完全涵盖本标题下的内容,不能题东文西、文不对题,也不能题宽文窄或题窄文宽。

(3)使用名词性的词、词组或短语:标题是表示图书内容的提示性语句,一般用词、词组或短语,忌用句子,切忌冗长。标题的末尾一般不加点号。

(4)使用规范和符合标准的名词术语:标题中所使用的名词术语要符合国家标准、相应的规范以及约定俗成的习惯。还要注意与正文所用的词语保持一致。若使用缩略语、代号等,文中要做解释。

(5)应用连接词,尽量少用标点符号:标题中应尽量少用标点符号,并列词可以用"和""与""及""及其"等连词来连接。

(二)篇章结构的设立规范

1. 篇(编、部分)　　对于内容庞杂、篇幅过大、所述对象分支较多的书稿,可将几章的内容归为一部分,如设为篇或编。全书可分为几篇或几编。

2. 章　　章的设立通常从学科体系、论证方法、认识规律等方面综合考虑。设立章的目的,是使读者通过阅读章的目录就能了解全书的大致内容及轮廓。每一章的内容既相互联系,又相对独立。

3. 节　　章的下级标题是节。节的设立通常考虑所述内容的具体方面,不同的方面设置成不同的节。节的设立能使读者一目了然地了解本章包含的具体内容。节并不是章下必设的结构,如"概述"等章的内容并不多,章下可直接设目。

4. 目　　在节的下面,为了保证论述层级清晰,还需划分层级标题,也称为目。目不宜过少,原则上不少于两个;也不宜过多,否则可能造成内容不均衡。目的层级可多可少,最多可设置5级,即3~5级标题。

(三)篇章结构的类型及应用

1. 篇章结构的类型　教科书类型的图书中,文内标题可简单分为章节式、等级式和混合式3种类型,如表11-1所示。

表11-1　标题编排类型

章节式	等级式	混合式
第一篇 ××××	第一部分 ××××	第一篇 ××××
第一章 ××××	1. ××××	第1章 ××××
第一节 ××××	1.1 ××××	1.1 ××××
一、××××	1.1.1 ××××	1.1.1 ××××
(一) ××××	1.1.1.1 ××××	1. ××××
1. ××××	(1) ××××	(1) ××××
(1) ××××	1) ××××	1) ××××
① ××××	① ××××	① ××××

2. 篇章结构的类型应用

(1)章节式标题:是最常见、最传统的一种标题形式,医学教科书、学术著作也大多选用这种形式。其体例格式可以按照字号由大到小,字体黑白相间的原则进行版式设计,具体内容如表11-2所示。

表11-2　章节式标题排版方式

标题名称	所属层级	排版方式
第一篇	0级标题	单独占一页(一对单双面,即一页的两面),占两个页码,另页起
第一章	1级标题	除第一章或第×篇后的这一级标题必须另页起(单码起)外,其余各章为另面起(单双面均可)
第一节	2级标题	此级标题有时可能与上一级标题同时出现而无正文隔开,这两级标题在字体和样式上要区分开,字号比上级标题降一级
一、	3级标题	边排,单占行
(一)	4级标题	边排,单占行,一般为可变字体的最后一级标题
1.	5级标题	可以单占行的最后一级标题;或加空格接排正文;边排
(1)	6级标题	作为标题时,标题后用冒号;不作为标题时,按正常行文处理,边排
①	7级标题	可作为段内列明要点的标号,标号之间用分号隔开

(2)等级式标题:此标题来自国外,多见于翻译书稿中。因为新闻出版总署颁布的《科技文献的章节编号方法》(CY/T35—2001)推荐了这种体例。目前,国内学术期刊所载论文多采用这种标题格式。但可能因为习惯的原因,国内医学著作,使用这类标题的并不多。等级式标题的排版与章节式有明显的不同,除相当于"章"的一级可以处理成居中排外,其余均采取左起顶格排方式。由于这种特点,等级式标题可减少占行和字少补宽的问题。

(3)混合式标题:是一种折中的形式,它既保留了传统章节式的开篇"气势",又具有等级式的系统性和条理性,常用于科技专著、理工科教材、教辅书的标题处理。这一类别标题的实际使用情况与等级式标题相同。

二、医学图书的版式策划

(一)医学图书的版面策划

1. 版面策划概念　版面是图书内容的载体,包括开本、字体、字号、行间距、字间距、书眉、页码、留白等要素。

2. 版面策划要求　版面策划总体要求是美观大方,疏密适当,大小得体,错落有致。医学著作一般字数较多,三五十万字是常态,常使用 16 开本(787 mm×1 092 mm 1/16);医学科普读物一般文字较少,常使用大 32 开本(889 mm×1 194 mm 1/32);少于 30 万字的医学著作可考虑采用小 16 开本(710 mm×1 000 mm 1/16);超过 50 万字的医学著作可考虑采用大 16 开本(889 mm×1 194 mm 1/16)。

(二)医学图书的文字策划

文字策划包括字体和字号两部分。医学学术著作的正文一般采用 5 号宋体,各级标题一般遵循由大到小、由黑至白的原则。医学科普图书的字体字号相对灵活,为便于读者特别是老年读者阅读,字号常用小 4 号字体,行间距一般也比医学专著大一些。

(三)医学图书的表格策划

医学图书特别是学术著作,往往有较多的表格。应用表格来说明问题的优势,在于表格可以直观地列示数据,并展示数据之间的相互关系。医学图书中的表格要表现的内容,往往比医学学术期刊还要复杂,有些内容应用学术期刊普遍使用的三线表,不一定合适,因此,医学图书还是使用统一的卡式表比较合适。当然,在使用中也要尽量简化,如不必要的横线可以省略。医学图书中的表格设计,还有两点值得注意:一是表格设计不宜过于复杂,避免过于拥挤,甚至造成版面排不下的尴尬;二是表格应有自明性,即表格应具有暂时撇开正文内容而只通过表格本身就能反映其所包含正文内容的功

第十一章　医学图书的出版策划

能，使读者一目了然。医学图书中的表格字号，应比正文小半号，常用小5号，表头字体常用黑体，表身字体与正文相同。

(四)医学图书的插图策划

图书插图是图书的重要组成部分，特别的医学图书，因论述多较抽象，如能配上合适的插图，则图文并茂，起到事半功倍的效果。图书插图从色彩上可分为彩色插图和黑白插图。彩色插图无疑因色彩绚丽，图层丰富，效果最好，黑白插图显然就要差一些。但彩色插图在制版和印刷过程中，要用红、绿、蓝3原色和黑色共4色油墨按减色混合原理实现全彩色印刷，即彩色印刷要制成4张不同颜色的印版，并在4色胶印机上印刷4次才能实现，而且要保证色彩鲜艳，还要使用铜版纸才能达到印刷效果。而黑白插图只需要制作1张印版，在单色胶印机上、用普通胶版纸即可完成。所以，彩色印刷的成本大大高于黑白印刷。如果黑白印刷能满足需要，就不必用彩色印刷。

医学著作中的插图大部分使用黑白插图即可，少量有必要使用的彩色插图，可以将彩色插图集中到内文前或内文后单独印刷，再与内文等装订在一起，这是解决彩色印刷成本高昂的一个对策。如果少量彩色插图放在内文里印刷，那整本书就都要按照彩色印刷的工艺和技术进行，由此造成图书制作成本大增，多数时候是不必要的。

图书插图作为图书的一个组成部分，也不是越多越好，除非图谱类图书外，一般图书，还是要坚持少而精的原则，因为书中图量太大，一方面可能增加一定的制作成本，另一方面可能有些图的质量难以达到印制要求，滥竽充数，影响了图书的整体质量。如有的书稿中的插图显然是从其他书中扫描获得，因质量较差，原书背页的文字都隐约可见。有的扫描图片上有说明文字，扫描后文字模糊不清。这样的图片原则上都是不能用于图书插图的，既达不到印刷质量要求，也涉嫌抄袭他人作品的嫌疑，对图书质量和作者名誉都有损失。

三、医学图书的装帧策划

图书的装帧设计是美学原则在图书设计中最直接的体现，表现于一本书从护封、封皮、环衬、勒口，到印色、用纸、覆膜等的整体设计之中，是图书制作设计的不可忽视的重要方面。

在医学图书装帧设计中，封面设计是中心环节。好的医学图书封面应做到：主题突出，布局合理，色彩运用得当，字体大小适宜，图案具有医学特色。

封面是书皮的俗称，一个完整的书皮包括封面、书脊、封底和勒口。封面的内容一般包括书名/丛书名、作者名、出版社名；书脊的内容和封面一样，但受空间限制，书名字数较多，或作者人数较多时，书脊的作者名可省略；封底内容主要有条形码（书号）和图书定价，有的在封底的左上角加编务人员姓名，也可在封底加整套丛书的分册名单。但封底一般不可加具有广告嫌疑的图案或文字；勒口，亦称飘口、折口，是指图书封皮的延长内折部分，一般印有作者或译者简介，同类书目或本书有关的图片以及封面说明文字，也有空白勒口。勒口不是图书封面的必需部分。

图书的装帧方式有精装和平装2种，一般可根据图书内容并考虑制作成本选择，因精装图书会比平装图书成本增加不少，如不十分必要，选择平装即可。图书封面在铜版纸上都覆有贴膜，起到保护图书封面的作用，分光膜和亚光膜2种，光膜成本较低，亚光膜成本稍高，目前使用亚光膜较多。

第四节　医学图书的出版发行策划

一、医学图书出版社的选择

我国医学图书出版机构有三类：医学图书专业出版社、科技图书出版社、大学出版社。医学图书专业出版社是医学图书出版的主力军，约占医学图书市场70%的份额，是医学图书出版的首选出版社。

人民卫生出版社独占医学图书出版的半壁江山，特别是医学教材和大型医学专著，是人民卫生出版社的独家强项。多年来，医药卫生界专家学者，都视在人民卫生出版社出版著作或参加人民卫生出版社教材编写为学术领域的崇高荣誉。因此，该社的医学图书出版门槛较高，对于一般的医学著作，不一定非要参与到人卫版图书的激烈竞争中去，可能耽误出版时间或徒增出版成本。

中国医药科技出版社是隶属于国家市场监督管理总局（原国家食品药品监督管理总局）的出版社，是药学出版领域的核心出版社，以药学教材、教辅用书、考试用书、临床药学类图书、中医药图书为出版特色。有关药学理论、临床用药等专著，选择该社出版，无疑是最合适的。

中国中医药出版社、中医古籍出版社分别隶属国家中医药管理局和中国中医科学院，是中医药学和中医古籍类图书的专业出版社，具有该领域独特的出版优势。2017年1月1日，《中华人民共和国中医药法》正式实施，为中医药学的健康发展提供了法律保障,也为中医药图书的出版繁荣,提供了新的机遇。中国医学著作网(www.yixuezhuzuo.com)适时与中国中医药出版社合作推出《当代名老中医临证医案》大型丛书出版计划,借此全面总结国家级名老中医、中医药专家学术经验继承工作指导老师、名老中医药专家传承工作室传承人、中医临床专科领军人物或学术带头人的临证经验,为中医药学在新时代的繁荣发展做出贡献。

科技类图书出版社是我国医药卫生图书出版的又一支重要力量。全国30余家科技类图书出版社,医药卫生图书多年来在科技类图书出版中的占比均超过20%。科技类图书出版社对医药卫生图书的出版都十分重视,无论在品种和数量上,科技类图书出版社在医药卫生图书出版领域,都发挥着重要作用。目前,在国内科技类图书出版社中,科学出版社、中国科学技术出版社、科学技术文献出版社、上海科学技术出版社、湖南科学技术出版社、江苏科学技术出版社、山东科学技术出版社等,在医学图书出版方面,业绩比较突出,在国家级图书奖项、医药卫生图书获奖方面均有斩获,也形成了一定的医学出版特色。如江苏科学技术出版社着力开发面向临床一线,以临床实践活动为主要内容的实用性临床图书选题,先后开发了"临床医嘱手册丛书""实用门急诊手册丛书""主任医师查房疑难问题解析丛书""临床药物丛书""临床影像诊断丛书""临床专科特色技术丛书""中医挂图系列丛书""现代护理技能指导丛书"等分门别类的系列图书选题,出版后受到广大一线临床医护人员欢迎。科学技术文献出版社与中国医学著作网近年合作开发的"临床典型病例图书"系列,也取得了可喜的成绩,目前已出版各类临床病例图书逾百种,并正在积极谋划与万方数据共同建立国家级临床典型病例资源数据库。这些有着相当医药卫生图书出版经验的科技类图书出版社,一般对出版医药卫生图书的热情较高,出书速度也较快,很受一些医学图书作者的欢迎。

医学类大学出版社都是由国内知名医科大学或含有著名医学院的知名综合性大学主办的,其基础医学研究水平雄厚,是出版高水平基础医学著作的理想出版社。如北京大学医学出版社的《血管生物学》《消化系统疾病电子内镜图谱》分获第11届和第14届"中国图书奖"。中国协和医科大学出版社2010年发起并承担了国家重点出版工程《中华医学百科全书》编辑出版工作,全书共138卷,约1.5亿字,分为基础医学、临床医学、药学、中医药学、公共卫生学、军事与特种医学6大类,覆盖我国医学领域的各个方面。2017年底,首批35部成卷书问世,包括《临床医学·心血管病学》《基础医学·人体解剖学》《中医药学·中医儿科学》《药学·生物药物学》《公共卫生学·

环境卫生学》《军事与特种医学·军队卫生学》等。复旦大学出版社医学分社前身为上海医科大学出版社,在医学出版领域也颇有建树,该社出版的闻玉梅院士主编的《现代医学微生物学》荣获第10届全国优秀科技图书一等奖,汤钊猷院士主编的《现代肿瘤学》荣获第8届中国图书奖,顾玉东院士所著的《手的修复与再造》荣获第10届中国图书奖。

除了以上三类出版医药卫生图书的出版社外,还有一些综合类或专科出版社也出版一定量的医药卫生图书,如北京的学苑出版社,在传统医药、中医古籍整理及养生保健方面出版了很多颇有影响的医学图书;化学工业出版社每年也有不少量的医药卫生图书出版;高等教育出版社在医学教材出版方面,具有相当的优势。

在医学图书出版社选择时,还有一个出版社的级别问题。所谓的国家级出版社或中央级出版社,还有省级出版社,其实都是人为划分的,也是不确切的。国家新闻出版管理部门,从未对此作出过规定。这实际上也是和中国的大学类似,是一种行政化的区分。如由国家部委主管、主办的出版社,其社长、总编辑的行政级别为司局级,由各省、自治区、直辖市新闻出版局主管、主办的出版社,社长、总编辑的行政级别为处级,因此,也就有了所谓的国家级(中央级)出版社,或省级出版社。随着出版社企业化改制的完成,出版社的行政化色彩已基本淡化。实际上,图书的优劣跟出版社的级别并没有对应关系,那些所谓的中央级出版社库存积压卖不出去的书也比比皆是,而很多优秀的医学图书正是一些所谓的省级科技类图书出版社出版的,如由山东科学技术出版社出版的《吴阶平泌尿外科学》获第2届国家图书奖、河北科学技术出版社出版的《食管外科学》获第2届中国图书奖、湖南科学技术出版社出版的《现代心脏内科学》获第9届中国图书奖等。

二、医学图书的发行渠道

1. 新华书店主渠道发行　是计划经济时代形成的图书发行模式,至今仍在采用,但影响已大大减弱。这一模式是由出版社向新华书店系统主办的《全国新书目》《新华新书月》《科技新书目》等报送发行书目计划,面向全国各级新华书店征订,出版社按征订计划向各新华书店配书上市。这一发行的优势在于渠道正规,覆盖面广,特别是大众读物,能够较快的与读者见面。但对于专业性较强的医学专业图书,很多基层书店难以进货太多,其发行优势受到限制。

2. 第二渠道发行　业内一般把新华书店以外的以民营批发零售商为主的图书发行渠道统称为"第二渠道发行"。第二渠道发行是改革开放以后出版发行业形成的新生事物,打破了图书发行新华书店一家独霸的计划经济模

第十一章　医学图书的出版策划

式，为后来产生的多渠道发行模式奠定了基础。

3. 直接渠道发行　是指出版社将图书直接销售给个人、单位或销售商的发行模式，这种方式最大地减少了图书发行的中间环节，一般出版社获利最大。目前很多规模较大的出版社官网，都有"网上购书"的栏目或频道，也是一种便捷的直接发行模式。

4. 网络发行　进入21世纪以来，随着互联网的快速发展，网上书店以异常迅猛的业态形式，快速占领了图书发行的新高地，"当当""京东""淘宝"等，目前已稳居了各类图书发行的霸主地位，各出版社也改变思维，主动与以上各大图书发行网站合作发行图书。而医学专业图书，更是网上发行的热门图书，一般在实体书店买不到的专业性很强的医学图书，在网上书店都能轻易获得，而且还有一些价格上的优惠。

5. 专业渠道发行　很多医学专业图书通过学术会议、年会、培训班等形式也能获得较好的发行效果，特别是一些由学科专业委员会组织编写的系列著作，通过专业渠道发行，往往容易获得同行的认可。而一些专业必需图书，如资格考试用书等，专业发行渠道，更显示出独有的优势。

6. 个人发行　个人出版的少量专业学术著作，出版社一般要求个人包销一定量的图书，这些图书作者往往通过同事、熟人等渠道销售出去，也可通过微信、微博、论坛等网络手段，建立销售渠道。显然，这一销售模式售出的图书数量是有限的。

第五节　医学精品图书略述

精品图书是作者、编辑、出版社始终追求的崇高目标，是积累、整理、传播和弘扬人类优秀文化知识和高尚思想情操的标志性出版物，也是医学图书出版策划过程中的最根本的参照体系。因此，一般所说的精品图书应该是整个图书群落中最拔尖、最优秀、精益求精、具有典范意义的一群，它应有突出的创新意识、科学意识和精品意识，在选题质量、写作质量、学术质量、翻译质量、编校质量、装帧质量和印制质量等方面，具有明显的先进性和不可替代性，它是图书内容上的精品和形式上的精品的完美统一。

在我国医学图书出版历史上，不乏精品力作。最有代表性的医学精品图书当推1960年人民卫生出版社首版的《黄家驷外科学》，该书第1版到第3版原名《外科学》。1985年黄家驷逝世，为纪念这位中国外科学的奠基人，从第 4 版开始改称《黄家驷外科学》。2008 年该书第 7 版出版，是目前市场销售的最新版本。该书 1993 年荣获首届国家图书奖，1996 年荣获国家卫生部首届科学技术进步一等奖，1998 年荣获国家科学技术进步三等奖。为了推动《黄家驷外科学》的修订和出版工作，经人民卫生出版社、华中科技大学同济医学院附属同济医院、《黄家驷外科学》(第 8 版)编委会共同讨论决定，于 2017 年 2 月 13 日，在武汉华中科技大学同济医学院附属同济医院成立了《黄家驷外科学》(第 8 版)编辑办公室，将参照裘法祖院士曾经创立的工作模式，编辑、出版好新版《黄家驷外科学》，为我国医学科学及外科学事业的发展以及医学出版事业的传承和创新做出新的贡献。《黄家驷外科学》从 1960 年第 1 版出版至今经历近 60 年发行近百万套，见证了国家医疗卫生事业、外科学事业的发展和学科人才的培养，奠定了我国外科学的基础，是我国医学学术发展和出版史上的一座丰碑。

判断精品图书的重要标志是国家三大图书奖项，即由中共中央宣传部组织的精神文明建设"五个一工程奖·一本好书奖"、由国家新闻出版广电总局主办的"中国出版政府奖·图书奖"，由中国出版协会主办的"中华优秀出版物奖·图书奖"。由于"五个一工程奖·一本好书奖"的参评图书仅限社会科学方面，故医学图书能够参评国家图书大奖的就只有"中国出版政府奖·图书奖"和"中华优秀出版物奖·图书奖"，前者每 3 年评奖一次，2008 年始评，至 2017 年共评奖 4 届；后者每 2 年评奖一次，2006 年始评，至 2017 年共评奖 6 届。

我国从 1996 年开始，将科技著作纳入国家科学技术进步奖序列，包括科技专著、科技教材和科普图书三类，这一举措为科技著作包括医学著作，提供了一个更高的精品展示平台。如 1998 年《实用内科学》[林果为等主编，人民卫生出版社(第 15 版)，2017]荣获"国家科技进步二等奖"，《现代肿瘤学》(汤钊猷主编，上海医科大学出版社，1993)荣获"国家科技进步三等奖"，2017《肾脏病科普丛书》(刘志红主编，郑州大学出版社，2013)荣获"国家科技进步二等奖"等。

除了以上几项国家图书大奖外，一些省市也都举办有图书评奖活动，如由上海市新闻出版局和上海市出版工作者协会联合举办的"上海图书奖"，由浙江省新闻出版广电局举办的"浙江树人出版奖"等。还有一些地方科技出版社联办的优秀科技图书奖，如北方十省(市、区)优秀科技图书奖，由北京、天津、河北、山东、山西、河南、内蒙古、辽宁、吉林、黑龙江等地的科技出版社参加评选；华东地区优秀科技图书奖，则由华东地区六省一市 8 家科技出版社(上海科学技术出版社、上海科学技术文献出版社、山东科学技术出版社、安徽科学技术出版社、江西科学技术出版社、江苏科学技术出版社、浙江科学技术出版社、福建科学技术出版社）。通过这些地方科技图书评奖活动，交流了科技图书的出版经验，也为参加国家图书大奖的评选奠定了良好基础。

因此，一本好的医学图书要获得业界的认可，至少要获得省级及省级以上的某一个图书奖项，才可称其为精品图书，因为每一个图书奖项都有相对严格的评奖细则，大到选题内容策划水平的高低，小到一个标点符号的正误，而且评选者一般都是业界精英、行家里手，一本图书的每一个细小误差，都可能逃不过他们的火眼金睛。一本精品图书作者、编辑、出版社，需要在图书出版策划实施过程的每一个环节，都能够脚踏实地，兢兢业业，做足功课，才有可能打造出经得起实践和历史检验的精品图书。

第十二章 临床医学图书总论

第一节 临床医学图书范畴及读者对象

中华人民共和国学科分类与代码国家标准（GB/T13745—2009），将医学分为以下6个一级学科：基础医学、临床医学、预防医学与卫生学、军事医学与特种医学、药学、中医学与中药学。一级学科下的二级学科共77个，包括基础医学17个、临床医学20个、预防医学与卫生学23个、军事医学与特种医学3个、药学9个、中医学与中药学5个。二级学科以下的三级学科数量更多，仅临床医学下的三级学科就有71个。可见，医学科学是个庞大的的有机整体。所有在这个庞大体系内的研究成果所形成的著作，都可称为医学著作或医学图书。鉴于本书讨论的范畴所限，主要涉及临床医学和部分中医中药学等领域，在这个领域内的医学著作，可统称为临床医学著作或临床医学图书，包括医学科普图书，因为医学科学普及在学科分类上可分在预防医学的二级学科健康教育学内，但图书内容实质上还是临床医学内容的大众化，因此，将医学科普图书归为临床医学图书的大范畴，亦无不妥。

临床医学是医学六大分类中最大量和最复杂的学科，也是从业人员最多的学科，据国家统计局《2017年国民经济和社会发展统计公报》显示，至2017年底，全国共有卫生技术人员891万人，其中执业医师和执业助理医师335万人，注册护士379万人，两者相加714万人，占全部卫生技术人员的80%以上。也就是说，在整个医学领域，80%以上的医药卫生工作者，在从事临床医学工作，即80%以上的卫生技术人员可能是临床医学图书的作者和读者，还可以说，80%以上的医学图书可能是临床医学图书。这也是本书将临床医学图书的编写作为主要方向的原因。

根据读者对象和临床医学图书自身的特点，可以将其分为著作类、教材类、病例类、中医药类、护理类、健康科普类六个主要类别，本书将在第十三章至第十八章分别介绍各类图书的特点和编写注意事项等。

第二节 临床医学著作评价

临床医学著作和论文、专利、研究报告等一样，是临床科研成果的一种表现形式。我国从1996年开始，将科技著作纳入国家科学技术进步奖序列，包括科技专著、科技教材和科普图书三类，临床医学著作无疑属于科技专著一类。临床医学著作不仅是临床医学发展的风向标，也是临床科研统计和科研奖励、科研项目结题、职称评聘、科研考核等工作的重要依据。因此，研讨临床医学著作的评价方法，明确评价标准，对于医学著作的健康发展，具有很重要的意义。

《国家科技进步奖科技著作评审工作暂行规定》（国科发奖字[1997]162号），是由国家科技奖励工作办公室起草的法规性文件，可以说是评价科技著作的一个基础性文件。该《规定》共12条，主要内容包括：科技著作的奖励目的、范围、对象、标准、推荐条件等，为杰出科技图书评奖和评价，建立了基本规范。

《国家科技进步奖科技著作评审工作暂行规定》出台后，各省、自治区、直辖市以及国家各部委相继出台了相应的科技著作评审规定，总的原则和标准与国家规定相同。为便于临床医学著作的作者了解和学习，特将《国家科技进步奖科技著作评审工作暂行规定》附于本节之后。

有关临床医学著作的评价，近年有学者提出借鉴期刊文献引证率的概念，更加客观地对学术著作做出评价。"图书引证率"是以接受图书中思想的人数及次数作为"图书社会效益"的间接量化，"图书社会效益"与"图书引证率"呈正比例关系。因此，反映学术著作在科学研究中的学术影响的最佳体现，应该是在学者的研究中得到参考引用。引文分析无疑也是评价我国医学著作学术影响的一种便捷、有效的方法。而在技术层面上，数据库的发展和完善，对大批量数据处理能力的提高，使统计学术图书的被引用次数成为可能。

图书的被引用次数能反映图书质量、学术价值和社会效益，用引文分析法进行学术著作的定量评价，可以帮助科研人员确定某段时间内某领域高水平的学术著作，使其快速、准确地选择学术价值高的出版物，获取该领域的权威知识和信息，指导自己的科研活动，达到事半功倍的效果。

同时，图书的被引用次数还可以使国家科技图书奖的评选逐步从定性走向定量。图书评奖活动是当前我国图书评价的一个重要构成部分。全国优秀科技图书评选、国家图书奖等的评选流程通常为基层申报,各地、各部门推荐,逐级审核,专家评审、社会公示、最终审定。评选过程中,虽然也都十分强调将社会效益与经济效益的结合作为重要条件和标准,去衡量一本书的优劣,但这种定性评价难免具有主观随意性和不确定性。

在学术著作的评选中,根据被引用次数选出同一学科内最有影响力的学术著作,再结合前述的专家评议、读者评议等,将使科技图书奖的评选更加客观、科学和公正,使图书获奖能真正合理、科学,切实反映图书的价值。其中学术著作的被引用次数应占较大权重。

附

国家科技进步奖科技著作评审工作暂行规定

(国科发奖字[1997]162号)

第一条 为加速科学技术的传播,促进科技成果转化,培养科技人才,提高科技水平和全民族的科学文化素质,奖励在优秀科技著作的编著出版中,进行创造性劳动并做出突出贡献的人员和单位,制定本规定。

第二条 将优秀科技著作(科技专著、科技教材、科普图书)纳入国家科技进步奖的评奖范围。

第三条 本规定奖励的范围是:自然科学领域内个人或集体编著的公开出版、发行的优秀科技著作。

科技著作包括:

1. 科技专著类。
2. 科技教材类。
3. 科普图书类。

第四条 凡推荐国家奖励的科技著作应是获得省、部级科技奖励二等奖以上(含二等奖)的科技著作。

第五条 凡推荐国家奖励的科技著作应公开出版发行两年以上(含两年)。科技教材须经过两届以上(含两届)的学生使用。

第六条 科技著作在内容上必须有创新,有特色,文字准确,语言流畅,插图正确,图文配合恰当,符合国家有关标准及规范化要求。

第七条 科技著作在出版过程和图书成品质量方面(选题内容、编校、装帧设计、印刷、出版格式等）均应达到国家《图书质量管理规定》（试行）规定的良好品要求。

第八条 科技专著、科技教材和科普图书应分别具备以下评奖条件。

（一）科技专著类（包括学术专著、基础论著、技术著作和工具书）

1. 学术专著　是指作者总结自己在某一学科领域内科学研究的成果、撰写成的理论著作。

学术专著应对学科的发展，或对国家建设有重大贡献和推动作用，并得到国内外公认。

2. 基础论著　是指作者汇集国内外某一学科领域的新成就，经过分析整理撰写成的系统性的基础理论著作。

基础论著应有创见，有新体系、新观点或新方法，受到国内外公认和高度评价。

3. 技术理论著作　是指作者总结生产实践中的技术经验，撰写的具有较强的创新性和理论性，以及实用价值较高的技术理论著作。

技术理论著作应具备下列条件之一：

（1）阐述的新技术或新方法在实际应用中取得突出的成效，对国民经济发展有重大推动作用。

（2）结合国家重点建设项目，进行大量深入调查，收集丰富资料数据，总结为理论，对国家决策有重要意义。

4. 工具书　是指可供寻检、查阅的科技工具书，包括百科全书和手册。

工具书应覆盖内容齐全完备；资料详实，释义、数据准确；采用新内容、新术语、新规范；词条精选，图表简明，文字精练；便于检索查阅，并具备下列条件。

（1）在某一行业或领域内，具有权威。

（2）在科技资料积累上有很高的学术价值和使用价值。

（二）科技教材类（指大专院校使用的科技类教材）是指通过收集、整理国内外已有的科学成就和资料或根据本人、单位科学研究成果，按照教学规律，加以总结使之系统化，形成的教学材料。

科技教材应具备下列条件：

1. 总结和反映编著者长期积累的丰富经验，教学适用性强，为多所学校选用，教学效果显著，在人才的培养上发挥了重要作用。

2. 在内容和体系上有新的突破，经过教学实践证明有明显效果。

(三)科普图书类(是指传播科学知识、科学方法、科学思想和科学精神的科学普及读物)

科普图书应具备下列条件:

1. 科学性强,内容真实、成熟、准确,阐述清晰,具有全面的、发展的观点,并具有相对的先进性。

2. 思想性强,符合我国的宣传出版方针,有助于提高人民的科学文化素质和思想道德素质。

3. 可读性强,说理通俗易懂,文笔生动流畅。

4. 普及面广,有相当大的发行量,受到社会广大读者的欢迎和好评。

第九条 科技著作奖励等级标准如下:

一等奖应达到国际上同类著作的先进水平,编辑出版质量应达到国家规定图书质量标准的优质品。对推动科技进步、培养人才或提高全民的科学素质作用重大,并取得特别重大的社会、经济效益。

二等奖应接近国际上同类著作的先进水平,编辑出版质量应接近国家规定图书质量标准的优质品。对推动科技进步、培养人才或提高全民的科学素质作用很大,并取得重大的社会、经济效益。

三等奖应是国内同类著作的领先水平,编辑出版质量应达到国家图书质量标准的良好品。对科技进步、培养人才或提高全民的科学素质作用明显,并取得比较重大的社会、经济效益。

第十条 科技著作主要完成人和主要完成单位应是直接对优秀科技著作的形成和出版做出创造性贡献的人员和单位。具备下列条件之一,可作为科技著作的主要完成人(推荐和授奖时均应注明作者或编辑)和主要完成单位:

1. 科技著作的作者 指个人或编著集体。

2. 科技著作的编辑 指策划编辑和责任编辑。编辑应策划选题内容,或对该著作的整体结构提出重大的合理的改进意见,或在创作思路上给作者以重大的启发,并在科技著作中署名。

3. 科技著作的主要完成单位 指科技著作作者所在单位、参加编著的单位及相应的科技著作出版社。

第十一条 推荐科技著作应提供的有关证明材料:

1. 专家评价意见 由推荐部门提供,包括对著作内容、质量方面的评价,专家人数不得少于5名。

2. 公开引用或应用证明 指国内外重要书籍、报刊中引用、评价该著作的材料复印件及教学单位的应用证明材料,一般不得少于3篇(件)。

3. 发行量、再版次数及译成其他语种的证明　指提供最新版本的科技著作样书。

4. 图书成品质量证明　由新闻出版机构的图书管理部门出具证明。

第十二条　下列图书暂不列入科技著作的评奖范围：

(1)国内外学术会议论文集、学位论文集、各类汇编。

(2)社会科学范畴的图书。

(3)年鉴。

(4)以外国语言文字撰写的科技著作。

(5)属于自学考试、成人教育、函授、夜大等方面的教材。

(6)译著。

(7)科技期刊。

(8)音像、电子出版物。

第三节　医学著作编写出版中的著作权问题

一、著作权及著作权保护

我国的著作权法规定，作者对其作品享有著作权，其中署名权、修改权和保护作品完整权受永久保护；作品发表、复制、发行、改编、翻译、汇编等权利，对于自然人，保护期限为作者终生及死后 50 年，对于法人和其他组织的作品，保护期限为 50 年。著作权保护作品的表现形式，不保护作品的思想观点和反映的事实。

图书出版是发表著作和传播知识的重要渠道，由于出版者在作品的编辑加工、出版过程中付出了智力劳动，因而其利益也应受到保护，这属于著作权的邻接权，称为出版者权。著作权法规定，图书出版者对著作权人交付出版的作品，在合同约定期限内享有专有出版权，第三人如果出版了该图书，属于侵权行为。除文字内容外，书籍的版式、装帧设计也受到保护，出版者有权许可或禁止他人使用，保护期为 10 年。

为促进知识的传播和社会文化水平的发展提高，著作权法规定了可以对作品合理使用和法定许可使用的若干情况。

编写医学书籍，其内容要严格遵循医学理论、规则及临床或实验的事实及结论，不允许作者在实质性的内容上有过多的发挥，即使对于由第一手资料写作的著述，也不可避免地要引用已有的资料。如何在出版过程中遵守著作权法，既尊重作者和出版者的劳动成果，又能合理使用已有的资料，完善其新的作品，是每一个作者和编辑、出版人都应注意的问题。

二、作者应避免的侵权行为

1. 擅自更改署名　多人合著的医学著作，一般都有主编，负责该书编写和出版的主要责任。主编为了图书体系的完整，有时将两人或几人所写的章节删改合并，或者将原来的一部分内容分为几部分，因而擅自将独立的署名合并署名或将合作的作者分开署名。有时为了署名格式的统一，将原来署名在节后面的统一改为在章后面，或者将章节后的署名去掉，全部署在书的扉页上。主编经过作者的同意对各位作者的稿件可以改动、合并或分开，或者要求作者按照主编的要求修改，但最后署名则要与作者充分协商，取得作者的同意。至于没有改动作品内容，仅仅改动署名的做法就更属于违反著作权法了。

2. 未参与创作的人署名为作者　著作权法第十三条规定："没有参加创作的人不能成为合作作者。"如提出建议者、打字员、资料整理人员、经济资助者等，根据法律规定是不能署名为作者的。有时为了朋友情面，就把这些人员署名为作者。更有甚者，为了经济利益情愿让出钱的人在自己的作品上署名，这是典型的、违法的名与利的交换。另一种情况是，为了利用某些领导或专家的特殊地位扩大图书的影响而情愿让其在没有参加创作的作品上署名，也属于违反著作权法的行为。

3. 在作品上不恰当地分类署名　科技图书一般由多位专家合作完成，有撰稿人、制图、提供图片、统计资料提供者等。在合作作品中，每位作者对各自创作的部分享有独立的著作权，应根据实际情况分类署名。如果笼统地署名为参编人员，可能侵犯相关作者的著作权，独立使用时也容易有纠纷。

图片创作者是图片资料的作者，可以独立享有著作权，可以独立署名。医学著作中的插图，如CT图、超声图、眼底图、各种腔镜的手术图等，这些资料凝结着医师的创造，属于著作权法保护的范畴。在作品中图片作者的署名可以作为合作作者共同署名，也可以独立在图片资料处署名。一般情况，如果图片资料占整体作品的比例很小，可直接在图片处署名某某提供，在整体作品后则不再署名。如果图片资料是作品的主要内容，提供图片者就成为作品的主要创作者之一，也应该在整体作品上署名。

4. 擅自摘录自己已经发表的作品　通常抄袭他人作品违法十分容易理解，但是说抄袭自己作品也是违法，可能觉得不可思议。在编写医学著作过程中经常有这种情况，一作者将其在其他图书中独立完成的章节稍做修改，理所当然地编入新的一部书稿中,认为是作者对其作品享有独立使用权的体现。但需要注意的是,在出版合同中有一般会有一条:合同双方未经许可,不得允许第三方使用。如果违反约定,应当承担责任。例如,如果作者与出版社签订了有效期为10年的合同,在10年内书中每一位作者都不得允许第三方使用其作品。不得将书中的内容在杂志上刊登,不得编入其他图书中。作者自己抄袭自己的书稿编入第二本书中,即允许了第三方(第二家出版社)使用,属于违反合同法。但是,过了合同的有效期,或者合同中未做约定,作者可以单独把自己编写的章节编入其他图书中,使用自己作品的做法就属于正常了。

5. 擅自修改作者的书稿　主编是一本书的组织者和主要完成者,并对图书的整体内容负责。如决定让谁写、怎么写、写什么,所以主编要对各位参加编写者的作品进行修改,以达到出版的要求。但是,作品的修改权利是作者的,主编没有对其他人作品的修改权利,主编对他人作品的修改必须征求原作者的同意。在实际工作中一定要注意,不能因为是主编,或与参编者是上下级或师生关系,而忽视了原作者的修改权利,主编不与参编者商量就对其作品删改、合并或更动署名。无论事实上主编改得比原稿好或差,都是有违著作权法的行为,都不影响侵权事实的成立,都不免除主编的侵权责任。

6. 发表职务作品未经单位许可　有些图书是职务作品,如医学教材或单位集体研究课题总结的专著,出版此类图书而未经过单位许可,有可能泄露单位的技术或商业秘密,因而也构成违法。

三、出版者应避免的侵权行为

1. 修改失当　著作权法第三十三条规定:"图书出版者经作者许可,可以对作品修改、删节。报社、期刊社可以对作品作文字性修改、删节。对内容的修改,应当经作者许可。"在医学著作出版中,作者提供的稿件都要经过出版者的修改加工。出版者对作品修改是法律赋予的责任,修改的目的是使作品内容更符合社会与读者的需要。如果出版者不认真审读、修改作品,是对作者与社会不负责任的表现。即使出版《毛泽东选集》《邓小平文选》这类领导人的作品,国家也专门成立一个组织,来负责修改整理。所以,出版者有义务修改作品。

但是,著作权法规定,著作权人对作品享有发表权、署名权、修改权、保护作品完整权等。著作权法第十条中"修改权,即修改或者授予他人修改作品的权利",规定了修改权是作者的。从法律条文即可以看出,出版者的修改权处于从属地位,要经过作者授权,即"经作者许可"。一般在出版过程中,为了简化手续,出版者对全部书稿进行审读、修改,需要大的删节,交作者完成,小的修改出版者自己完成。如果出版者的修改意见得不到作者的认同,出版者有权决定不予出版,但没有权利把自己的意见强加于作者。

如果出版者没有将修改稿交给作者审读,一旦著作出版后发现出版者修改的错误,出版者要负责任。即使没有错误,编辑修改得很好,删去一段文字,结构更合理了,如果作者不认同,出版者仍然负有侵犯作者修改权与保护作品完整权的责任。无论作者的水平高低,都对作品享有修改权与保护作品完整权。无论出版者的水平高低,对作品修改都要经过作者许可。所以,为了避免纠纷,每部著作定稿出版前,要经作者签字确认后方可付印。

2. 签订无效合同　合同的主体或内容不合法、显失公平、有欺诈行为等合同为无效合同。如果签订了无效合同而作品得以出版,出版者就违法了。

(1)合同主体资格不合法:一般情况下,合同签订人出版者是其法人代表,作者是主编所代表的著作权人,一旦主编不能代表著作权人,签订的出版合同就是无效合同。

以下情况主编与出版社签订的合同为无效合同:①主编不是著作权人,如职务作品(当然,单位若委托主编行使著作权,职务作品的主编与出版社签订出版合同即为有效合同)。如果主编是著作权人,主编委托他人代理签订合同,代理人没有主编的委托书,代理人签订的合同也是无效合同。②主编将著作权转让或赠予他人,著作权是合法获得著作权的公民或单位。尤其是目前的图书工作室或文化公司甚多,有些书商从作者手中合法地得到书稿,与作者签订合同,再与出版者签订出版合同,作品署名主编,但主编不拥有作品的其他著作权。

(2)合同条件显失公平:在使用国家标准格式合同的情况下,合同内容违法的情况一般没有,但目前在作者包销一部分图书的情况下,有些合同显失公平。例如,销售折扣畸高或畸低就可以认为是显失公平。因为即使是包销图书,也应该享受批发价格。为什么折扣会失常呢?新书常规的批发价格一般为65%左右,为什么批发给作者的折扣要更低或更高呢?这类合同如果严格追究起来,可能会被认定为是显失公平的无效合同。到底什么情况属于显失公平,目前尚缺乏法定标准,但出版者要加以注意鉴别。

3. 抄袭他人的版式　近年来出版社对图书的版式越来越重视,引进了专门的版式设计人员。图书的版式是美术编辑创作的成果,增加了图书的整体美,对促进图书的销售起到了不可低估的作用,理应受到保护。著作权法第三十五条规定:"出版者有权许可或者禁止他人使用其出版的图书、期刊的版式设计。"这是著作权法保护著作权邻接权的内容。因此,出版者也要注意,随意使用他人的版式也是违反著作权法的侵权行为。

第十三章　医学著作类图书的编写

第一节　临床医学著作及其特点

一、临床医学著作

著作(Writing，Works)原指写作的体例，意为作者自己写出来的读物，与"编述""编纂"相对应。现代多做名词，是指作者将自己有创新性的研究成果用文字记录下来的图书。英文 Writing，意为作者自己书写出来的著作或作品，含义较为专指和贴切。

临床医学著作，顾名思义，就是主要由临床医学专家撰写的、主要供临床专业人员阅读参考的有创新性的研究成果。临床医学在某种意义上是一种经验医学，任何一名医生要想成为一名优秀的临床医生，不仅要在学习阶段打好坚实的医学理论基础，更重要的是在以后的临床实践中，不断地汲取前人(走在自己前面的人)的临床经验，并不断地总结自己的临床经验。而要汲取前人的临床经验，一个重要的方法就是阅读临床医学著作。因此，可以说临床医学著作是一个医生发展甚或是整个临床医学发展的重要的发动机。

二、临床医学著作和临床医学专著的区别

临床医学著作和临床医学专著，是否有区别？区别又在哪里？

关于学术著作和学术专著，国家科学技术学术著作出版基金委员会在《国家科学技术学术著作出版基金项目资助申请指南(2015年度)》中，对学术著作的范围有如下限定："①学术专著：作者在某一学科领域内从事多年系统深入的研究，撰写的在理论上具有创新或实验上有重大发现的学术著作。②基础理论著作：作者在某一学科领域基础理论方面从事多年深入探索研究，借鉴国内外已有资料和前人成果，经过分析论证，撰写的具有理论创新的，对科学发展或培养科技人才有重要作用的系统性理论著作。③应用技

术著作:作者把已有科学理论应用于生产实践的先进技术和经验,撰写的能促进产业进步并给社会带来较大经济效益的著作。"暂不属于资助范围:"①译著、论文集、再版著作(同一作者撰写的学术著作,从正式出版之日起5年内再次申请相同或相近内容学术著作视为再版学术著作,超过5年且增加了最新研究成果内容的相同或相近题目学术著作视为新书)。②科普读物。③教科书、工具书。"可见,这里将学术著作视为学术专著的上位概念;学术著作除了理论性著作外,还包括应用性著作。

专著(Monograph)则是对某一学科或领域或某一专题进行较为集中、系统、全面、深入论述的著作。一般是对特定问题有独到见解,且大多"自成体系"。英文Monograph,意为专题论著,主要是指图书,当然也可指文章或论文,尤指学术性的论著。在一定的语境中,判断其是专题著作,还是专题论文是不困难的。

因此,临床医学著作和临床医学专著,既有区别又有联系,前者是上位概念,后者是下位概念,前者包括后者,后者是前者的组成部分。《临床小儿耳鼻喉疾病诊疗学》(刘大波主编,北京:科学技术文献出版社,2017年5月第一版)是一部临床医学著作;而《非小细胞肺癌全程管理》(黄艳,解宝泉主编,北京:科学技术文献出版社,2018年5月),则可视为一部临床医学专著。

第二节 临床医学著作编写的基本原则

撰写临床医学著作的作者,往往都有撰写医学论文的经历,撰写医学论文的过程又为撰写临床医学著作打下了良好的基础。撰写临床医学著作与撰写医学论文有一些相似之处。但是,临床医学著作少则十几万、几十万字,多则上百万,乃至几百万字,而医学论文一般仅几千字,至多上万字。两者相比,不仅在写作的字数上有很大差距,而且在写作的基本要求和方法上也都有所不同。

一、科学性

科学性对任何一本自然科学著作而言,都是至关重要的。医学著作的写作、编辑、出版以揭示人类疾病的发生、发展及预防的规律与本质为目的,同时,也展示了医务工作者在诊治疾病过程中所获得的经验,为读者提供具有参考价值的实验数据、病例、治疗方案、预防措施等资料。科学性是临床医学著作写作所必备的先决条件,也是最起码的要求。因此,作者在写作过程中对所提供的资料要有科学的态度,既不能夸大,也不能缩小,更不能无中生有。要用科学的方法进行实验,要以理性的思维进行总结。作者对提供的数据要做到百分之百的准确,对病案分析要做到言符其实,对论点的逻辑推理要做到恰如其分,只有这样才能为读者提供具有科学性的临床医学著作。

二、创新性

创新性是反映医学著作的特色,决定医学著作水准的重要方面。"创新"是指在理论上要有新的发展,在方法上要有新的改进,在技术上要有新的提高,在思维方面要有新的突破,在寻找规律方面要有新的发现,在书稿的选题上要有新的创意。作者即使是在论述同一个问题,也应当是多角度、不重复,要有开垦"处女地"的精神与追求。临床医学著作的新意决定了医学著作的水准与质量,但是,绝不是哗众取宠、脱离实际地杜撰式创新,作者在撰写临床医学著作的过程中,尤应注意这一点。

三、实用性

实用性是指临床医学著作所反映的内容直接用于指导医疗实践,或指导医学实验,或指导患者康复,或预防某些疾病。这类医学著作有明确的读者群体,根据不同的读者对象,解决不同的实际问题。实用性强的医学著作,对专业工作者,有助于开展工作;对非专业读者,有助于增长实用的医疗知识。由于我国尚处于发展中国家,许多方面还处于落后状态,迫切需要解决的医疗、康复、预防、护理等方面的实际问题还很多,因此,实用性强的医学著作是深受读者欢迎的。作者在编写临床医学著作时,应充分注意书稿的实用性,以便争取更广泛的读者群。

四、可读性

著名科学家卢嘉锡曾经说过:"表达很重要,一个只会创造、不会表达的人,不能算是一个真正合格的科学工作者。"这里所说的表达就是指写作。科技研究成果,系统的科技知识,学术思想等,均需通过写作的表达形式,流传于世。作者在编写临床医学著作时,要求概念准确、文理通畅、图文并茂、富有文采,达到医学与文学、医学与美学的完美结合。可读性强的医学著作,才不失为一本好书,才能赢得更多的读者。

五、统一性

医学著作中的医学名词、药名、病名、术语、缩略词等,由于历史的原因,同一个名词可以有各种不同的命名方式,有的根据结构命名,有的根据功能命名,有的根据习惯命名,有的根据化学结构式命名,有的根据商品、商标命名,有的用发现者的人名命名等。例如:肌原细胞,又称成肌细胞、生肌细胞。这些不同的表达形式指的则是同一个细胞。这显然不利于读者阅读,尤其是不利于初学者的阅读。同一名词的不同表达方式,易产生概念上的混淆,使读者费时猜测。因此,作者在临床医学著作的编写过程中,应使用经全国自然科学名词审定委员会公布的各科名词。作者应对全书各种医学名词、病名、药名等进行统一,同一个名词,不能在同一本书中出现几种不同的表达形式,以免读者误读、误解。

六、规范化

临床医学著作中,经常会用到计量单位、数字、表格、插图、统计符号、标点符号、日期、地名、人名、拼音字母的拼写、参考文献等。这些内容均有相应的国家标准。作者在撰稿之前,首先应先搞清楚这些国家标准的内容实质,在撰稿时遵循国家标准的要求进行写作,特别是多人集体编写的医学著作,更应强调相关内容要执行国家标准,以保证临床医学著作的写作规范。

七、全面性

临床医学著作的写作,明显地区别于医学论文的写作。撰写医学论文主要是从深入一点着手,阐明某一事实。在表达形式上可以只及一"点",不及其余,不要求全面、周到。这主要是受到期刊论文字数的约束,同时,一般一个题目,只需要说清楚一个事实即可。著作则不然,既要有一定的深度,还要有一定的广度。临床医学著作在论述某个问题或某些问题时,要求全面、周到,从多角度进行分析、阐述,不能蜻蜓点水般的一带而过,让读者对书中所表达的内容有不深、不透的感觉。临床医学著作表述的完整、全面的程度,也是作者专业水准与写作水准的体现。

八、系统性

系统性是指相同或相近的事物(内容)按一定的秩序和内部联系组合而成的整体。系统性是相对全面性而言的。在描述某一事物过程中,只注意到全面、周到,不注意到系统性,就会给人以凌乱、太杂烩的感觉。因此,作者在编写临床医学著作时,有必要将所汇集的全面而又完整的资料,进行系统化筛选,行文应努力做到结构严谨、层次分明、条理清楚,不仅让专业人员能看懂,而且还能让非专业人员或其他专业的人员也能看明白,充分体现医学著作的学术价值,发挥其作用。

第三节 临床医学著作编写要点

一、关于作者

临床医学著作的作者可以是一个人,也可以是几个人,但更多的是由多数人组成一个编委会。一个人或几个人完成的著作,多是"著"或"编著",由编委会完成的著作,其责任者是主编,主编人数超过3人的,其前三人一般为该著作的主要责任者。

临床医学著作中的"编著"或"主编"的著作,其内容是相近的,即著作内容和结构并非完全为作者首创,是参考、融合了相关医学文献,并结合作者的理论和实践经验,编写而成的,即著作中的有关内容是"编"来的。一般一人或几人完成的著作可署"编著",超过五人的一般都成立该著作的编委会,可设主编、副主编和编委,还可设学术秘书。临床医学著作多属此类。

临床医学著作中"著"的著作则不同,其著作的基本内容和结构应该完全是作者的独创或首创,其参考的医学文献,仅限于借鉴或引用了他人的学术观点或概念,并加以注明,没有或极少有"编"的成分。如《母胎医学杨慧霞2018观点》(杨慧霞著,科学技术文献出版社,2018年5月第一版)就是一本由北京大学妇产科学系主任杨慧霞教授独著的一本临床医学专著。

二、篇章结构

目前,临床医学著作的大结构多数采用篇、章、节的模式,其中章、节是每部著作所必须有的,篇则根据图书容量,一般容量较大、章节较多的可设篇;容量不大,章节也不复杂的,可以不设篇。其节内的小结构多数采用五级标题,即:一、(一)、1.、(1)、①,其中前四级标题为独立成行标题,第五级标题一般不独立成行,可随内文编排。临床医学著作的目录,一般只收入大结构中的篇、章、节,而节内的五级标题小结构一般都不收入目录(个别除外)。

临床医学著作的篇章结构是一部著作的整体架构,特别是大型的临床医学著作,在动工编写前,都要设计并作出完整的规划,进入写作阶段后,一般不宜做大的修改或调整。特别是由数人或数十人集体编写的临床医学著作,不但要事先设计并规划好篇章结构,还要由主编写出样稿,供参编者写作时参考,以避免后期统稿时,个别章节与图书的整体结构脱节,或风格迥异。

临床医学著作的文前结构中一般包括书名、作者署名或编委会名单、作者或主编简介、题词、序、前言、目录等,其中除了作者或主编简介和题词、序可有可无外,其他都是必须有的。若有题词和序,则应该在作者撰写的前言中做出说明,以便读者了解。另外,作者署名或编委会名单中,是否标明作者所在单位或职务、职称,一般由作者决定,但即使在扉页或编委会名单页不标明作者单位及职务、职称,在前言或后记里,也应至少标明作者所在单位,以便读者增加对该著作作者及研究内容的了解。

三、参考文献

参考文献是临床医学著作的重要组成部分,不可或缺。有作者归纳了参考文献对于学术研究及成果的十大功能:①提示研究起点。②知识承续功能。③鸣谢归誉功能。④学术评价功能。⑤预测分析功能。⑥文献检索功能。⑦学术论证功能。⑧著作权保护。⑨学术规范功能。⑩节约篇幅版面。

目前使用的参考文献著录规则为《信息与文献 参考文献著录规则》(GB/T 7714—2015),由国家质量监督检验检疫总局和国家标准化管理委员会于2015年5月15日发布,并从2015年12月1日起实施,新标准代替GB/T 7714—2005《文后参考文献著录规则》。因此,在编写临床医学著作著录参考文献时,应严格按照新的国标要求进行著录。

常用的各种类型参考文献的新著录方法及示例列举如下:

1. 期刊文献 主要责任者.题名[J].期刊名,年,卷(期):起止页码.

例:崔红晶,何欣,周涛,等.酿酒酵母 PMT1 与 PMT2 双基因过表达菌株构建及其复制寿命研究[J].牡丹江医学院学报,2017,38(1):19-22.

2. 普通图书 主要责任者.书名[M].出版地:出版者,出版年:起止页码.

例:南登昆,黄晓琳.实用康复医学[M].北京:人民卫生出版社,2010:79-80.

3. 报纸文献 主要责任者.题名[N].报纸名,出版日期(版面数).

例:谢希德.创造学习的思路[N].人民日报,1998-12-25(10).

4. 学位论文 主要责任者.题名[D].大学所在城市:大学名称,出版年.

例:孙慧敏.丰富环境对慢性脑低灌注大鼠认知功能损害的影响[D].武

汉：武汉大学，2010.

5. 论文集、会议录　主要责任者.题名[C].出版地：出版者，出版年.

例：宋晓舒，程东明.传统图书馆和数字图书馆[C].北京：科学技术文献出版社，2002.

6. 报告　主要责任者.题名[R].出版地：出版者，出版年.

例：World Health Organization. Factors regulating the immune response: Report of WHO Scientific Group[R]. Geneva: WHO, 1970.

7. 标准文献　主要责任者.标准名称：标准号[S].出版地：出版者，出版年：起止页码.

例：全国信息与文献标准化技术委员会.文献著录：第4部分非书资料：GB/T 3972.4—2009[S].北京：中国标准出版社，2010：3.

8. 电子资源（不包括电子专著、电子连续出版物、电子学位论文、电子专利）　主要责任者.题名[EB/OL].出版地：出版者，出版年：引文页码[引用日期].获取和访问路径

例：萧钰.出版业信息化迈入快车道[EB/OL].（2001-12-19）[2002-04-15].http：www.creader.com/news.20011219/200112190019.html

注：文献作者为3位或少于3位，全部著录；多于3位，著录时保留前3位，其余用"等"（外文用"et al"）代替。外国作者采用姓在前、名取首字母置后的方式著录。

四、关于编委会

临床医学著作的编委会有两重含义，一是本书的组织结构，二是本书的功能意义。一部临床医学著作的编委会自组成至结束，至少应召开四次会议。

第一次：在著作开始编写前，宣布编委会成立，通过编写提纲，分配写作任务，明确编写规范。

第二次：在著作编写过程中，主要汇集编写过程中的问题，提出解决方案。

第三次：在编写工作基本完成后，也称定稿会，进一步解决编写过程中的遗留问题，必要时可交叉审读已完成的书稿，最后由主编统稿、定稿。

第四次：图书出版后，也称总结会，全面总结本次著作编写过程和经验，为今后的临床研究和成果总结提供借鉴。

第四节　二维码在医学著作中的应用

随着信息科技的发展,条形码的发展已由一维码向二维码的方向发展。在传统意义上,这是一项重大的突破。在图书上印刷二维码,来展示图书配套的电子资源,具有扩大图书的使用功能,降低图书生产成本,利用新媒体进行营销推广,对读者的阅读行为进行跟踪统计等优势。在临床医学著作的编写、出版中,二维码的应用更加独具优势。

一、二维码简介

二维码(two-dimensional code)是用某种特定的几何图形按一定规律在平面(二维方向上)分布的黑白相间的图形来记录数据符号信息的。在代码编制上,它巧妙地利用构成计算机内部逻辑基础的"0""1"比特流的概念,使用若干个与二进制相对应的几何形体来表示文字数值信息,通过图像输入设备或光电扫描设备自动识读以实现信息自动处理。二维码具有信息容量大,编码范围广,保密、防伪性能好,译码可靠性高,修正错误能力强,容易制作且成本很低,条码符号的形状可变等特性。

二维码生成并不是一件复杂的事,甚至每个人都可以通过网页二维码生成器自行设计二维码内容,包括视频、音频、动画和信息链接等。二维码生成步骤及方法:①整理要生成二维码进行传播的资料信息;②打开文本编辑器。③选择生成二维码类型。④将整理好的电子文本内容复制、粘贴到二维码软件的文本编辑器中。⑤点击生成按钮,便生成所需要的二维码。

二、二维码在出版领域的应用

在出版领域,中国轻工业出版社 2010 年出版的《骑车游北京》最早在书中大量印制二维码。该书通过使用二维码技术将网络中大量的视频、音频、地图、导游文字与图书内容中介绍的经典旅游路线链接起来,让纸质图书的内容更加丰富,同时也可以更好地宣传图书,让读者更好地了解图书产品。作为记录信息的新一代条码技术,二维码开辟了提供多样而丰富信息的捷径。

人民卫生出版社 2015 年首次尝试在《腹腔镜胃癌根治性淋巴结清扫技术》(第 2 版)一书中使用二维码,技术人员首先在主编的指导下预先对经典完整的手术视频进行碎片化处理,然后将手术的操作视频片段预先存储到服务器,把生成的二维码地址插入到图书正文需要的位置,以便读者在阅读图书的同时可以通过移动终端扫码观看视频。该书的出版首次实现了医学纸质参考书的富媒体化。科学技术文献出版社2016年也在出版的《初中级养老护理员实务必读》一书中,将"带鼻饲管老年人的进食照料"等31项护理操作技术视频生成二维码,读者可以对照操作步骤扫描二维码观看视频,十分方便,也便于记忆。

三、二维码在医学著作中应用的注意事项

1. **二维码不能替代图书的文字内容**　虽然二维码技术应用于传统纸书越来越普遍,但二维码只是对纸书的有益补充,在某种意义上是对传统纸书一种"隐性扩版",并不能减少纸书的编辑、出版环节,更不能代替纸书。如《初中级养老护理员实务必读》一书中,将护理操作技术视频生成二维码,便于读者观看和记忆,但具体操作步骤的文字叙述并不能少,否则,就失去了图书的学习功能,读者也会因为没有文字介绍而影响学习和理解。

2. **使用二维码要规范**　二维码生成和编辑、印刷,都是很简单的事儿,也许正因为简单,有的作者和出版社在图书中使用二维码不够规范,对视频、音频和动画内容没有列入图书编辑的环节,进行严格的审核,特别是有的图书使用了大量社会免费网站上传的视频,一段时间后,因容量太大被网站删除或关闭,造成读者买了书扫描二维码看不到视频,这种情况应视为严重的出版事故。因此,在医学著作中应用二维码时,作者和出版社都应该严格把关,不仅在内容上,还要在视频资料的链接上,要保证在一定的年限内链接稳定,不能出现链接失效的情况。

3. **避免二维码链接资料的侵权**　责任编辑应提醒作者著作权问题。二维码的内容一般是由作者提供的,其中有一些原创内容,如果公开虽然可以方便读者使用,但也可以使一些人用很低的价格甚至免费得到这样的资源。责任编辑应提醒作者注意保护自己和相关人员的著作权,重要技术关键点、数据、图纸等放在二维码上要慎重,防止发生不必要的法律纠纷和泄露商业秘密。此外,还应该注意二维码链接的内容不可出现侵害版权、肖像权、商标权的内容;不可有涉及政治、宗教、反动、淫秽或侵害国家主权的内容;二维码所负载的音视频内容,不可有夸大或是不正确的讲解或演示等。

4. **防止二维码在医学著作中的乱用**　二维码在医学著作中的作用,毋庸置疑,但绝不是越多越好,不管是作者,还是出版社,在医学著作中使用二维码时,都应持谨慎、认真的态度,作者和出版社都不能把与图书内容关系不大的二维码随意加在书中,以保证医学著作的严肃性。

第十四章　医学教材类图书的编写

一、医学教材

医学教材，也称医学教科书，是根据医学教学大纲以及社会对医学的实际需求程度而编写的医学教学用书。教材也是联系教师与学生学习活动的纽带，它既是教学的中介和评价教学质量高低的重要指标，又是培养高水平医学人才的重要工具。广义的医学教材还包括讲义、讲授提纲、参考书目、教学辅导材料等。

目前医学院校使用的教科书大概分作以下五类：

1. 规划教材　我国医学院校规划教材一般由人民卫生出版社组织编写并出版，一般五年左右修订再版一次，当前我国医药院校大多使用的是这类教材，也称统编教材。

2. 自编教材　自编教材是一个学校或专家个人独自编写的教学用书。这类教材多为根据本校本专业的实际情况编写的，具有明显的针对性，与学生的亲和力也更好，老师讲授应用自如，很受师生欢迎。

3. 协编教材　一般为几所院校联合编写的教材，一般也具有一定的地方特色，同时又能充分发挥多院校的人才和知识的优势，编写出适合各院校学生特点，内容丰富实用的教学用书。

4. 引进教材　我国医学教材的整体水平与西方发达国家还有差距，引进优秀的国外医学原版教材，可以对我国医学教育的国际化发展起到全面的促进作用。如北京大学医学出版社引进的《格氏解剖学：教学版》，它既保留了《格氏解剖学》的权威性，又专门针对教学进行了重新编排，从内容和结构上就可以清晰地看出目前国外医学教育的鲜明特点。

5. 双语教材　2001年教育部出台的《关于加强高等学校本科教学工作提高教学质量的若干意见》中提出："重点高校三年内开出5%~10%的双语课程；在信息科学、生命科学等发展迅速、国际通用性和可比性强的学科和专业直接使用高质量的原版教材。"因此，主干课程选用英文原版教材，已逐渐成为重点医学院校医学教材建设的发展方向。北京大学出版社近年出版了一批供本科生使用的医学双语教材，如《医学遗传学》（Nussbaum等原著，张咸宁，刘雯，吴白燕主编，2016年第8版），既是一本引进版教材，又是一本双语教材，为我国高等医学院校教材建设做出了积极有益的探索。

二、医学教材的特点

1. **准确性** 医学教材不同于医学论文，也不同于医学著作，因为后者更强调的是研究性和创新性，其读者都是有一定或相当实际工作经验的医护人员，对图书内容具有相当的辨别能力。而教材的读者对象一般多是医学基础知识薄弱的医学生，教材的作用就是向他们传授医学知识，如果内容不准确，或有歧义，就会造成他们记忆错误，或认知上的混乱，甚至无法组织考试和评判学习成绩。因此，准确性是医学教材的第一属性。

2. **适用性** 教材不同于一般著作的一个重要标志是教材的内容必须充分考虑教学的适用性。一部好的教材，既要符合本课程教学大纲的基本要求，又要贯彻"少而精"的原则，实现"熟悉基本理论，理解基本知识，掌握基本技能"的教学目标。

3. **实用性** 教材的内容来自实践，在教学过程中，它又指导学生用于实践，使他们学有实效，为日后胜任临床见习、实习和毕业后的实际工作打好基础。比如，临床各科的教材，应有充分的典型病例作为理论内容的支撑和补充，也便于吸引学生的注意力和学习兴趣，而这方面是目前临床专科教材的一个缺欠。在这方面，北京大学医学出版社出版的《眼科学》教材，做了大胆和有益的尝试，该教材以问题为引导，以病例为切入点，以讨论题和思考题为中心，激发学生思考和探求的兴趣与热情。以培养学生的临床思维能力，学习如何解决临床中的实际问题，受到读者的普遍欢迎。

4. **经典性与先进性** 所谓经典，凡写进教材的必须是经长期实践证明，而且是人们公认的最基本、最重要的有指导作用的知识，它一般不容置疑，有高度的权威性。这点与专著不同，教材属三次文献，它重视"三基"教学，而专著一般带有一次文献的属性，是教材的基础，它具有新的学术内容或最新的科技信息。同时，教材要反映出现代科学文化的先进水平，这是指教材的先进性，教材要先进，不能一成不变地使用旧版本，应该定时在原有教材的基础上，或纠正前说，或补充最新科学知识。这就要求教材缩短再版周期，加快内容更新，不断跟上科技进展的步伐。

5. **通俗性** 医学教材不但在理论上要有深度，内容上要有广度，而且在表述上应力求通俗，就是深入浅出，删繁就简，突出重点，增加可读性。同时，还要注意，医学教材的语言要做到用词准确，不生歧义，语义周严、无懈可击，避免出现错别字和语法、逻辑上的错误。医学教材中有大量的插图和照片，这是直观教学的手段，其采用的图画、照片必须清晰、典型，并与正文密切配合，便于学生理解教学内容。

三、医学教材编写注意事项

1. **符合教学大纲要求** 编写医学教材，首先要符合本课程教学大纲的基本要求，因为教学大纲是开展教学的依据。它不仅规定了学习本门课程所必须掌握的"三基"内容，同时还对这些基本内容提出了广度和深度的要求，教学大纲体现培养专业人才的质量规格，反映教学上的质量要求，衡量一本教材质量高低的一条重要标准就是看它是否符合教学大纲的要求。特别是自编或协编教材，更要注意深入研读教学大纲，保证所编教材符合教学大纲的基本要求。

2. **医学教材编写和出版的"准入"** "准入"是一个门槛，是最低标准，我们的社会到处存在"准入"。各个行业的"准入"保证了其运行的规范和质量。医学教材也应该这样，在编写和出版两个环节设立"准入"标准。因为医学教材的使用对象是医学生，是未来的医务工作者，教材中任何的错误和纰漏都会影响学生思维的正确性，继而在将来救死扶伤的工作中产生非常不良的后果。因此，医学教材的编写首先必须有一只优秀的作者队伍，不仅要有丰富的理论和实践经验，还要有相当的医学教材编写经验以及很好的语言、文字表达能力；医学教材的编辑也要有相当的医学背景和丰富的教材编辑经验。这样才能保证所编教材满足教学需要，实现教学大纲的培养目标。

3. **医学教材创新和更新** 医学教材不仅是医学知识的载体，同时更要成为着力培养具有创新思维和实践能力的医学人才的指南，帮助学生树立终身学习观念的"引路人"。因此，医学教材的创新和更新便成为当代医学教材的重要任务。首先，在内容方面要新，除保证基本知识、基本理论的系统性和完整性外，应介绍新的知识点、学科发展，紧跟学科发展的步伐；其次，在结构体系方面：应着眼于培养学生的思维方法、学习能力和实践操作能力。编写的教材要给学生留下问题，留下思维空间，让学生有独立思考、独立解决问题的机会；再次，在形式方面应丰富多彩，迎合青年人的学习特点。书本仍然是教材的主要载体，但可以改变以往流水账的编写方式。采用图文并茂、表格穿插等生动活泼的编写形式。特别是可以使用二维码链接的方式，将一些临床实际操作，通过纸质教材上的二维码与视频教材链接起来，学生可以借此在学习书本知识的同时，随时调看相应的视频资料，从而在大脑中建立起立体的知识结构和体系，这对于培养学生的知识体系和丰富教学内容，都大有裨益。

4. 立体化教材开发　关于立体化教材，国内外有多种说法，有的叫"立体化教材"，有的叫"一体化教材"，有的叫"多元化教材"，其目的是一样的，就是通过提供多种教学资源，最大限度地满足教师教学需要和学生学习需要，满足教育市场需求，提高教学、学习质量，促进教学改革。它能最大限度地满足教师教学需要和学生学习需要，通常包括以教科书为中心的多种资源，包括教材、教辅、配套数字产品及服务网站整合一体的"立体化"教材知识服务体系。北京大学医学出版社在 2015 年开发了微信公众号书网互动的功能，并在"全国高等医学院校护理学本科规划教材（共 22 册）"上使用了该技术，获得了作者和读者的一致好评。

第十五章 医学病例类图书的编写

第一节 病例类图书及分类

一、病例类图书

病例类图书是临床医学图书的一个类别,即将一定数量的临床典型病例按一定的规范汇编而成的临床医学图书。随着医学出版的发展,读者对病例类图书的需求也越来越大。医学病例类图书以其内容包罗万象、生动翔实、图文并茂、脉络清晰而满足了读者的需求。

临床病例报告的历史,实际上反映了医学发展的历程,记录了人类与疾病斗争的脚步,也反映了医学科学探索的历程。在临床实践工作中,观察者发现不同于以往的特殊临床现象,仔细记录并报道这些现象,被同行参考、补充、完善,最终揭示了一个完整的临床疾病,这种例子不胜枚举。帕金森病的发现和进步就是从病例报告开始的。1817 年,英国医师 James Parkinson 以一篇名为《Essayonthe Shaking Palsy》病例报告,描述他观察到的以震颤、僵直、行动迟缓、肌肉僵直、四肢颤抖等和步态失调伴姿势不稳的病例,称之为"震颤麻痹"。后来,认识到患者没有真正麻痹(瘫痪),1892 年 Charcot 将其改称为帕金森病。随后,探索帕金森病的发病机制和治疗的脚步一步步向前推进。1960 年 Enhringer 等从患者脑部解剖发现基底核的多巴胺浓度减少。1982 年美国加州暴发吸食海洛因后帕金森病流行,2 年后 Ballard 等研究发现混杂在海洛因中的 1-甲基-4-苯基-1,2,3,6-四氢吡啶(MPTP)选择性使中脑合成多巴胺的黑质细胞中毒、死亡,导致了多巴胺合成减少,基底核浓度减少并产生帕金森病。1990 年 Lindvall 等将胚胎脑黑质细胞植入帕金森病患者脑内,5 个月后黑质细胞生产多巴胺,能让患者自由行动。时至今日,多巴胺的补充治疗仍为帕金森病患者治疗的金标准。其他,如艾滋病、军团菌病等都曾是通过病例报告首次被发现的。

二、临床病例图书的分类

1. 低年资医师用病例图书　低年资医师包括实习医师和低年资住院医师，这部分读者数量最大，求知欲强，但因为他们刚步入临床阶段，缺乏临床实践经验，所以在接触纷繁复杂的患者病情时常常感到无从下手。他们需要临床思维的训练和对常见病种诊疗技术的掌握。针对这一类读者的病例类图书，应注重全面准确地采集病史和体格检查，选择适当的辅助检查以及阐述常见疾病的一般表现和罕见表现，需要鉴别的疾病和误诊误治的教训。这类图书与医学教材的不同点，在于可规范读者的临床训练以及使他们开阔眼界，避免可能出现的错误。

2. 高年资医师用病例图书　高年资医师一般具有主治医师以上职称，这部分读者具备一定的临床经验，需要知识面的进一步拓宽和深入。在病例的选择上，他们更期望有高水平、高难度的疑难病例。如北京大学医学出版社2005年、2009年、2018年分别出版了3辑《皮肤科疑难病例精粹》，该书体例新颖，在揭示最终诊断的手段上采用了层层递进的方法：临床照片、简要的临床病史、体格检查、皮肤检查、提问（请读者思考该病例可能是什么病）、可能的诊断（提出2~5个可能的疾病）、关键的辅助检查、最终诊断、小结，这样的写作方式给读者提供了思考空间，并为读者提供了一定的临床诊断思路。

3. 名医名院病例图书　著名临床医学专家具有深厚的医学基础和丰富的临床经验以及广泛的社会知名度，而著名的大医院又具有完整的学科配置，先进的诊疗技术，患有疑难病的患者多辗转于多家医院，最终到了更为权威的医院，才得以获得最终诊断和有效治疗。《翁心华疑难感染病和发热病例精选与临床思维》（上海科学技术出版社2013—2017年已出版5辑），领衔主编为中华医学会内科学会副主任委员、中华医学会传染病与寄生虫病学会主任委员、复旦大学附属华山医院博士研究生导师翁心华教授。数十年来，复旦大学附属华山医院感染科在诊治经典传染病及感染病的医疗中具有学科特色和优势，收治了大量疑难和发热待查病例，其中不少病例是经典和疑难病例。《翁心华疑难感染病和发热病例精选与临床思维》精选较为精彩的确诊案例，对它们的诊治过程加以描述，附上医师经验体会和诊疗思路，配以翁心华教授等具有丰富临床经验医师的实践心得，并结合国内外参考文献对病例点评，临床医生可以从这些揭开谜底获得确诊的疑难杂症分析过程中获得独特感悟，并从医学思维流中获得疑难感染病诊治水平的提高。名医名院病例图书一般也适合高年资医师阅读，高年资住院医师和主治医生在通过一定的训练之后，往往能够在临床上独当一面。

4. 病例图书译著 临床病例报告一直是国际医学界非常重视的研究方法和论文体裁，对于临床医生而言，具有其特殊的极高价值。北京大学医学出版社曾引进出版了"美国住院医师必读系列教材"，包括《内科住院医师病例分析与讨论》《外科住院医师病例分析与讨论》《妇产科住院医师病例分析与讨论》，还引进出版了"临床医学病例精粹系列译丛"，包括《高血压病例精粹》《急诊医学病例精粹》等多种，"放射学家掌中宝系列译丛"，包括《产科百例疾病影像诊断精粹》《儿科神经百例疾病影像诊断精粹》等多种。这些病例图书译著，对于国内同行借鉴国际先进临床病例研究经验和写作方法，提高我国医学界的临床病例水平，具有重要的意义。

5. 附互联网技术的病例分析类图书 医学教育与多媒体特别是互联网技术密切相关。多媒体与互联网技术除了提供直观的影像资料外，还可以提供外文翻译、信息检索和统计分析。使读者能充分利用现有资源，有如身临其境地参与诊疗过程，并能进行资料的分析、归类和整合，了解国际最新进展，从而充分发挥读者的主观能动性。目前国内一些重点医学图书出版社正在积极探讨附互联网和多媒体技术的病例分析类图书的开发出版。

6. 误诊误治类病例图书 误诊误治类病例图书在病例类图书中占比不多，笔者查阅了北京大学医学出版社目前在售的80种病例类图书和中国医学著作网近年组织编写出版的81种病例类图书，没有一种为误诊误治类病例图书。搜索京东网图书频道也只有5种在售误诊病例类图书：《肿瘤疑难病诊疗图谱——误诊典型病例分析》（吴敬亮著，广东科学技术出版社，2007年），《神经系统少见疑难误诊病例分析》（张广智、邹玉安著，化学工业出版社，2015年），《超声误诊漏诊病例分析》（黄品同等主编，人民军医出版社，2009年），《妇产科误诊病例分析与临床思维》（乐杰等主编，人民军医出版社，2011年），《影像误诊病例分析》（赵斌等主译，山东科学技术出版社，2013年）。由此可见，误诊误治类病例图书可谓凤毛麟角。然而，临床误诊误治类病例图书是否不重要呢？笔者2018年初在一个学术年会上曾听南方医科大学深圳医院儿童耳鼻咽喉科主任、睡眠医学中心主任、南方医科大学博士生导师刘大波教授讲到病例问题，他认为：总结临床上的典型病例、疑难和罕见病例成功的诊断和治疗经验，其意义不言而喻；然而，总结临床上的误诊误治病例，意义同样重要，在某种程度上，后者比前者意义更加重要。因为，临床医学上的任何进步，都是从正反两方面的经验中获得的。从出版社会经济学角度看，正因为罕见，着力开发一下误诊误治类病例图书，相信会有很好的社会效益和经济效益。

7. 护士用病例图书　护士用病例图书目前在整个病例类图书中尚是个短板，已经出版的品种和数量都不多。近年已经出版的有《神经内科危重病例护理分析》（刘芳等主编，科学技术文献出版社，2010年），《NICU血管内治疗术后监护与管理病例荟萃》（刘丽萍主编，科学出版社，2018年），《临床护理病例分析教程》（刘贵琪主编，郑州大学出版社，2014年），《临床护理学情境教学病例》（徐锦江等主编，辽宁科学技术出版社，2014年）等。从整合医学的观点来看，任何一个典型的、罕见的或疑难的临床病例的完整诊疗，都离不开整体的、优质的和高效的临床护理，而护士又是临床医务工作者的一个人数众多的群体，因此，不管从临床工作需要出发，还是从出版的社会及经济效益考虑，大力开发护士用病例图书，都是十分必要和有益的。

8. 中医临证医案　中医临证医案即相当于西医的临床病例。医案，又称诊籍、脉案、方案、病案，是中医临床医师实施辨证论治过程的文字记录，是保存、查核、考评乃至研究具体诊疗活动的档案资料。特别是名老中医的医案整理和挖掘研究，对于传承其有效的临床疾病的诊疗经验意义重大。正如清末民初著名思想家、学者章太炎先生所言"医之成绩，医案最著"，高度评价了医案在中医领域中的重要地位。为此，科学技术文献出版社和中国医学著作网近年合作出版了一批名老中医临证医案图书，如《李佃贵脾胃病临证医案精选》(2016年)，《董燕平临床经验荟萃》(2017年)，《李淑荣名老中医经验荟萃》(2017年)，《史志刚临证精华》(2018年)等。这些名老中医的经典医案，多由所在单位的国家或省名老中医学术经验传承工作室协助整理，经名老中医亲自审定，系统总结了名老中医的学术理论、学术思想、临床经验、经典医案等，为中医临证医案类图书的出版积累了宝贵的经验。

第二节　CARE 信息清单——2016：病例报告写作须知

临床病例报告在国内医学界并没有引起人们的高度重视，一些临床医学期刊也缺少严格的要求，一般只强调"病例报告的主要内容分为两部分，即病例简介和讨论"。这与国际上对病例报告的研究和写作存在着较大的差距。相较于长篇的临床论著，病例报告的写作似乎显得较为简单，但事实上，要写出一篇高质量的病例报告并不容易。针对病例报告的规范写作和发表，部分国际医学小组制定了具有针对性的病例报告写作指南,而由 CARE 小组制定的 CARE 指南就是其中之一。

"CARE"是英文缩略语,由"case(案例)"前 2 个字母及"report(报告)"前 2 个字母所组成。因此,顾名思义,CARE 小组就是因"病例报告"而生。2016 年 1 月,CARE 小组发布了 2016 CARE 信息清单更新版,见表 15-1。

从表 15-1 列出的撰写一篇病例报告所要涵盖的各个项目来看,在写作病例报告时,必须明确以下几个要点。首先,在一份病例报告中,对于患者诊疗经过的描述,强调遵循时间轴进行,必须标出每一步诊疗操作的具体时间点,可以采用图表形式进行清晰展示;其次,要求作者在描述患者的诊疗经过时,同时说明采取每一步诊疗操作的理由及其结果;第三,要求作者明确指出,与既往文献资料报道的病例相比,本次报道的病例有何特殊性或创新点,能够为临床实践带来哪些新的启发,以及今后如何应用于临床实践、促进临床实践水平的提升;最后,在整个诊疗过程中,应充分保护患者及其相关人员的隐私,尊重他们的知情权,要符合医学伦理学原则。

国际一些著名医学期刊也对病例报告的写作提出了要求,如专门发表病例报告的英国医学杂志出版集团在线医学杂志《BMJ Case Reports》要求所发表的病例报告的写作提出具体要求:①文题:BMJ Case Reports 不强制要求作者在文题中加入"病例报告"这个词。②简短的小结:最多 150 个英文单词的简短小结,描述病例的临床表现和结局,强调可供学习的关键点。③背景:说明为什么作者认为这个病例很重要,其有趣点在哪里?④病例介绍:描述临床表现、相关病史以及为何相关,对临床发现进行解读,说明这些发现是如何影响临床决策的。⑤检查指标:列出所有与疾病背景相关的检查,对影响处理决策的检查进行讨论,选择合适的图片或视频来阐述观点(注意保护患者隐私)。⑥鉴别诊断:说明最终的诊断是如何推导出来的,以及之后的处理结果和治疗决策是什么?⑦治疗:包括药物和非药物治疗。⑧结局和随访:给出明确的随访数据,对死亡患者必须予以说明。⑨讨论:强调对已发表的相似的病例报告以及相关指南进行小结,强调本病例的价值及有趣点,阐述相关的病理机制,指出经验教训和易犯的错误。⑩学习要点/重要信息:列出 3~5 个观点,即针对该病例的学习要点。⑪参考文献:仅纳入相关文献。⑫必要时,可以提供患者对诊疗体验的评价。

当写完一篇病例报告,准备发表时,研究者应对病例报告进行初次评估,以确保病例报告的研究质量,见表 15-2。

表 15-1 CARE 信息清单——2016：病例报告写作须知

主题	项目编号	清单项目描述
文题	1	词语"病例报告"应与本报告中最受关注的内容同时列于文题中
关键词	2	4~7 个关键词——包括关键词"病例报告"
摘要	3a	背景：本病例报告为已有的医学文献增添了什么新内容
	3b	病例小结：主诉、诊断、干预、结局
	3c	结论：从本病例中主要"获取"了什么经验
引言	4	当前的医疗标准以及本病例的贡献——列出参考文献（1~2 段文字）
时间表	5	将本病例报告中的信息按时间轴列成表或图
患者信息	6a	对病例的人口统计学信息以及其他患者和当事人的信息予以隐私保护
	6b	主诉——促使患者本次就诊的主要症状
	6c	相关既往史，包括既往的干预措施和结局
体格检查	7	相关的体检发现
诊断评估	8a	评估内容，包括调查、实验室检查、影像学检查等
	8b	诊断推理，包括考虑到的其他诊断以及存在的困难
	8c	考虑提供与评估、诊断和干预相关的图或表
	8d	提供预后特征（如适用）
干预	9a	干预类型，例如推荐的生活方式、治疗、药物疗法、手术等
	9b	干预管理，例如剂量、强度、持续时间
	9c	记录干预的变化，以及相应的解释说明
	9d	其他同时实施的干预
随访和结局	10a	临床医师的评估（如合适的话，增加患者或当事人对结局的评价）
	10b	重要的随访诊断评估结果
	10c	对干预依从性和耐受性进行评估，包括不良反应
讨论	11a	对作者在处理本病例时的优势和局限性进行讨论
	11b	详细指出如何将本病例报告告知临床实践或临床实践指南（clinical practice guideline，CPG）
	11c	基于本病例报告，如何提出一个可检验的假设
	11d	结论及其理论依据
患者观点	12	患者或当事人对此次医疗过程的评价（如适用）
知情同意书	13	绝大多数期刊要求提供病例报告中的患者的知情同意书
其他信息	14	致谢部分；竞争性利益；如有需要，提供伦理审查委员会的证明

注：2016 CARE 信息清单更新版（英文版）请浏览 http://www.care-statement.org/downloads/CAREchecklist-Eng-20160131.pdf

表 15-2 病例报告质量评估清单

基本框架	详细内容	满足	不满足	部分满足
题目	是否恰当,可以体现病例报告?			
摘要	与题目是否相匹配?			
	是否为结构式摘要?			
前言	是否清楚地陈述了一个特殊的临床问题?			
	开展研究的理由是否充分、合理?			
	是否明确地阐述了一个研究目标或研究假设?			
病例描述	是否恰当地描写了患者特征?			
	是否恰当地描述了最初的临床情景?			
	临床情景是否支持采取的干预措施?			
	是否对其他干预措施进行了讨论?			
	是否有恰当的理由排除其他干预措施?			
	是否对干预措施的技术与临床操作进行了恰当描述?			
	是否对临床结局进行详细描述?			
	是否清晰地报告了治疗产生的影响?			
	有无报告随访结局?			
	图片是否充分、恰当地描述了起初的临床情景?			
	图片是否充分、恰当地描述了治疗的技术过程?			
	图片是否充分、恰当地描述了最后的临床情景?			
讨论	是否从研究设计角度讨论方法学的局限性?			
	是否对潜在的临床结局的变异进行讨论?			
	是否在文献中找到支持干预措施的证据?			
	是否对限制干预措施得以合理实施的因素进行讨论?			
结论	结论是否清晰、有无偏倚?			
	研究结论是否基于研究结果的临床意义形成的?			
	作者是否明确的表述治疗是成功的?			

第十五章　医学病例类图书的编写

第三节　临床病例图书编写注意事项

一、法无定法，因病而宜

CARE 小组发布的 2016 CARE 信息清单，为临床病理报告提供了规范和写作指南，但是否所有的病理报告都要严格按照其写作呢？也不一定。由于病例报告有典型病例、疑难和罕见病例、误诊误治病例、护理病例、临证医案等多种，每种病例报告又各有其特点，另外，病例报告的作者层次也不一致，所以，在遵循 2016 CARE 信息清单的基础上，根据各个病例的实际情况，撰写病例报告，才是实事求是的态度。

二、病例类图书的构成

病例类图书在构成上一般分为两类：一类是纯病例图书，即书中全部是病例内容，如《中国呼吸内镜介入治疗典型病例(第一卷)》(王洪武主编，科学技术文献出版社，2018 年)；另一类是混合式病例类图书，即书中既有常规的诊疗内容，又有专门的病例篇章，如《弥散性血管内凝血——诊治重点与典型病例》(邱方等主编，科学技术文献出版社，2017 年)。一般而言，单纯病例图书的病例内容往往较深，或为疑难、罕见病例，更适合高年资医师阅读参考；而混合式病例类图书中的病例一般为临床典型病例，更适合低年资医学学习。一本病例类图书选择哪个构成模式，要根据病例内容以及策划时所确定的读者对象而定。

三、病例类图书的书名

笔者观察，单纯性病例类图书的书名最后一般都有"精粹""荟萃""讨论""分析""精解""精讲""精选"等用词，而混合式病例类图书的书名的最后一般没有这些用词，直接以典型病例结束，但在书名的前面往往有"某某病诊治重点"等字样，这也是两种不同类型的病例类图书各自书名的一个特点，也代表了两种不同类型的病例类图书内容上的区别。

四、病例类图书的作者

病例类图书的作者是来自一家医院好，还是来自多家医院佳？这可能不宜一概而论。《北京大学第一医院大内科复杂病例巡诊精粹》(丁文惠等主编，北京大学医学出版社，2015 年)，《白文俊教授团队男科疾病病例精解》

(白文俊主编,科学技术文献出版社,2018年),这类病例类图书的作者显然都来自一家医院。而北京大学医学出版社的《皮肤科疑难病例精粹》,第一辑于 2005 年出版,共有 5 家著名医院参与,2009 年该书出版了第二辑,参与的医院扩大到了十多家著名医院。2018 年由中国医学著作网策划、科学技术文献出版社出版的《中国呼吸内镜介入治疗典型病例(第一卷)》(王洪武主编),参与医院更多至全国数十家,基本代表了中国呼吸内镜介入治疗的国内最高水平。

五、"我院""本院""我科"要慎用

因为病例报告一般都是作者个人的亲身实践,撰写中难免出现"我院""本院""我科"这样的用词,这在一篇病例报告类论文中,一般是没有问题的,但若出现在病例类图书中,则可能就出现问题。因为一本病例类图书往往汇集了数十个或数百个病例,这些病例也往往不是一个医院或一个科室发生的,如出现"我院""本院""我科"这样的用词,往往令读者不知是哪个医院或哪个科室,除非这本书的作者来自于一个医院,可用"我院""本院",或来自于一个医院的同一科室,可用"我科",否则,应使用医院或科室全称,以方便读者了解病例的发生地和医疗机构。

第十六章　中医中药类图书的编写

第一节　中医药类学术图书

中医药类学术图书是医学图书的重要组成部分,中医书籍以其历史之悠久,数量之浩瀚,内容之丰富,堪称人类文明史之瑰宝。时至今日,有关中医古籍的珍本、善本、孤本以及中医古籍的研究类图书,依然是中医学研究和出版的一个重要方面。改革开放以来,中医药类学术图书随着中医事业的发展特别是中医高等教育的发展,出现了前所未有的繁荣景象,据国内图书产业市场信息和咨询服务提供商——北京开卷数据统计,仅2016年全国图书零售市场中医药图书的动态销售品种达16 657种,同比增长23.15%。

中医药类学术图书在"中国图书馆分类法"(中图法)中分在R医药、卫生大类下,为R2中国医学,其下又分为18个子类,一些子类下又细分为多个子类,从中可以领略中医药学图书文献的全貌和博大精深,也可以作为中医药图书选题策划和研究的参考,详见表16-1。

表16-1　中图法中国医学图书分类

R2-0 中国医学理论	R22 中医基础理论
R2-03 中医现代化研究	R221 内经
R2-031 中西医结合	R221.1 素问
[R2-09]中医学史	R221.2 灵枢
R2-5 中医学丛书、文集、连续出版物	R221.3 素问、灵枢分类合编
R2-52 全书	R221.9 难经
R2-53 论文集	R222 伤寒、金匮(伤寒杂病论)
R21 中医预防、卫生学	R222.1 本文合编
R211 预防、卫生	R222.12 注解(附本文)
R212 养生	R222.13 发挥(不附本文)
[R212.7]老年保健	R222.14 辑要分类汇编
R214 气功	R222.15 杂论

续表

R222.16 方论	R242 中医治疗学
R222.17 歌括	R243 中草药治疗学（八法论治）
R222.18 图谱	R243.2 中草药麻醉
R222.19 研究	R244 外治法（物理疗法）
R222.2 伤寒论	R244.1 推拿、按摩、捏积
R222.3 金匮要略	R244.3 拔罐疗法
R223 中医生理	R244.4 刮痧、拧痧
R223.1 脏腑学说	R244.5 割治、挑治
R223.1+1 五脏	R244.8 埋藏疗法
R223.1+2 六腑	R244.9 其他外治法
R223.1+3 奇恒脏象	R245 针灸学、针灸疗法
R223.1+4 津液气血	R245-0 一般理论与方法
R223.7 骨度	R245-3 研究方法
R224 经络、孔穴	R245-33 针灸用器械与仪器
R224.1 经络	［R245.2］经络与孔穴
R224.2 孔穴	R245.3 针法
R224.3 子午流注	R245.31 各种针刺疗法
R224.4 经穴图谱	R245.32 区系针刺疗法
R226 中医阴阳五行、运气学说	R245.8 灸法
R228 中医病理	R245.81 艾灸
R229 其他	R245.82 药灸
R24 中医临床学	R245.9 穴位疗法（经络疗法）
R241 中医诊断学	R245.9+1 穴位埋藏疗法
R241.1 脉学	R245.9+3 穴位刺激结扎疗法
R241.11 脉经	R245.9+5 穴位注射疗法
R241.13 脉诀	R245.9+7 穴位电流疗法
R241.19 其他	R245.9+9 其他
R241.2 四诊	R246 针灸疗法临床应用
R241.24 色诊	R246.1 内科
R241.25 舌诊	R246.2 外科、针刺麻醉法
R241.26 腹诊	R246.3 妇产科
R241.29 其他	R246.4 小儿科
R241.3 八纲辨证	R246.5 肿瘤科
R241.4 病因辨证	R246.6 神经精神病科
R241.5 六经辨证	R246.7 皮肤病、性病科
R241.6 脏腑辨证	R246.8 五官科
R241.7 经络辨证	R246.81 耳鼻咽喉科
R241.8 营卫气血和三焦辨证	R246.82 眼科
R241.9 其他诊法	R246.83 口腔科

第十六章　中医中药类图书的编写

续表

R246.9 其他	R255.7 血证
R247 其他疗法	R255.8 痰饮
R247.1 食养、食疗	R255.9 其他
R247.3 外功	R256 脏腑病证
R247.4 导引、气功	R256.1 肺系病证
R247.9 中医康复医学	R256.11 咳嗽
R248 中医护理学	R256.12 哮喘
R248.1 内科护理	R256.13 肺痈
R248.2 外科护理	R256.14 肺胀
R248.3 妇产科护理	R256.15 肺痿
R248.4 儿科护理	R256.16 失音
R248.9 其他	R256.17 劳瘵
R249 医案、医话(临床经验)	R256.19 其他
R249.1 医案、医话汇编	R256.2 心系病证
R249.2/.7 个人医案、医话	R256.21 心悸、怔忡
[R249.8] 专科医案、医话	R256.22 胸痹(真心痛)
R25 中医内科	R256.23 失眠、健忘
R254 外感病证	R256.24 昏迷
R254.1 伤寒	R256.28 百合病
R254.2 瘟病	R256.29 其他
R254.2+1 暑瘟	R256.3 脾胃系病证
R254.2+2 湿瘟	R256.31 呕吐、呃逆
R254.2+3 风瘟	R256.32 噎膈、痞满
R254.2+4 冬瘟	R256.33 脘腹痛
R254.2+5 春瘟	R256.34 泄泻
R254.3 瘟疫	R256.35 便秘
R254.4 秋燥	R256.36 虫证
R254.5 疟疾	R256.39 其他
R254.6 痢疾	R256.4 肝胆系病证
R254.7 霍乱	R256.41 黄疸
R254.8 鼠疫	R256.42 症积、臌胀
R254.9 其他	R256.43 胁痛
R255 一般病证	R256.44 痉病
R255.1 内伤发热	R256.45 疝气
R255.2 中风	R256.46 颤证
R255.3 眩晕	R256.49 其他
R255.4 消渴	R256.5 肾、膀胱系病证
R255.5 虚劳	R256.51 水肿
R255.6 痿证、痹证	R256.52 淋证

· 187 ·

续表

R256.53 癃闭	R274.1 骨折
R256.54 遗尿、尿失禁	R274.11 上肢骨折
R256.55 遗泄	R274.12 下肢骨折
R256.56 不育（男子）	R274.13 躯干骨折
R256.59 其他	R274.19 其他
R259 现代医学内科疾病	R274.2 脱位
R26 中医外科	R274.21 上肢关节脱位
R261 痈疽	R274.22 下肢关节脱位
R262 疔毒	R274.23 躯干关节脱位
R263 瘰疬	R274.29 其他
R264 创伤	R274.3 软组织损伤
R265 瘿瘤	R274.31 上肢软组织损伤
R266 肛门病	R274.32 下肢软组织损伤
R268 其他	R274.33 躯干软组织损伤
R269 现代医学外科疾病	R274.34 腰部损伤
R271 中医妇产科	R274.39 其他
R271.1 妇科病	R274.9 现代医学骨伤科疾病
R271.11 经病	R275 中医皮科
R271.12 崩漏	R275.1 疥癣
R271.13 带下	R275.2 麻风
R271.14 不孕	R275.3 梅毒
R271.19 其他	R275.9 现代医学皮肤病、性病
R271.4 产科病	R276 中医五官科
R271.41 胎前（妊娠）	R276.1 耳鼻咽喉科
R271.42 临产	R276.7 眼科
R271.43 产后	R276.8 口齿科
R271.44 乳病	R277 中医其他学科
R271.9 现代医学妇产科疾病	R277.5 中医泌尿学
R272 中医儿科	R277.7 中医神经病学与精神病学
R272.1 新生儿疾病	R278 中医急症学
R272.2 痘疹、麻疹	R28 中药学
R272.21 痘疹	R281 本草
R272.22 麻疹	R281.2 本草经
R272.3 惊风	R281.3 综合本草
R272.4 疳积	R281.4 地方本草
R272.5 小儿时疫	R281.5 食物本草
R272.6 小儿杂病	［R281.6］本草各论
R273 中医肿瘤科	R282 中药材
R274 中医骨伤科	［R282.2］药用植物的栽培

续表

[R282.3] 药用动物的饲养	R284.3 有效成分的化学合成
R282.4 药材的采集、加工	R285 中药药理学
R282.5 药材鉴定	R285.1 中药药性学
[R282.6] 生药化学	R285.5 中药实验药理
R282.7 各类药材	R285.6 中药临床药理
R282.71 植物药	R286 中药品
R282.74 动物药	R286.0 药品鉴定
R282.76 矿物药	R287 各科用药
R282.77 海洋药物	R288 中药药事组织
R283 中药炮制、制剂	R289 方剂学
R283.1 炮制对药物性能的影响	R289.1 方论
R283.2 炮制的辅料	R289.2 医方汇编
R283.3 炮制方法	R289.3 各代医方
R283.4 炮制各论	R289.4 方歌
R283.6 剂型	R289.5 验方与单方
R284 中药化学	R289.6 外治方
R284.1 化学分析与鉴定	R289.9 其他
R284.2 有效成分的分离与提取	R29 中国少数民族医学

从中图法中医药图书分类可以了解到，中医药图书也是一个十分庞大的系统，其中 R24 临床医学下分有 R249 医案、医话（临床经验），其下有分有 R249.1 医案、医话汇编、R249.2/.7 个人医案、医话和［R249.8］专科医案、医话。有关中医药类图书的编写，本书难能面面俱到，故仅就医案、医话类图书的编写，做一简述。

医案、医话类图书作为中医药类学术图书的重要组成部分，历来受到中医药名家和出版界的重视。早在 20 世纪 50—60 年代，《蒲辅周医案》等一批著名中医的医案著作都经由周恩来总理亲自过问，由人民卫生出版社出版。2010 年始，国家中医药管理局开展了全国名老中医药专家传承工作室建设项目和全国基层名老中医药专家传承工作室建设项目，历时近十年，取得了巨大成就，也出版了一大批名老中医临证医案著作，如中国中医药出版社出版了"名老中医经验辑要"系列图书，化学工业出版社出版了"名老中医临证备忘录"系列图书，学苑出版社出版了"全国名老中医药专家临证验案精华丛书"。可以说，医案、医话类图书的大量出版有力配合了国家名老中医传承工作室项目的健康开展，为繁荣和发展我国独具特色的中医药事业做出了有益的贡献。

第二节 名老中医临证医案类图书的编写

一、临证医案撰写原则

1. 科学性原则　坚持以中医药基本理论为主导，从需求分析到稿件形成，从采集、编撰到后续挖掘，所有资源和稿件支撑的研究结果必须体现3个"真"：真是中医的，真是中医临证的，真是名老中医临证的。排除一切干扰、混淆、阉割、掩盖名老中医临证特点的设计思路与方法。

2. 创新性原则　名老中医的每个医案要有各自的特色和借鉴意义，有自己的创新亮点。这就要求编写者博览群书，研究其他名老中医的经典医案和写作特点，并设计出不同他人的自己的临证医案，特别是具有地方特色的诊疗方法，这对读者的学习和借鉴会有很大的帮助。

3. 个性化原则　中医医案的个性化是每例医案具有自身学术价值存在的立足点。因此，不能强求整齐划一。尤其是内容不能强求各医案的一致，在治疗方法、临床路径、临床用药、临证心得等方面，不可强求过分的统一，一定要有各自不同的学术观点，甚至是允许相左方向的学术观点存在或有违常规的观点存在，只有这样，才能促进学术争鸣和学科进展。

4. 规范化原则　中医医案的规范化应该是中医临证医案的最基础的重要原则，尤其是在医案的体例和格式方面应该严格遵守规范化。特别要注意：①医案的基本要点要全面。②医案的基本构成要素要完整。③严防中医医案病历化或异化为西医医案（病历）。

二、临证医案撰写要求

1. 临证医案的构成

（1）病证名：以中医病证名称为主，以《中医临床诊疗术语》（朱文峰，王永炎，唐由之，等．中医临床诊疗术语[M]．北京：中国标准出版社，2004）为标准，个别无法找到合适中医病证名称者，以主要症状为名。有西医明确诊断者，西医病名附后。

（2）病证概述：主诊者对本病证的独特认识、基本方（有相对固定的处方或协定处方者）及其加减。

（3）临床资料：包括患者的一般情况（性别、年龄、婚姻状况、职业、居处环境），一诊、复诊（含二诊、三诊等）的主诉，就诊时间，主要症状、体征，中西医诊断结果,主诊者的治则治法、处方,及使用注意、煎服方法、特殊医嘱等。

(4)按语(医案分析):重点分析立法处方的思想和用药的独到之处,如药味加减的变化、剂量的变化,或煎煮法的变化及加用别的方法的特别用意。

2. 临证医案的信息要点　为了能够全面、准确、详细地了解医案发生当时患者及主诊者的诊治信息,通常在医案编写时,一般要注意采集患者以下的信息要点和主诊信息要点。

(1)性别:男女性别不同,其个体差异不同,因此用药不同、组方配伍不同。

(2)年龄:年龄关系到后人对处方用药的理解,相对而言,年老、年少者因其气已衰或气未盛而用药宜轻。

(3)婚姻状况:特别是独身、离异与鳏居的患者。

(4)职业特点:要考虑采矿、地质、建筑、装饰、演艺、计算机、海洋作业等职业是否与致病因素相关。

(5)居处环境:特别考虑移居、驻地的气候和环境与籍贯、民族、生活习惯的关系。

(6)发病时令:发病时令与疾病的发生、转归、预后密切相关。

(7)主诉及舌脉:主要症状及持续时间、病程,舌、脉情况。

(8)诊断、治疗情况:初诊、复诊的中医诊断、治疗情况、疾病变化和转归情况。附加西医诊疗信息,如果患者病症的变化是由服用西药或使用现代疗法(如放疗、化疗等)引起的,更要明确记录。

(9)诊断、立法和处方:中医诊断的病、证名,西医诊断;中医治疗法则的确立和处方的组成。

(10)其他:使用注意、煎服方法、饮食起居的医嘱(有特别之处,则详细记录。属常规使用者,从略)。

(11)师承特点:师承特点是体现师承的关键所在,但必须与本案相关。

(12)经典诠释:经典诠释是本案中必须联系、融入的经典原文。

(13)思辨要点:主诊者见病、识病、断病、治病的思路及其思辨的重点,是按语构成的要素,要与医案整体信息一致,而又具有特点,这是全案精华所在。

三、临证医案的撰写内容

临证医案的撰写分为标题、提要、案体、按语4个部分。

1. 标题　以中医病证名称为标题。
2. 提要　简单介绍本病的发生、发展的一般情况、治疗效果,重点介绍主诊者对本病的认识、基本学术观点,主诊者的治疗特色和主诊者所用的代表方剂(有协定处方者列出)。主要包括：患者姓名(姓+某某)、性别、年龄、婚否、职业、籍贯；主诉、脉象、舌象、实验室检查结果；诊断、主要治疗措施、疗效等；本案临证思辨特点等。简而言之，提要即本案的导读，要求简明扼要，重点是概括出诊断、治疗(主方)、疗效和临证思辨的特点，要对读者有吸引力，但无描述，无引文，必须特点突出，简明扼要，一针见血，不展开阐释。

3. 案体　案体是陈述性的，应注重层次清晰、内容具体、叙述简洁、数据可靠。包括诊断、立法和处方。诊断以中医诊断为主，附列西医诊断，突出辨证论治的思辨过程及其特点；立法中要突出主诊者的治则治法特点和治疗重点；处方要采用规范的药物名称和计量单位，即尽量使用药典、教材使用的药名，尽量避免使用别名或民间习用的药名，处方剂量要清楚，特殊用法需要详细说明，有特殊医嘱者要一一列出。换而言之，案体是主诊者临证经验的提炼与升华，不仅要求资料翔实，而且要求具有中医药文化的品位(特色特点)，有理、有法、有方、有药、有依据、有引文、有文采，但又必须做到要言不烦。撰写者必须精雕细刻，力争做到字字珠玑，给人启迪。初诊要求四诊资料齐全、辨证论治明确、理法方药严谨；复诊要求描述病情变化的实况，阐明临证思辨的方法，理清治疗方案调整的关键。

4. 按语　按语是医案撰写中最重要、最精彩的部分，也是最难写的部分，要熟练、准确地把握对疾病的辨证论治，方解特别要对所选用药物的功能和彼此配伍的功能分析精准。要求与初诊、复诊所述紧密吻合，必须切中肯綮。例如，如何取舍四诊资料(舍脉从证、舍证从脉等)，如何切入辨证纲领，如何把握病机，如何确定治则治法，如何组方用药等，应将处方用药和患者病证、病机、发病有机结合起来，分析主诊者综合运用理、法、方、药的特点，要侧重病因病机分析、方解、病情演变分析、调整方案分析、疗效分析，突出特点、重点即可，关键是归结本案临证思辨特点，如实体现主诊者的临证经验和独家心法，提示后人可思、可学之处，给读者临证以启迪。

第三节　中医药图书的对外出版

近年来，国家制定了文化"走出去"的整体发展战略。继"中国图书对外推广计划"之后，自2009年起全面推行了"中国文化著作翻译出版工程"，以资助系列产品为主，既资助翻译费用，也资助出版及推广费用。中医是中国

第十六章　中医中药类图书的编写

文化中传承最系统的部分,中医药"走出去"是中国文化"走出去"的最佳切入点。当前,全球"中医热"正在兴起,据不完全统计,目前美国共有7000多个中医针灸诊所,遍及全美49个州,持有中医针灸执照的医师近3万人;全欧洲从事中医针灸专业人员有12万之多,中医药教学机构300多所,中医药供应商300多家。因此,中医临床、中医普及以及中医教育等各个方面的外文版中医图书都会有很大的市场需求。

一、中医对外出版现状

1. 国内外文中医图书出版现状　据不完全统计,国内出版的外文版包括英汉对照中医图书现有100多种。其中,以外文出版社出版的此类图书最多,也较有影响力,现有40种左右,如《本草纲目》《中国针灸学》《针灸临床应用》《头针》《太极拳》等,主要以针灸和科普书籍为主;其次,上海中医药大学出版社出版的此类图书也较有特色,该社图书以《(英汉对照)新编实用中医文库》为代表,包括《中医基础理论》《中医诊断学》《中药学》《方剂学》《中医内科学》《中医外科学》等14种。此外,上海科学技术出版社、中国中医药出版社、学苑出版社、海豚出版社、新世界出版社、高等教育出版社等多家出版社也有一定规模的外文中医图书出版。除英文版外,国内还有少量的西班牙文、法文、德文版中医图书出版。总体上看,国内现有外文中医图书在全世界已经出版的外文版中医图书中所占的份额还比较小,所出品种体系不完善,操作模式基本上是挑选国内出版社已经出版的优秀中文版中医图书,或者购买国内其他专业医学出版社出版的优秀中文版中医图书的外文版权,组织国内外专家进行翻译、改编,在内容上则存在着文化、语言的隔阂问题,国外读者接受程度不强。更重要的是,这些出版社的发行力量基本在国内,其外文版中医图书的发行主要通过国内的几家图书进出口公司在海外销售,因此,在海外市场销售量较少而不成规模,对海外中医图书市场影响不大。

2. 国外外文中医图书出版概况　外文版中医图书出版历史悠久,早在1707年,英国医学家芙罗伊尔(Sir. John FIoyer)就针对王叔和的《脉经》,出版了《医生诊脉(The Physician's Pulse-Watch)》一书。发展至今,全球外文中医出版物累计数千种,品种多以普及和介绍中医及中医文化为主,出版商主要有荷兰的爱思唯尔(Elsevier)、德国的替玛(Thieme)和美国的东域(Eastland)、标登(Paradigm)、蓝罂粟(Blue Poppy)、七星(Seven Star)等数家出版公司。总体上看来,其出版物品种比较单一,学术水平也较一般,在内容上也常有不妥或错误。有些出版社通过购买中国国内已出版中文图书的外文翻译版权,重组或重新编排内容,翻译成书。有些则通过收集国内资料(多直接来自于国内出版社出版的图书），将其内容按照西方读者容易理解的方式进行剪辑和整理、翻译即告成书。这些出版社出版的图书的优势在于将现有中文图书的内容根据西方可接受的方式重新编排，并增加一些说明和解释，外文语言纯正，西方读者容易理解，即内容和语言的本土化。另外，在销售方式上也灵活多样，采用网络、学校直销和向中医从业者直接发目录等多种形式，有一定的市场销售优势。

二、国内现有外文中医图书存在的主要问题

国内外文版中医图书的优势在于对中医本质的理解纯正，内容完整而成体系，学术水平较高，且种类齐全，但因为主要面向的是来华留学生和外文学习者，因而在考虑国际化程度上比较欠缺，还存在以下几个方面的主要问题。

1. 文化差异因素的忽略，造成国外读者对内容的理解困难　中医包含了丰富的中国传统文化内涵，在翻译的过程中如何把这些文化内涵与字面意义一起表达出来，直接关系到读者对中医和中国文化的理解，但国内中医对外图书多习惯于"字对字"的翻译，拘泥于字面的意思，忽略了文化差异因素和内容的实质，在文化差异上给予的解释和传达明显不足，以至于国外读者常常反复揣摩而不得其意。

2. 术语翻译的不规范性影响市场认可度　术语是中医药学的重要组成部分，对其翻译的成功与否是中医翻译规范化的关键所在，国内对中医术语的翻译尚欠缺统一的标准，影响了对外出版图书的市场认可度。

3. 出版物整体设计和国际需求有很大差距　国内出版物大多沿袭中文图书的版式设计和排版习惯，以长篇累牍的纯文字解释为主，版式死板，为避免编辑方面的麻烦，普遍不做索引，这与西方人图文并茂、列表概括、习惯索引的阅读方式背道而驰，与国外高端市场的需求差距较大。

4. 市场开发推广力度不够　国内中医对外出版产业化程度普遍不高，市场地域化较明显，销售方式单一，缺少国际运作的能力与经验。

三、中医国际出版对策

针对以上外文中医图书市场现状和存在的主要问题，人民卫生出版社制定并实施了中医国际出版计划，在实际操作上强调"跨文化""跨语言"和"跨市场"的三大跨越，目前已出版了涵盖针灸推拿、中医临床、中药方剂、中医科普等各个方面的以英文版为主，兼顾西班牙文版、法文版、德文版的近200种图书和电子音像制品，并且开拓了北美、澳大利亚、欧洲等市场的图书销售和版权贸易业务。中医对外出版初见规模，显示出巨大的发展潜力。

中国图书走向世界是中国出版业为了扩大中国文化在海外的影响，提升中国文化软实力所做的一种跨国经营行为，受到政府的高度重视和支持。只要我们认真做好市场调研，务实做好工作，战略部署正确，中国文化"走出去"、中医药图书"走出去"一定会取得丰硕的成果。

第四节　中医药图书编写注意事项

中医药图书是科技图书的一个分类，由于中医药学科具有与众不同的专业特点，相应的，中医药图书也有特殊的编辑加工要求，具体来说，主要应关注以下八个方面。

一、注意学科的规范

中医药学由最初的"神农尝百草"，到如今的中医、中药学科，虽然经历了几千年的发展，但其学科的系统性仍然不是很规范；同时，由于各种病理病例情况都在不断地变化，而中医理论又鲜有重大突破，中医药类书稿中出现以古代的中医药理论来解释现代疾病的情况时有发生。这种情况造成了编辑在加工中医药类书稿的过程中存在着对其科学性难以进一步甄别的难点。

中医学不同于现代西医学，后者具有条分缕析的学科分支和现代科学技术的支撑。中医药书稿在论述现时疾病时，往往只能溯源于中国古代的医学文献，有的是将古人的观点直接作为论点、论据。而随着时代的发展，古代医学文献上的某些结论和古人的某些认识，早已为现代科学证实是错误的或是不科学的。例如，有书稿以《神农本草经》中将中药分为"上品、中品、下品"为依据，将现代人可以药食两用的中药品种加以详析，指导现代人如何养生。实际上，由于《神农本草经》成书年代久远（大约公元2世纪），当时人们的认识水平有限，甚至有错，为了追求长生不老而崇尚炼丹，将砒霜、朱砂等有毒的中药也列为上品。假如编辑不具备一定的专业知识，而是一味地迷信权威，一味地认为古人的东西都是久经考验的，而忽视对书稿内容进行规范，不假思索、不加考辨地编辑加工，不仅会影响图书的科学性、可信度，甚至对读者的生命、健康造成威胁。再如，有编辑见到书稿中有"肝气升于左"的论述，根据现代解剖学"肝脏位于人体的右侧腹腔"的事实，就想当然地改为"肝气升于右"。这实际上是对中医药学的学科内容理解不透彻，"肝气升于左"为中医脏腑理论的一种学说，不应改动。中医药类书稿的加工编辑不仅要具备一定的学科专业知识，而且还要随时掌握学科前沿的动向，不断更新知识储备，提高甄别真伪和遵循学科规范的能力。

二、注意引用文献的规范

中医药书稿引经据典十分常见，编辑在加工书稿时应注意书稿引文的规范问题。引文不规范常常有以下几种情况：①同一引文从多处转引。②不使用原文的语言、文字；③引用或介绍古代处方时，数字使用混乱。④注明出处时使用缩写。比如，在一部书稿中有关于金银花的多处引文："一切风湿气，及诸肿毒、痈疽疥癣、杨梅诸恶疮"(《本草纲目》)，"一切风湿气，诸热毒"(《本草纲目拾遗》)，而实际上《本草纲目拾遗》是引自《本草纲目》，所以两处引文应一致，并且应以原始的文献为准。又如，"肌肉瞤动"一词中的"瞤"字为中医特有用字，表示"微微颤动"的意思，若改成"肌肉颤动"则失去了原文的意义。另外，数字以引文出现时，若不使用汉字，而用阿拉伯数字，如"当归3钱"，就使文稿的风格显得不伦不类。在注明引文出处时，使用缩写有可能引起歧义。如引文说明引自《千金方》，就不清楚到底指的是《备急千金要方》还是《千金翼方》。

针对中医药书稿在引用文献时存在的问题，编辑应该注意以下几点：①遇到引文时不要怕麻烦，要与原文仔细核对。②在核对时要注意版本的权威性。一般而言，中药类书稿的处方用药以《中华人民共和国药典》(化学工业出版社，2005年)为准，中医类名词以《中医药学名词》(科学出版社，2005年)为准，若两者均未收载，则以《中华本草》及原书正名为准。③以引文出现者，不可擅自以简化字改变原书文字。④介绍古代处方时，要使用原书数字和计量单位，如"当归三钱"而非"当归3钱"。⑤中医药书稿引用书名或注明文献出处时，一般不使用缩写、简写。如要使用缩写、简写，则在第一次出现时予以注明，或在前言、参考文献中说明。

三、注意中医药名词术语的使用规范

由于中医的疾病名称往往是根据症状命名的，就导致了同一种疾病存在多个病名的情况。至于中药的名称，就更为复杂——既有一药多个别名的情况(不同地区的叫法不同)，又有一药多个来源的情况。同时，由于中医药学的学科发展还有待完善，有些名词、术语没有统一的标准，造成了中医药的名词术语在某些方面应用混乱。对中医药的名词术语进行规范、统一，也是中医药书稿审读加工的难点之一。例如："水肿"又叫做"风水""皮水""臌胀"；"金银花"又叫做"银花""二花""双花"；"麝香"又叫做"当门子""元寸"等。另外，一些老中医作者有自己的临床用药及书写习惯，如"山药"写成"淮山药""木香"写成"川木香"等。

作为一名中医药类图书作者或编辑,担负着通过中医药图书向广大读者传播科学的中医药学知识的任务,对一些似是而非的名词术语要加以规范。中医药类图书编辑除要掌握扎实的专业知识以外,还要在平时的工作中做个有心人,经常总结工作中遇到的各种问题,发现书稿中常见错误的规律,为以后工作创造"事半功倍"的条件。

四、注意与现代医学概念和术语区别

在中医药类书稿中,常常出现拿西医的名词、术语套用中医的概念、术语的现象。如何规范、清晰地表达作者的写作意图,这也是审读中医药书稿的一个难点。比如,"病证""症状""征象"三个中医药常用名词就极易出现混乱。在中医的概念中,"证"表示与某种病因病机有关联的症状群,是对疾病某一阶段病因、病机的总结、概括,与现代医学中"病症"表示疾病名称的概念是不同的。因此,在中医药的书稿中要用"病证",而不是"病症"。"症状"则为具体的一个个疾病的表现,以前中医将这个概念用"证"来统称,并无"症状"一词,后来中医借用西医的说法以求更准确地表达,所以"症状"在中、西医书稿中均可使用。"征"往往指疾病的外在的表现,"征象""指征"时用"征",而不是"证"或"症",只要表达的概念相同,"征"在中、西医学书稿均可使用。中医药类书稿的加工编辑如果能做到不仅能准确理解中医药学的各种概念,还具备一定的西医学的专业基础知识,那么在面对这类问题时,就能有备无患,游刃有余。

五、注意计量单位使用的规范

在中医药书稿中,涉及计量单位的用法较多,而且用法混乱,换算时难度较大。比如,古代文献记载用药量为"一方寸匕""梧桐籽大""三钱"等,换算成现代规范的计量单位时,不仅没有统一的公式直接换算,而且即使是同一种单位,还要根据不同的历史年代采用不同的换算方法。比如,中药用量中的"两"在不同的历史年代代表不同的重量,如魏晋时期的一两相当于现在的 0.45 两,而明清时期的一两相当于现在的 1.12 两。现在我国统一中药的计量单位,均采用国际单位制(公制),即 1 kg = 1 000 g。编辑加工中医药书稿时,要在具备一些历史学知识的基础上,统一中药的计量单位。

六、注意中医药学中特殊汉字使用的规范

中医药书稿中特有的字很多,排版时需要造字的情况时有发生,这就增加了这类书稿出现错别字的机会。常见的出错情况主要有:①作者在写稿时常以符号代替需要造的字,若代替符号出现过多,会造成后期排版校对出错

概率增加。需要指出的是，类似"髃""髎"等不太常用的字，用 Word 系统可以打出来，而在方正书版软件或 Photoshop 等图像处理系统里则需造字。②以发音相近的字代替，如"鲠"和"哽""喝"和"歪""瘆"和"酸""藏象"和"脏象""旋覆花"和"旋复花"等。③以字形相近的字代替，这类情况最具有隐蔽性，在编辑加工时往往被"漏网"，比如，"癥瘕"和"症瘕""紫菀"和"紫苑""疱疹"和"泡疹"等。编辑在加工中医药书稿时，要熟悉现代常用的计算机办公软件的输入方法，克服不同输入法常有的缺点，如微软全拼、清华紫光、智能全拼方法易出现音同字不同的错误，如"编辑"和"边际"；使用王码、五笔等输入方法易出现字形相近的错误，如"瓜蒌"和"瓜萎"。针对在排版中需要造的字，则在整部书稿加工完毕后，编以序号，另附说明。

七、注意医家名号的规范

古代的医家往往字、号俱备，这就容易造成一部书稿中，虽然指同一个人，但是却时而用名，时而用字或号的混乱情况。一般来说，在书稿中出现医家时，应该使用医家的名字。比如，"金元四大家"之一的朱震亨，字彦修，号丹溪，在同一部书稿中应该统一用朱震亨。有些医家的字或号甚至别名更广为人所知，这就需要编辑在加工时区别对待。比如，提起"医圣张仲景"几乎妇孺皆知，然而他的名字"张机"却只有专业人士才知道。再如，同是"金元四大家"之一的刘完素，字守真，号通元处士，因其是金时河间人，被后人称为"刘河间"，"刘河间"的称呼流传甚广。因而，在加工中医药书稿遇到医家人名时，可以采取专业书稿使用名字，科普书稿使用"通用名"，但同一部书稿要做到统一称呼。

八、注意语体风格的规范

中医药类书稿与古代汉语的联系比较密切，或多或少地保留了文言词语和句式，如"乃""系""则""具""尚""故"等，这些文言词语或句式已经为广大的读者所接受，并且也不会引起阅读的困难，为了突出其简练、严谨的特点可以保留。需要注意的是，若在整个书稿行文中，多处出现文、白夹杂的"之乎者也"的情况，则不仅会造成表达的艰涩、古奥，而且会令读者产生阅读障碍，进而出现理解困难。因此，编辑在加工书稿时要严格把握语言简练的标准，适度使用文言词语和固定句式，为广大读者提供更多的通俗易懂的中医药读物。

第十七章　护理类图书的编写

第一节　护理图书的发展

护理图书的编写和出版在中国有着悠久的历史。在古代社会，医疗和护理没有明确的区分，医起源于护，而护理又起源于生活实践。医护同源，护理思想的发展一直与人类的进步息息相关，并生共存。中医学强调"三分治，七分养"，其中"七分养"的实践就是指护理，中医护理学的实质就是研究"养"的科学。《黄帝内经》中记录了很多护理基本理论、技术操作和辨证施护原则，对饮食起居调理、心理养生护理、部分疾病护理、用药护理及部分护理技术等都做了论述。书中写到的生活护理、饮食护理、情志护理、病情观察、护理诊疗技术等，都是现代护理科学的最初理论启蒙；张仲景的《伤寒杂病论》不仅奠定了中医辨证论治的理论体系，也为临床辨证施护开创了先河，为中医护理技术增添了许多新的内容，为后世中医护理学的发展奠定了基础；华佗首创的剖腹术，具有完整的手术及护理方法，他所倡导的"五禽戏"，是世界最早的外科护理及康复护理措施。

我国近现代护理始于19世纪初，护理人员的培训早期以师传徒的形式，带教讲解为主，无固定学制和教材。随着正式学校的建立和学制的确定，必然产生对教学书籍的需求。最早的中文护理专业书籍于何时出版尚难确定，从作者检索所见，至迟在1905年已有正式护理著作出版，如《护病要术》由中国博医会出版。现北京、上海图书馆有藏本。随着护理教育的发展，从早期的博医会起，此后的益智书会、墨海书馆、广学会、江南制造总局翻译馆、商务印书馆、医学书局以及广协书局，都出版了许多护理书籍，尤以广协书局与中华护士会的合作对护理书籍的出版有很大影响。至1949年10月中华人民共和国成立，出版的护理图书有限，有案可查的只有不足百种，多为护理学的最基本理论和操作实践内容，如《看护学总论》《病人看护法》《各科看护法》《护士用书问答》等，而且大多为西方译本。

中华人民共和国成立后，由于护理专业基本以中等教育为主，护理图书编写及出版也难以有大的发展，1953年卫生部组织编写了《一般护理学》，并由人民卫生出版社出版，作为护理专业的基本教材，一直沿用几十年。

我国护理专业和护理图书的繁荣发展始于改革开放以后。1984年恢复了高等护理教育，1992年开始培养护理学硕士研究生，2004年开始独立培养护理学博士研究生。20世纪80—90年代，护理图书出版开始打破基础护理加临床护理的局限，出版了一批内容新颖、质量上乘，并广受读者欢迎的护理图书，如《护理统计学与科研设计》（梅祖懿编著，天津科学技术出版社，1989年），《现代护理学辞典》（王美德，安之璧主编，江苏科学技术出版社，1992年），《英文护理文献阅译指南》（计惠民，李旭主编，中国医药科技出版社，1994年），《老年护理学》（曾熙媛主编，中国医药科技出版社，1995年），《临床护理观察学》（邹立志主编，华南理工大学出版社，1997年），《整体护理临床问答》（包家明，霍杰编著，中国医药科技出版社，1998年）等。进入21世纪以后，随着我国大批护理学研究生的毕业，护理学研究和护理图书的出版，提高到了新的水平，出版了《护理经济学概论》（刘则杨主编，中国科学技术出版社，2002年），《护理结局分类（NOC）》（吴袁剑云主译，北京大学医学出版社，2006年），《循证护理理论与实践》（胡雁，李晓玲主编，复旦大学出版社，2008年），《临床护理学情境教学病例》（徐锦江，马露娜主编，辽宁科学技术出版社，2014年），《护理质性研究：理论与案例》（周云仙主编，浙江大学出版社，2017年），《护理质量与安全：改善结局的核心能力》（刘华平主译，人民卫生出版社，2018年）等大批高水平的护理著作，为我国护理事业的发展和护理质量、水平的提高，奠定了深厚的基础。

第二节　护理图书的选题

从上节护理图书的发展可以看出，我国真正意义上的护理专业图书的产生和发展，只是改革开放后近30年的事，之前出版的护理书籍，严格说来都只是护理专业教材，主要是用于护士的学生培养或在职教育，基本上都是基础护理加临床护理内容，至多将临床护理分为临床的各专科护理，以致单病

第十七章 护理类图书的编写

种护理深入研究的专著都不多。

目前，我国的护理学专业在学科专业目录上，还只是临床医学下的二级学科，其下的三级学科也仅包括基础护理学、专科护理学、特殊护理学、护理心理学、护理伦理学、护理管理学、护理学其他学科 7 个类别，远远不能涵盖护理学专业的整体内容。国内早有护理学者提出建议，应将护理学定位为一级学科，这样才能将护理学内容包括全面，为护理学科的健康发展提供适当的空间，从根本上解决护理学硕士、博士研究生的培养方向、方案和学位问题。当然，这不是短期内可以解决的问题，一个重要原因就是我国的高等护理教育恢复，特别是研究生教育的开展，时间还较短，护理教育的理论和实践的基础尚不丰厚，护理专业图书的质量和水平与其他医学一级学科相距甚远。因此，要实现将护理学定位为一级学科目标，还有很长的路要走，广大护理工作者深入开展护理学各领域的科学研究，编写、出版更多更好的护理专业图书，将为实现这一目标做出有益的贡献。

要加快护理学科的发展，就必须深入开展护理理论和实践的科学研究及经验总结，加大编写和出版高水平的护理专业著作也是不可或缺的。根据目前护理学科发展以及图书出版现状，特提出以下 8 个方面的护理图书编写和出版的选题方向。

1. **护理学科创新图书**　创新是任何学科发展和生命力的集中体现，护理学科也是这样。近年来护理图书出版的品种和数量都不少，但具有创新水平的护理图书并不多，特别是能够填补学科空白的图书更少，因为填补空白就是最好的创新。如 2002 年出版的《护理经济学概论》填补了护理经济学方面的学科空白，该书出版后曾作为多所护理学院的研究生教材，但至今近 20 年过去，还没有新的护理经济学专著出版，使得这一很有发展前途的创新学科停步不前。反观与之对应的卫生经济学，目前市场可见的专著琳琅满目，并早已列入高等院校正式教材。因此，创新开发具有填补护理学科空白意义的护理图书选题，对护理学科的发展建议，其意义不容小觑。

2. **单病种护理图书**　浏览一下大型图书网站就会发现，单病种的医疗图书比比皆是，如食管癌，就有《食管癌》《食管癌规范化诊治指南》《食管癌微创外科手术教程》《食管癌放射治疗靶区勾画》《早期食管癌和食管胃交界部腺癌诊断与治疗》等几十种之多，而查食管癌护理，则只有《食管癌外科护理》一种，定价 26 元，而医疗方面关于食管癌的专著定价少则近百元，多则数百元，可见其图书容量的巨大差距，也从一个侧面反映出对于单病种的护理研究远远不够，这方面的理论和实践经验的总结也远远不够。因此，加强单病种护理图书的选题开发,对于护理学科的发展和护理理论及实践经验的总结,都是很有意义的。

3. 护理病例研究图书　本书第六章医学病例类图书的编写,其实也基本适用于护理病例的研究和写作,近年来护理病例类图书出版了一些,但一是数量尚少,二是质量不高,三是护理差错和失误病例总结不够。与临床医疗病例一样,研究和总结典型的、罕见的、疑难的、特殊的护理病例,也是临床护理实践研究的重要方面。这方面图书选题的开发,对于常年工作在临床一线的护理人员并非难事,也是促进临床护理水平提高的一个重要举措。

4. 中医护理研究、整理图书　浏览一下目前市场在售的中医护理图书品种不少,但几乎大部分是《中医护理》《中医护理学》《中医临床护理学》等教材类图书,其他有关中医护理的研究、文献整理图书很少见到,这不能不说是中医护理学科发展的一个缺陷。中国医药学在其发展过程中一直保持着医、药、护不分的状态,中医护理的方法、经验和理论,大量散载于浩瀚的历代中医文献之中,研究、整理这些医学典籍的护理记载,可以极大地丰富中医护理的学科体系和内容,这方面其实有丰富的宝藏可以挖掘,中医临床、教育工作者应该可以担负起这个责任,这方面优秀的图书选题,也会广受读者欢迎。

5. 交叉护理学科图书　交叉科学是在两个或两个以上不同学科的边缘交叉领域生成的新学科的统称,也叫边缘学科或新兴学科,交叉学科的产生和发展对原有学科具有重大的创新意义,也是原有学科持续生命力的体现,护理心理学、护理伦理学、护理管理学、护理经济学等都是具有创新意义的交叉学科。这方面的护理图书选题,和中医护理图书类似,目前也基本停留在普通教科书的层面,很少见到深入研究的理论和实践著作,因此,有大力开发相应选题和编写、出版高水平图书的必要。

6. 医疗新技术护理配合图书　临床医疗和护理的配合关系是显而易见的,近年来临床医疗先进技术层出不穷,各种图书也不断出版,但相应的护理配合类的图书却出版不多,仅见的有《手术室腔镜使用与手术护理配合》(曹敏,王炬主编,人民军医出版社,2015年),《冠状动脉介入诊疗技术的护理配合》(光盘,刘淼主编,中华医学电子音像出版社),这显然是临床护理落后于临床医疗的突出表现。实际上,任何临床医疗的新技术的引进和开展,都离不开护理人员的密切配合,医生要随时总结医疗新技术的应用体会,护士也要不断地总结与之密切配合的技术和经验,这样才能保证新技术应用的效果,希望今后这方面的护理图书选题和图书能够经常与读者见面,以此不断提高临床护理水平。

7. 引进发达国家护理图书　必须承认目前我国的护理水平与发达国家仍有着很大的差距，要缩短这个差距，就需要不断引进发达国家的理论和技术，改革开放以来，正是我们引进了护理诊断、护理程序、整体护理等发达国家先进的护理理论和模式，才促进了我国护理事业的繁荣和发展，也在一定程度上缩短了我们和发达国家在护理水平上的差距。因此，积极引进发达国家的护理图书仍是十分必要的。引进的方法可能有两种：一种是原版引进，翻译出版中文版；另一种则是研究和参考国外护理理论和技术的最新动态，编写并出版更适合我国护士阅读和使用的护理图书。

8. 护理科普图书　临床护士的一个重要任务是对患者进行健康教育，即对患者进行护理知识的科学普及，这对加快患者的健康恢复意义重大，这也就需要有很好的护理科普图书，既便于护士自身学习的需要，以便掌握最佳的护理健康教育方法，也便于患者通过阅读对自己和疾病有更多的了解，积极有效地配合医疗和护理，同时优秀的护理科普图书对社会大众也是迫切需要的，这方面的图书选题永远都不会过时。

第三节　图书护理与护理图书

"图书疗法"（Bibliotherapy）一词源于希腊语，是"书"和"治疗"两词的合成，又被译作"图书治疗"或"阅读疗法"。图书疗法在临床多由护士组织实施，因此也叫"图书护理"。

在西方图书治疗已有几百年历史。第一次世界大战中，常有志愿者将图书送到战地医院供伤病员们阅读。第二次世界大战时，野战医院图书馆、公共图书馆开始扩展业务范围，开展了为住院伤病员的借书服务。20世纪50—70年代西方图书馆界已形成了对阅读疗法的研究热潮。1961年，阅读疗法一词首次被收入《韦氏新国际英语词典》中，1964年由美国图书馆协会主持召开了"阅读治疗"研讨会，1984年国际图书馆协会联合会发表了《图书馆为医院患者和残疾人服务纲要》，强调了阅读治疗在患者康复过程中的重要作用。由此图书疗法逐步被人们所认识。

在我国，阅读治疗作为一种医疗实践早已存在，史籍中也记载了不少关于良书医病的医案。民间早已有"好书胜过良药"和"读书养生"的说法，就是很好的证明。古代很多诗人学者健康长寿，耄耋之年思维清晰，反应敏捷，至老不衰，与他们一生嗜好读书有关。

当今，随着现代医学模式的转变，整体护理的开展，书籍对患者治疗的影响越来越被广大医护人员所接受，并已成为护理健康教育的重要内容。图书护理作为一种辅助性的护理手段，用来强化临床护理效果已得到广泛的认可。尤其是对因精神、心理和情绪等因素引发的疾病，效果更加肯定。目前，图书护理已不再局限于医院，也推广应用到学校、疗养院、养老院、戒毒所和监狱等社会机构。

图书护理的主要工具是护理图书以及其他有益于患者身心健康的书籍。首先，图书护理适用于所有的患者，即运用医学特别是护理科普图书对患者进行健康教育，使之更多地了解与己相关的疾病和护理知识，这对患者配合临床治疗和护理是十分必要的。护士是和患者接触最多的医务人员，患者也很希望通过护士对自己的疾病情况及预后有更多的了解，护士因工作的关系，不太可能对每个患者或家属，花费太多的时间介绍情况，这方面，优秀的医学特别是护理科普图书便可作为护士开展图书护理的好帮手，护士可以向患者推荐阅读有关疾病和护理的科普图书，科室的护士站还可以备一些简明的疾病护理宣传小册子，供患者或家属阅读，护士可以随时进行学习辅导，从而起到事半功倍的配合护理效果；其次，对于因精神、心理和情绪等因素引发的疾病，一本好书可能对于患者的康复起到很大的作用。澎湃新闻（www.thepaper.cn）介绍了四川大学外国语学院刘利民教授对学生做图书护理的事例。当时，这位平时成绩优良的男生突然看上去很憔悴，刘教授观察到了他的异样，便在课后专门询问了其情况。男生一脸沮丧："老师，我要死了。我看了一本《性格心理学》，上面说 B 型血的人性格不好，而我就是 B 型血。反正我都要死了，何必学习呢？"刘教授大吃一惊，他进一步询问后得知，影响男生的这本书是一本来自地摊的油印本小册子。他立即回家取了自己书柜上的专业心理学教材拿给这位男生，并告诉他："请你把第八章翻译一下吧。"原来，这本专业心理学教材的第八章正是讲的人的性格，里面明确地说明了人的性格与血型没有关系。这位男生一边翻译一边学习，最后翻译做得差不多了，"心病"也好得差不多了。可见一本有针对性的好书，对于患者的心理呵护的意义多么巨大。

优秀的医学和护理科普图书对于开展图书护理是必不可少的。因此，大力开发优秀的医学和护理科普图书选题，组织经验丰富的护理人员参加编写并出版，对于提高临床护理水平和患者的健康水平，很有意义。有关护理科普图书的编写和出版，详见本书第十八章健康科普类图书的编写。

第十八章　健康科普类图书的编写

第一节　医学科普的重大意义

2017年1月9日，2016年度国家科学技术奖励大会在北京人民大会堂召开，揭晓了2016年度国家最高科学技术奖、国家自然科学奖、国家技术发明奖、国家科技进步奖和中华人民共和国国际科学技术合作奖的评选结果。其中，教育部推荐的"躲不开的食品添加剂——院士、教授告诉你食品添加剂背后的那些事"，上海市推荐的"了解青光眼战胜青光眼"，中国科协推荐的"《全民健康十万个为什么》系列丛书"等三个项目、图书获得国家科学技术进步奖二等奖，与屠呦呦、"大肠癌发生分子机制、早期预警、防治研究""乳腺癌发生发展的表观遗传机制"等科学家、科研项目，共同出现在国家最高级别的科技奖励名单，引起社会各界的广泛关注与热议。

医学科普项目、图书获得国家科学技术奖透露了什么信息，对出版特别是医学科普图书出版有哪些启示，带来哪些思考呢？

随着人民生活水平的提升，医学科普图书市场快速发展，品种数、产值等指标向好，但前几年风靡市场的"洪昭光热"，既有专业保证又有足够市场号召力的图书并不多见，即便是上述几个科普项目相关的图书，公众的知晓度也不高，市场很不普及。在此背景下，国家科学技术进步奖二等奖授予科普项目、图书具有划时代的意义，将引起科普从业者、医学界、出版业从业者等高度重视，并重新审视医学科普出版的价值与意义。

作为医学专业科普，涉及广大群众健康观念、知识更新、科学防病、合理用药与就医等切身利益，应该强调其科学性强、普及性广、操作指导性高等特性。做好的科学家、医生不易，做好的科普作家、学者更难，要鼓励更多的医生在当前的医疗环境下，在繁重的医学研究、临床工作同时，要保持一份责任、义务才能做好医学科普工作。国家科学技术进步奖二等奖授予科普项目、图书，也让广大医护工作者、出版工作者，看到了医学科普创作和出版繁荣发展的曙光，相信今后省部级、市厅级以及各单位的科研奖项也将出现医学科普项目，优秀医学科普图书也应纳入医护人员评审、晋升的重要条件，那样，广大医护工作者从事医学科普创作的热情，将得到极大的调动和提高，必将出现更多的洪昭光式的优秀的医学科普作家和健康传播者。

第二节 "洪昭光热"与医学科普

洪昭光，首都医科大学附属北京安贞医院教授、主任医师，1961年上海第一医学院毕业，1961－1981年在北京朝阳医院任心内科医师，1981－1983年在美国西北大学师从 J. Stamler 教授进行国际性流行病学研究。1983年起在北京安贞医院心血管病流行预防研究室及干部保健科任研究员及主任医师。

洪昭光教授是我国著名的心血管病专家，中国首席健康教育专家。《相约健康社区行巡讲精粹》丛书[含《健康快乐100岁》（洪昭光著，人民卫生出版社）]获2005年度国家科技进步二等奖、"中国多省市心血管病人群监测研究"项目获卫生部科技进步二等奖，洪昭光教授还荣获联合国国际科学与和平周和平使者及多项卫生部科技进步奖等奖项。著有《登上健康快车》《健康快乐一百岁》《不生病的生活方式》《我的健康我做主》等10余本健康科普图书及科普文章千余篇。现任中国老年保健协会副会长兼心血管专业委员会主任委员、中国健康管理联合会副会长、中华糖尿病协会副会长等社会职务。

2001年，"洪昭光热"开始在北京出现。2002年，没有谁像洪昭光那样得到媒体的宠爱。报纸、杂志、电视、广播、网络、出版社，大家一齐把目光对准洪昭光。2002年9月19日，上海市有关部门举办的"相约健康——科普教育系列展"上，竟然出现了洪昭光教授的健康格言被"一人抄写、众人传抄"的火爆场面。新华社2002年8月23日在一份电文中估计洪昭光健康讲座内容被传抄、复印及通过邮件传递的多达数百万份。《登上健康快车》的小册子以手抄本、复印件等多种形式广为流传，并于2002年8月由北京出版社出版，上市首日，就销售逾万册。在王府井书店举行的首发式暨作者签名售书活动当天，售书1998册，创近10年单日单本图书销售之最。首印5万册，5

天内全部售罄，20天内连续5次重印，印数达到38万册，4个月销量达到43万册，创造了销售奇迹。

"洪昭光热"的出现，起码有两点值得医学科普工作者和出版人做深入的思考……

其一，大众对健康科普图书的需求究竟如何？"洪昭光热"已经直接回答了这个问题。追求健康是人类永恒的主题，特别是人们生活水平得到普遍提高和进入到老年型社会之后，健康更是全民更加重视的课题。洪昭光教授的健康格言被"一人抄写、众人传抄"的火爆场面，一本定价仅12.00元的《登上健康快车——洪昭光等讲课经典健康行动》（关春芳主编，北京出版社，2002年）不到一个月五次重印，销售达38万册，足见大众对健康科普图书的热切需求。据开卷数据统计表明，2005—2012年生活类图书的码洋比重占全部图书市场的5.68%~8.1%，而大众健康类图书的码洋占生活类图书市场的码洋比重达到40%~50%。

其二，大众究竟需要什么样的健康科普图书？"洪昭光热"也可从中找到答案。一般的健康科普图书往往沿袭医学教科书或专业著作的模式，按照病因、病理、临床表现、诊断治疗加护理等，基本成了医学教科书或专业著作的简读本，老百姓看不懂，医护人员没看头，使众多的健康科普图书落入盲点。洪昭光教授的讲座和科普图书，通过合理膳食"一二三四五"、心理平衡的"养心八珍汤""一个中心，两个基点，三大作风，四项原则"等个性化语言；"直截了当地告诉大家——油不能超过两勺！并告诉大家这勺有多大"的个性化指导；"人生从六十才刚刚开始"等个性化理念，已成为"健康快车"系列图书个性化的突出标志。可以说，在一定程度上，"洪昭光热"的出现为医学科普扫除了盲点，即医学科普图书，其观点必须是专家的（权威性），其语言必须是大众的（通俗性），"两性"结合才可能创造出优秀的健康科普作品。

第三节　健康科普图书的类别

健康科普图书既是医学图书的一大类别，也是生活类图书的一大类别，初步归纳，便可大致分出以下若干个小的类别。

1. 就医指南类　顾名思义，就是为患者提供就医服务的指导性科普图书。如由中国医学著作网策划、组织编写，科学技术文献出版社出版的就医指南类健康科普图书，2014年以来已陆续出版了宫颈癌、结核病、耳聋、老年痴呆症、甲状腺疾病、骨质疏松症、妇科常见病及多发病、妇科肿瘤等多种。科学出版社2017年出版了"口腔疾病就医指南丛书"，包括牙病、唇腭裂与面裂、口腔颌面部肿瘤、牙和颌面畸形等分册。还有一些地区或著名医院的就医图书，如测绘出版社2012年推出了的"首都就医指南丛书"，陆续出版社了眼科、糖尿病内分泌、风湿免疫科、心血管病科、耳鼻咽喉头颈科等分册。中国协和医科大学出版社2007年出版了《中国医学科学院肿瘤医院就医指南》，上海交通大学出版社出版了《上海交通大学附属第六人民医院就医指南2010、2013版》，中国大百科全书出版社则从2004年起，陆续出版了分省、自治区、直辖市的就医指南丛书，如《河北就医指南》《辽宁就医指南》等。

2. 疾病防治类　这类健康科普类图书出版品种和数量最多，如由中国工程院院士、中华医学会科学普及分会主任委员、武警总医院院长郑静晨教授担任总主编的"人生必须知道的健康知识·科普丛书"分为12个类别，49个分册，系统介绍了医学救援、内科、外科、妇科、儿科、五官科等学科的常见病、多发病、意外伤害、诊疗手段等医学常识，全面介绍了知病治病、自救互救、保健养生、康复理疗、防灾避险的知识和方法，该书被中国科协纳入全民科学素质行动计划纲要书系和社区科普书系，获得2014年度全国优秀科普作品奖。

3. 临床检验类　随着医学技术的发展，临床检验的项目越来越多，面对诸多的临床经验报告（化验单），病家往往一头雾水，临床检验类科普图书应运而生，粗略搜索就不下几十种之多。如《专家教你读懂化验单》（陈建魁等主编，化学工业出版社，2016年）、《临床检验报告解读》（石同才主编，科学出版社，2017年）、《一分钟看懂化验单》（叶芳主编，山西科学技术出版社，2017年）、《自己看化验单》（张义主编，山东科学技术出版社，2008年）等。这类健康科普图书，为经常就医的患者及家属通过化验单来了解病情的变化，提供了极大的帮助。

4. 家庭护理类　俗话说"三分治疗，七分护理"，但由于护理学科发展长期滞后，也很大影响了护理科普图书的创作和出版，目前面世的护理类科普图书主要是家庭护理图书，如《家庭护理宝典》（张晓静编著，化学工业出版社，2011年）、《膀胱癌患者护理与家庭照顾》（寿建忠主编，中国协和医科大学出版社，2016年）、《老年痴呆早期防治与家庭护理》（许毅等主编，金盾出版社，2012年）等。近年来医院推广以患者为中心的整体护理模式，护士的工作增加了健康教育项目，于是就出现了一批护理健康教育类图书，如《骨科常见病的护理与健康教育》(杨小芳等主编,中山大学出版社,2013年),《肿瘤疾病护理健康教育》(孙丽等主编,湖北科学技术出版社,2017年),《同仁眼科疾病护理健康教育指南》(刘淑贤等主编,人民卫生出版社,2011年)等。但这类图书的一个普遍问题是读者的界限不清,既可以作为护士向患者及家属进行健康教育的工作用书,也可以是患者接受健康教育的知识读物,如《同仁眼科疾病护理健康教育指南》目录中,"健康教育的应用程序""护士在健康教育中的地位与角色作用"显然是护士应该掌握的,而"就诊注意事项""如何办理入院手续"则是患者及家属应该知道的。因此,这类护理健康科普图书有进一步厘清读者对象的必要。

5. 中医中药类　中医中药是中国的国粹,这类的健康科普图书也种类繁多,很受读者欢迎,有疾病防治的,也有养生保健的,还有食补药膳的,以及介绍中医文化的,如《体质的中医学解读:个体化养生与疾病治疗》(宋红普等主编,上海科学技术出版社,2015年),《中医治未病解读》(王琦主编,中国中医药出版社,2007年),《中医药知识普及读本》(曹东义主编,中国中医药出版社,2007年),《中医药膳食疗》(范文昌等主编,化学工业出版社,2017年),《走近中医——对生命和疾病的全新探讨》(唐云,广西师范大学出版社,2004年),《图解刮痧疗法》(李戈主编,化学工业出版社,2017年),《对症拔罐祛百病》(范斌主编,军事医学科学出版社,2015年),《一两味中药祛顽疾》(刘有缘编著,山西科学技术出版社,2016年)等。这类图书一般内容比较浅显,主要面向普通百姓。现在业余学习中医的人越来越多,特别是老年同志,他们退休后参加各种学习班或老年大学,很多人选择中医课程,以了解更多的保健养生知识。因此,中医药健康科普图书的开发潜力依然很大。

6. 合理用药类　合理用药包括两个方面:一是指临床合理用药,即医生为患者治疗时要合理用药,包括处方药和非处方药;二是指家庭合理用药,只包括非处方药(over the counter drug, OTC)。1999年我国正式出台了《处方药与非处方药分类管理办法(试行)》,群众自行购买、使用非处方药增多,家庭合理用药科普图书也开始大量出现,如《药用对了才治病:家庭合理用药问答》(张淑芳主编,人民卫生出版,2014年),《家庭合理用药460问》(倪青主编,中国医药科技出版社,2013年),《药学科普知识读本·合理用药》(上海市医学会临床药学专科分会编著,上海科学技术出版社,2017年),《心血管病患者合理用药须知》(胡春颖等主编,科学出版社,2017年)等。有关临床合理用药的图书,属于专业图书,并不适合大众阅读,如《新编心血管临床合理用药》(谢惠民等主编,中国协和医科大学出版社,2010

年),《临床合理用药技术》(杨文豪主编,化学工业出版社,2013 年),这类图书一般通过书名或内容提要,可以和家庭合理用药图书相区别。

7. 优生优育母婴保健类　这类图书对于准备生孩子的父母,特别是对已怀身孕的母亲,是十分需要和受欢迎的,特别是国家放开二胎生育后,对于一些大龄孕妇,了解和掌握更多一些的优生优育和母婴保健常识,尤为重要。因此,这类图书始终具有不错的市场表现。如《健康宝宝养成记:优生优育知识问答》(李进华等主编,科学技术文献出版社,2017 年),《优生·优孕·优育大百科》(张卫社主编,湖南科学技术出版社,2017 年),《母婴保健指导》(俞芸等主编,复旦大学出版社,2012 年),《母婴保健护理手册》(蔡红编著,上海科学技术出版社,2005 年)等。

8. 运动健身类　生命在于运动,运动健身活动也日益受到广大群众的重视,相关的健康科普图书也日渐增多并受到欢迎,如《运动健身一点通》(王硕等主编,中国中医药出版社,2011 年),《中老年人运动健身读本》(江苏省卫生和计划生育委员会编著,江苏凤凰科学技术出版社有限公司,2015 年),《科学运动健身》(马振国著,大连出版社,2010 年),《"全民健身路径"锻炼指南》(国家体育总局编,人民体育出版社,2011 年)等。

9. 环境保护类　随着社会的发展,环境保护越来越受到重视,环境与健康或疾病的关系已成为医学研究的重要课题,相关的健康科普图书也越来越多地进入人们的视野,如《环境与健康知识问答》(环境保护部科技标准司主编,中国环境出版社,2001 年),《室内环境与健康手册》(北京劳动保护科学研究所编,中国劳动社会保障出版社,2016 年),《环境卫生与呼吸系统疾病》(魏立平等主编,人民卫生出版社,2014 年),《雾霾下的食疗防治手册》(胡维勤主编,黑龙江科学技术出版社,2010 年)等。

10. 引进翻译类　近年来,版权贸易已成为出版界的热门话题,相比较而言,健康科普类图书并没有像医学专业图书那样出现引进出版的热潮,但也出现了一批广受读者欢迎的引进版医学科普图书,如河南科学技术出版社 2013 年引进翻译出版的日文版"常见病彻底图解丛书"就有《心脏病》《抑郁症》《认知障碍、阿尔茨海默病》《眩晕、耳鸣》《腰痛、膝痛》《眼病》《肾病》《脑梗死》等多个分册;人民卫生出版社 2014 年引进翻译出版了英文版《默克家庭医学手册》;安徽科学技术出版社 2014 年引进翻译出版了英文版《哈佛家庭医学全书》;北京科学技术出版社 2012 年引进翻译出版了英文版《施瓦辛格健身全书》等。这些引进版的健康科普图书,不但满足了国内读者的需要,也为我国的医护界和出版界提供了创作和出版健康科普图书的有益借鉴。

第四节　健康科普图书创作的几个问题

一、健康科普创作人才的发现和培养

作者难觅，是科普创作和出版界的普遍共识。究其原因：一是一流的学者、专家没有时间或有的不愿意从事科普图书创作；二是一般的科研人员缺乏积极性，原因是按规定个人的科普创作不能算科研成果，对个人的职称、成果评定等没有帮助，而实际上科普图书比专著还难写；三是有些专家对于创作科普图书也存在"眼高手低"的情况。可以说，优秀的健康科普作者难以产生，关键在于创作和激励机制没有或不够健全。2017年国家科学技术进步奖二等奖授予3个科普项目，为突破科普创作人才的"瓶颈"，建立完善的科普创作人才的激励机制，树立了一个典范。

激励机制是发现和培养更多的科普创作人才的有效措施，但仅此还不够，科普创作实际上与科研和论文写作相比并不轻松，也不能企望所有的临床专家都成为医学科普作家。据观察，有以下两种人更有可能成为优秀的健康科普作家。

一种是具有人文情怀和科普创作能力的医学专家，如洪昭光教授等医学专家。这类作者的优势就是有深厚的医学基础知识和丰富的临床经验，所创作的健康科普图书，从内容的科学性方面，一般没有问题，关键是提高其作品的艺术性和可读性。很多医学专家的写作和创作能力是很强的，只要善于发现，加强培养和引导，很快就有可能成为优秀的健康科普作家。

第二种是具有一定的医学专业知识又对科普创作有浓厚兴趣的其他专业人士，如编辑、记者等。"洪昭光热"中不到一个月销售38万册的《登上健康快车：讲课经典·健康行动》一书的主编，并不是洪昭光教授本人，而是时任北京晚报健康周刊部主任的主任记者关春芳，正是在她的积极策划下，《登上健康快车：讲课经典·健康行动》一书在短期内风靡全国，并推动"健康快车"项目成为世界卫生组织在中国健康促进项目的子项目。

二、选题面要窄，开掘度要深

健康科普图书选题的优劣是成功的关键，大概浏览一下市场上的这类图书，一个突出的感觉是，面面俱到的大部头不少，小而优的精品图书不多。

如疾病防治类健康科普图书，读者不太可能每人买一本"疾病防治大全"，多半是患了某种疾病，才可能买一本或几本相关的健康科普图书，从而做好自我防治和护理。因此，这类图书的选题应着重以下2点：

1. 选题面要窄　单病种的预防、诊疗、护理类的图书就是很好的窄面健康科普图书选题，可以是某一疾病的预防或护理，还可以是针对某一疾病的更加细分的图书选题。譬如，食管癌作为一个单病，可以考虑"食管癌的防治和护理"这样较大的单病种选题，也可以考虑"食管癌的早期预防""食管癌就医指南""食管癌的家庭护理""食管癌患者的饮食攻略"等较小的选题，后者可能更适合患者或家属阅读、参考。

2. 开掘度要深　不少人认为科普图书内容越浅越好，深了读者看不懂。其实，科普图书读者能否看得懂，并不在内容，而在语言。内容丰富和语言通俗的科普图书，才是读者所欢迎的。特别是疾病防治类科普图书，要尽可能地把疾病的来龙去脉、前因后果等用通俗易懂的语言都讲清楚，以便使读者能够建立起一个疾病防治相对完整的知识体系，这样健康科普图书才能起到其应有的作用。另外，随着全民阅读能力和水平的提高，每个人或其身边都不乏大学生、研究生等，内容丰富的健康科普图书，在内容理解上应该没有问题，关键要语言通俗易懂。

三、体例要有特点，语言要通俗易懂

体例一般指图书的编写格式，目前医学著作类图书多采用教科书式体例，即将全书内容分做篇、章、节及"一、""（一）""1.""（1）""①"等各类标题。健康科普类图书一般不采用教科书式体例，而多采用"问题式"或"问答式"体例，即将全书分成若干"部分"或"章"，其下列出若干"问题"或"问答"，"问题"或"问答"下直接回答问题，或在回答问题时仅分成少量几个层次。这样，图书的体例较为简单，便于读者阅读和理解。当然，也有较大部头的健康科普图书，采用教科书式体例，如人民卫生出版社引进翻译出版的《默克家庭医学手册》，采用的就是教科书式体例。

健康科普图书的语言也是图书是否受读者欢迎的一个关键，一般要把握好"两性"：一是通俗性，就是把老百姓不好理解的医学专业知识用通俗易懂的语言表达出来，做到深入浅出；二是趣味性，注重趣味才能引人入胜。好玩，是人的天性，如果一部作品让人读起来感觉索然无味，那就是败笔之作。洪昭光教授的健康科普图书为什么能那么热销？他的讲座为什么能那样深入人心？原因是作为一个真正的科普大家，他的语言活泼诙谐，邻里间拉家常似的话语，再配上好记的顺口溜，具有非常的亲和力及感染力。听得懂才能记得住,通俗有趣的语言,再加上举例子、打比方等写作技巧,健康科普图书就能赢得广大读者。

四、利用好插图、漫画

插图和漫画是健康科普图书必不可少的重要元素,一本健康科普图书若没有一定量的插图和漫画做搭配,就会显得平平淡淡,索然无味。插图和漫画既是健康科普图书内容的组成部分,也是其独特的艺术表现形式。2013年,人民卫生出版社《一分钟医学速记:协和医学博士的漫画笔记》的出版让医学出版界耳目一新。这本书以漫画为主导,对医学知识点进行解析,让读者们在欢乐中记住了一些平时看起来非常枯燥而又难以记忆的知识点,兼具趣味性和实用性。书中的漫画吸引了刚入门的医学生和对医学感兴趣的大众读者,市场反响非常热烈,作者舒畅也因为这本书一炮而红,受到社会各界广泛关注。2015年,人民卫生出版社又推出了《漫画脑卒中》。该书采用暖萌的卡通漫画风格,系统地介绍了脑卒中的发病机制和防治办法,将知识点从科普角度做了形象的比喻,既有科普的医学图示,又有一个个暖心的漫画小故事。这本书出版后立刻占据了当当医学图书新书榜榜首,并长达数周。东方出版社《崔玉涛图解家庭育儿》系列图书图文并茂,用生动的漫画为家长们详细解读育儿知识,获得广泛好评,成为育儿科普类的超级畅销书。

五、选好健康科普图书的书名和题目

书名对任何图书都是十分重要的,它既是图书主题的高度概括,又是一本书的门面要点,具有画龙点睛的关键作用。特别是健康科普图书,由于读者对象不是医学工作者,要使书名一目了然又印象深刻,但书名又要体现出医学的特点和适应的读者群,因此,健康科普图书的书名起码应该做到——明确、具体、贴切,不能哗众取宠,也不能平淡刻板。如人民卫生出版社的《节日中的健康话题》《藏医养生图说》《望舌识病图谱》等健康科普图书的书名,都很有特色。为了便于读者更快地了解图书内容,很多健康科普图书除了主书名外,还有副书名,如《登上健康快车——讲课经典·健康行动》(关春芳主编,北京出版社,2002年),主书名是"登上健康快车",副书名是"讲课经典·健康行动",出版者为了增加图书的权威性,还在封面的书名下增加了"洪昭光、胡大一、向红丁亲自审定的权威读本"以及三位专家的头像和简介。

由于健康科普类图书一般多采用"问题式"或"问答式"的体例,因此,这些"问题"或"问答"的题目也要精心选择,既要通俗易懂,又要有明确的针对性,使读者通过每一个"问题"或"问答",都能解决读者的一个健康问题,或

学到一个促进健康的方法。

六、把好健康科普图书的质量关

健康科普类图书的读者是广大的人民群众,要想让他们从医学科普书中获取积极健康的知识和信息,严把质量关尤为重要。为此,健康科普图书编写时,需要注意以下几个方面:

1. 确保内容科学无误　这包括内容正确、取材可靠、数据准确、引文准确和用词准确。因普通读者对医学内容缺少鉴别能力,健康科普类图书中任何错误的表述或数据,都可能造成对读者的误导。因此,书稿中所论述的医学科学知识、技术和方法等要准确无误,严禁伪科学甚至反科学的内容在书里出现。在编写、编辑书稿时一定要注意此类问题,一旦发现,要坚决删除或改正。

2. 审慎对待敏感问题　健康科普图书在介绍不同民族的文化习俗时,有时会涉及少数民族的生活方式、风俗习惯和宗教信仰等,对于这类问题,一定要持审慎的态度,有依据地表述或修改。此外,涉及对外政策的内容,如国名、国界、国际事件等,也要认真审核,不得有任何差错。

3. 力求内容通俗实用,具有可操作性　健康科普图书最大的特点是:一般群众可以看得懂、学得会、用得上。因此,即使是著名的医学专家、学者,在编写健康科普图书时也要在语言的通俗性和趣味性方面下一番工夫。此外,医学科普图书不应只是一般的知识普及、简单的原理介绍,而应该将所普及的东西讲得具体详尽,对技术方法及具体操作表述完整准确,便于读者学习、掌握和应用。有些书稿经常是道理讲得多而实际操作讲得少,比如讲"吸二手烟对人体健康有害",但"如何避免"却只字未提。诸如此类的问题,作者应注意补充相关内容。

4. 编排形式有创意　健康科普图书要想吸引读者,除了内容好外,其编排形式和版式设计也要有所创新。比如,医学专业图书经常使用的篇章节编排体例,一般不适用健康科普图书。取而代之的可以利用数字,符号,字体、字号变化,小贴士,专家点评等多种形式,丰富科普书的编排,并搭配适当的插图、漫画等,使健康科普图书形式活泼,赏心悦目,具有艺术感。在搭配插图、漫画时,要注意图的质量,质量不好的图宁缺毋滥,图的内涵及图文要吻合。

5. 语言表述简明流畅　对于健康科普图书,语句通顺,文字简练,表述清晰,可以让人阅读起来富有乐趣,容易记忆。编写书稿特别是定稿前,要注意对拗口生硬、解释不清楚或不通顺的语句进行修改、润色,以便于读者阅读。同时,要注意消灭书稿中的错别字,还要注意书中标点符号的正确、规范使用。

第十八章　健康科普类图书的编写

第五节　中国健康科普联盟与共识

为进一步落实全国卫生与健康大会精神及《"健康中国2030"规划纲要》，促进健康教育信息服务，2017年12月6日，由国家卫生和计划生育委员会指导、中国科学技术协会、中华医学会、中国医师协会、中国移动、微博、爱问医生等成员单位在北京共同举办"2017微博健康医疗影响力论坛——暨中国健康科普联盟成立和中国医师协会科普分会年会"，中国健康科普联盟宣布成立，中国健康科普主场启动。

在2017微博健康医疗影响力论坛前夕，国家卫生计生委宣传司副司长宋树立接受采访时表示，党的"十九大"报告指出：中国特色社会主义已经进入新时代，社会主要矛盾已经转化为人民群众日益增长的美好生活需要和不平衡不充分发展之间的矛盾，对于健康信息来说，这种矛盾表现得尤为突出。"人民群众对自己的健康越来越关注，可是健康科普信息，特别是优质的健康科普信息显得供给严重不足。"

中国健康科普联盟主席郭树彬在论坛致辞，他说："医学科普做好了，就能避免一部分医患矛盾，更能减少疾病的发生，而科普也是医生工作的升华。"郭树彬说，如今，越来越多的机构和个人开始重视科普。但在他看来，重视程度仍然不够。

"健康科普投入收益很大，国外相关资料显示，对健康科普如果投入一块钱，能得到七八块钱的回报，而我国在健康事业上投入很大，见效却很少，因此我希望通过健康科普做到防病和治病，减少健康支出。"

"我希望有影响力的专家和专业医生们，能够把他们的知识传播出去，联盟的成立会给这些科普知识更多的传播机会。"郭树彬说，健康科普事业是国家大事，也是每家媒体和个人的大事，希望所有有责任的人参与到健康科普联盟中来，为健康科普的传播做出贡献，为中华民族的健康做出贡献。

2018年9月19日，由国家卫生健康委员会、科技部、中国科学技术协会主办，人民卫生出版社承办的2018新时代健康科普作品征集大赛总结暨颁奖大会在北京举行。会议现场，启动了《中国健康科普联盟专家共识（2018）》发布仪式。该共识内容从科普对象、健康科普作品的定义、创作原则和流程、传播原则和要求等方面,进一步对广大医护人员、各级各类医疗卫生机构,以及互联网和新闻媒体等部门开展健康科普作品创作与传播工作提供了明确的指导和规范(附后)。

中国健康科普作品创作与传播专家共识

（2018）

中国健康科普联盟

专家顾问

殷大奎　王陇德　张雁灵　金大鹏　李松林

联盟专家

（主要按姓氏拼音排列　排名不分先后）

郭树彬	王立祥	刘玉和	祝益民	陶敏方
林岩松	潘　慧	支修益	彭义香	安广宇
柴艳芬	邓跃林	董　健	董晓秋	范建高
郭　伟	胡文立	胡跃林	李春雨	李　非
李海丽	李景南	李军民	李明喜	凌立省
刘爱华	刘兴鹏	刘跃华	马良坤	欧阳军
庞　宇	邱泽武	阮盛铁	史宏晖	宋红梅
孙劲旅	谭先杰	唐子人	万　阔	王传林
王良华	王宁宇	王守春	王　韬	吴继敏
肖新华	杨　超	于　康	张卫华	张在其

随着社会经济和物质文化的不断发展,人们对预防和治疗疾病以及获取优质健康知识及服务的需求日益增加。加强健康科普体系化建设工作,通过各种形式的健康科普传播活动,将健康领域的科学精神、科学知识和科学方法等向公众普及和传播,从而提高公众健康素养水平,是健康教育与健康促进工

作的重要内容。

为贯彻落实"健康中国"战略部署,推动实现《"十三五"卫生与健康规划》和《"十三五"全国健康促进与教育工作规划》目标,促进健康科普工作科学规范、精准有效地开展,引导公众树立正确的健康观念,养成健康的行为和生活方式,保障公众健康权益,中国健康科普联盟特制定本共识。

一、目的

为广大医务工作者、医学科研人员、医学生、各级各类医疗卫生机构、互联网医疗健康相关机构以及新闻媒体等开展健康科普作品创作与传播工作提供指导,进一步推进相关个人与机构科学规范、精准有效地开展健康科普,逐步引导并规范全国健康科普工作广泛、深入、可持续开展,切实助力提升医务工作者医疗技术水平和健康科普能力以及全民健康素养水平。

二、科普对象

健康科普的对象既包括患者及其家属在内的广大普通公众,也包括广大基层医务工作者与非相关专业的专科医务工作者。

三、健康科普作品的定义

健康科普作品是指以健康领域的科学观念、科学知识、科学技术、科学方法、科学技能及其进展等为主要内容,以公众易于理解、接受、参与的方式呈现和传播的信息。通过普及这些信息帮助公众形成健康观念,掌握健康技能,采取健康行为,提高健康素养,从而维护和促进自身健康。

四、健康科普作品创作原则与流程

(一)创作原则

1. 科学性原则

(1)必须由专业的医务工作者提供健康科普信息,从源头保障健康科普内容权威、科学、可信。

(2)内容正确,表达准确,没有事实、表述和评判上的错误,有可靠的科学证据,符合现代医学进展与共识。

(3)应尽量引用政府、权威的医疗卫生机构、学术期刊或行业学会协会等专业机构发布的行业标准、指南和报告,以及研究方法科学且结果可靠的论著等。

(4)属于个人或新颖的观点应有同行专家或机构评议意见,或向公众说明仅是专家的个人观点或新发现。

(5)不包含任何商业信息,不宣传与健康教育产出和目标相抵触的信息。

2. 针对性原则

(1)针对公众关注的健康常识、临床常见病、多发病和康复护理等医疗健康相关知识、诊疗流程以及健康理念、医学科学进展等。

(2)健康科普作品的语言、文字及呈现方式要通俗易懂,适合目标人群的区域特点、性别特征、年龄特点、文化水平和接受能力等。

(3)避免出现在性别、年龄、种族、宗教和文化等方面容易产生偏见或歧义的信息。

3. 原创性原则

(1)健康科普作品的核心观点和主要内容均由作者(个人或机构)独立创作。

(2)如果引用他人观点、内容、图片或音视频素材等,必须注明原作者及信息出处;如果对他人内容进行再加工处理,必须说明是根据谁创作的什么内容改编。

4. 艺术性原则

(1)借助音乐、文学、影视等艺术表现形式,增强健康科普作品的可读性、观赏性、吸引力与感染力,让受众喜闻乐见、雅俗共赏。

(2)避免出现华而不实、空洞无物的信息。

5. 人文性原则

(1)健康科普作品主题思想和内容要健康乐观,积极向上,便于普及,弘扬社会主义核心价值观,传递正能量。

(2)避免出现负能量信息,给受众以消极、晦暗的印象和感受。

6. 传播性原则　健康科普内容及形式符合信息传播特点,容易被受众转发与分享。

(二)创作流程

1. 精准对接公众健康需求,明确健康科普方向及重点。

(1)通过大数据分析,挖掘互联网用户关注的健康热点问题。

(2)通过梳理门诊、住院等临床常见问题,了解线下患者的健康信息需求。

(3)线上线下用户健康需求相结合,院内与院外场景科普全覆盖。

2. 因地制宜、因人而异,有针对性地创作健康科普作品。

(1)用户画像:细分目标人群的区域特征以及性别和年龄分布等,精准匹配健康科普信息。

(2)信息编制:围绕希望或推荐目标人群采纳的行为,编制或筛选出公众最需要知道、能指导公众行为改变的信息,以及为什么这样做、具体怎么做等相关信息。

(3)内容加工:要把复杂信息制作成简单明确、生动有趣、通俗易懂、公众喜闻乐见的科普内容,使目标人群容易理解与接受。

3. 多维度信息审核,保障健康科普作品准确且可溯源。

(1)信源资质审核:要对提供健康科普信息的个人或机构定期进行资质审核。

(2)信息内容审核:在健康科普信息编制过程中,要对内容层层审核,并邀请相关领域专家对信息进行终审把关。

(3)信息可溯源:在健康科普信息制作过程中,要全程留痕,并在科普作品成品中注明信源及出品单位等信息。

4. 信息风险评估,避免与法律法规及社会规范等冲突　在信息正式发布之前,应对信息进行风险评估,以确保信息发布后,不会与法律法规、社会规范、伦理道德、权威信息冲突,不会因表达不够科学准确或有歧义,引起社会误解或对公众健康造成伤害。根据工作实际需要,在信息发布之前可再组织相关专家进行论证确认。

5. 构建全流程全周期健康科普教育体系,保障公众健康　构建覆盖"诊前—诊中—诊后"医疗全流程、贯穿"出生—成长—衰老—死亡"生命全周期的健康科普教育体系,全方位保障公众健康。例如:诊前须知、诊疗流程及注意事项、诊后医嘱,住院指南、检查提醒、手术前后注意事项、出院医嘱、康复指导等。

五、健康科普作品传播原则与要求

(一)传播原则

1. 适用性原则

(1)根据目标人群特点,选择合适的传播形式和渠道。

(2)传播形式应服从健康科普内容,并能达到预期的健康传播目标。

2. 可及性原则

(1)健康科普作品能够发布或传递到目标受众可接触到的地方,例如:报纸、杂志、电视、广播、互联网、数字媒体、自媒体、智能硬件等。

(2)健康科普作品可通过不同渠道形成反复多次的传播和使用,并在一定时间内保持一致性。

3. 经济性原则　健康科普作品传播要考虑节约原则,在满足信息传播内容和传播效果的前提下,选择经济的传播方式和传播渠道。

4. 互动性原则

(1)健康科普信息传播宜采取交流互动性强的载体、渠道和方式。

(2)避免健康科普信息的单向传播、线性传播。

(二)传播要求

1. 注明信源及科学依据,保障内容准确且可追溯。

(1)注明作者(个人或机构)及/或审核者的身份,有无专业资质与经验。

(2)如果是转载,必须标明原作者及信息出处;如果是改编,必须说明是根据谁创作的什么内容改编。

(3)对健康科普作品中引用的第三方的静态图、动态图(GIF)、音频或视频等素材的,要注明素材出处。

(4)对治疗方法的有效性或无效性以及预期治疗效果等的介绍,须附以科学依据。

2. 注明信息的更新时间,方便受众自主选择把握 注明信息发布和修订的日期,方便受众自主选择阅览哪个版本、了解何为最新信息。

3. 明确目的与目标人群,精准匹配受众健康需求 须说明出版或发布的信息的目的,例如:养生保健类信息须说明其旨在促进健康改善,而不是取代医生的治疗或医嘱。

六、效果评价

(一)评价种类与内容

1. 形成评价 在健康科普作品创作之前进行,主要是明确受众的主要健康问题,发现作品创作和传播的有利条件或障碍。

2. 过程评价

(1)健康科普作品的内容和形式是否适当。

(2)作品是否能够及时提供。

(3)媒体传播的内容是否与真实信息存在偏差。

(4)向目标人群提供信息的方法、渠道等是否有效。

(5)信息的覆盖面是否能够达到预期。

3. 效果评价

(1)现有信息及传播效果是否能够满足公众/媒介对信息的需求。常用指标:传播内容满意度、传播方式满意度等。

(2)信息的内容和传播是否能够提高公众的健康知识水平。常用指标:健康知识合格率、健康知识知晓率等。

(3)信息是否对公众的态度和行为产生影响。常用指标：信念持有率、行为流行率、行为改变率等变化趋势。

(4)健康信息传播对事件的处置或政策、舆论、生活质量是否起到促进作用。常用指标：环境、服务、条件的改变；舆论的改变；发病率、患病率、死亡率等。

(二)评价方法与目标

1. 专家咨询　向相关专业领域专家进行咨询，了解他们对健康科普作品的专业性、适用人群、表达方式、传播渠道、传播目标等的意见建议，综合评判作品是否符合创作与传播规范要求。专家咨询主要用于健康科普作品创作和传播阶段的评价。

2. 公众调研　采用问卷调查等定量调查、深度访谈等定性研究，或将两者相结合的方式，深入了解目标人群对健康科普作品的认知程度、理解程度、接受程度、语言表达方式是否合理、传播渠道是否经济可及等情况。公众调研可用于健康科普作品创作和传播阶段的评价。

3. 用户行为分析

(1)对网民医疗健康相关搜索、浏览及问答等行为进行大数据分析挖掘，梳理网民搜索人次多、浏览频次高、咨询提问多的问题，高效、精准了解不同区域、不同季节、不同性别、不同年龄段等多维度细分用户的健康需求，有针对性地设置健康科普方向和重点。该法可用于健康科普作品创作阶段的评价。

(2)对通过互联网、移动互联网传播的健康科普作品进行大数据分析，从用户浏览量、点击率、播放量、访客数、转发数、点赞数、评论数等多维度综合评价用户对健康科普内容、形式及传播方式等的偏好和满意度。该法可用于健康科普作品传播阶段以及效果的评价。

(三)修复与完善

1. 进一步了解公众对健康教育相关内容的认知和进一步的需求信息。

2. 根据总结出的经验和教训，优化健康科普信息的内容、形式、载体及传播渠道等。

3. 尽可能让健康科普信息覆盖到未受到健康教育的中危与高危人群。

结　语

开展健康科普，不仅可以有效预防疾病的发生，还可以帮助患者更好地愈后和康复。有组织、有目的地引导和规范健康科普作品创作与传播，有利于营造全社会健康科普氛围,有利于强化我国健康科普体系建设,有利于提升公众健康素养水平,更好地促进全民健康。

现代信息技术日新月异,公众健康需求与科普事业也在飞速发展。本共识将结合实际不断改进和优化。

本共识仅代表中国健康科普联盟专家及成员观点,解释权在中国健康科普联盟。

说　明

1. 本共识中的医务工作者,包括临床医生、护士,也包括检验、医技、药师等。

2. 提供健康科普信息的个人,必须持有有效的医师(或护士)资格证书、医师(或护士)执业证书等资质证书;开展健康科普作品创作与传播的机构,必须具备工商营业执照等合法身份证明。

3. 对于当前仍存在争议或有潜在风险的健康科普内容,将由中国健康科普联盟专家委员会进行评议。

中华医学科普微信平台

第十九章 医学图书编辑与质量控制

第一节 编辑和编辑学

编辑,作为一种职业,是指从事图书、报刊、影视作品、网络等媒体的创意(策划、开发)、选择(选题、选作者和稿件审读)、优化(加工整理)和组合(编排有序化,做到复制前的"齐、清、定")等工作的专业技术人员。国家正式出版单位的编辑人员的技术职称,分为编审、副编审、编辑、助理编辑四级,其中助理编辑为初级职称,编辑为中级职称,编审、副编审为正、副高级职称。

编辑,又是一种工作,是指以一定的文字、图画、音像材料等为基础,进行创意、选择、设计、加工、美化等综合性阶段性的精神产品生产过程,编辑工作的终极产品是正式出版的图书、报纸、杂志、影视作品等。

中国的编辑活动历史悠久。一般认为,编辑活动起源于春秋,即公元前6世纪到公元前5世纪,孔子"作春秋""删诗经",而且主张"述而不作",不仅有编辑实践,而且有编辑思想。因此,可以认为孔子所处的春秋时期是中国编辑活动的起源。而孔子则可以认为是我国最早从事编辑活动的,是中国历史上第一个有名有姓的编辑家。

编辑学起源于中国,1948年在广州出版的李次民教授所著《编辑学》一书是世界上最早的以"编辑学"命名的专著。20世纪50—60年代,我国大陆、港、台等地区都有编辑学专著出版,但为数不多,影响也不大。

从20世纪70年代末的改革开放至今,我国编辑学研究从小到大,迅速崛起。1984年,北京大学、复旦大学、南开大学率先开设了编辑学专业;清华大学于1985年,中国科技大学于1986年建立了科技编辑专业;之后,西安大学、河南大学、四川大学、武汉大学等也先后设立了编辑出版专业;

1998年，北京印刷学院出版系和河南大学文学院开始招收新闻与传播学硕士研究生，研究方向为编辑学、出版学。2002年，武汉大学设立"出版发行学"博士学位授权点，北京大学、复旦大学、中国传媒大学设立了"编辑出版学"博士学位授权点。我国编辑出版专业研究生教育正呈方兴未艾之势。

编辑学是研究编辑理论、编辑活动规律及技术的一门综合性学科。编辑工作是现代出版事业的中心环节。作为编辑学的一个重要分支——图书编辑学的基本内容，包括以下六个基本方面：①图书编辑学基本理论。②图书编辑史。③编辑美学。④编辑技术学。⑤编辑管理学。⑥编辑心理学和编辑人才学。现代编辑学作为一个新兴学科，应该说还十分稚嫩，很多理论和实践研究还在不断发展和研究中，特别是现代网络技术的发展，既是对传统编辑方法的挑战，又给现代编辑学的发展提供了巨大的机遇。相信随着我国编辑出版学教育的快速发展，具有现代科学形态的现代编辑学必将得到不断地发展和完善。

第二节　医学图书编辑的基本素质

医学编辑学应该是科技编辑学下的一个分支，可以认为是一门交叉学科，即编辑学和医学的结合。因此，作为医学图书编辑，应具备以下基本素质。

1. 丰富的医学专业知识　众所周知，医学的复杂性是任何其他学科所不能比拟的，故医学本科学的学制要比其他学科多上一年。因此，要成为一个合格的医学编辑，没有一定的医学基础知识和临床经验，是很难称职的。人民卫生出版社之所以能够在国内医药卫生图书出版中独占鳌头，关键在于其主要编辑力量均来自国内重点大学医学院校毕业生。医学发展突飞猛进，医学图书编辑还要紧跟医学发展步伐，不断补充、更新医学专业知识，才有可能策划、编辑出内容丰富多彩的医学图书。

2. 扎实的编辑学基础　如果是编辑出版学专业的毕业生，扎实的编辑学基础应该没有问题，关键是补充医学专业知识。而如果是医学院校的毕业生，要从事医学图书的编辑工作，系统地学习和掌握编辑学基本理论和基础知识，则是必不可少的，如上节所提到的图书编辑学基本内容的六个方面，每一方面的基本教材都应该学习一遍，特别是对于一些编辑技术和方法，更应该系统掌握，学以致用。

3. 编辑经验的学习和积累　编辑工作的实践性和操作性极强，从孔子"作春秋""删诗经"始，编辑工作几千年来，世代相传，都是师傅教徒弟，可见编辑经验的学习和积累的重要性。作为医学图书编辑，应注意从以下几点学习和积累医学图书的编辑经验：①向同行特别是资深医学图书编辑学习，这是最直接和方便的学习方法。②经常学习编辑学期刊杂志上同行总结的经验和体会，这也会取得事半功倍的效果。③向经典医学图书学习，那些获得较高级别图书奖的优秀医学图书，肯定有其成功的诀窍，仔细研究一些别人成功的经验，对于自己的成功，必有补益。④勤于总结，善于积累，就像经验丰富的临床医生总结和积累临床病例一样，经常总结一下自己的编辑经验，就能有所收获，不断提高。

4. 当一个术业有专攻的"杂家"　有人把编辑工作比喻为"为他人作嫁衣"的"杂家"，似乎也有一定的道理。要成为一个好的医学图书编辑，不仅要有丰富的医学、编辑学知识和经验，还要有多方面的学科知识和经验。如心理学，既要研究读者心理，了解读者的阅读需要，明确读者对图书的心理价位，最大限度地满足读者的需求；也要懂得作者心理，知道作者写作的目的，了解作者的优势和缺欠，满足作者的创作和出版的心理愿望。随着网络和编辑技术的发展，医学图书编辑要补充和学习的知识内容越来越多，必须不断丰富自己多方面的知识和能力，才能成为"专攻"医学图书编辑这一"术业"的佼佼者。

第三节　医学图书的语言文字编辑

医学专家不一定是语言文字方面的专家，甚至有的医学专家语言文字方面的能力不高，写出的专著因语句不通、错字连篇而大为失色。因此，对于医学图书编辑来说，不管遇到什么样的书稿，都离不开语言文字加工，使之达到出版水平。语言文字的编辑，是图书编辑最基本，也是最大量的工作，对于医学图书而言，语言文字的编辑加工，需要注意以下几个方面：

1. 通顺语句　语言文字编辑的首要任务就是要把书稿的语句弄通顺。一本书如果语句不通顺，不符合读者阅读和思维的习惯，不符合一般的认知规律，就会导致读者阅读困难，即便立意和内容都很好，也容易引起读者的厌倦。因此，应根据读者对象的情况，注意句子的长度和结构的复杂程度，还要注意修改不符合中文表达习惯、像外语似的"倒装句"。对于一般读者来说，书中常用词越多，产生歧义越少，就越容易理解原意。如果不常用的词、意义不稳定的词多了，则容易使读者产生误解。因此，医学著作的语句要在科学性、简明性和生动性上下工夫，句子多以陈述句为主，用尽可能少的文字，表达比较丰富而清晰的医学科学内容，语言明晰，不"拖泥带水"，重复累赘。健康科普类图书语句的生动性是十分重要的，而医学专业著作往往通过"粥样硬化""结节性囊肿""葡萄胎""柏油样便"等形象性的描述，来体现其生动性。

2. 纠正"别"字　纠正错别字是图书编辑工作的基本功，现在都使用电子书稿，"写错字"的现象已不复存在，存在的是"别"字，即字并不错，但是用错了地方，如"瓣膜"打成"辨膜"，"电解质"打成"电介质"等。在编辑医学书稿时，对容易出现"别"字的地方，要特别引起注意，很多医学图书或期刊编辑，总结出了不少《医学文稿常见"别"字勘正表》等资料，值得借鉴。

对于一般的汉字使用，应遵循《出版物汉字使用管理规定》（新闻出版署、国家语言文字工作委员会1992年7月7日发布），该规定所称的规范汉字，主要是指1986年10月根据国务院批准，由国家语言文字工作委员会重新发表的《简化字总表》所收录的简化字；1988年3月由国家语言文字工作委员会和新闻出版署发布的《现代汉语通用字表》中收录的汉字。

3. 规范术语　医学术语是在医学领域用来表示概念的称谓的集合，又称为医学名词（这里的名词不同于语法学中的名词）。医学术语是构成医学著作的重要部分，医学术语是否规范是衡量医学著作水平的标志之一。作为医学著作编辑，熟悉并掌握医学术语的规范使用，既是保证医学书稿质量的必然要求，也是提高医学著作编辑自身工作能力的客观需要。因此，医学著作编辑人员，应该把规范使用医学术语作为必需的技能和素质，勤于钻研，用心体会，熟练应用。

几乎每本未经编辑的医学书稿都或多或少存在术语不规范的问题，如将"肌内注射"写成"肌肉注射"，将"综合征"写成"综合症"，将"恶病质"写成"恶液质"等，遇到这类不规范的医学术语，编辑都要全书替换成规范的医学术语。2016年6月15日，由全国科学技术名词审定委员会主办，定位为术语知识服务平台的"术语在线"网站（www.termonline.cn）一期项目正式上线，免费向全社会提供术语检索等功能服务。特别是这个平台还提供了手机APP，可随时通过手机来检索规范的医学术语，可以说是医学编辑的亲密伙伴和好帮手。

4. 正确使用标点符号和数字　标点符号同语言文字一样重要，在编辑加工中不可忽视。中国科学院首任院长郭沫若先生很重视标点符号的使用，他曾说过，标点符号是"文章的五官"。的确如此，标点符号的不同使用方法，会使同样的文字，形成不同的意思。对于一些标点符号，很多作者有自己固定的、习惯性的使用方法，如有的喜欢用分号，有的喜欢用顿号，不该用的地方也用。对此，编辑不应迁就作者的习惯，要按照标点符号的正确使用规则予以订正。在医学著作中，数字（特别是阿拉伯数字）使用频率很高，因此，数字用法的正确与否，是否规范统一，也是衡量一部医学著作质量高低的一个重要方面。

关于标点符号的使用，应严格按照中华人民共和国国家标准（GB/T 15834—2011）《标点符号用法》及附录 A（规范性附录）标点符号用法的补充规则、附录 B（资料性附录）标点符号若干用法的说明的规定，严格、规范、正确使用。汉字数字和阿拉伯数字的使用，应严格按照中华人民共和国国家标准《出版物上数字用法的规定》（GB/T 15835—2011），严格、规范、正确使用。

5. "简称"和"缩略语"　医学术语繁多，临床上为了方便、快速记录，创造了很多"简称"，如"胸透"（胸部 X 线透视）、"甲亢"（甲状腺功能亢进症）、"冠心病"（冠状动脉粥样硬化性心脏病）、"肺心病"（肺源性心脏病）、"非典"（传染性非典型肺炎）等。医学书稿中的名词、术语一般应用全称，对于在医学界已普遍使用又不易引起误解的医学术语"简称"，在医学书稿中也可以使用，如冠心病、房颤、甲型肝炎、乙型肝炎等。但如"人流"（人工流产）、"流调"（流行病学调查）、"心梗"（心肌梗死）、"风心"（风湿性心脏病）等不规范的医学术语"简称"，应杜绝使用。

"缩略语"也叫"缩略词"，是为了表述方便，使称谓中的成分进行有规律的节缩或者省略。医学英语中的缩略语数量较多，如 WBC（白细胞）、RBC（红细胞）、CT（计算机体层摄影）、MRI（磁共振成像）等，医学缩略语也是医学图书的重要组成部分，应该正确、规范使用。使用原则一般是：凡是常用的，且已被公知、公认的英文缩略语可以不加注释直接使用；不常用、尚未被公知公认的英文缩略语，可在第一次出现时写出中文全称，然后在其后的圆括号内，注出英文全称及其缩略语，后两者间用"，"隔开，文中再次出现时，即可直接使用。对于学科性较强的大部头的医学专著，因缩略语较多，也可在正文后，增加该专业的英文缩略语表，以便读者查阅。

6. 药品名称的厘清 药品名称分为通用名称和商品名称。通用名称是药品的法定名称。我国药品的通用名称，是根据国际通用药品名称、国家药典委员会《新药审批办法》的规定命名的。药品的商品名称是指经国家药品监管部门批准的特定企业使用的该药品专用的商品名称，如对乙酰氨基酚是解热镇痛药，它的通用名称是对乙酰氨基酚，不同药厂生产的含有对乙酰氨基酚的复方制剂，其商品名有百服宁、泰诺林、必理通等。根据国家《药品广告审查标准》规定，通用名称是出版物和药品广告中必须进行宣传的内容。因此，医学著作中的药品名称，必须使用该药品的通用名称，如哌替啶（杜冷丁）、呋塞米（速尿）、地西泮（安定）、吲哚美辛（消炎痛）等。因临床医护人员接触更多的是药品的商品名称，而且药品的商品名称往往好记上口，久而久之，习惯成自然，也就把药品的商品名称用到了医学著作之中。这也就给医学编辑增加了识别和改正药品的商品名称为通用名称的工作和责任。

7. 数据、剂量、单位的准确性 医学著作书稿中的数据很多，稍不注意就会造成很严重的后果，应该认真核对。如遇到百分比时，应使各个分比数加起来与总数相符。剂量也是医学类书稿中需要关注的问题，一个小数点、多一个零或少一个零，都会酿成大错，甚至危及人的生命。关于计量单位，应遵照1984年2月27日国务院公布的《中华人民共和国法定计量单位》执行，并注意计量单位名称表示全书应统一，如毫升在数字后面使用 ml、毫克使用在数字后面使用 mg 等。

8. 上、下标及斜体字符 医学书稿中上、下标及斜体字符较多，Word 书稿中的上、下标及斜体字符在进入北大方正书版排版时不被显示，需要统一替换。因此，医学编辑在编辑书稿时，应将书稿中所有上、下标及斜体字符记载下来，在定稿发排时通知排版人员，以便在排版文件中统一替换，避免遗漏。

9. 生僻字或拼字 生僻字可能在 Word 文档中显示，但在方正书版中不能显示。查找生僻字的方法是将 Word 文档转换为纯文本文件，然后搜索英文问号（?），不能在方正书版中显示的生僻字会在纯文本文档中显示为英文问号（包括字母及大于10的圈序号），最后将查找出来的生僻字和字母列在生僻字栏内，在排版时处理。拼字是指在 Word 文档和方正书版中均没有的汉字，这种情况可用同音字加括号记载，如（卓）＝草，在定稿发排时通知排版人员，通过造字解决。

10. 插入公式 在 Word 文档中用插入法生成的分式等公式，在方正书版中也不能显示，可能造成缺失。这类公式也应列入发稿通知中，写明 Word 书稿页码，以便在排版时用方正公式命令法排版。

第四节　医学图书的插图编辑

图书插图是图书的重要组成部分，特别的医学图书，因论述多较抽象，如能配上合适的插图，则图文并茂，起到事半功倍的效果。

图书插图从色彩上可分为彩色插图和黑白插图。彩色插图无疑因色彩绚丽，图层丰富，效果最好，黑白插图显然就要差一些。但彩色插图在制版和印刷过程中，要用红、绿、蓝3原色和黑色共4色油墨按减色混合原理实现全彩色印刷，即彩色印刷要制成4张不同颜色的印版，并在4色胶印机上印刷才能实现，而且要保证色彩鲜艳，还要使用铜版纸才能达到最理想的印刷效果。而黑白插图只需要制作1张印版，在单色胶印机上、用普通胶版纸即可完成。所以，彩色印刷的成本大大高于黑白印刷，一般要达到3~5倍。如果黑白印刷能满足需要，就不必用彩色印刷。

医学著作中的插图大部分使用黑白插图即可，少量有必要使用的彩色插图，可以将彩色插图集中到内文后单独印刷，再与内文等装订在一起，这是解决彩色印刷成本高昂的一个对策。如果少量彩色插图放在内文里印刷，那整本书就都要按照彩色印刷的工艺和技术进行，由此造成图书制作成本大增，多数时候是没有必要的。当然，如《人体解剖学彩色图谱》之类的书，一定要全书都为彩色铜版纸印刷。

医学著作中的插图要想获得理想的效果就一定要有好的原图。原图也可以分为两类：照片图（也叫影像图）和线条图（也叫绘制图）。要把各种图片插入图书中，按目前的技术都要把原图上传到电脑上，即把模拟图像转变为数字图像，并通过数字图像处理软件（常用Adobe Photoshop），使原图符合计算机书版软件的排版要求，并达到最好的显示效果。好的数字图像照片必须要在清晰度和分辨率两方面达到一定的要求。目前印刷技术要求图片的分辨率要达到300 dip（像素/英寸），如将一张普通邮票大小的照片设置成300 dip，其实际像素照片仍能保持清晰，这时照片的容量一般在100 KB以上（大点更好），这是印刷图片的最基本的要求，低于这个要求的图片，就不能达到满意的印刷效果。至于图片用肉眼看上去就显得模糊不清（清晰度不够），即使照片容量大于100 KB，也不能满足印刷要求。因此，判断一张照片能否用作图书插图，可从两方面着眼，一是看照片图像是否清晰，二是要看照片容量是否达到 100 KB 以上，满足这两项要求的照片，用作图书插图一般就没有问题。

在使用图书插图时，还要考虑插图的颜色模式问题。一般的黑白插图使用灰度模式，即灰度图，又称灰阶图，把白色与黑色之间按对数关系分为若干等级，称为灰度，灰度分为 256 阶。所谓灰度色，就是指纯白、纯黑以及两者中的一系列从黑到白的过渡色。我们平常说所的黑白照片，实际上都应该称为灰度照片才确切。灰度色中不包含任何色相，即不存在红色、黄色这样的颜色。灰度照片可以很好地表现如 X 线片、CT 片等黑白颜色的医学图书插图。彩色插图使用的颜色模式为 CMYK 模式，CMYK 也称作印刷色彩模式，顾名思义就是用来印刷的。它和 RGB 模式相比有一个很大的不同：RGB 模式是一种发光的色彩模式，你在一间黑暗的房间内仍然可以看见屏幕上的内容；CMYK 是一种依靠反光的色彩模式。我们是怎样阅读图书的内容呢？是由阳光或灯光照射到图书上，再反射到我们的肉眼中，这才能看到内容。它需要有外界光源，如果你在黑暗房间内是无法阅读图书的。只要在屏幕上显示的图像，就是 RGB 模式表现的。只要是在印刷品上看到的图像，就是 CMYK 模式表现的，比如图书、期刊、杂志、报纸、宣传画等，都是印刷出来的，那么就是 CMYK 模式的了。因此，医学图书中的彩色插图，一定要选择 CMYK 模式。

图书插图作为图书的一个组成部分，也不是越多越好，除非图谱类图书外，一般图书，还是要坚持少而精的原则，因为书中图量太大，一方面可能增加一定的制作成本；另一方面可能有些图的质量难以达到印制要求，滥竽充数，影响了图书的整体质量。如有的书稿中的插图显然是从其他书中扫描获得，因质量较差，原书背页的文字都隐约可见。有的扫描图片上有说明文字，扫描后文字模糊不清。这样的图片原则上都是不能用于图书插图的，既达不到印刷质量要求，也涉嫌抄袭他人作品的嫌疑，对图书质量和作者名誉都有损失。

在互联网高度发达的时代，互联网上共享的资源很多，若下载图片仅供个人使用没有问题，但若没有征得著作权人的同意就用在正式出版的图书中就侵犯了其著作权。编辑应树立良好的著作权保护意识，加强与作者的沟通，明确书稿中插图的来源，向作者进行著作权风险提示。编辑应提高对插图的鉴别能力，当插图中有明显水印、底纹时要核查插图的来源，取得著作权人的许可或购买相关插图的使用权。为防止发生肖像权纠纷，对插图中的人物肖像一般的处理方法是将人物的双眼加以遮盖。

第五节　医学图书的表格编辑

表格是临床医学图书中的重要表达形式和组成部分，一般分为统计表和文字表两种。统计表主要是将医学研究中的实验数据和统计数据以表格的形式简洁明了地反映出来，便于统计分析和对比。文字表则多用于对较大量文字资料的归纳整理，如临床鉴别诊断表，药物的作用、用法、用量、不良反应表，临床操作程序表等。表格使用的目的，都是为了使比较复杂的问题条理化、系列化，便于阅读、比较和理解。

医学表格的规范依据，目前采用《科技报告编写规则》（GB/T 7713.3—2014），规定："表的编排，一般是内容和测试项目由左至右横读，数据依序竖读，建议采用国际通行的三线表格式。"三线表在医学期刊中已普遍采用。但在医学图书中，虽然各出版社也曾建议普遍使用三线表，但在编辑、排版实践中，临床医学图书中表格的特殊性，三线表并不能得到完全满足。

1. 临床医学图书中表格以文字表居多，大量的文字叙述难以像统计数据那样纯数字整齐排列，特别是纵、横栏目较多时，更无法通过简单的三线表加以表述。这时还要通过传统的卡线表才能完成。近年如人民卫生出版社等权威医学出版社出版的图书中，也常有传统的卡线表出现。

2. 既然三线表不能实现对医学图书表格的完全处理，这就造成了在很多医学图书中，既有三线表，又有卡线表的形式，而这种同一本书中表格形式的不一致，正是图书出版质量不容忽视的一个重要问题，即图书编辑体例的一致性原则。而图书体例格式的不一致，是图书质量的一个严重缺陷，在编写、编辑和出版实践中，都是需要极力避免的。

3. 《科技报告编写规则》（GB/T 7713.3—2014）中有关表格编排的建议，更多的应该适用于研究论文，因为一篇研究论文的篇幅和一本图书著作的篇幅不能相比，从内容上，论文中的表格主要以统计表为主，也更适合使用三线表。但对于科技图书，目前尚未见有相关的图书表格的规定或建议，从近年出版界有关的研究文章看，对科技图书或医学图书的表格处理，也多使用"一般""建议"使用三线表的表述，但也多强调避免"误解"。如人民军医出版社黄栩兵编审在其主编的《医学论文与书稿编写技巧》（黄栩兵主编，人民军医出版社，2011年）一书中就指出："对于表格是否采用分隔线问题，人们有一种误解，认为所有表格都应该采用三线表。事实上，三线表只适用于统计分析表和部分数据表，文字表原则上应该采用纵横分隔线，尤其是计算机排版的文字表，更应该加分隔线，以避免串行和文字、版面错乱，给编辑加工、计算机排版和校对带来麻烦。"

4. 目前国内图书出版普遍采用北大方正书版系统软件做图书排版，包括表格处理。在临床医学图书中，很多表格内既有文字，又有很多有上下标的分子式、单位、离子等，这种有上下标的内容和一般文字在高度上有所不同，如在表格中这种有上下标的内容仅为个别，并不影响表格左右项目的对齐，但若连续出现，就会造成表格左右内容的不能对齐，在这种情况下，一般也需要通过横向分隔线，使表格内左右项目内容尽量对齐。这种情况也是三线表所不能完成的。

综上所述，临床医学图书中的表格，使用传统的卡式表，更能实现图书编辑体例一致性的原则目标，做到全书表格规范、统一。事实上，三线表也是卡线表的一种简化。在临床医学图书表格处理中，所使用的卡线表，也应该尽量简明、规范，以自明性和可读性为原则，更好地满足图书内容和读者的需要。

第六节　医学图书编辑出版的质量控制

质量是任何图书，包括医学图书的生命，没有质量的图书就等于死亡。实际上，一本图书从选题策划，到谋篇写作，从设计排版，到装订成书，每一个环节都关乎着这本图书的质量。

为了保证图书编辑、出版质量，我国图书出版界，历经多年总结出并坚持实行"三审三校"制度。"三审"：即一本书稿的编审，要经过初审（责任编辑，中级及以上职称）、复审（编辑室主任，副高级及以上职称）和终审（社长、总编辑或其副职，副高级以上职称），三个环节缺一不可。三审环节中，任何两个环节的审稿工作不能同时由一人担任；"三校"：出版社每出一种书，都要指定一名具有专业技术职称的专职校对人员为责任校对，负责校样的文字技术整理工作，监督检查各校次的质量，并负责付印样的通读工作。一般图书的专业校对应不低于三个校次，重点图书、工具书等，应相应增加校次。终校必须由本社具有中级以上专业技术职称的专职校对人员担任。

国家对图书质量的管理历来十分重视，1992年，当时的新闻出版署出台了《图书质量管理规定（试行）》。经过五年的试行，新闻出版署对《图书质量管理规定（试行）》进行了修改和补充，于1997年3月3日正式颁布《图书质量管理规定》。2004年，新闻出版总署总结八年来实施《图书质量管理规定》的经验，开展广泛的调查研究，着手重新制订《图书质量管理规定》。同年12月9日，总署第四次署务会议讨论通过了新的《图书质量管理规定》（含附件：图书编校质量差错率计算方法），自2005年3月1日起实施。

《图书质量管理规定》以国家行政法规形式，对图书的质量提出了明确的合格标准，对于图书的质量保障具有重要的意义。特别是规定的附件"图书编校质量差错率计算方法"，不仅是国家图书出版管理机关检查图书质量的标准，也是每一个图书编辑日常工作的标准，自己所编辑的图书能够达到标准的就是合格图书，达不到标准的就是不合格图书，中间没有模糊地带。因此，作为医学图书编辑，应熟读并牢记这个标准，时刻以标准衡量并规范自己的编辑工作，为编辑、出版更多、更好的医学图书贡献自己的力量。

为便于医学编辑学习和掌握，也便于广大读者了解和学习，本书特将最新版的《图书质量管理规定》（含附件：图书编校质量差错率计算方法），放在本书后附录一 编辑出版法规、政策、标准，用微信"扫一扫"其中第4个二维码即可阅读或下载。

下篇

医学论文写作与编辑

医学论文作者在撰写医学论文和医学期刊编辑在编辑医学期刊的实际工作中，常常会遇到困难。为此，作者根据自己的实际工作经验并结合有关文献，总结撰写了医学论文写作与编辑的基础知识和基本技能，对医学论文写作前准备、写作具体方法和技巧，撰写完成论文后如何选择投稿，医学期刊编辑出版过程，以及医学期刊编辑应知应会的具体内容，均做了简要的阐述。希望对尚不熟悉医学论文写作的作者和经验不足的医学期刊编辑有所帮助。

第二十章　医学论文写作与编辑概述

人类在同各类伤害及各种疾病长期斗争中逐渐积累了大量防治经验和教训，主要通过言传身教和文字记述的方式流传后世。尤其是以发表学术论文这种交流方式，更及时、更便捷、更广泛、更有效地推动和促进着现代医学的快速发展。发表医学论文需要经过论文形成（撰写与投稿）和制作（编辑与出版）两个主要过程。本篇医学论文写作与编辑基于国家有关法规和标准及国际医学期刊编辑委员会《生物医学期刊投稿的统一要求》基本精神，简要介绍医学论文撰写投稿与编辑出版过程中各主要环节的要点，力求对医学论文作者和医学期刊编辑的工作有所裨益。

医学论文是医学科学研究工作的书面总结，属于科技论文范畴。美国生物学编辑委员会（Council of Biology Editors，CBE。现扩大为美国科学编辑委员会，Council Science Editors，CSE）给出了科技论文的定义，一篇能被接受的原始科学出版物必须是首次披露，并提供足够的资料，使同行能够：①评定所观察到的资料的价值。②重复实验结果。③评价整个研究过程的学术。1987 年我国制定的《科学技术报告、学位论文和学术论文的编写格式》（GB 7713—87）指出：学术论文是某一学术课题在实验性、理论性或观测性上具有新的科学研究成果或创新见解的科学记录；或是某种已知原理应用于实验中取得进展的科学总结，用以提供学术会议上宣读、交流或讨论，或在学术刊物上发表，或作其他用途的书面文件。医学论文完全适用上述概念。

科学研究是有计划和有目的的探索和创造过程，是运用科学方法探索未知世界，揭示事物客观规律，创造新理论、新技术，开辟知识及新应用领域的智力性劳动。联合国教科文组织界定的科技活动包括研究与试验活动（R&D）、科技教育与培训活动（STET）、科学技术服务活动（STS）。在我国科研工作一般特指 R&D。

第一节　医学科学研究基本概念

一、科学研究基本要求

1. 探索性与创新性　这是科学研究工作区别于一般劳动性工作之所在。探索的目的在于获得新认识、发现新事实、阐明新规律、建立新理论、发明新技术、研制新材料及新产品。探索是手段，创新是目的。

2. 继承性和积累性　科学研究工作必须是建立在科学方法和科学知识的基础上，而这些方法和知识是人们通过大量科学研究所积累发展形成的，后人利用了这些方法和知识，这就体现了科学研究的继承性。同时，在科学研究中的创新，也为科学发展积累了知识。科学研究首先是收集和积累相关信息，对他人的研究工作、思路、方法进行分析、评价，而后提出自己的研究目标、任务和方案。

二、医学研究特点

医学科学研究除具有一般自然科学研究的特征外，同时还有如下研究对象的特殊性和研究工作的复杂性。

1. 层次特点　①群体水平。②器官组织水平。③细胞分子水平。
2. 对象特点　①人，包括正常人和患者。②动物。③离体器官组织细胞。
3. 方法特点　①观察法。②实验法。③调查法。④理论法。
4. 场所特点　①社区。②医院。③实验室。
5. 环节特点　①设计。②衡量。③评价。

医学研究的基本过程是选题、设计、实施、分析、撰文、发布。

三、医学研究分类

1. 类型分类　①基础研究：研究目的是为了增加知识、探索未知、解决理论问题。研究内容是基础医学，主要产生社会效益。②应用研究：研究目的是为了利用基础理论针对某一问题提出具体解决方案和方法。研究内容是预防医学和临床医学，以产生社会效益为主。③开发研究：研究目的是为了研制新产品、新技术。主要产生经济效益。

2. 方法分类　①观察性研究：主要为描述性研究、分析性研究。②试验性研究：主要为动物实验、临床试验、社区干预试验。③调查性研究：是一种采用自填式问卷或结构式访谈的方法，系统地、直接地从一个取自某种群体的样本里收集资料，并通过对资料的统计分析来认识现象及其规律的研究方法。④理论性研究：主要为数学模型构建。在科学理论研究中实际上也同时存在着理论性研究和技术性的研究。

3. 对象分类　①实验室研究：研究对象主要是动物、组织、细胞。②临床研究：研究对象主要是医院就诊患者。③人群研究：研究对象主要是一般社区人群。④文献研究：研究对象是医学文献，包括医古籍研究、情报信息研究、大数据分析。

4. 任务分类　①纵向课题：指令性和指导性项目。②横向课题：联合、协作、委托性项目。③自选课题。

四、医学研究内容与方法

1. 医学研究内容　医学科学研究的主要内容是病因学研究、发病机制研究、形态与功能研究，症状与体征观察分析、诊断试验、治疗试验、预后试验、预防试验、疾病自然史研究。医学科学研究实践的条件包括人员条件、技术条件、物质条件和信息条件等。

2. 临床医学研究方法　临床医学科学研究常采用因果推论法。在许多情况下是先发现了果而再去找因，或去探索两个事件间的因果关系。医学研究过程就是收集因果关系存在证据的过程，但所收集到的证据是否能够证实因果关系成立，则需要进行科学推断论证。有些事物之间因果关系一一对应，比较直观。但广义因果律是建立在概率论基础上的，亦即原因是使结果发生概率升高的事件。疾病的病因是指那些能使人群发病概率升高的因素。因果关系是事件或特征类别之间的一种关联，改变某一事件或特征类别的频率，就会引起另一事件或特征类别的频率改变，这样可以认为二者互为因果。因果关系的方式：①单因单果。②单因多果。③多因单果。④多因多果。⑤间接联系。因果联系研究的思路：假设形成，发现关联，推论可能的因果关系，验证因果关系。因果关系推论时需要的证据：①联系强度。②联系梯度。③联系普遍性。④联系时序性。⑤联系特异性。⑥分布相符。⑦实验证据。⑧理论解释。

第二节 医学论文分类

现代医学科学研究成果一般以发表论文的方式展示给受众而发挥其社会效益和经济效益。医学论文尚无明确统一分类法，目前一般按其所表达的形式或表述的内容等有如下几种分类方式。体裁分类：论著、短篇报道、述评、综述、meta 分析、讲座等。学科分类：基础医学、临床医学、预防医学、传统医学、药学、社会医学等。功能分类：科学技术报告、学位论文、学术论文、医学科普等。

一、体裁分类

1. **论著** 是医学论文中最常见最重要的一种表现形式。它是作者原始科研成果最周密最完整的反映，其文面结构最完整最具论文代表性，学术价值也最高。一般格式为：文题、作者姓名、作者单位、中英文摘要、关键词、前言（引言）、资料（材料）与方法、结果、讨论（体会）、参考文献、致谢等内容。论著的字数一般在 5000~8000 字。

2. **短篇报道** 实际上就是论著的缩编版，就是不附带中英文摘要和关键词的短篇论著，其学术价值一般较论著次之，字数一般在 2000 字左右。

3. **述评** 是针对某时期某学科或某专题所发表的原始文献中有价值的内容进行评论的论文。因为是对某专题研究状况进行概述、评论、展望和预测，故又称专题述评。在医学期刊中，往往专门针对当期杂志刊发的某一篇或某一组论文，由编辑部邀请该研究领域学术造诣较深的专家学者进行点评而撰写的实时评论性论文，通常与被评论的论文同时刊出，故又称"专家述评"。述评的重点在"评"，而"述"只是为评论做辅助铺垫的概要叙述，处于次要地位。述评不强调面面俱到，更不需要材料罗列。

述评一般首先点出被评论工作的独到之处及存在问题，进而引申出该研究领域的重点、热点、动态、方向等，并实事求是客观中肯地解答当前在该研究方面业界普遍关心、迫切需要解决的实际问题等，以引发读者感受。述评的准确性及权威性高、引领及指导性强。述评虽然篇幅不拘长短，但一般比较精悍。

4. **综述** 是指查阅并获得某一专题某一时段内足够数量的文献资料，

经过分析归纳整理后,写出比较全面深入系统地论述某一方面问题的学术论文。综述主要反映学科当前某一重要专题的最新进展动态、发展趋势、不同见解、业界共识和综述者自己对该论题的认识等。

综述文面结构表现形式可灵活多样,无严格固定的格式。但是,综述的主要内容应包括要探讨的问题、原作者有说服力的研究成果及观点、综述者本人对该问题的认识三个方面,缺一不可。综述的篇幅可大可小,主要参考文献以近3年发表的文献为主。

5. meta 分析　又称荟萃分析。是指收集同一课题多个独立研究资料,使用专门的 meta 分析软件,运用适当的统计学方法,在严格设计的基础上,对多个研究结果进行系统、客观、定量的综合分析和概括,以提供量化的平均效果来解答所研究的问题,实质就是量化了的综述。其优点是通过增大样本含量来增加结论的可信度,以减弱研究结果的不一致性问题。

6. 讲座　是疑难或较新专题近年新结论比较多,且多已经明确有定论,但用稿杂志主要读者却对此知之甚少并认识仍然模糊的时候,杂志社有目的地邀请该方面的专家学者写出专门针对本杂志主要读者对象普及专业新知识的论文。讲座表述的内容不同于综述,讲座类似最新版的教科书,有争议无定论的内容尽量少出现在讲座里。

二、学科分类

1. 基础医学　在医学期刊报道论文的学科分类中,泛指受试者除外直接接受诊治的患者身体以外的任何研究对象,主要探讨机制或原理等问题。

2. 临床医学　在医学期刊报道论文的学科分类中是指受试对象一定为患者,探讨的医学问题应该是研究疾病的病因、诊断、治疗和预后,以提高临床诊疗水平为目的的医学论文。主要研究者或主要作者应为有资质的临床医学工作者。

3. 预防医学　在医学期刊报道论文的学科分类中是指以预防疾病的发生为理念,受试对象可以是患者或健康者群体,也可以是其他对象。

4. 传统医学　是指在现代医学之前,已经独立发展起来的各种医疗知识体系。它有别于现代医学的主流体系,很多文明古国都有自己的传统医学。中国传统医学是中国各民族医学的统称,主要包括汉族(中)医学、藏族医学、蒙古族医学、维吾尔族医学等民族医学。在中国传统医学中,由于汉族人口最多,文字产生最早,历史文化较长,因此汉族医学在中国以至于在世界上的影响最大。从19世纪西方医学传入中国并逐渐普及以后,汉族医学又有"中医"之称,以此有别于"西医"(西方近现代医学)。

5. 药学　在医学期刊报道论文的学科分类中是指以防治疾病为目的的任何物质为研究对象而探讨医学或医学相关问题的论文。药学主要研究药物的来源、炮制、性状、作用、分析、鉴定、调配、生产、保管和寻找（包括合成）新药等。主要任务是不断提供更有效的药物和提高药物质量，保证用药安全，使病患能够以伤害最小、效益最大的方式治疗或治愈。

6. 社会医学（人文医学）　是从社会学角度研究医学问题的一门科学，它研究社会因素对个体和群体健康、疾病的作用及其规律，制定各种社会措施，保护和增进人们的身心健康和社会活动能力，以提高生活质量。目前对社会医学概念的认识并不统一，研究内容的重点亦不尽相同，所以名称也不同，一般包括社会医学、医学伦理学、公共卫生学、卫生经济学等。

三、功能分类

1. 科学技术报告　是描述一项科学技术研究结果及进展、一项技术研制试验结果及评价，或是论述某项科学技术问题的现状及发展的文件。科学技术报告是为了呈送科学技术工作主管机构或科学基金会等组织或主持研究者等给予审查。科学技术报告中一般应该提供系统的或按工作进程的充分信息，可以包括正反两方面的结果和经验教训，便于有关人员判断评价并对报告中的结论和建议提出修正意见。

2. 学位论文　是表明作者从事科学研究取得创造性的结果或有了新的见解，并以此为内容撰写而成的作为提出申请授予相应学位时需要接受评审用的论文。学士论文应能表明作者确已较好地掌握了本门学科的基础理论、专门知识和基本技能，并具有从事科学研究工作或担负专门技术工作的初步能力。硕士论文应能表明作者确已在本门学科上掌握了坚实的基础理论和系统的专门知识，并对所研究课题有新的见解，有从事科学研究工作或独立担负专门技术工作的能力。博士论文应能表明作者确已在本门学科上掌握了坚实宽广的基础理论和系统深入的专门知识，并具有独立从事科学研究工作的能力，在科学或专门技术上做出了创造性的成果。

3. 学术论文　是某一学术课题在实验性、理论性或观测性上具有新的科学研究成果或创新见解和知识的科学记载，或是某种已知原理应用于实际中取得新进展的科学总结。主要用于提供学术会议上宣读、交流或讨论，在学术刊物上发表；或作其他用途。学术论文应提供新的科技信息，其内容应有所发现、有所发明、有所创造、有所前进。而不是简单或完全重复、模仿、抄袭前人的工作。

4. 医学科普　主要是指医学专业人员把医学专业深奥的科学技术知识

以通俗易懂的语言，用喜闻乐见的接受方式表述给非医学专业受众的文章，也可以是将本专业知识普及给非本专业人员的文章。形式多样，篇幅大小不拘，甚至可以写成专著。每一种疾病无论常见还是罕见，都是非常复杂精深的，医学科普作者首先必须熟知疾病的病因、病理、流行病学、临床表现、诊断、鉴别诊断、治疗、预后等各方面，才能将医学科学知识正确有效地展示给非医读者。

第三节 医学论文的基本要求

医学论文基本要求包括文面要求和内容要求。医学论文作者在起草论文之前首先应该明确论文的发布形式和受众对象。如果拟投稿发表，则应先阅读拟投稿杂志的稿约或致读者等编辑部对来稿的明文要求，然后从其近期已经出版的杂志中找到并阅读适合表达自己论文内容的相关文章，其写作的文本格式即可作为参考模板，以便使得自己的论文成型后符合该杂志文面要求。医学论文的内容要求，均须遵循以下基本原则。

一、政治性

医学论文的政治性要求就是要体现党和国家有关方针政策，为国民经济服务，贯彻理论与实践、普及与提高、基础与临床相结合和"百花齐放，百家争鸣""古为今用，洋为中用"的方针。遵守国家法令、执行著作权法及保密和技术专利有关规定。运用辩证唯物主义和历史唯物主义观点分析问题。尊重科学，讲究科研道德，引用或参考他人作品时应注明出处，反对弄虚作假、抄袭剽窃。论文内容中不可以存在政治性错误。

二、科学性

医学论文的科学性是指论文要"言之有理，言之有据，言之有物"。科学性原则是医学论文的生命，是衡量医学论文的重要条件。没有科学性，论文就将失去它的价值。科学性原则要求论文设计严谨周密，论据真实，研究方法可靠，运用科学的原理进行严密细致而富有逻辑的论证，得出科学可信的结论。要求论文的内容、观点必须符合医学发展的客观规律，不能含有作者主观臆断成分。科学性的具体表现包括：①真实：即论文的数据资料必须真实、确凿可靠，实事求是，不能有虚假成分，要真实地反映事物的本来面目。

②准确:即论文要客观、准确、全面地反映研究的真实情况,总结经验时,除了成功的经验,失败的教训也要总结。准确性原则还要求引文来源要准确,用词要准确,结论要恰当。③符合逻辑:就是用科学的逻辑思维方式对收集到的数据资料进行归纳、分析、概括、推理、概念明确、判断恰当、思路清晰、论述透彻,使论文结构严谨,层次清楚,论据充分,结论正确。

三、创新性

创新性是医学论文的灵魂,是衡量医学论文质量的主要标准。创新性是指论文在学术上或技术上要有自己独到的见解,有新的发现。科学研究贵在创新。所谓"创",是指医学论文中所报道的主要科研成果是前人没有做过或没有发表过的"发明""创造",而不是简单重复别人已经报道过的工作。所谓"新",是指医学论文所提供的信息是鲜为人知,非公知公用的。如果是模仿和重复他人工作,应在仿中有创、推陈出新,要有自己独到之处,一定程度上有创新,即从新的角度阐明问题,如老药新用、古方今用等。

四、实用性

实用性是指医学论文的实用价值。临床医生撰写医学论文,目的就是推广自己的研究成果和经验教训,以解决临床实际问题。衡量一篇医学论文的实用价值主要是看其社会效益和经济效益。想要医学论文有较高的实用价值,作者撰写时首先应注意在选题上就要发现那些临床迫切需要解决的问题,选择能指导和帮助同道解决理论或实际工作问题的选题;其次,在总结成文时详细介绍研究对象的入选标准、治疗方法、具体细节和步骤,以便能够重复验证。

五、可读性

论文的可读性是指论文的表达方式要符合文法要求,论文不管是用中文书写,还是用英文书写,都要注意语法修辞正确。在具体撰写医学论文时,力求语言简洁、语法正确、修辞准确、语句通顺、词语搭配得当,标点符号使用正确,内容层次分明、表达清晰、段落衔接通畅易懂。也只有达到上述要求,读者才能用较少时间准确无误地理解论文的内容。

第四节 医学论文出版流程

作者投稿的医学学术论文需要经过相关审查评价并通过后，再经过编辑印制人员编辑加工、修改校对、制版印刷发行等一系列二次创作活动才能最终实现公开出版。出版流程主要有收稿注册、审稿、修改、编辑、校对、制版、印刷、出版后审读等工作环节。由于各杂志编辑部无纸化办公条件应用程度不同，而工作分工和流程有所差异。特别在编辑加工、录入排版、校对等环节，编辑、录入、校对工作合一趋势明显。

一、收稿注册

杂志的稿源主要有论文作者自由投稿和编辑部向特定作者主动约稿两个渠道。无论哪个渠道来稿，编辑部收稿后第一时间首先给予登记注册。收稿登记日期可以表明论文作者研究工作完成并要求公开发表的时间，也用作计算该杂志出版周期时滞的起点时间。

二、内外审稿

审稿是编辑部对每一篇来稿都会组织审读评价，并对需要改进的内容提出具体修改要求和建议，最终决定是否采用的过程。按审稿者可以分为本编辑部的编辑内审、邀请编辑部以外专家学者外审、编辑部组织集体审阅；按审稿流程可以分为初审、复审、终审。

（一）按审稿者区分

1. 编辑内审　系指编辑部分工为负责初审工作任务的资深编辑或责任编辑对来稿在各环节上的全面审阅。

2. 专家外审　由编辑部发送给编辑部以外专家团队成员审阅。无论是否盲审，此环节上专家只对编辑部负责，未经编辑部同意时专家不与论文作者发生任何方式的直接沟通交流，专家提出的修改意见和对该稿的去留建议最终将由编辑部以编辑部的名义转达沟通作者。

3. 集体审阅　由若干编辑和专家定期或不定期组成专门审稿小组对批量编辑部拟留用稿件集体讨论进一步遴选，或对前期审稿中去留分歧较大稿件达成共识。集体审阅是尽量避免偏见、保障公正的重要措施，通常也是稿件审理过程中的终审定稿环节。

（二）按编辑流程区分

1. 初审　编辑人员对新收到的来稿初步审读并筛选出本刊报道范围以外的、存在难以弥补设计缺陷的、科学性明显较差的、新意不足的（该刊已有较多类似报道的简单重复性研究）、临床意义不大的、对促进学科进步无意义的、对本刊主要读者指导帮助不大的等明显通过修改也难以提高达到出版要求的稿件予以退稿。其余暂时留下的每一篇稿件，均一式2~3份分别发送给编辑部以外的2~3名专家学者进行专业和学术方面的初步审阅。

2. 复审　新稿初审以后，编辑部内外各环节的每次再审阅均称为复审。复审主要任务是编辑部或原审稿人对作者修回稿修改满意度的审阅，以及作者对编辑部处置意见有异议时的再审阅。

3. 终审　录入排版前，由总编辑或相关负责人对单篇或批量稿件在编辑排版前的最后把关审阅并签发。

三、作者修改

外审稿件返回编辑部后，编辑部综合各审稿人意见，并结合当时编辑部存留稿件多少等具体情况，对不宜采用的稿件附上主要退稿理由，由编辑部通知作者退稿。而对初步考虑拟留用稿件，由责任编辑汇总整理出该稿件各个内外审意见，同时提出编辑出版具体要求，均以编辑部名义形成书面修改意见函（编辑有时也会在原稿上直接修改或批注），然后将修改意见函连同原稿一并发送给第一作者或通信作者，请予以修改。凡是论文中涉及作者原意需要修改的任何内容，编辑部均必须明确告知作者，由作者决定是否修改或如何修改。作者对修改意见不理解或有异议时应该及时联系编辑部取得进一步处置的正确建议。作者切忌不懂而不顾，置之不理，因为这很有可能是造成修改不满意，而修回后退稿的主要原因。通常情况下，只要按编辑部要求认真修改过，就不会请作者不必要的再修改或轻易退稿，除非编辑新发现存在重大问题或难以弥补的严重缺陷时才会请作者再修改或退稿。务必注意，编辑部只是要求作者修改，但并不会承诺一定会录用修改稿，所以作者应该认真研读每条修改意见（当然编辑部的修改意见函中虽未提到，但作者自己认为不满意之处也应一并修改），珍惜修改机会，矫正偏颇、补充不足、弥补缺陷，最大限度地满足出版要求。如果编辑部要求修改的意见不中肯或不正确，作者应该提供足够的、有说服力的依据，首先需要说服编辑接受你的正确见解。沟通时心态应平和，只有说服别人改变主意接受认同了你的反驳，你的反驳才有意义。最好是先电话沟通一下，然后决定下一步怎么做。对于编辑部建议大修大改后可以重新投稿的，你要认真考虑如果没有能力和条件达到要求，最好是适当修改后改投其他刊物。虽然遭遇退稿是件令人不快和懊恼的事情，但如果能悟透退稿缘由，知道了为何被拒，自然你也可以找到进一步或下一次能够被接受的解决办法，也算有收获。

四、编辑加工

编辑加工是作者修回满意的每篇稿件由编辑人员从文题第一个文字或符号开始到文末最后一个文字或符号为止，逐字逐句逐个标点符号逐项进行正确性确认和必要的修改，并按预期出版面貌一一注明要求（注明详细的字体字形字号及各种标志等编排要求），这些标注就是编辑人员指示录入排版人员制作出符合未来出版面貌的具体要求。

五、编排校对

编辑排版是发稿编辑将拟出版期号所需要的已编辑加工完成的一批（少增多减）稿件的原稿按照出版要求和本刊风格按目次顺序先后依次排队，并将目次、广告页等该期所有应刊出内容编辑加工完毕插入相应位置，然后在编入的每篇文稿首页固定位置注明其顺序篇号，有时还需从头至尾编注原稿连续页码。编辑加工完毕的原稿就可录入排版后打印校样一式两份，一份完整校样由编辑从头至尾再次审校修改不符合出版要求的任何差错。另一份校样分别发送给各个作者或相关责任人作出版前的最后审核修改（作者应将删除内容和增添正确内容分别用改变字体字号或加底色的方式予以标志），各作者核对修改后返回编辑部的校样中需要修改的内容，由编辑核实无误后集中或分别逐一修改在编辑部最新拟改版的校样上。

六、印制发行

编辑部自留校样经多次校改直至无任何遗留问题后交由印制单位制版出清样，制版清样返回编辑部最后一次核实校改并注明印数及特别印制要求等事项，由编辑部负责人签字同意印发，交付印刷发行。

七、出版后审读

出版后，编辑部应及时组织编辑部人员进行出版后审读。对出版内容、印刷装帧质量等全面系统地进行质量检查，发现问题并及时解决，避免误导读者事件发生。特别是及时发现重大出版差错，不失时机地采取有效措施补救，将影响减至最轻、损失减至最小。最后，将出版后审读记录、审读用过的样刊、付印清样、作者校样、编辑部主要校次的校样、发排稿、审稿单及各种证明文件和全部原稿与作者修改稿等所有应存档材料，分别按照刊登顺序一一整理归档编目，封存备查。

第五节　作者义务与权益

依照《著作权法》有关规定作者投稿一律文责自负。编辑部对来稿可做文字修改、删节及编辑加工，但涉及原意需要修改时，编辑部会提请作者考虑，作者不同意修改的应予以声明。稿件一经接受刊登，由作者亲笔签署论文专有使用权授权书，论文专有使用权即归刊用该文的杂志所有，论文著作权归作者所有。

一、投稿须知

医学期刊一般均会在第一期上刊登本刊稿约、致作者、投稿须知之类声明自己刊物性质、办刊宗旨、栏目设置、来稿要求、作者权益等内容。这些叫法不同而内容大同小异的条款就是编辑部向作者的公开要约，具有法律效力，约束作者和出版者双方共同遵守。

二、版权合同

版权合同或授权书是由编辑部决定出版作者来稿时所提供的格式化的共同遵守的版权转让合约，作者与出版者（编辑部）双方签订就该论文出版的责任、权益、违约责任等。

第二十一章　选题原则与撰写步骤

医学科学研究主要是通过揭示正常人体和生命的本质以及疾病的发生、发展规律，寻求科学有效的预防和诊治方法的过程。也就是将医学学习、研究和临床实践中发现的问题转化为拟研究的课题，然后根据自己所具备的条件，通过一定的方案和技术手段解决问题。

医学科研选题根据研究的对象、问题的性质，可有各种选题范围。调查性研究是以调查方法取得科学资料的研究，亦称群体调查。其多属于疾病流行病学、地方病学、工业卫生学、医学心理学、医学伦理学以及社会卫生学等方面的研究。这类研究往往涉及现场工作，选题时应取得当地有关部门的支持或合作，在摸清现场情况及完成需要的保证条件后再选定题目。实验观察性研究中的生理学、病理学、药理学、分子生物学、微生物学等基础医学研究，临床医学研究中的药物疗效临床观察，以及新的诊断、治疗技术的引进及研制、试用等，这些选题应考虑实验条件和手段是否完善，最好先进行预实验，待条件具备后再选定题目。此外，资料分析性研究中对医疗、卫生有关部门的病例、资料等经过统计学处理，并对结果概括、分析、从中发现新知识的创造性研究活动，此类选题只要资料完整可靠即可进行，在方法手段上并不要求过高的实验条件，也不需要特殊的现场。

选择研究课题前必须做好充分的调研工作，准确的情报信息是选好课题避免低水平重复的基础。第一，要密切关注与联系科技主管部门，及时了解国家和地方的资助形势，认真学习国家的卫生科技方针、政策，知道当年资助形势和科研服务方向；第二，必须加强申报前的文献资料查阅和调研工作，对国内外该研究领域的技术现状、动态趋势及存在问题要及时了解并认真加以分析，真正做到心中有数，从而知己知彼、审时度势地找到适合自己的突破口，根据自己的优势确定主攻方向和目标。这其中既要发挥自己的优势，又要汲取他人的经验以开阔自己的思路，从而富有创造性地提出要研究的科研课题；第三，还要了解各种渠道科技计划的性质、特点、资助方式、资助强度及资助对象，选择合适对口的课题进行申报。

选择好课题后，如何将自己的思想充分表达出来，使同行专家和主管部门认可，就成为关键。衡量和决定资助与否的重要依据就是申请者所填写的申请书。因此，能否写出一份高质量的申请书，不仅是对申请者科学研究素质的考验，也是决定申请科研课题竞争性强弱的关键。要写好一份高质量的申请书，这其中既有研究者的学术水平问题，也有管理知识水平问题，以下几点值得注意。

选题范围大小要适当，主攻方向要明确。一个课题只能解决某一领域的某一个问题，不能将整个领域定为一个课题，命题必须确切。一个科学性很强的题目，一般应满足以下几点要求：第一，要体现组成课题的三要素，即受试对象、处理因素、效应结果，这几项内容在研究课题名称中体现得越明确越好，其明确程度和研究者科学思维的清晰、课题假设的集中、实验对象的恰当、验证手段与方法的正确、指标间因果关系的明确等成正相关。第二，选题要醒目有新意，最忌课题的题目与既往文献重复，即使自己所提出的研究内容与以前资助的研究内容有所不同，甚至有创新，但名称上的完全重复则难给人以新意。为此，选题前应认真查看历年《资助项目汇编》，如发现课题名称重复，则应尽可能从新的视角提出问题，首先在课题名称上尽可能给人以耳目一新的感觉。第三，要言简意赅，用词具体，切忌不着边际夸大其词。第四，题目字数长短要适中，一般以15～25个汉字为宜，在题目中应尽量不用缩写、化学分子式等。

研究预期目标和内容要明确统一。预期目标是指研究课题经过努力完成后，在理论上、方法上或技术上预计达到的水平、产生的效益及其应用前景。基础研究课题还应侧重分析提高学术水平，丰富某个领域的知识等方面的意义，并阐明它们的科学价值和应用前景，阐述应尽可能清晰、明确。研究目标确定后，研究内容就必须紧紧围绕这一方向开展工作，必须避免预期目标与研究内容相互脱节、联系不够密切的现象。研究内容是研究课题所需解决的科学技术问题的具体化，它包括课题研究范围、内容和可供参考的具体指标等，应力求具体、完整、扣题，要集中、明确，抓住关键问题，突出表明拟研究项目的重要意义和自己已经掌握了的解决该研究中关键性技术的独到之处。当然，试图在一个有限的时间内解决过多的问题是不可能的，提出过于广泛的研究范围反而会降低申请课题的竞争力。

立论论据要充分。申请者说明选择课题的出发点和目的，提出申请的理由和必要性。由于当前科学研究既高度综合又高度分化，学科的相互交叉和渗透日趋广泛，新知识、新理论更新很快，即使在同一领域，由于研究背景和方法不同，对一个课题的理解看法也差异很大。因此，在填写申请书时，要在原来大量查阅国内外文献资料、广泛调研的基础上，尽可能地把自己的研究意义、特色和创新之处充分表达出来。在综述时，要清楚、客观、全面地说明国内外同行的研究状况，已研究到什么程度、用什么方法和手段研究的、发展趋势怎样，要特别指出还有哪些问题因何原因目前仍然没解决，自己拟在哪些方面针对尚未解决的问题进行什么研究，要达到什么目的。此外，参考文献的引用一定要得当，还要注意发表的时间及杂志的权威性，以免给人以过时落后之感。评审专家往往从你所引用的文献就能一针见血地看出申请者的学术水平和思想。

研究方法和技术路线要先进可行。能否制定出具体合理、先进可行的技术路线以及是否选择新颖正确的研究手段，很大程度上决定着该项目是否有立项的价值，也直接关系到研究的时效及结果的准确性和可靠性。研究方法和技术路线是为完成研究内容而设计的研究方案和技术措施，它包括理论分析、试验方法、工作步骤等一整套计划安排。填写时要注意做到设计周密、方法科学、路线合理、技术先进可行、措施要具体明确，切勿含含糊糊、模棱两可。同时，要有一定的预实验基础，并应充分展示课题负责人和参加成员与本课题有关的前期科研成果，令人确信申请者有充足条件和实力能够取得预期研究成果。

最后还要注意反映出有较好的研究条件，仪器设备基本具备、研究群体优化组合、分工明确具体、研究进度以及经费预算正确合理等。

第一节 选题原则

一、创新性原则

新颖的意义应是前人未做过或未想到的、没有研究过或是在已有研究工作基础上再创造的内容，预期研究结果应该是前人所不曾获得过的成果。它可以是结合临床实践提出的新发现、新设想、新见解，也可以是通过研究而建立的未被认识或未被推广的新理论、新技术、新方法及有实用价值的经验教训总结，或是具有开拓性的新领域。

二、科学性原则

内容真实、客观，方法正确，设计合理，有一定的理论根据和实践依据。从选题、设计、实施计划、收集资料、撰写论文等全过程均应严格遵守医学科学研究基本方法和规则。获取的结果可靠，结论可信。还应当注意符合医学科研伦理和社会伦理。

三、导向性原则

研究目的要十分明确，是为了阐明基础理论，还是为了推广应用。研究结果和结论应具有引领和指导意义。探讨的问题应该是一定范围内的同道们普遍关心，而且尚未解决的问题或尚缺乏统一认识的问题。预期研究成果可对促进学科进步增砖添瓦有所贡献。

四、需要性原则

注重社会效益和经济效益，避免脱离实际的仅仅是为了研究而进行的研究，或者仅仅是为了发表论文而需要成为作者的所谓研究。进行科学研究时，课题的专一性十分重要。研究者应该确立自己的专业研究方向。专业方向一旦确立，则应保持特色，始终不渝。经过长期的科研活动，始终坚持自己的专业特色，久而久之就会有意想不到的收获。连续深入地在某一专业领域进行研究，有利于建立自己的特色专长，使自己成为某一领域或某一学科的专家。此外，在实际工作中，有的小发明、小革新完成之后，也会产生较好的经济和社会效益。

五、可行性原则

产生了有意义的选题后，紧接着就要构思初步研究方案，进一步考量自己具备的能力和可以拥有的条件是否足以完成该研究项目。应考虑的研究条件主要是进行该研究所需的经费、设备、场所、信息等。考虑个人能力和条件时不应忽视团队成员个人和集体的综合素质及作用。

第二节 选题方法

一、从招标范围中选题

从项目招标指南中寻找研究课题。申报某基金项目时，首先查阅该基金的项目指南，也可查阅相关机构的技术难题指南。从中可以了解该做哪些工作。不同基金计划的目标类型，申报程序及资助强度和对象有差异。以医学科研的国家任务为例，一是国家医学科技攻关项目，重点解决严重危害人民健康和生命安全的重大疾病的防治技术和手段，多以应用研究为主。二是国家自然科学基金，重点资助基础研究和应用基础研究。此外，国务院各部委、各省市、各厅局以及有关学术团体也相应制定出适合各自专业特点和各省市地方特色的经济、科技发展规划，这些规划中所提出的要解决的研究目标就更具体和明确，从中寻找研究课题同样是医学科研的重要渠道。从国家卫生健康委员会层面来讲，其科学研究基金和优秀青年人才专项科研基金的经费分配比例，基础性研究和开发性研究共占约 1/3、应用研究约占 2/3。医学科研选题时应密切关注国家和地方发展的规划与动态。

医学科研人员还可以走向社会，与医药企事业单位挂钩，为其研究新产品、开发新药物，以增加新的课题源。当然也可根据医疗实践中遇到的实际问题，自由选题、自筹经费进行研究。

二、从实际工作中选题

在医疗工作实践中发现研究课题。实际临床工作中难题不断，如果产生了解决这些难题的冲动和欲望，并采用科学的思维和方法，带着问题思考，就不难酝酿出有意义的研究课题来。同时也要善于同事同行之间沟通交流，以拓展思路、启发灵感。因此课题就在自己身边，只要你能留心，就不难发现。

三、从已有课题的延伸中选题

在医学科学研究过程中发现新课题。在某一项目研究过程中可能会发现一些新问题，另外要解决这些新问题，自然而然也就产生了新课题。

四、从文献空白点中选题

通过阅读文献选择课题。在大量阅读文献过程中，会发现哪些领域中有多少悬而未决的问题。对这些问题，考虑你自己的条件能否做一些工作？做什么？从中产生自己力所能及的研究课题。

五、在争论焦点中选题

关注学科动态，注意从学科当前普遍关注并且认识分歧较大的、迫切有待解决的问题入手选题。

六、从改变研究内容组合中选题

从研究范围着眼，跨学科跨专业寻求解决问题的方式方法。从研究方法入手时，可考虑解决老问题时寻求最新的方法，解决新问题时采用传统成熟可靠的方法。

第三节 论文撰写步骤

撰写医学论文不仅需要写作一般文章的技巧和语言修辞，更重要的是研究方法、研究过程及研究结果在文字上的一种科学表述和再提高，是撰写者在实际写作过程中知识广度和深度以及综合能力的体现，也是医学科学自身发展的结晶。医学论文撰写步骤从过程上大致分为选题、收集资料、撰写三个阶段。

一、选题阶段

确定撰写论文选题是撰写论文的第一步，提出有意义的问题往往要比解决问题更为困难。因此，应勤于发现并提出有意义的医学问题并善于将其转化为研究课题以及撰写论文的选题。应着重选择业界普遍关注、可能对读者增长知识和提高技艺有帮助、有助于推动技术进步而值得研究的选题。选题注重：一是在前人或别人研究的基础上有可能获得创新；二是尽可能在搜集和占有大量文献资料的基础上开展研究。确定选题后，应及时按照医学科学研究基本原则及方法进行设计，并制订出严谨周密详细的实施计划。

1. 选题原则　撰写论文选题原则与研究课题选题是一致的，这里再强调两点。

（1）有创新性：前人未解决的问题；前人解决不彻底的问题；前人虽已得出结论，但不同作者间持有不同见解的问题；目前存在较大争议的问题。切记避免不必要的简单重复。

（2）突出特色：在不同地区或人群中进行研究可以对已有的研究结论加以证实或补充。国外已有研究可引进，并结合我国实际进行研究，以填补国内空白。

2. 选题过程　包括提出问题、搜集文献、形成假设，论证立项。

（1）提出问题：是选题形成的萌芽阶段。发现问题的灵感来源：①经验积累。②意外启发。③阅读文献感想。④实际需要。⑤研究中发现。

（2）搜集文献：通过期刊、图书、数据库、学术会议、相关公报等多渠道全面深入地搜集相关的信息,不仅为选题及实施研究提供依据,也可为后期论文写作提供可借鉴的资料。

(3)形成假设:通过查阅文献、咨询专家有关进展、性质、目的、价值,形成假设(题目)。

(4)论证立项:论证选题的创新性、可行性,认为可行后立项。

3. 注意事项

(1)研究的目的和内容要明确与具体:研究者必须明确自己为了达到什么目的要做什么?为什么要做?怎样去做?目的不是口号,而是要解决的具体问题和要达到的目标。目的和内容要从题目上显示出来,题目一般20个左右汉字为宜,旗帜鲜明。

(2)要结合自身优势、工作基础、技术条件及经费考虑。

(3)要加强合作,善于用别人的优势充实和发展自己。

二、收集资料阶段

制订详细的研究计划和科研流程,严格按照科研流程进行研究,并一丝不苟地收集撰写论文所需的直接资料和间接资料。

1. 直接资料 包括在基础实验、临床试验或调查研究中获得的实物、数据、现象、图片、照片、录音、录像、实(试)验记录、观察日记和札记等。收集直接资料时应注意:①深入实际,勇于探索:这是获得第一手资料的需要,这不仅需要付出大量的时间,还要耗去巨大的精力。只有献身科学事业的人,才有这种忘我精神。要取得重要资料,必须深入实际,更要身临第一线,参加实际工作,动手动脑。②认真验证,去伪存真:在观察和收集直接资料中,有时会相互矛盾,有些资料真真假假,有些资料模糊不清,因此必须及时对资料进行辨别选择。对学术界已有定论的资料要敢于怀疑,对有疑义或负面的资料也不要轻易否定。总之,必须从实际出发,认真验证,去伪存真,不然就会犯错误。③及时记录,完整无误:在科研工作和论文写作中,任何一点差错,都可能使前功尽弃,所以记录时一定要精细准确。记录要及时,一定不要拖延,更不要时过境迁而仅凭事后回忆去记载。要养成及时写札记、每日记笔记的良好习惯。在平时和研究中有时会突然想到或发现某个有价值的问题或现象,一定要及时简要地记录下来。实(试)验、观察笔记要写具体,对一个实(试)验和一个事物的记录要完整。有些资料常因一点难以弥补的残缺而完全丧失了科学价值。记录细致完整还对技术发明获得专利权有重要意义。很多国家专利局评判同一发明的先后,依据就是完整的实验记录。④实事求是,不漏细微:在研究过程中不要忽视寻常和偶然现象,有很多观察敏锐的科学家能从容易被人忽视的日常生活和自然现象中发现具有重大意义的资料。有些偶然少见的奇特现象，也不要因为自己不理解而忽略，因为很多偶然现象往往是重大发现的先导。

2. 间接资料　在前期查阅资料的基础上继续查阅搜集文献资料，以掌握当时对某一问题的最新研究动态，获得科学发展的最新信息，为自己进行的研究提供线索，也可为写出高水平论文提供素材。同时从文献中也可以获得前人证明的事实、数据、理论、定义、公式、方法以及别人的假说、经验和教训等，这些均可作为自己研究与写作参考。

3. 查阅文献的步骤

（1）从各种途径广泛查阅研究课题所需要的书名、篇名目录。搜集目录的方法有：一是靠平时积累，在阅读书刊时、在听学术报告或听课时都要留意搜集记录书目、题名等及其该文献出处和可获取的路径；二是有计划地定期浏览一些与自己专业、科研有关的期刊，特别是要经常浏览文摘，掌握国内外动态，发现有关书名、篇名就及时摘录下来；三是通过图书馆、资料室的分类目录索引或机读数据库查找；四是利用互联网在网上检索。

（2）将自己得到的大量目录进行分类、编号，并认真筛选，分清主次。以便确定哪些先读，哪些后读，哪些可以不读。也为使用时查找与核对提供方便。

（3）阅读文献要有目的有计划分阶段地进行。一般应该先看目录、摘要、引言、小标题、结论。浏览时要注意看关键的概念、材料、方法、数据、过程。在查阅文献资料过程中，要善于提出问题，思考问题，要分辨真伪，去粗取精，以利于研究与写作。总之，搜集、查阅文献资料必须持之以恒，只有长期不懈地坚持下去，才能为日后写作提供有价值的素材。

三、撰写阶段

医学论文的撰写一般分为准备资料、收集资料、整理数据、撰写论文、修改论文等过程。

1. 准备资料　首先是围绕问题收集资料和分析资料，虽然在课题研究或临床观察之前，已对有关资料和学术动态进行了搜集和分析，但是在撰写论文阶段仍然需要查阅大量有关文献，以作为对已掌握文献的补充。有人统计过国内外多数科学工作者查阅文献的时间约占整个科研工作的三分之一。如果缺乏最新参考文献的支撑，要想使自己论文达到新颖和独创，几乎是不可能的。由此可见，查阅搜集文献在整个科研和写作过程中的重要性及必要性。搜集资料的目的是为撰写论文开拓思路，提供理论依据。因此在搜集资料时,应根据论文的需要,把与科研课题有密切关系并要引用的资料建立自己的数据库或做读书卡片,注明文献的出处、作者、题目、杂志的名称、卷、期、页数、年代等,甚至全文,漏一不可。否则等到自己论文成形需要注明参考文献时才发现缺少项目,不得不白白浪费时间重新查找。

2. **收集资料** 应根据研究课题的需要:①选择检索工具。②确定检索方法。③查阅原始文献。搜集本人论文所需要文献时,首先应特别注意以下几方面的资料:①在方法上沿用前人的,或在前人方法的基础上加以改进的。②在理论认识上支持自己论文观点的。③前人研究的结论与自己论文描述不同,需要加以说明的。④对自己论文所研究的问题前人存在争议和正在探讨的。将这些资料搜集好后,编好序号,以备自己撰写论文时使用。其次是对研究材料的准备工作,它包括对材料的取舍和整理,对实验观察数据资料的分析处理,合理选用适当的图、表和照片等。这部分工作有时在试验结果分析时已经完成。再其次是明确结果,提炼观点,导出结论。在上述准备工作完成以后,要根据有关文献和实验观察所得的资料,重新核对自己试验设计中所包含的思想,运用辩证唯物主义的观点,分析设计中哪些观点在理论上成立,而在试验中得到证实;哪些观点在试验中没有得到证实或未完全被证实,而需要进行修改;哪些现象和指标超出原来设想,而且可能有新的启示,而需要另外进行新的分析。通过对试验材料的分析,使试验材料和理论认识充分结合起来,提炼出能说明自己观点的资料并提出结论。通过以上的准备工作,使理论和实践达到充分的统一,从而提升论文的水平。

3. **整理数据** 在实施设计计划中收集到的各种数据资料集中分类并选择正确的统计学方法计算处理,分析整理并归纳小结。

4. **撰写论文** 首先要明白,发表医学论文是作者想要向读者交代清楚以下四个问题:我进行该研究的目的是什么?我的研究是如何进行的?我研究的结果及结论是什么?我的研究成果有何实际意义及我对自己研究成果的认识是什么?然后初步构思,思考论文的整个布局、顺序、层次、段落、内容、观点、材料,怎样开头和结尾。构思是写论文不可缺少的准备过程,构思时论文的主题要明确,用以表现主题的材料要充分、典型、新颖,结构上要严谨、环环相扣。只有潜心构思,才能思路流畅,写好提纲和论文。

(1)拟定提纲:撰写论文之前,应先拟定提纲作为全文的框架,其具有形成结构、疏通思路的作用。一方面,拟定提纲可帮助作者从全局着眼,明确层次和重点,便于论文写得有条理,结构严谨;另一方面,通过提纲把作者的构思、观点用文字固定下来,做到目标明确,主次分明。随着思路的进一步深化，可能会发现新问题、新方法和新观点等，使原来的构思得到修改和补充完善。提纲是论文的轮廓，应尽量写得详细一些，拟写提纲多采用标题式和提要式两种方式。

标题式提纲：以简明的标题形式把论文的内容概括出来，用最简明的词语标示出某部分或某段落的主要内容，这样既简明扼要，又便于记忆，是医学科研工作者经常采用的方法。提纲的简繁可根据实际需要而定，篇幅较小的短文，提纲可能只需要提纲挈领的几行文字。篇幅较大的论著必须有层次清楚的详细提纲，它可以帮助作者把材料组成一个理论体系，使作者纵观全局，以便从整体出发。实际上，不同体裁的医学论文均有约定俗成相对固定的表述格式，撰写时可选择已发表的相关论文的格式作参考。

提要式提纲：在标题式提纲的基础上增加较具体较明确的内容提要，概括出各个层次的基本内容。实际上也是论文的缩写。

以上两种提纲形式，作者可根据自己的写作习惯选用，无论选择哪一种，其目的都是在于启发写作的积极性和创造性。在实际的写作过程中，应做到既有纲可循，但又不死板拘泥于提纲，尽可能地拓宽思路，这样才能写出好的论文。

（2）起草论文：就是把研究中取得的数据和资料分析归纳整理后，将要写的内容依次充填到提纲相应部位，这是论文写作最重要的阶段。论文草稿的拟写方法有多种，实（试）验研究性论文的撰写多采用顺序写作法，即按照医学论文的规范体例或提纲从头至尾的先后顺序描述各环节的研究内容，给出依据并分析归纳阐明自己的观点。论文草稿也可采用分段写作法，此种写作法多是作者对论文的中心论点已经明确，提纲已形成，先将已经成熟的章节或段落内容写出来，而对某些层次的内容没有把握或没有考虑成熟，暂且放一下，待思考成熟或进一步实（试）验后再写作，这种写法类似于填表格。虽然分段写作不受顺序的先后限制，但最好每次要完成一个完整的章节，直至完成全部，形成初稿。无论哪种方式完成初稿全文后，均需进行前后对照检查，使全文风格一致，层次清楚，衔接紧凑。

根据整理过的资料所显示出来的内容实质，按"量体裁衣"的原则，决定拟写论文的体裁及其长短。一般地说，大系列的研究可以采取论著的形式。如果其研究结果无太大价值，甚至是阴性结果，即未能证实假说，则可采用短篇报道形式，提示读者可不必重复这一实验。表述中对于与主题关系最为密切的可列为重点内容，进行详细交代。对于衬托主题的相关材料，可简要概括说明。对于与主题关系不大的一般性材料，只需蜻蜓点水，一笔带过。

论文表述一定要语意确切，层次分明、清楚。体裁决定之后，首先在回顾研究过程和全面熟悉内容的基础上，尽量放开思路，从各方面广泛联想，进行所谓"发散思维"，将问题想广、想深些，将思考的问题逐条及时写进提纲中。接着反复考虑这些问题之间的逻辑联系，进行概括、分类，这就是所谓"收束思维"。对材料进行消化和逻辑思维的过程，就是提炼出自己论点的过程。将有关结果的各方面内容，按一定的逻辑关系，作简要地表述分析，放在各段（部分）的首部，用作主旨句，再列举有关事实材料后，用理论（或搜集、查阅的文献资料和佐证）进行评析、概括。这样做到条理明晰，论述得宜。如果某一理论内部联系很紧密，不宜分开，可相对集中成一段放在全文或每部分的前部，作为全文或每部分的指导思想。理论中有些过于专业化的语言风格要一致，要注意理论表述与事实陈述间的过渡。理论阐述是论文的骨架，对论文内容起定性作用，对论文结构起定序作用，串联起正文的各部分。但理论不能代替事实（数据、现象），没有充分和必要的事实与数据起定性与定量的作用，结论是无法推出的。所以正文的理论与事实必须做到夹叙夹议，搭配得当。把所有想要写的内容都写出来，各部分的中心思想（内容）必须集中和单一，但都是为主题服务的。在此基础上，再检验每一部分所占的地位，所起的作用，相互间是否有逻辑关系。然后去粗存精、由表及里，把不重要的、可有可无的和众所周知的内容删除，最终形成初稿。

5. 修改论文　是写作过程中不可缺少的环节。无论是初次写作者还是经验丰富的老作者，在初稿完成后都需要经过一番审读、推敲、修改才能定稿。作者把自己的科研成果以论文的形式表达出来，并不是一件容易的事情。搞科研费心事，写作费心事，修改更费心事。修改是对初稿内容的不断完善、深化和提高，对文字进一步加工和润色，对观点进一步订正。

论文的修改者应包括执笔完成初稿者本人、署名作者及研究工作合作及参与人、其他有经验的同事或上级。修改方法一般有通读和相关事宜专项审核修改两种方式，可以结合使用。通读即从文题第一个字符开始至文末最后一个字符结束，从头至尾逐字逐句逐个标点符号逐个图表通读过程中发现问题，对简单明确的问题要随读随改。如果遇到较复杂的问题并且当时难以修改满意时，可标记后暂时搁置留待以后合适时机专门解决，然后继续通读直至末尾。相关事宜专项审核修改是抽出论文各章节或段落中同一或相关事宜的描述，专门针对这一事宜前后文表述是否一致进行把关，如：同一个或同一组数据各章节描述是否一样，同一内容在正文中叙述与图表中以及图表的题目和注解的描述是否一致等。另外，还必须对文题、研究目的、研究结论是否一致，文题与正文内容是否相符，参考文献在正文中标注与著录是否一致等专项核实并进行必要的改正。

修改过程中应特别注意以下几个方面：文题是否与正文内容相符合；论点是否鲜明；论据是否充分；论证是否严密；布局是否合理；结论是否科学客观；医学名词是否正确；术语是否规范；文稿是否符合医学论文写作规范和拟投稿杂志稿约的要求；标点符号应用是否正确；有无错别字等。有时，由于作者自己的思路有一定的局限性，可能对文章的某些问题认识不足或对初稿的偏爱，一时难以对文稿恰当的增补和删减，为了保证质量，很有必要请内行专家帮助修改或提出意见，这样才能使论文质量更完美。修改文章要舍得割爱，要坚持论文的科学性、先进性、实践性、思想性、逻辑性和可读性，从各方面把握住论文的质量关，真正做到删繁就简，去粗取精。最好的办法是在自己修改的基础上，请参加科研工作的同志或你认为对修改此文可能有较大作用的同志帮助审修。总而言之，将可能有助于提高论文质量的所有措施用尽后再定稿。最终目的是使论文的观点、结论更经得起考验，文字更为精练，从而使论文质量得到相应提高。定稿后还可短暂放置一些时间，稍微清净一些的时候再拿出来看看，往往还能发现问题，这样可以克服生理盲点和思维惯性。

第四节　选刊投稿

一般性非涉密科学研究成果需要公开发表后才能被承认，才会产生社会效益和经济效益。所以论文修改完毕就应尽早投送期刊要求发表。虽然稿件投送后被杂志录用刊登发表的决定权并不在作者手里，但论文的质量是作者可以把控的，将稿件投给哪家杂志也是作者可以选择的。如果论文质量不存在任何问题，投向又对路，被选用的概率就会很高。总之，论文内容与投稿杂志要求及其主要读者对象应该相适应，要想了解这一行情，首先分析一下哪些人群可能对你这篇论文内容有兴趣，这些人通常比较关注哪些杂志，他们最关心的那个杂志就应该是你这个稿投稿的最佳选择。随后浏览一下目标杂志稿约（投稿须知）、征稿启事和目次（含总目次）等，以了解其办刊宗旨、编辑方针、报道范围、主要读者对象和栏目设置等，初步判断该刊比较欢迎什么样的稿件。然后再翻阅一下该杂志近三五年来已刊出论文的情况，进一步判断自己的稿件可能的受欢迎程度，筛选后确认最佳投向。往往同一篇论文可投稿的杂志会有多个选择，那么首选应该是经过分析判断最有可能接受发表你论文的杂志。医学学术论文可以选择投稿的杂志大致上可以分为本专业及本学科专刊、医药院校学报、地方性综合性医学刊物、相关临床各科专业刊物几大类，每一类中还可能会有同种刊物若干个。

稿件投出后，应密切关注其处置进展，作者有任何需求或问题时均应及时联系编辑部妥善解决。避免不必要的误会，影响稿件处理的正常进程。

第二十二章　医学科研设计

医学科研是促进医学发展的重要手段，其最重要的特征之一就是不断创新和发展。而医学科研设计是医学研究中至关重要的一个环节。良好的科研设计可用较少的人力、物力、财力和时间，获得较丰富可靠的资料，而且能较好地控制实验误差和混杂因素，更重要的是保证研究的科学性、可靠性、可重复性和诚信度。科研设计好比一项医学工程蓝图，没有良好的蓝图，就不可能完成良好的科研。制订好一份质量优良的设计，科研工作就已经完成了一半。设计出现问题，不规范、不完善将导致研究工作的失败。

什么是科研设计呢？就是在拥有一定专业知识基础上，根据统计学原理，为某一现场调查、临床疗效观察或实验室研究制订的具体工作计划。科研设计包括专业设计和统计设计。专业设计主要考虑研究对象的选择，研究类型的确定，实验技术和方法的确定，实验设备与试剂的要求并提出假说，围绕假说设置技术路线和试验方案。统计设计包括统计研究方法的类型；抽样方法或实验对象分配方案（分组方法）、对照设置方式、研究对象数量估计等，以最少的调查和试验观察数量进行高效率的统计分析。

专业设计主要解决创新性与实用性问题，"创"指他人没有研究过的题目，而不是重复别人的工作，"新"指研究项目有独到之处，而不是模仿和低水平的重复，对国外引进的项目，必须有填补国内空白的价值。实用性就是尽量选择防病治病中有重要意义和迫切需要解决的关键问题，如常见病、多发病的防治研究、地方病、职业病、传染病、心脑血管疾病、肿瘤等影响人类健康疾病的研究以及提高劳动者健康水平、促进医学发展的理论研究、基础研究等。统计设计是从数理统计的理论、方法出发，考虑如何对试验、观察内容进行合理的安排，对研究结果进行最有效的统计整理、分析，以保证研究成果的可靠性、精确性和科学性。

第一节　医学科研设计基本原则

一、随机化原则

随机的作用就是机会均等，包括分组随机和实验顺序的随机，目的是使样本具有很好的代表性。分组随机是指每个研究对象分配到不同处理组的机会相同，从而保证每个处理组研究对象尽可能均衡一致，以提高组间的可比性。实验顺序的随机是指每个研究对象先后接受处理的机会相同，其目的是平衡试验顺序对结果的可能影响。为了创造这种均等就要采取一些措施，最好的方法就是将受试者编号，然后以抽签的方法决定组别，常用随机数字表法和随机排列表法来分组，避免以受试者自愿选择和科研人员的主观意愿去分组。随机化方法可以用随机表法、计算机随机、奇偶数随机、入院单双日随机、硬币投掷随机等方法。

二、对照原则

设立对照的作用就是为了消除和减少实验误差，提高实验效率，更好地评价和鉴别实验结果，避免产生错误的结论。对照的种类有标准对照、空白对照、相互对照、实验对照、自身对照、安慰剂对照、阳性对照、阴性对照、历史对照等。然而在实际工作中，很多医学科研论文中由于对照设计存在问题而影响了科研质量。如有些研究应设而没有设对照组，这就无法排除一些非观察因素的影响，其研究结果很难说具有可信性和临床应用价值。例如研究某种新药、新的(改进的)治疗方法、新的医疗仪器在临床应用多例，结果优良率较高，建议临床推广应用但不能排除个体差异、并发症等以外的其他因素，还有的病可以自愈，就很难肯定其真实疗效。有些是对照组设立不当，如研究某新药的降压效果，观察50~75岁的高血压患者100例降压情况，以同样数量的31~49岁的年轻人作对照，得出年轻人降压效果优于老年人的结论。殊不知血压与动脉硬化关系密切，年轻人与老年人血管硬化程度不同，两组年龄差别太大，缺乏可比性，结论可信性度差。历史对照是用以往收集的病例与现在收集的病例进行对比，这种对照缺乏齐同对比的前提条件。因为不同时间的发病率、致病因素特性、诊断标准、治疗方案、操作条件、技术水平、患者的病情、实验室条件等都会有变化，即使是同一实(试)

验环境也难以均衡，其可比性较差，一般不主张采用。但若考核时间因素带来的变化，则可采用历史对照。例如，研究我国1996年到2016年20年间12岁男女儿童身高的变化则可以采用历史对照的方法。

三、重复的原则

有三个含义：①结论的重复：当研究因素作为病因的条件之一时，其结论可以在不同地区、不同人群、不同时间重复观察到。②用多个实验对象进行重复：避免把个别情况误认为是普遍情况，把偶然或巧合现象当成必然规律；通过一定数量样本量的重复，使结果具有稳定性，且有利于别人验证。③同一实（试）验对象的重复观察：保证观察结果的精度。如测血压，对同一对象测量3次取平均值。为了体现可重复性，观察样本的数量不能太少，如果观察数量太少，其实验结果可能受到个别极端值的影响，仍会产生较大的误差。但样本所含数目过大或实（试）验重复次数太多也不符合经济原则。故样本含量既要保证实验结果可靠，又要避免不必要的浪费。所以在科研设计中，样本含量的确定是很重要的，许多医学统计学著作中，都有关于样本含量的计算公式，在这里就不一一展示了。

第二节　医学科研设计分类

一、实（试）验性研究

实（试）验性研究是在严格控制实验条件下，研究因素由研究者主动给予受试者（研究对象）的一种研究。一般以动物、标本或其他生物材料为研究对象，实验研究中最常见的是动物实验研究，无论是传统药理学、毒理学、微生物学、寄生虫学和遗传学，还是近代的分子生物学、分子遗传学以及新药的临床前试验都需要动物的实验研究来证明。动物实验研究的优点之一是许多条件可由实验者人为地控制，但是动物与人之间存在种属差异，动物的实验结果不能完全解释人类的现象，不同种系的动物也有不同的生物学特点，实验中动物可能发生意外死亡，要分清动物死亡的原因，是实验药物中毒还是其他原因所致，要根据研究中的实际情况决定是否放弃死亡动物的实验数据，绝不能一律弃之。在实验研究中有三个基本要素：①处理因素：是研究者感兴趣的对实验有影响的试验条件或因素。处理因素可以是本身具有的，也可以外部施加,如药剂(降压药)、手术方法、毒物等。处理因素必须标准化,应确定处理因素的水平和因素的个数。②受试对象:受试对象可以是人、动物、微生物、细胞、分子、基因。病例的选择应有严格的诊断、纳入、剔除标准;随机取样,有足够样本量。选择受试对象原则:对干预措施有效、预期发病率较高、干预对其无害并能将实(试)验进行到底、依从性好的人群。动物的选择应注意种类、品系、体重、窝别、营养(选同质、反应稳定、来源容易的动物),如SD大鼠和Wistar大鼠对多种疾病敏感,常被用来做动物实验研究。③试验效应:即处理因素作用于受试对象的结果,通过观察指标来进行表达,观察指标应客观、精确、灵敏、特异。应尽量选用通过观察或仪器测量到的客观指标,如心率、身高、体重、血脂、血糖、肝功能、肾功能、标志物、细胞因子及心电图、脑电图、影像学(超声、X线、CT、MR)等,少用主观指标,如疼痛、恶心、食欲缺乏等,因为主观指标每个人的敏感度是不同的。应尽量选用定量指标,少用定性指标。要有高的敏感度和特异度,有较高的稳定性。

1. 实验性研究设计方法

(1)完全随机设计:①不考虑个体因素的影响,仅考虑一个处理因素。②按入选标准与排除标准确定研究对象,各组样本量可以相等或不等,但相等效率高。研究对象随机分到各组或从总体中随机抽取样本。

优缺点:① 设计与分析简单,易于实施。②缺点是只能安排单因素,随机误差相对较大;个体变异较大,有些混杂因素难以控制,需要探讨混杂因素时,可采用分层随机设计。适用范围:处理组数和各样本数都不受限制,统计方法也相对简单;实验组对象发生意外,信息损失小于其他设计。

(2)配对设计:是将条件相同或相近的受试对象按某些特征或条件配成对子,然后把每对中两个受试对象随机分配到不同研究组,这种设计称配对设计。可分为4种:前后配对、左右配对、异体配对、交叉配对和同一批患者分别用两种方法诊断的配对。适用条件:用于急性病与短期试验,绝不能用于慢性病。可用计数资料,也可用计量资料。注意自身(干预前后)比较时前后间隔时间不应太长。

(3)随机区组(配伍组)设计:把实验条件相同,实验对象性质相近的组称为区组(配伍组),是配对设计的扩展。随机区组设计的三个条件:①一个试验有若干个区组组成,先配区组,再随机分组。②区组数等于处理组数,如有3个处理组,就须有3个受试对象配伍。③区组内对象随机分到各处理组。随机区组设计变型:治疗前后不同时间的比较;同一批样本不同方法或不同实验室检测的比较。

优缺点：①可安排一个因素，也可安排两个因素。②误差小，均衡性好，节省样本含量，统计效率高。③缺点是不能分析交互作用。按月龄和性别进行随机分层分组举例见表22-1。

表22-1 用某中医手法治疗婴儿呃逆临床试验

性别	0~3月龄		4~6月龄		7~9月龄		10~12月龄	
	男	女	男	女	男	女	男	女
	A	B	A	A	B	B	A	B
	A	A	A	B	A	B	A	B
	B	A	B	B	B	A	A	A
	…	…	…	…	…	…	…	…
	B	B	B	A	A	A	B	B

(4) 交叉试验设计：在自身配对设计基础上发展的双因素设计，它可在同一受试者身上观察到两种或多种效应，能消除受试者之间的变异，减少误差，甲乙两组分别接受A，B两种因素处理，经过一段洗脱期，再交换过来接受另一种处理，两组均可以是处理组和对照组，试验分为前后2个阶段进行，将A，B两种处理先后施用于同一批试验对象，随机地使半数对象先接受A，后接受B，另一半对象先接受B，后接受A，两种处理在全部试验中交叉进行，所以称为两个阶段交叉试验设计。优点：①节约样本量，可以比随机设计节省一半样本，消除了个体差异的影响。②能控制时间因素（试验顺序）对处理方式的影响，优于自身对照设计。③可以比较组间，患者间的差异。缺点：①两次观察时间不能过长。②不能分析因素间的交互作用。洗脱期的长短可根据不同的处理措施而定，要广泛的查阅有关文献或进行预实验后确定。一般用药物半衰期的5~7倍。交叉试验适用范围：①动物来源困难、试验动物个体大、耗费较多的实验。②适用于间断发作或反复发作的疾病。③适用于药物或病情稳定、起效快的慢性病（溃疡病、高血压、类风湿性关节炎、肿瘤）症状和体征的缓解或减轻。④适用于药物机制的生物等效性研究，如治疗药物的筛选。⑤适用于临床研究的早期阶段。注意：并非所有疾病都能进行交叉实验研究，某些疾病可能一生只发生一次，如败血症、大叶肺炎等，患者患病后，要想在同一病例身上使用两种治疗方法的对比，显然是不可能的。因而也限制了交叉试验的应用范围。

(5) 析因设计：是两个或多个水平交叉分组进行试验的设计，不仅可以检验各因素内部不同水平之间有无差异，还可以了解因素间的交互作用，交互作用是指两因素间效应互不独立的情况，即当某一因素在一个水平变化时，另一因素同个水平的效应也相应发生变化（协同作用或拮抗作用）。可得到三方面信息：①各因素不同水平效应大小。②各因素间交互作用。③找出各水平间最佳组合。适用范围：析因设计各处理组在均衡性方面的要求与完全随机设计一致，各处理组样本量尽可能相同。

优缺点：可以考虑交互作用，但有时高级交互作用是很难解释的，而且分析工作量会很大，所以实际工作中只考虑1，2级交互作用。如某医院研究A，B两种药物对子宫的收缩作用，以大白鼠为研究对象，并考虑大鼠体内激素水平对收缩作用的影响，试做析因分析设计。考虑因素A药、B药和激素水平（C因素）3个，每个因素均为两个水平，C因素为内在因素，处理组设置时通过选取不同水平的对象来实现。

（6）盲法设计：盲法设计的必要性：在临床试验中，研究者或受试者均可给试验效应带来影响，造成偏倚。偏倚的存在无疑影响处理因素的真实效果。解决这个问题的主要方法，就是使受试者不知道自己接受的是什么处理，即盲法设计。盲法是临床试验中防止各种偏倚的重要措施。因为在患者方面可能因心理作用，知道自己用的是新药或旧药可能会影响到对治疗的态度、研究的配合、问题的回答、病情的影响。在反馈评定者时因知道用的是新药或旧药可能会有对新疗法期许的倾向，增加检查患者的频率，辅助检查的应用或对患者有暗示，影响对效果的客观评价。

盲法设计有以下几种：单盲法，研究者知道设计及分组情况，只是研究对象不知道。双盲法，研究对象和研究执行者都不知道试验分组情况，只有研究设计者知道，双盲临床试验也有一定的困难，一是由于伦理问题不能进行双盲，二是试验操作方法对试验者和实施者无法保密。三盲法，不但研究对象和执行者不知道分组情况，负责资料收集和和分析的人员也不了解分组情况，此法因设计、实施都比较困难，应用较少。

盲法的优点：对疗效和不良反应的评定更为客观，使试验更为科学，减少偏性。盲法适用范围：①判断疗效指标缺乏客观、特异的硬指标时。②有明显的自愈趋势的疾病。③目前无特殊治疗，暂时不治疗不会有严重危害的疾病。不适用盲法设计的情况：无法双盲（手术、理疗、放疗）、不宜双盲（病情复杂、危重、需随时调整治疗方案、对症下药的患者）、不必双盲（以硬指标判断疗效）。

二、调查性研究

调查性研究是指在没有任何干预措施的条件下，客观地观察和记录研究对象的现状及其相关特征，调查性研究的特点是：①研究对象及其相关因素

（包括研究因素和非研究因素）是客观存在的。②不能用随机化分组来平衡混杂因素对调查结果的影响，只能对调查对象进行被动观察，因此又称观察性研究。调查性研究分为普查、抽样调查和典型调查。

1. 普查　是将组成总体的所有观察单位全部加以调查，如我国的人口普查，理论上只有普查才能取得总体参数，没有抽样误差，普查一般用于了解总体某一特定"时点"的情况，如年中人口数、时点患病率等，当调查时点患病率时，应尽可能在短期内完成，否则人口变动、季节变化、新的患者陆续发生都会影响患病率的准确性，对一些病程较短的疾病，如急性传染病，不适合时点普查。

2. 抽样调查　是从总体中抽取一定数量的观察单位组成样本，然后用样本推论总体，用样本指标估计总体参数，抽样调查比普查的观察单位少，因而能节省人力、物力和时间，并可获得较为细致和准确的资料，有许多医学问题只能做抽样调查，如药物疗效。抽样调查在实际工作中应用广泛，它还可以用于检查普查的质量，但抽样调查的设计、实施和分析较复杂。其抽样方法又分为分层抽样和整群抽样，分层抽样是将总体中的所有观察单位按某种特征或标志（如性别、年龄、职业、地域）划分成若干类型或层次，然后在各个类型或层次中采用单纯随机抽样的办法抽取一个子样本，最后将这些子样本组合起来构成样本；分层抽样的优点是：减少抽样误差，分层后增加了层内的同质性，可使观察值的变异度减小，有利于调查组织工作的落实，还可以对不同分层独立进行比较。整群抽样是从总体中随机抽取一些小的群体，它的抽样单位不是单个的个体，而是成群的个体，"群"的大小是一个相对的概念，可以是一个地区、一个居民区或学校中的一个班级，群内的观察单位数可以相等，也可以不等，但差异不应太大。

3. 典型调查　也称案例调查，即在对事物全面分析的基础上，有目的地选定典型的人群、典型的单元进行调查，如调查典型病例研究其病理损害，再如遗传性家系调查就是针对某种遗传性疾病在一个家系中遗传的特点和规律以及其遗传的位点。典型调查还可以与普查相结合，分别从深度和广度说明问题。但由于典型调查没有遵循随机抽样的原则，所以不能用于估计总体参数，不属于统计推断的范畴。

以上三种调查根据不同的调查的目的进行选择。调查性研究应注意：①要明确调查的目的和指标，指标要精选，要重点突出，不要贪多求全，分散精力。②调查对象可以是一个人、一个家庭、一个单位、一个地区，对大规模的调查要有组织计划，包括组织分工、时间进度和汇总要求。③对参加调查的人员要先进行培训，统一调查方法（普查或抽样调查），设计调查表格，并在正式调查前先做小范围的试点调查,以便检验和修改调查计划。④对调查收集到的数据要进行仔细的核查和质量评估,对不合格的或内容缺项者要及时进行重新调查和内容补填。

三、队列研究

队列研究又称定群研究、随访研究。目的是检验病因假设,根据是否具有某种可疑病因分为暴露组和非暴露组,经一个随访期后,如暴露组发病率或病死率高于对照组且差异有统计学意义,则可判断两者之间有因果关系。可观察到在队列人群中发生、发展、演变及转归全过程,队列研究从研究因素着手,追踪发病或死亡,从"因"到"果"。目的是检验某因素能影响某疾病发生概率的假设。即人群的疾病自然史,如 HbsAg 阳性人群肝癌发生率观察。特点:①研究队列确定的是现在,根据研究对象现在的暴露分组,结局在将来某时刻出现。在队列研究中应首先确定研究因素,如暴露因素的性质、暴露时间、频率、强度、方式等。②明确划分暴露与非暴露人群的界限及暴露因素分级标准。③除暴露因素外,还要收集研究对象的人口学特征和其他(混杂因素)资料。④确定研究结局,包括终极结果(如发病或死亡)、中间结局(如血清抗体、血糖、血脂)等达到某个水平。⑤定性或结局的判定标准要统一,在研究过程中严格遵守可同时收集多种可能的与暴露有关的结局。暴露人群的选择:①职业人群:主要用于某些职业中常见的特殊因素,使职业人群的发病或死亡率远远高于一般人群。②特殊暴露人群:如核事故受害者、接收放射线患者。③一般人群:多用于研究的因素与疾病是人群中常见的,或观察一般人群发病,特别是观察环境因素与疾病的关系。④有组织的人群团体:如学校、机关、团体成员(群体抽样)。队列研究的类型有三种:①前瞻性队列研究(即时性队列研究):是队列研究的基本形式,研究开始时结局尚未出现。②历史性队列研究(非即时性队列研究或回顾性队列研究):根据研究者已掌握的研究对象在过去某个时点的暴露情况进行分组,研究开始时结局已经出现。③双向性队列研究:研究开始时快速效应已经出现,而长期效应(如肿瘤)尚未出现,评价同时具有短期效应和长期作用的暴露因素,如研究某工厂吸烟与肺癌关系,随访 20 年,比较两组肺癌发生情况,把吸烟者和不吸烟者分别统计,20 年后吸烟者中发生了肺癌人数为 a 组,吸烟者没有发生肺癌的人数为 b 组;不吸烟者中发生肺癌的人数为 c 组,未发生肺癌的人数为 d 组,计算两组发生肺癌的相对危险度:$RR = [a/(a+b)]/[c/(c+d)]$。吸烟是因,肺癌是果,是从肺癌的结果来推测导致肺癌的原因(吸烟),在研究开始时,结果(肺癌)还没有出现。因此,这项研究是一种前瞻性研究。

四、横断面研究

横断面研究又称患病率调查或现场调查,是流行病学中最常用的一种方法。指在某一特定的时间(或较短时间内)对某一特定人群进行随机抽样调查或普查,获得某地某人群某一时间点关于某种疾病及有关因素暴露水平的信息,以查明疾病与暴露因素之间的相关性。有明确的时间、地点、人群。其关键的问题是样本如何更好地代表总体,随机抽样是使样本在质量上代表总体的有力保证,而足够的样本含量是使样本在数量上代表总体的有效措施。应用范围:①某个时点的某种疾病或健康状况。②探讨疾病或健康状况与某些因素的联系。③评价防治措施的效果,如2010年全国第五次结核病流行病学抽样调查,主要是患病率的调查。特点和局限性:①疾病和因素同时存在,难以推断因果关系。②只能获得患病率,无法获得发病率资料。③潜伏期或缓解期患者易被误诊而产生偏倚。④一般只适用于慢性病的研究。⑤可产生选择性偏倚和信息偏倚。

五、病例-对照研究

病例-对照研究是一种分析流行病学的研究方法,是对临床中医疗和各种基础研究中形成的病因假设进行初步验证。近年来,已在疗效评价、疫苗效果评价、筛检项目评价中得到了广泛应用。特点是从果到因的调查,在研究疾病与暴露因素的先后关系时,是先有结果,即已知研究对象患某病或未患某病,再追溯可能相关的原因,调查过去或最近有无暴露于某因素的历史,而该因素被怀疑与该病的发生或疾病的某些特征有联系。其调查方向是从果到因的,病例-对照研究设有对照组,对照组由未患所研究疾病的人组成,与疾病组做对照分析。比较2组的暴露情况,验证某因素与疾病是否确实存在联系,联系的性质和强度。病例-对照研究用于探讨致病因素或危险因素与疾病的关系;防治性研究,如药物不良反应的研究;探讨影响疾病预后的因素,如母亲孕期腹部X线照射与儿童患癌关系研究中是先知道有"癌"的结果,再去找"因"腹部X线照射的,见表22-2。结果表明,有此暴露因素的母亲,其子女患癌的危险因素是母亲没有此暴露因素子女的2.06倍,95%可信区间在1.59~2.67之间。

表22-2 母亲孕期腹部X线照射与儿童患癌关系研究

组别	例数	X线照射史	
		有	无
患癌	271	178(13.7)	93(7.2)
未患癌	2327	1121(86.3)	1206(92.8)
合计	2598	1299	1299

注:$\chi^2 = 29.77$,$OR = 2.06$ 95%可信区间范围在1.59~2.67之间

以上介绍的研究方法中，随机对照试验、交叉试验、前后对照试验、队列试验都属于前瞻性研究，前瞻性研究的特点是：研究者可主动控制试验条件，可随机分配组别，研究开始时结果还没有出现。横断面研究属于描述性研究，病例-对照研究属于回顾性研究，还有病例分析、述评和病例报告属于叙述性研究。从前瞻性研究、描述性研究、回顾性研究可行性越来越强，但其论证强度却越来越差。根据研究类型选择的研究设计，见表22-3。

表22-3 针对研究类型选择适当的研究设计

类型	目的	首选的研究设计
治疗研究	检验各种干预措施如药物治疗、介入或外科手术的效果	随机对照临床试验
诊断研究	评估新的诊断方法的有效性和可行性	横断面调查（须同时进行新方法和金标准检验）
预后研究	了解确诊患者以后可能发生的情况	纵向队列研究
因果关系研究	评估有害因素与疾病发生是否有关	队列研究或病例—对照研究，病例报告亦有用
筛选研究	评估适于大规模人群检验和疾病呈现症状早期检出该病的各种检查方法	横断面研究

第三节 统计学设计

一、统计学资料的分类和指标

1. 统计学资料分类　根据计量资料、计数资料和等级资料的不同，应选用不同的统计学方法。

（1）计量资料：又称为定量资料，指用仪器、工具测量获得的每个观察值的大小的资料，如身高（cm）、体重（kg）、血压（mmHg）、脉搏（次/分）、红细胞（10^{12}/L）等。此类资料的特点是都具有计量单位，各观察单位常有量的差别。分析计量资料常用平均数、标准差表示，统计学方法选用 t 检验、方差分析、相关与回归分析等。

（2）计数资料：又称为定性资料，是将观察单位按某种属性或类别分组计算，如阳性和阴性、治愈和无效、男性和女性，两类间相互对立，互不相容；还有多个分类，如观察人群的血型，结果分为 A 型、B 型、AB 型和 O 型，为互不相容的四个类别。

(3)等级资料：又称半定量资料，是将观察单位按某种属性的不同程度分成等级后分组，分类汇总各组观察单位后得到的资料，因有大小顺序，所以也叫有序分类资料。如药物不良反应分为 Ⅰ、Ⅱ、Ⅲ、Ⅳ 级，临床疗效中显效、有效、无效，血清学试验中结果(＋)、(＋＋)、(＋＋＋)等。

有时三类资料之间是可以转换的，主要根据研究的目的不同，如研究一组 20～40 岁成年人的血压(舒张压)，如果只研究不同人群中血压程度，那就用计量资料的方法处理，但如果把以舒张压＜12 kPa(90 mmHg)分为正常组，≥12 kPa 以上为异常组，比较时就按计数资料处理，如果再细分，把舒张压＜8 kPa 定为低血压，8～12 kPa 定为正常血压，舒张压＞12～15 kPa 定为轻度高血压，舒张压＞15～17 kPa 定为中度高血压，＞17 kPa 定为重度高血压，就要用等级资料的方法处理。

2. 统计学资料指标　统计设计包括统计描述和统计推断两部分，统计描述就是对一组数据的各种特征进行分析，以便于描述测量样本的各种特征及其所代表的总体的特征。统计描述是在编制频数表的基础上描述资料的集中位置和离散程度。通过绘制统计图和统计表，了解观察值的分布特征，为进一步的统计推断打下基础。因此，统计描述是通过统计指标、统计图和统计表来实现的。其主要内容是资料的数据特征和图形表现，包括集中趋势、离散程度和图形分布性状。集中位置的描述，即大多数数值落在什么位置，是现象规律性在数量上的表现。离散趋势是描述一组数据的变异程度或偏离集中位置的程度(参差不齐的程度)。

(1)表达集中趋势的指标有均数、几何均数、中位数和众数。均数适用于正态分布(对称性分布)计量资料的平均水平。计算方法：所有观察值的累加值除以观察个数。几何均数变量之间呈倍数关系(等比级数关系)正态分布资料，适用于表达免疫学的指标，注意观察值中不能有正有负，不能有零，计算方法：先对每个变量取常用对数值，在对数条件下求平均值，再取反对数值，即为几何均数。中位数适合所有类型的资料，但在实际工作中，中位数主要适用于偏态分布资料，分布不明或开口资料。有些正常值只有下限或只有上限，如高密度脂蛋白胆固醇(HDL－C)正常值＞1.04 mmol/L，没有上限。尿淀粉酶正常参考值＜800 U/L，没有下限。如果收集的数值变量资料频数分布呈现中间频数多，左右两侧基本对称的分布。一般可以通俗地认为该资料服从正态分布。

(2)表达离散程度的指标有全距、四分位数间距、方差、标准差、变异系数、标准误；表达图形分布特征的指标有偏态和峰度。

二、医学常用的统计学方法

1. 计量资料的统计学方法　2 组之间平均数的比较采用独立样本 t 检验（成组设计 t 检验），治疗前后的比较采用配对 t 检验，t 检验应用条件：①成组设计的样本量比较小（$n<50$）。②两个样本都来自正态分布的总体（配对 t 检验要求差值的总体为正态分布）。③两样本总体方差齐性。当两样本方差不齐时，可以采用 t 检验或变量变换，如对数变换，变换成正态分布后再进行 t 检验。或者采用秩和检验（前提必须是正态分布，如果也不是正态分布又方差不齐，只能用非参数法）。如果样本数量较大（$n>50$），可以采用 u 检验（应用条件同 t 检验）。判断资料是否服从正态分布，或样本是否来自正态分布总体，需进行正态性检验。三组以上的计量资料比较采用单因素方差分析，先对各组计算出总体的差异，再进行多重比较。多重比较又分为最小显著差异（least significant diference，LSD）- t 检验（适用于一对或几对在专业上有特殊意义的样本均数间的比较），Dunnett - t 检验（适用于 n 个实验组与一个对照组均数差别的多重比较）和 SNK - q 检验（适用于多个样本均数两两之间的全部比较）。方差分析的应用条件：① 3 组以上的计量资料数据的比较。②各样本是互相独立的随机样本。③各样本来自正态总体。④各个样本总体方差齐性。重复测量的方差分析：与单因素方差分析不同的是，在观察组的区组中有不同时点的观察指标，其不同时点的指标的时间点不是随机而是固定的，且前后测量设计的重复次数≥3 时，称为重复测量的方差分析，如观察两组患者治疗后 1 周、2 周、3 周、4 周的观察指标。定量资料的统计学方法选择见表 22 - 4。

表 22 - 4　设计类型与定量资料统计学方法匹配

设计名称	满足条件	不满足条件
单组设计	单组设计 t 检验	符号检验或符号秩和检验
配对设计	配对设计 t 检验	符号检验或符号秩和检验
成组设计	成组设计 t 检验	秩和检验单因素
单因素 k 水平设计	单因素方差分析	Kruskal-Wallis 秩和检验
配伍组设计	配伍组设计方差分析	Friedman 秩和检验

2. 计数资料的统计学方法　计数资料的比较多采用 χ^2 检验，χ^2 检验的种类很多，有四格表 χ^2 检验、行×列 χ^2 检验、构成比 χ^2 检验、趋势 χ^2 检验、配对 χ^2 检验、队列研究四格表 χ^2 检验、病例—对照研究的四格表 χ^2 检验等。

四格表 χ^2 检验用于 2 个率(即 2 行 2 列)之间的比较,多组(行)或多列(多指标)的比较用行×列 χ^2 检验,行×列 χ^2 检验又分为三种情况:①多个样本率的比较,有 R 行 2 列,称 R×2 表。②两样本构成比比较时,有 2 行 C 列,称 2×C 表。③多个样本构成比比较,有 R 行 C 列,称 R×C 表。趋势 χ^2 检验用于推断 2 个分类变量是否存在线性关系。配对 χ^2 检验用于评价两种诊断方法、两种检验方法、两种治疗方法之间 2 个率的比较。队列研究四格表 χ^2 检验确定一个跟发病有关的暴露因素的这个"因",通过随访的方式,观察若干年后是否患了与这个"病因"有关的疾病,求出患这个疾病的相对危险度 RR 值,如吸烟与肺癌关系的研究。病例—对照研究的四格表 χ^2 检验是根据现在患者的患病结果去寻找病因,还以肺癌为例,先找出一群确诊为肺癌的患者为病例组,同时找出与病例组相同条件的对照组(非肺癌者),分别统计病例组和对照组中吸烟的和没有吸烟的人数,把吸烟作为暴露因子,求出暴露因子对肺癌的影响,即相对危险度(OR 值),它是没有患肺癌人群的多少倍,可计算 95% 可信区间。各种 χ^2 检验的选择见表 22-5。

表 22-5　列联表类型与定性资料统计分析方法匹配

数据类型	选择的统计学方法
队列研究四格表	先视为一般四格表,当 $P<0.05$ 时,计算 RR 值,并用 MH χ^2 检验
病例—对照研究	先视为一般四格表,当 $P<0.05$ 时,计算 OR 值,并用 MH χ^2 检验
配对设计四格表	有金标准或隐含金标准时,可用配对设计的 McNemar χ^2 检验
双向无序 R×C 表	当 <5 的理论频数的个数占总格子数的 1/5 时,用一般 χ^2 检验,否则用确切概率法
单向有序 R×C 表	应强调结果变量是有序的,可用秩和检验和 Ridit 分析,或有序变量的 Logistic 回归分析
双向有序属性不同 R×C 表	目的1:关心试验分析之间的差别,按单向有序的 R×C 表处理 目的2:是否有关联性,用 Spearman 秩相关或典型相关分析 目的3:是否呈直线变化,用线性趋势 χ^2 检验
双向有序属性相同 R×C 表	一致性检验(Kappa 检验),或采用特殊模型分析,高维列联表(关键看结果变量的类型)
二值(二分类)变量	加权 χ^2 检验(限三维)、Logistic 回归分析、对数线性模型
多值有序	有序变量的 Logistic 回归分析
多值无序	扩展 Logistic 回归分析(多项 Logistic 模型)、对数线性模型

3. 等级资料的统计学方法　秩和检验又称为非参数检验,非参数检验是针对参数检验而言的,什么是参数检验呢? 参数检验是在总体分布类型已知

的条件下,对整体参数进行推断或做假设的统计分析方法,而非参数的资料有些是开口资料,即没有明确的上限或下限,其资料分布是未知的。所以非参数资料一般采用秩和检验,适用范围:①计量资料不满足正态分布或方差齐性的条件。②对于分布不知是否正态的小样本资料。③对于一端或两端无确定值的资料(即开口资料)。④等级资料等进行强度差别的比较。优点:①对资料的分布没有特殊要求;不受资料分布的影响(如偏态、分布不明)。②不受方差齐性的限制。③不受变量类型的限制,不受样本量的影响。缺点:当符合参数检验方法的适用条件时,适用非参数方法的检验效能较低,无法借助总体分布得到推论。

秩和检验分为符号秩和检验(Wilcoxon 秩和检验)、两个独立样本的秩和检验、多个样本比较的秩和检验和区组设计的秩和检验等。符号秩和检验是1954 年由 Mann, Whitney 和 Wicoxon 3 人共同设计的,该实验是在计量资料正态分布、方差齐性不能达到 t 检验要求时,代替 t 检验使用的检验方法(注意配对资料在差值服从正态分布时用配对 t 检验;差值偏离正态分布时用符号秩和检验)。两个独立样本的秩和检验(Wilcoxon 秩和检验)适用于:①两个独立样本的计量资料,但不满足正态分布或方差齐性的条件,先把 2 组数据混合一起从小到大编秩次,分别计算 2 组的秩和,把数据较小的秩和当做 T,计算出各自的秩和。②两个独立样本有序分类资料的检验也用 Wilcoxon 秩和检验,如临床疗效的判定等,Wilcoxon 秩和检验得出的统计值为 T,再通过查表得到 P 值。完全随机设计多个样本比较的秩和检验(Kruskal-Wallis H 检验)适用于:① 3 个独立样本的计量资料,但不满足正态分布或方差齐性的条件,即把 3 个组数据按以上原则统一从小到大编秩次,适用于多组样本有序分类资料的检验,计算出总的差异后,需要再进行两两比较。② 3 个独立样本的有序分类资料的检验。其计算的统计值是 H 值,具有相同的秩次时用 Hc(校正的 H 值)。配伍组设计的多个样本的秩和检验是将统一配伍组内的数据从小到大编秩次,然后求出各处理组的秩和,适用于:①多组配伍组计量资料不能满足单因素方差分析的条件;配伍组设计的秩和检验得出的是 M 值。②多组等级资料的比较,如果各处理组的差异无统计学意义,各处理组的秩和应该相等或接近,如果各处理组之间秩和差异较大,则可能处理组间差异有统计学意义可能性大,计算出总的差异后,还要进行两两比较。

4. 其他的统计学方法

(1)四格表诊断性试验分析:随着医学诊断技术的发展,许多新的实验方法或诊断方法越来越多地应用于临床,如何评价这些新的实验方法或诊断方法的效果呢?四格表诊断性试验分析可以对新的方法进行评价,一般先找一个在临床上比较成熟的,被大家公认的诊断方法作为金标准,如病理结果,统计出病理结果和新的诊断方法都阳性的病例数为 a,病理检查阴性而新的诊断方法为阳性的病例数为 b,病理结果阳性而新的诊断方法为阴性的为 c,2 种检查方法都阴性的为 d,通过公式计算出敏感度[a/(a+c)×100%]、特异度[d/(b+d)×100%]、准确度[(a+d)/N×100%]、阳性预测值[a/(a+b)×100%]、阴性预测值[d/(c+d)×100%]。目前四格表诊断性试验分析在临床上的应用越来越广泛。

(2)一致性分析(Kappa 指数):常用于以下情况:①评价新的诊断试验方法与金标准的一致性。②评价两种诊断试验方法对同一样本或研究对象的检验结果的一致性。③两个医务工作者对同一组患者的诊断结论的一致性。④同一医务工作者对同一组患者前后进行两次观察做出诊断的一致性。在 Kappa 检验中,先看 χ^2 检验的结果,如果 χ^2 值和 P 值有差异,再看有无关联性,Kappa 值≤0.4 一致性较差;Kappa 值 0.4~0.6 中度一致;Kappa 值>0.6~0.8 高度一致;Kappa 值>0.8 极好一致。

(3)相关性分析(correlation analysis):是研究现象之间是否存在某种依存关系,并探讨其相关方向及程度的统计学方法。首先应先收集一些数据,这些数据都是成对的,如身高与体重、年龄与血压关系的研究,然后在直角坐标系上绘成散点图,表示相关程度的指标是相关系数 r 值,相关系数 r 值在 1~-1 之间,如果一个变量增加,另一个变量也增加,散点图是斜向上的,称为正相关,如果一个变量增加,另一个变量减少,散点图是斜向下的,称为负相关,如果两个变量变化各自独立,互不影响,称为不相关,r 值越接近 1,两变量的关联程度越强,r 的绝对值越接近 0,两变量的关联程度越弱。常用来计算相关的方法有直线相关(pearson 相关),就是直接计算 r 值,通过 r^2 的大小,进一步判断相关程度的强弱,r 绝对值<3 无相关,r 绝对值>0.3~0.5 弱相关,r 绝对值 0.5~0.8 中等程度相关,r 绝对值>0.8 高度相关。直线相关的变量要求数据呈正态分布。等级相关(spearmen 相关)或秩相关(rank correlation),对不服从正态分布资料、原始数据为等级资料、一侧开口资料、总体分布类型未知的资料不适合使用直线相关系数来描述其关联性,此时可用等级相关来描述其关联程度与方向。

(4)回归分析:是在掌握了大量观察数据的基础上,依据事物发展变化的因果关系来预测事物未来的发展走势,它是研究变量间相互关系的一种定量预测方法。在医学中常用来分析疾病的危险因素。回归分析中,因变量(Y,也有的书上称应变量)是被解释变量,自变量(X)是解释变量,表示为:因变量 Y 随自变量 X 的变化而变化,即一个应变量与另一个或多个自变量之间的关系。当研究的因果关系只涉及一个因变量，且二者的关系可以用一条直线来表达时，称为一元回归分析，如研究年龄与肺癌的关系，当研究的因果关系涉及 2 个或 2 个以上的自变量时，称为多元回归分析。又根据自变量与因变量之间因果关系的函数表达是线性还是非线性分为线性回归分析和非线性回归分析。一般来说，自变量是原因，因变量是结果，如以上举例中年龄与肺癌的关系，肺癌是结果，所以是因变量，而年龄是原因，为自变量，但有时并不一定表明因果关系的存在，也就是说，并不意味着自变量是原因，因变量是结果，因果关系的判定或推断必须依据经过实践检验的相关理论。线性回归观察的指标(自变量)是连续变量，也就是计量资料，而非线性回归分析中，观察指标既可以是计数资料，也可以是计量资料。多元线性回归分析的目的就是用一个多元线性回归的方程表示多个自变量与 1 个因变量的关系。多元线性回归的应用条件：①独立性：各观察对象相互独立。②线性：自变量与因变量的关系为线性。③正态性：自变量取不同值时，因变量的分布为正态。④方差齐性：自变量取不同值时，因变量总体方差齐性。⑤当不符合条件时可以对自变量进行变换：如对数变换、平方根变换。当同时对多个自变量与一个因变量进行回归分析时，称为多重回归分析；当多个自变量与多个因变量进行回归分析时称为多元回归分析。做多元线性回归分析时，如果自变量较多，需要选用对因变量有显著影响的变量，最好的方法就是做逐步回归分析，在供选的自变量中，按其对 Y 作用大小，由大到小地把自变量逐个引入方程，每引入一个自变量就对它进行显著性检验，有统计学意义时才引入，而当新的自变量进入方程后，对方程中原有的自变量也要进行检验，并把作用最小且退化为无统计学意义的自变量逐个剔除方程，因此，逐步回归的每一步(引入一个变量或剔除一个变量都称为一步)，前后都要做显著性检验，以保证每次引入新变量前方程中只包括作用显著的自变量，这样一步步进行下去，直到方程中所含自变量都显著而没有新的作用显著的自变量可引入方程为止。逐步回归在医学上主要用于病因探索、临床疗效及控制等。逐步回归在对大量因素进行分析时，可以先进行聚类分析。在医学研究中，经常会遇到分类型变量：①如二分类变量：生存 – 死亡；有病 – 无病；有效 – 无效；感染 – 未感染。②多分类有序变量：疾病程度(轻度、中度、重度)；治疗效果(治愈、显效、好转)。③多分类无序变量：手术方法(A, B, C)、就诊医院(甲、乙、丙、丁)，这些都需要做 Logistic 回归分析。做回归分析时，要先赋值，以便判断结果的准确性。对二分类变量，往往分别用两个数字代表正常和疾病，一般默认为取值水平高者为阳性(如无病 = 0，有病 = 1)，在这个基础上，OR 值 > 1 是危险因素，OR 值 < 1 为保护因素。回归分析方法的选择见

表 22-6、22-7。

表 22-6　回归分析方法的选择

因变量类型	可选用的回归分析类型
非时间连续变量	多元线性回归分析
二分类变量	多元 Logistic 回归分析
多值有序变量	有序变量的多元 Logistic 回归分析
生存时间变量	Cox 回归分析或参数回归分析
球变协变量	时间序列分析

表 22-7　不同变量类型的数据分析方法的选择

因变量	数值变量	自变量、分类变量	有序变量
数值变量	相关分析,多元回归分析	t 检验,方差分析,协方差分析	相关分析,多元回归分析
分类变量	t 检验,方差分析,Logistic 回归分析,判别分析,聚类分析	χ^2 检验, Logistic 回归分析	χ^2 检验
有序变量	方差分析,Logistic 回归分析,判别分析,聚类分析	χ^2 检验, Logistic 回归分析	相关分析 χ^2 检验
生存时间		生存分析	

三、医学期刊常见的统计学错误

1. 统计学方法选择错误　①多组间比较,没有做单因素方差分析,而是两组两组地进行多次 t 检验,这样处理,将会增加犯Ⅰ类错误的概率,Ⅰ类错误就是拒绝了实际上成立的 H_0,所以Ⅰ类错误也称为弃真错误。②多组间比较,先做对了单因素方差分析,但在两两比较中做的是 t 检验。③多时点的比较不是做的重复测量的方差分析,而是做的单因素方差分析。④两组或多组的计量资料在不满足正态分布或方差齐性的条件下,不是去做非参数检验,而是选择成组设计的 t 检验或单因素方差分析。⑤明明是计数资料,给出的统计值是计量资料的统计值(F 值)。⑥对计量资料数据用计数资料的统计学方法处理。⑦配对资料选择了成组设计的统计学方法。

2. 计算公式选择错误　在 χ^2 检验中,需要关注理论频数来选择计算的公式,如果理论频数中有 0,或者理论频数 <5,应该选用校正的 χ^2 公式;如果理论频数 <1,则应选用确切概率法。选用不同公式的 P 值是不一样的。

3. 不做正态性检验　计量资料做统计分析前应该先做正态性检验，以决定采取哪一种统计学方法，但是很多作者根本不做正态性检验，以至于其平均值和标准差不在数据范围内，高于上限或低于下限；或者其数据很不均衡，平均值很大而标准差过小，甚至标准差大于平均值，造成方差不齐。

4. 相关与回归分不清　往往把回归的结果描述成相关，实际上直线回归与直线相关既有联系又有区别，见表22-8。

表22-8　直线回归于直线相关的区别与联系

区别	直线相关	直线回归
变量地位	变量X与变量Y处于平等地位的彼此相关关系	一般变量Y为因变量，处于被解释的地位，变量X为自变量，用于预测因变量的变化
变量性质	所涉及变量X和Y都是随机变量，要求两变量服从双变量正态分布	因变量Y是随机变量，自变量X可以是随机变量，也可以是非随机的确定变量
实际应用	主要是描述两个变量之间线性关系的密切程度（相关系数无单位）	揭示变量X对变量Y的影响大小（回归系数有单位），还可以由回归方程进行预测和控制

5. 概念不清生搬硬套　不管适用条件，特别是在科研设计上，在国内还没有引起足够的重视，很多论文并不是在研究前精心设计的，明明是回顾性病例分析，偏偏写成是前瞻性研究，当问到作者什么是前瞻性研究时，结果作者连前瞻性的概念都不清楚。对金标准的意义不清楚，不管国内外业界有无公认，自定金标准；做回归分析时赋值搞错方向，把保护因素描述成危险因素。

四、统计学应用注意事项

1. 注意研究对象的均衡性　均衡性体现在实验设计的每一个环节，如对照组的设置是除施加因素不同外，其他条件都应该与实验组尽量保持一致，包括入选对象的数量、年龄、性别、动物体重、种系等。有些作者在研究设计上没有注意到均衡性，设计的研究对象一组数据特别大，另一组对照数据很少，或者年龄在组间有差异，或者选择历史性对照等，这些都可以造成均衡性差，使结果不可靠。

2. 注意选用统计学方法的适用范围　在四格表χ^2检验范围：①当N（2组的总例数）≥40，且所有格子的理论频数≥5时，用专用卡方公式，不校正。②当 N≥40，且理论频数≤1 或 <5 时，用矫正的卡方公式。③当 N<40，或有理论频数 <1 时，应用确切概率法。④实际值(非理论频数)有 0 或 1 时用确切概率法。对 R×C 数据的资料，由于数据分散，可能有些理论频数太小，有三种处理方法：①增大样本例数。②删除理论频数太小的行或列。③合并一些行和列。

3. 根据研究目的选用合适的统计学方法　有些数据类型可以选择多种统计学处理方法，主要还是根据研究目的来选择统计学方法，如一组不同年龄组临床疗效(如显效、有效、无效)的观察，如果希望了解各年龄组疗效是否有差别，不同年龄就视为一般组别，做秩和检验就可以了，如果想了解不同年龄与疗效是否存在线性关系，可以做秩相关；关键是作者应该清楚自己想要什么结果，根据研究目的选择最恰当的统计学方法。

第四节　临床研究注册制度

临床试验的注册行为被世界卫生组织视为一种科学、伦理和道德责任与义务。临床试验注册是医学研究伦理的需要，是临床试验研究者的责任和义务。所有在人体中和采用取自人体的标本进行的研究，包括各种干预措施的疗效和安全性的有对照或无对照试验(如随机对照试验、病例—对照研究、队列研究及非对照研究)、预后研究、病因学研究和包括各种诊断技术、试剂、设备的诊断性试验，均需注册并公告。中国临床试验注册中心(Chinese Clinical Trial Registry，ChiCTR)是由原卫生部指定代表我国参加世界卫生组织国际临床试验注册平台的国家临床试验注册中心，是世界卫生组织国际临床试验注册平台的一级注册机构，是一个非营利的学术机构。中国临床试验注册中心接受在中国和全世界实施的临床试验注册，将临床试验的设计方案及一些必要的研究信息向公众透明，并将注册试验信息提交世界卫生组织国际临床试验注册平台供全球共享。按照世界卫生组织国际临床试验注册平台的规定，凡是申请注册的临床试验均需提供伦理审查批件，各单位伦理审查委员会的审查批件均为有效。

凡未经伦理审查的临床试验也可在中国注册临床试验伦理审查委员会申请伦理审查。中国注册临床试验伦理审查委员会由各专业资深临床医学家、临床试验专家、医疗卫生服务用户代表、律师及药物公司代表组成，宗旨是保障受试者权益、审查临床试验的科学性、评估安全性、帮助研究者完善其研究方案和促进注册。全部注册程序均需在中国临床试验注册中心(ChiC-TR)网站上建立申请者账户按指南要求在线申报。

干预性临床试验是指任何治疗研究中采用随机对照设计的研究，预先将受试者或受试人群随机分配至接受一种或多种医疗干预(如预防保健、药物、外科治疗、行为疗法等)，以评价医疗措施对健康结局的影响。包括预试验、正式的试验、上市前或上市后药物或医疗设备的临床试验；观察性研究是指治疗研究中采用非随机对照设计的试验，包括单病例研究、连续病例研究、队列研究或非随机对照研究；在人体上或取自人体的标本包括组织、血液、体液、毛发、细胞等进行的研究，包括病因研究、预后研究、诊断试验、流行病学研究等，无论采用什么设计方案均应注册。

临床试验注册机构是进行临床试验注册的专门机构，中文可译为"注册中心"，英文为"Registry"或"Register"。由各国管理机构一致推荐由世界卫生组织领导建立全球的临床试验注册制度，并建立国际临床试验注册平台，对符合条件的各国注册机构进行认证，成为世界卫生组织国际临床试验注册平台的一级机构(Primary Registry)；由一级机构和世界卫生组织国际临床试验注册平台认证二级注册机构(Partnear Registry)；获得认证的一级和二级机构负责临床试验的注册，已完成注册的临床试验资料由一级注册机构上传到世界卫生组织国际临床试验注册平台的中央数据库。由此组成全球临床试验注册机构制度。

临床试验原始数据共享平台是指将已完成试验的原始数据(Individual Participant Data，IPD)，包括元数据(metadata)和病例记录表所记录的数据上传到临床试验公共管理平台，公众可以查询。中国临床试验注册中心的临床试验原始数据共享平台是临床研究公共管理平台(Research Manager，ResMan)的一部分功能，详见ResMan使用指南。

国际医学期刊编辑委员会(International Committee of Medical Journal Editors，ICMJE)于2016年1月20日发布公告要求在注册时公开原始数据共享计划和数据管理方法。

临床试验数据管理系统由两部分组成：①病例记录表(Case Record Form，CRF)。②电子数据收集与管理系统(Electronic Data Capture，EDC)。临床试验注册时，需要描述所采用的数据管理系统，包括CRF和EDC名称。推荐采用基于网络的EDC，如ResMan公共平台。这是出于伦理和科学两方面的要求。受试者希望他们对生物医学知识所作的贡献能够用于改善所有人的卫生保健质量。开放获取正在进行中和已完成试验的信息既符合保护受试者的伦理责任，也进一步提升了公众对临床研究的信任。此外，试验注册可确保追踪到所有试验的结果，通过深入了解试验的过程及其结果，将有助于减少潜在的偏倚风险。

试验的"注册责任人"可以是主要研究者(PI)，也可以是主要申办者，应由双方协商后确定。主要申办者应最终对确保试验已正常注册负责。对于多中心或多方共同申办的试验，负责试验注册的应该是关键的PI或关键的申办者。

应在募集第一名受试者之前注册试验。有的注册机构可能在注册之前要求提供伦理委员会的批文，而有的伦理委员会可能在颁发批文之前要求先注册试验。为了兼顾此两种情况，中国临床试验注册中心采取对已获得伦理委员会审查批准或尚未获得批准的试验均予注册，对在注册时尚未获得伦理批准的试验要求在获得伦理委员会批准立即补充提交伦理委员会批件扫描件。

试验注册所必需的信息参见WHO试验注册数据集。不同的注册机构可能要求提供不同的附加信息(如试验基地)。在中国临床试验注册中心注册后就不需要在国际上如clinicaltrial.gov等重复注册(duplication registration)。中国临床试验注册中心是世界卫生组织临床试验注册平台(WHO ICTRP)一级注册机构，负责中国地区的临床试验注册，并接受世界其他国家或地区的注册申请，临床试验注册后资料均送WHO ICTRP，并能在其一站式检索入口(search portal)检索到。如果是跨国多中心试验，可同时在实施试验的多个所在国同时注册，但需在WHO ICTRP申请唯一识别码(Unique Trial Number，UTN)，以避免重复统计和区别重复注册。有些国际医学期刊已明确政策：只接收预注册试验、不接收补注册试验。目前被国际医学期刊编辑委员会接受的网站有：

美国网站　http://www.Clinical Trial.gov

澳大利亚注册网站　http://actr.ctc.usyd.edu.au

英国注册网站　http://www.controlled-trials.com

日本注册网站　http://www.umin.ac.jp/ctr/index.html

中国临床试验注册中心　http://www.chictr.org/cn/

目前最大的是美国的注册平台，一定要在入组前进行注册。临床研究注册的要求是，前瞻性随机对照研究必须在研究开始前注册，观察性研究目前尚无统一要求，但有需要注册的趋势。该规定自2004年开始实行，但我国学者在临床研究注册方面的意识较薄弱，须进一步加强。国际认可的临床研究注册网站均为免费注册，美国、澳大利亚、英国、日本及中国均有国际认可的注册网站。要想发表临床试验的研究论文，注册临床试验是必要条件，部分期刊以国际医学期刊编辑委员会制定的临床试验注册指南为指标，没有注意这些规定的作者可能会遇上麻烦。临床试验注册必须在第一名受试者报名或之前完成。国际医学期刊编辑委员会表示，临床试验注册的用意是避免选择性发表研究成果和重复研究工作，另外受试者可以从注册名单得知有哪些临床试验，从而决定是否要报名参加。作者要注意，尽管 Clinical Trials. gov 接受在研究的任何阶段进行注册试验（开始后、报名截止后或研究完成后），但是国际医学期刊编辑委员会严格要求在第一名受试者报名时或之前注册。

第二十三章　论文基本架构及要求

科学技术报告、学位论文和学术论文是记录科学技术进步的历史性文件，是重要的科技信息源，是科学技术研究工作必不可少的组成部分。国家为了统一这类文献的撰写格式，便于科技信息研究机构收集、存储、处理、加工、检索、利用、交流、传播，全国文献工作标准技术委员会提出我国第一个《科学技术报告、学位论文和学术论文的编写格式》作为中华人民共和国国家标准(GB 7713—87)于1987年公布实施。2006年始将GB 7713—87分为3个标准：GB/T 7713.1—2006学位论文编写规则、GB/T 7713.2—2006学术论文编写规则(暂无颁布)、GB/T 7713.3—2014科技报告编写规则。

论著性医学论文的结构分三部分，即前置部分、正文部分和后置部分。前置部分包括题名、作者署名、摘要、关键词、分类号；正文部分包括前言、资料与方法、结果、讨论、结论、致谢、参考文献；后置部分是论文主体的补充，并非必需。

第一节　前置部分

一、**文题**(Headers)

文题也叫标题、题名、题目，是论文的总纲，是论文精髓的集中体现，包括论文的总题名和层次题名在撰写论文中都有其特殊的要求。《科学技术报告、学位论文和学术论文的编写格式》(GB 7713—87)指出，题名是以最重要特定内容的逻辑组合。

凡是论文都有题名。作者有时对题名却不够重视，甚至错误地认为题名不过是个"名称"，无关紧要，只要论文内容好就行了。有的作者在写好论文后，不加推敲，随便加个题名，不仅会影响读者的关注度，也给收录检索带来困难。题名作为论文的名称置于论文之首，虽然代表论文，但却不仅仅是简单的名称代表，而要能反映出论文的主题和特征。题名是论文主题思想的高度概括，与主题密切相关。主题决定题名，题名体现主题，两者必须对应一致。题名对主题的这种从属关系，从根本上限定了题名的范围。题名的形式可以有不同的选择，但决不能脱离论文的中心内容。题名对读者来说具有查阅和检索的功能。读者查阅期刊资料，首先看到的便是题名，他们通常会根据对题名的理解来决定是否阅读该文。此外，读者还会利用检索刊物或医学文献数据库中的题名，检索出所需要的论文。题名也是文献标引的重要关键词源。在编制检索刊物或建立计算机文献库时，首先要从题名中寻找关键词，确定主题词，划分专业范围。如果题名不当，就会给标引人员带来困难，甚至标错，在使用检索工具时，就会出现漏检或误检。

好的论文题名，一般应符合以下几点要求。

1. 意义确切　题名代表论文，必定要包含论文的重要信息，所以题名应能准确反映论文的中心内容。题名一般是作者根据论文主题首先写出的论文内容，而对读者来说则是了解该论文先看到的内容。只有作者确定的题名与论文的中心内容完全一致，读者才能根据题名做出是否进一步阅读的正确选择。题名含义不仅要同论文内容相符，词语准确、逻辑关系清晰、一目了然，还要便于记忆，利于检索。

2. 特点突出　医学论文的一个显著特点是要具有新意，要有推广价值。论文标题要体现作者研究工作独特的新内容，突出其特色内容。没有特征的题名从信息学的意义上讲就意味着丢失了交流价值。

3. 结构紧凑　医学论文题名内容一般应包括研究的三要素，即研究对象、处理方法、观察指标。题名采用什么语法结构，则依不同主题而定，但不管是什么结构，都要求各成分结合紧凑。大多数医学论文题名是一个完整的句子，部分采取偏正结构，个别也可使用动宾结构。

4. 文字简练　题名中非论文主要内容及其特征性的词语，能不用时就不用。还应避免使用不常见的缩略语、首字母缩写字、字符、代号和公式等。题名一般 20 个左右汉字为宜，外文题名一般不宜超过 10 个实词。

如果需要副题名，可有 3 种写法。一是在正题名的下面另起行，副题名前面加破折号以示与正题名分开书写；二是在正题名下面另起行，并用括号将副题名括起来；三是副题名前面加数码，紧随正题名之后书写，但这种书写方式仅限于在一篇论文下有若干子论文者。外文副题名一般紧随正题名之后,并用冒号(:)与正题名隔开。

5. 题名中数字用法　数字除作为名词或形容词以外,应一律使用阿拉伯数字。

6. 题名常见毛病　①题名过大:所反映的内容超过了论文实际的内容。②题名过小:不能全部反映论文的主要内容。③题名平淡:不足以反映研究成果的特点。④题名拔高:实际研究成果并不深大,却冠以"机制研究、规律探讨"等词语,有意无意地拔高。⑤偏题:与正文内容不符。⑥与既往文献中题名完全重复。

二、署名(Sgnatuer)

1. 论文署名的意义

(1)明确论文的责任者:医学论文是医学科技成果的重要标志之一。在科技文献上发表研究成果,是宣布这些成果的基本和公认的方法。因此发表医学论文应是医学研究的一部分。论文的作者(研究者)应按"文责自负"的原则对论文的真实性、可靠性负责,所以在论文发表时应署上作者的名字。若发现论文有主观臆测、弄虚作假、剽窃抄袭等重大问题时,作者要承担全部责任。

(2)体现作者的贡献:署名也是作者获得荣誉的一种表现,体现作者对医学科技进步所做出的贡献。一篇高价值医学论文发表后,会产生较好的社会效益和经济效益,同时也对医学文献宝库起到添砖加瓦的作用。论文的作者会受到同行的尊重和敬仰,其名字可以光荣地载入医学科技发展史册。因此署名不仅可以提高作者的知名度和影响力,也有利于发现人才。

(3)编制检索的需要:医学论文发表后便成为医学文献。为了方便读者查询,文献工作者必须从浩如烟海的文献资料中编制检索工具书或数据库,使其具有程序化。在检索项中一般应包括作者项、篇名项、主题词(或关键词)、分类号等,故署名除供读者查询外,也是文献检索的需要。例如国内外的数据库中,作者项是其中的一项特征检索项。

(4)确定著作权人:《中华人民共和国著作权法》已于1991年6月1日施行。2010年2月26日第十一届全国人民代表大会常务委员会第十三次会议《关于修改〈中华人民共和国著作权法〉的决定》第二次修正。著作权是法律给予作者的一种专有权。按我国著作权法,著作权包括5项人身权和财产权。我国著作权法规定,"著作权属于作者","在作品上署名的公民、法人或非法人单位为作者。"因此,在医学论文上署名实际上是直接记录了由谁对该论文拥有著作权,即署名就确定了著作权的归属。

(5)其他意义:作者署名一般包括作者所在单位名称和地区及邮政编码,有的还有作者简历,这样有利于读者联系。论文发表后,作者可以用它作为考核和晋升,或获得所在单位、有关部门奖励等的一种凭证。作者还可凭署名论文作为本人学术水平的标志,向国家或有关部门申请科学研究基金。

2. 论文署名的条件 科技人员发表的论文是脑力劳动成果,是作者为人类创造的精神财富,也是作者的精神财产,理应受到法律保护。著作权就是法律赋予作者的专有权利,而作为署名作者是有条件的,应当遵循按贡献排位原则、循名求实原则、文责自负原则。

国际医学期刊编辑委员会提出论文的所有作者都应具备的资格,每位作者应该是在本研究中做了充分的工作,并担负发表该文内容的责任。该委员会具体指出,作者的荣誉应该只是基于实质性的贡献:①必须参与过该研究的设计和开创工作,如在后期参加工作,必须赞同研究的设计。②必须参加过对观察所见和取得数据的解释,并从中提炼出论文的结论。③必须参加过论文的撰写。④必须阅读过论文的全文,并同意将其发表。

我国1987年颁布的《科学技术报告、学位论文和学术论文的编写格式》(GB 7713—87)对作者署名条件有明确的要求,"在学术论文前署名的个人作者,只限于那些对于选定研究课题和制定研究方案、直接参加全部或主要部分研究工作并作出主要贡献以及参加撰写论文并能对内容负责的人,按其贡献大小排列名次。至于参加部分工作的合作者,按研究计划分工负责具体小项的工作者,某一项测试的承担者,以及接受委托进行分析检验和观察的辅助人员等,均不列入名单,这些人可以作为参加工作的人员,一一列入论文致谢部分,或排于脚注。"

3. 署名的写法 不同的医学期刊,不同类型的论文,其署名位置、格式是不尽相同的。目前,中华医学会系列医学期刊的论文作者姓名列在文题之下,右上角加角码,并在同页注释作者单位、邮政编码和地址。多数医学期刊是作者姓名列于文题之下,前面冠以邮政编码和单位全称。也有的是将单位全称、地区、邮政编码加用括号,置于作者姓名之下。因此,作者在投稿时一定要了解拟投稿刊物的具体要求,正确书写。

4. 署名的误区 目前,在作者署名问题上往往陷入一个值得重视的误区,一些并未直接参加课题或仅参加部分非主要工作的人员都挤进作者名单中,甚至一些与论文根本无关的人也要"金榜有名",从而使论文署名作者出现了膨胀现象。造成作者过多的原因有客观原因,但主要是人为因素,其中常见的表现形式有以下几种。

(1)过关署名:添上某权威或大人物的名字,想借其名望在论文接受审查时容易过关,被署名者常常并不情愿或并不知情。

(2)关系署名:因为是亲朋、好友、同学、上级等关系,出于他们需要成为作者而帮忙、送人情、联络感情等原因,将那些与该论文无关系的人添加为作者。

(3)相互署名:各自独立完成的论文,为了某种共同利益需要,相互在对方未曾参加研究工作的论文上署名。同一个科室中工作的同事中,这种现象尤其明显。

(4)被迫署名:有的人出了一点小力或没有出过力就要求署名。因惧怕得罪人,影响相处关系,无奈只好被迫同意增添作者。

(5)推荐署名:有的作者为了论文能被采用发表,托熟人送编辑部,在此过程中又常常把推荐人加入作者名单。

三、摘要(Abstract)

摘要是论文精华的简短陈述,摘要内容不加评论和注释。形式短小精悍,言简意赅。真实、客观地记述论文阐述的研究工作目的、方法、结果和结论。摘要的作用是便于读者用较少的时间就能了解全文要点,以便决定有无必要阅读全文。也便于读者做文摘卡,以利保存资料,以及便于编写二次文献的文摘刊物和文摘数据库使用。

1. 摘要写法与要求。

(1)一般采用结构式摘要:结构式摘要要求具有目的、方法、结果、结论四个部分,可以连续书写,但每部分前面最好写出四个词的题名。目的(Objective):简要说明本研究的目的,说明提出问题的缘由,表明研究的范围和重要性。方法(Method):简要说明研究课题的基本设计,使用了什么材料和方法,如何分组对照,研究范围及精确程度,数据是如何取得的。结果(Results):简要列出研究的主要结果和数据,有什么新的发现,说明其价值及局限。叙述要具体、准确,并需要给出结果的主要数据及置信度、统计学检验的确切值。结论(Conclusion):简要说明经论证取得的正确观点及其理论价值或应用价值。

需要注意英文摘要内容前仍需附英文文题作者姓名及作者单位(包括邮政编码、电子信箱)。

(2)结构式摘要一般以200~300个汉字为宜;英文摘要一般不超过250个实词为宜。

(3)一般应采用第三人称无主句,"对……进行了研究、报告了……现状、进行了……调查"等记述方法,不使用"本文、作者、我们"等第一人称作为主语。

(4) 不宜简单地重复论文题名。

(5) 一般不用图、表、化学结构式或非公知公用的符号和术语,必须使用时应加说明。

2. 常见毛病　①要素不全:目的、方法、结果、结论四大要素中缺项。②题名解释:将摘要写成论文题名的解释。③将前言或结论当做摘要。

四、关键词(Key words)

关键词(主题词)是指用以表示论文主题内容信息的单词或术语。规范化的关键词称主题词。关键词的作用是:①供读者了解全文涉及的主要内容。②供读者检索所发表的论文。③编制个人检索卡片。④供计算机检索、收录论文使用。

1. 关键词体现主题　一篇论文、报告的关键词选择,应根据论文主题内容、中心思想来进行,选用关键词不能脱离论文主题。

分析论文主题,找出核心点。将完成的报告、论文仔细阅读,确定论文的主题,判定论文的核心内容。论文主题的概念分为显性主题和隐性主题两种。

显性主题系指能够将论文中词语直接选择作为关键词的主题。隐性主题为论文中词语不宜直接选择作为关键词,而需要进行深入的分析或分解才能选择出符合主题但论文中未出现的词语作为关键词的主题。主题可根据内容的不同分为单主题和多主题两种,单主题包括有单元主题和复合主题(多元主题),多主题系指由数个单主题组成的主题。

2. 选用关键词应遵循专指性原则　①选词时应首选最专指的主题词,不宜用其上位主题词或下位主题词。②无合适和(或)专指性主题词可供选择时,可选用直接相关的两个或两个以上的主题词组配。在实际工作中常常会遇到只用一个单词很难表达出来一个复合概念的情况,这时可以将多个单词组合在一起共同表达一个复合主题概念,即为组配。组配又分两种:并列组配:所表达的概念之间的内容无相交;限定组配:所表达的概念之间的内容有相交,其中有共同外延的组配为交叉组配,一个事物的主体与其一个方面的组配为方面组配。③一些新理论、新技术、新药物、新试剂等尚未被主题词表收入时,可直接将其选为关键词,称为自由词。在选择自由词时要慎重,选作关键词的自由词应是该专业领域中已被公众所接受和认同的词。④副主题词是表达主题词各个方面情况的词,其所起的作用是与主题词相组配,深化关键词选择的层次。副主题词在 MeSH 中也有收录,必要时可查阅。

3. 选用关键词要求　①一般每篇论文选取 3~8 个关键词。②从文题或摘要中选取能代表论文主题内容的词或词组作为关键词。这些词语最好与正式出版的主题词表中的词语相一致,如《医学主题词注释字顺表(MeSH)》(中国医学科学院医学信息研究所译,1992)和《中医药学主题词表》(中国中医研究院图书情报研究所,1995)。

4. 选用关键词常见问题

(1)对主题的表达欠完整:所选用的关键词不能全面表达论文的主题内容和核心信息。

(2)所选关键词不规范:这种情况主要发生在无合适主题词可用而不得不选择自由词作为关键词时,所选用名词术语不是公知共用的或专业性太强,阅读者很生疏。

(3)数目太多或太少:一般 2~8 个为宜。

五、DOI

出版者在其刊登发表的每一篇论文上会加一个 DOI。DOI 是 digital object identifier(数字对象标识)的简写,用来标识在数字环境中的内容对象。DOI 可以用来揭示有关该数字对象的一些信息,包括从 INTERNET 哪里可以找到它。随着时间推移,数字对象的某些有关信息可能会有变化(包括从哪里可以找到它),但是 DOI 不会改变。1994 年美国出版协会(Association of American Publishers,AAP)提出并建立了由国际 DOI 基金会(International DOI Foundation,IDF,为 DOI 最高管理机构,1998 年成立)、各个注册机构(Registered Authority,RA)和 CNRI(DOI 技术支持机构)共同构成了 DOI 系统所运行的标识体系。

2007 年 3 月中国科学技术信息研究所和万方数据联合向 IDF(国际 DOI 基金会)申请取得了 DOI 的中文注册权,并在此基础上成立了中文 DOI 注册中心,成为中文信息服务领域的第一个国际 DOI 基金会(IDF)组织下的中文代理,负责运作中文 DOI 的推广与应用,作为第一个中文合作方式参考链接服务。万方数据研究院则是该注册中心的日常管理基地。中心的任务与目标是通过与国内外相关机构的合作,推进 DOI 在国内出版界、信息服务界的应用,并积极探索通过 DOI 实现中文与英文文献资源的链接;中心不仅提供 DOI 的注册服务,而且还通过建设一个 DOI 中文应用平台与门户网站,提供基于 DOI 命名及应用相关的增值服务。在信息资源整合的基础上通过 DOI 系统提供更多的附加服务。

1. DOI 优点

（1）唯一性：DOI 标识符作为数字化对象的识别符，对所标识的数字对象而言，相当于人的身份证，具有唯一性。这种特性保证了在网络环境下对数字化对象的准确提取，有效地避免重复。

（2）持久性：一个数字化对象的 DOI 标识符一经产生就永久不变，不随其所标识的数字化对象的版权所有者或存储地址等属性的变更而改变。

（3）兼容性：DOI 标识符的兼容性体现在 DOI 号码的后缀中可以包含任何已有的标识符，例如国际标准书号 ISBN、国际标准刊号 ISSN、国际标准文本代码 ISTC、出版物件标识符 PII 等。

（4）互操作性：DOI 的处理系统可以与任何因特网上不同的计算机操作系统在处理同一数据时能保持一致，能与不同时期的技术系统兼容。

（5）动态更新：DOI 系统可对其元数据、应用和服务功能进行快速和简便的动态更新。

2. DOI 编码方案　（即美国标准 ANSI/NISO Z39.84—2000）规定，一个 DOI 有两部分组成：前缀和后缀，中间用"/"分割。对前缀与后缀的字符长度没有任何限制，因此理论上，DOI 编码体系的容量是无限的。DOI 前缀由两部分组成，一个是目录代码，所有 DOI 的目录都是"10."，即所有 DOI 代码都以"10."开头。另一个是登记机构代码，任何拟登记 DOI 的组织或单位都可以向 IDF 申请登记机构代码。登记机构代码的分配非常灵活，如一个出版商可以为其所有的信息资源只申请一个前缀，也可以为其数字图书、音像制品各申请一个前缀。DOI 后缀是一个在特定前缀下唯一的后缀，由登记机构分配并确保其唯一性。后缀可以是任何字母数字码，其编码方案完全由登记机构自己来规定。后缀可以是一个机器码，或者是一个已有的规范码，如 ISBN 号或 ISSN 号。如 ISBN 号或 ISSN 号。例如 10.3760/cma.j.issn.1004-4477.2017.01.001，即：目录代码．登记机构代码/登记机构名称．期刊类文献．已有 ISBN 规范码．ISBN 编号．出版年份．期号．同一期中论文的流水号（即第几篇文章）。

3. 根据 DOI 号找原始文献的方法　登陆 http://dx.doi.org/，在"Resolve A DOI Name"的提示框内输入已知 DOI,点击"Go"按钮,DOI 系统就会自动链接到该文献的 URL,并显示相应的页面。例如：我们在"Resolve A DOI Name"的提示框内输入 DOI"10.3760/cma.j.issn.1004—4477.2017.01.001"，点击"Go"按钮。则会转到该文章所在的 URL,并显示相应的页面。另外也可以直接在 IE 地址栏里输入 http://dx.doi.org/DOI 则转到该文章所在的 URL,并显示相应的页面。例如:已知某文献的 DOI:"10.3760/cma.j.issn.1004-4477.2017.01.001"则可以在 IE 地址栏里输入:http://dx.doi.org/10.3760/cma.j.issn.1004-4477.2017.01.001,也可以找到您需要的此篇文献。此外,CrossRef 网站也提供了通过 DOI 查找 URL 的功能:http://www.crossref.org,在"DOI Resolver"输入提示框中输入已知 DOI,"submit"即可。一篇文章在期刊网站的网址有可能发生变化,但它在 DOI 系统中的网址却永远不会改变,且通过 DOI 系统的自动转换后,将永远指向最新有效的期刊网站网址。

第二节 正文部分

一、前言(Preface)

前言又称引言、导言、绪论、概念或序等。它是论文的开头、引子、开场白,是论文的必要组成部分,位于摘要、关键词之后。前言要言简意赅地说明研究目的或结论以及背景和范围。但常常不冠以"前言"等字样的章节题名。

1. 意义和作用 前言很像乐章的序曲、长剧的序幕。其目的是向读者揭示论文的主题、目的和总纲。使读者对该论文先有一个初步印象,方便读者领会该研究成果的意义、实(试)验的主要方法和正文展开论点的计划等要点,以引起读者注意并顺利阅读全文。前言写得好,整篇论文犹如行云流水,顺理成章。反之,言而不导,或盲目自诩,就起不到前导作用了。

2. 内容与写法 国家标准规定科技论文的前言用来简要说明研究工作的目的、范围、相关领域中前人的工作和知识空白、理论基础和分析、研究设想、研究方法、实验设计、预期结果和意义等。论文的前言一般应包括以下三方面内容。

(1)原因:说明研究该课题的理由,较系统地介绍背景材料,包括与该项研究工作有密切关系的科学、生产知识,前人对此做过哪些较重要的工作、存在什么问题,是否具备进一步研究的条件等。这是前言的基本内容。

(2)任务:介绍要研究的是什么课题,包括目的、范围、方法途径、研究的理论和实验根据等。如研究的是新药,必须写出化学名与结构式。

(3)预期的效果:简要介绍获得的研究结果、结论。正文中若采用专业性比较强的术语或缩写词时也应在前言中加以说明。

写前言的背景材料要具体、准确。前言要紧紧围绕课题,为读者决定阅读全文与否提供必要的信息,对读者起到一种定向的引导作用。前言的字数一般200~400个汉字为宜,占全文总字数的5%~7%。但具体情况要具体分析,不必局限于字数的多少。只要前言在文中起到了引导作用,其字数就算合适。投稿时先将前言写得稍微详细些,有利于沟通审阅者,需要作者修改时可再行适当精简。

3. 常见毛病

(1)在前言里过歉或吹嘘,这都是非学术问题的写作毛病。如果论文中确有必要表示歉意时,可在讨论中适当表述。

(2)论文的前言中要避免像著书或写报告一样在开场白中写几句客气话,如"才疏学浅、水平有限、条件不足、一定有疏漏谬误之处、恳乞指教、请予斧正"等。科技论文内容和水平如何,学术成果价值多大,读者自有客观评价。决非作者几句客气话所能左右的,如有错误,读者也不会因客气话而默认。

(3)前言中也不允许任何商品广告或商业宣传,更不允许自我吹捧,说什么不符合实际的"已达到了国内外先进水平、国内外首创、填补了国内外空白、文献未见报道、前人未研究过、收到理想的效果"等。论文价值如何,分量轻重,读者自会做出公论。

二、资料与方法(Methods)

资(材)料与方法是论文的重要部分,反映科研设计和研究过程的科学性和合理性,以及所得结果的可靠性。实验研究性论文常写成材料与方法,临床研究性论文也有写成临床资料。

1. 意义 材(资)料即实(试)验材料与设备装置,实验研究所用的器材、试剂、观察对象,进行工作的条件等,在保密条例允许的情况下均加以说明,使读者对于结果不致误解或怀疑。并确保在需要重复实验时能得出同样的结果。

方法即实验过程、实验(观察)方法、研究调查方法或操作步骤。完全采用他人的实验方法,只要标明原文献即可(只能引用直接创用者,而不是间接引用者);如有实验方法的改动,则应写出或说明改动的原因;对于自己设计的方法,不存在泄密的前提下应叙述清楚,并说明该方法所得实验结果的精确度,以便于验证重复时能得出同样的效果。

2. 内容

（1）实（试）验对象：动物实验研究必须写出动物选择的标准和分组方法等，如动物名称、种系、性别、年龄、体重、健康情况、来源、合格证号、是否隔离、试剂质量、仪器类型与精密度，必要时还要记明实验时的室温或季节。

临床研究必须写出：①病例来源及选择标准（诊断、纳入、排除标准，疾病分型或分组标准）。②一般资料，如病例数量、性别、年龄、职业、病程、症状、体征、实验室检查、辅助诊断结果，观察方法与指标等，还必须交代清楚年月、地点、医院名称、住院或门诊观察、随访方法和项目与期限等。③治疗方法，如药物名称、剂量、剂型、用法、疗程、生产单位、出厂时间和批号等，均应具体交代清楚。④疗效观测项目（如症状、体征、实验室指标）及疗效标准（如痊愈、显效、好转、缓解、部分缓解、完全缓解、无效、死亡），也应交代清楚。

由于实验对象个体自身和实验条件的差异很难完全避免，因此设置实验组与对照组是非常必要的，并且要求两组的各种非处理因素尽可能条件一致或接近一致。

实验对象的分配，应按照统计学要求，结合具体情况妥善选定。如果条件许可，尽可能采用随机分组和双盲试验。

（2）实（试）验方法：①使用公知公认通用的方法以及引用他人的方法时，不必全部照抄，只需简单说明该方法的来源并标注，同时在参考文献列表中给出该文献即可。②对他人方法作了实质性改进，重点写出改进部分，并说明改进理由即可。③对文献报道过但并非大家熟悉的方法，则应简要加以介绍。④对自己创新方法，要详细具体介绍，以便验证重复。

（3）实（试）验设备：如电子显微镜、超声、CT、磁共振等重要设备要写明设备名称、规格、性能、用法、误差范围、制造单位及出厂时间等。在条件许可的情况下，力求采用最新的先进技术和设备。

（4）统计学方法：要写明使用的统计学软件名称和版本，统计学设计（包括数据表示方法、采用的检验方法等）。

总之，写这一节一定要突出自己研究工作的特点，介绍内容的繁简程度应以能够重复验证出来所给结果为度。

3. 常见毛病

（1）对研究方法未交代清楚，甚至根本不做交代。

（2）过细地介绍文献上早已详细报道过或已众所周知的方法，罗列与本研究无关的一般临床资料。

(3)统计学描述太简单,或千篇一律的格式化。

三、结果(Results)

1. 意义　论文的结果部分是指实验所得数据、观察到的现象记录等,经过综合分析与统计处理的结果。而不是原始数据,更不是原始记录。

结果首先是作者劳动的主要成果,是一篇研究报告的基础,实验成败由此推断,一切结论由此导出,是整个论文的实质性内容,结论和讨论都要以此为依据。论文水平的高低,对读者有无学习价值,对科学进步有无增砖添瓦推动作用等都在这里表现出来。

结果部分应与材料与方法部分相呼应,所谓结果是经过整理过、加工过的材料,而不是一堆原始数据。因此,结果必须严谨、准确,内容充实,尊重事实,在资料、数据的取舍上不应该随意掺入主观成分,也不应忽视偶发性和负面性现象和数据。

2. 内容与写法　结果内容要求是将研究过程观察所得的原始资料或数据,经过审查核对、分析归纳并进行正确统计学处理后得出来的结果,然后用图或表或文字的形式,如实、具体、准确地表达出来,不允许有丝毫含混和错误。

在分析与归纳过程中,要以辩证唯物主义观点为指导,用两分法,注意抓事物的主要矛盾,但也不能放弃次要矛盾;要抓事物发展的必然性,但也不要忽视事物发展存在的偶然性,因为有时必然性恰恰隐藏于偶然性中。

未经统计学处理的实验观察记录数据是原始数据,是未经规范的数据,简单由此得出的结论是不可靠的。统计学处理主要是使原始数据从难以理解变成易于理解,并从原始数据的偶然性中揭示出隐藏在其中的某种必然规律。首先要通过分组将原始数据重新排列,制作频数表,然后算出均数或百分率以获得包含在原始数据中的信息;其次是用文字或统计图表将它们表示出来(其中均数或百分率间差异的意义要用显著性测验所得的 P 值来判定,各变量间的相互关系用相关系数与回归系数来表示)。经过统计分析的研究结果所得各种数据,可采用图或表或文字的形式按逻辑顺序加以表达。如果用图表表达,则文字叙述就不需要不必要的重复其数据,仅以便于阅读理解图表内容作简要提示即可。

一项结果和概念,如果不是作者自己的创新,而是前人的工作,一定要指明出处,引出文献,不容含混和隐讳,否则就有剽窃之嫌。

对于成功的实验,要详细叙述,而对于一些不成功或发生了某种变故的实验结果,例如动物意外死亡、失败的数据、非阳性结果等,也要适当说明,这样就能让别人少走弯路。

如果某些实验结果不符合自己的意图，不能随意摒弃，应认真分析，并如实反映。

3. 常见毛病

（1）不可弥补的错误：实验设计不严密、代表性与可比性差、诊断标准不可靠、观察指标不完整、该设对照组而缺乏对照，结果自然不可靠。存在这些错误，均无法通过后期修改论文的方法进行弥补。

（2）自相矛盾（逻辑矛盾）：如某药分次实验，结果前后存在矛盾，就无法评价其真实疗效。

（3）图表繁杂：图表内容不够简明，文字叙述啰唆且与图表内容不必要的重复。

（4）计算错误：一组数字合计计算错误。

（5）结果与方法内容没有相互呼应：方法中的指标在结果中末描述其数值。

（6）物理量和单位符号不按规范书写。

四、讨论（Discussion）

1. 意义　讨论是对研究结果的科学解释与评价，是对该研究所得结果经过科学抽象而上升的理论认识，是研究所形成的科学理论的反映。讨论不是描述事物的表象与外部联系，而应是表述深入到的事物本质与内部联系。

在讨论中必须把经过科学抽象提升出来的科学概念、科学原理阐述清楚，把已获得的材料系统化、理论化，形成自己的见解、自己的特色、自己的体系，为形成该课题的结论打下基础。讨论还有提出问题、假设，供后人研究、探讨的作用。

2. 内容与写法　讨论要因文而异，要根据问题的重要性、相关性、原因、结果及其特殊的环境、条件等妥善安排。要从研究（观察）结果的实际出发，结合有关文献，紧扣论文主题，抓住重点，层次分明地写出独到的见解。讨论部分应包含研究结论及其实际应用中的意义，比较该研究成果与文献报道中的异同并着重分析为何不同的原因，以及所有应在论文中交代清楚而在其他章节不宜表述的内容。

一篇好的论文，既要能补充和发展前人的见解，又要能正视自己的不足之处。假如能够有充分根据去推翻名家学说，推陈出新，则论文的价值更高。

讨论部分始终（尤其是实验型）是论文最难写的部分，论文水平和学术价值的高低很大程度上是由这一部分体现出来，必须下大工夫认真对待。

通常情况下，讨论部分应阐述该研究的原理与机制；说明该论文材料与方法的特点及其得失；联系过去已有文献中与该课题有关的结果和观点的异同及优缺点，相同者可以加强本实验结果的意义，不同甚或相反者，则分析其原因并给予因果说明或论证，理由充足时，可进一步提出新假设、新观点，但须恰如其分，以体现论文创造性和理论性的特点；对各种不同学术观点进行比较和评价，提出今后探索的方向；对获得的各项结果和数据，都可以分析讨论其误差和显著性等问题，阐明其足以作为结论依据的理由。当然，一篇论文通常只能讨论某些方面的问题，不可能面面俱到。讨论最重要的是必须紧紧围绕该论文的研究结果，突出自己的新发现与新认识。

3. 常见毛病

（1）无目的性：讨论该文材料的针对性不强，实际上只是在重复结果部分的数据和情况。

（2）文不对题：文题所示主题，论文并未去论证，而论文论证的内容又非主题所提出的事项。

（3）论题含混：讨论中论题含混不清，使人不明白讨论中主要阐明什么问题。

（4）论据不足：讨论提出来希望论证的问题，由于论据不足，难以从中得出可靠结论。

（5）以偏概全：根据个别事实与现象作出带普遍性的结论。

（6）循环论证：讨论中用证据来证明论题的正确性，而论据本身的正确性又用论题来证明，这样循环论证，实际上并没有起到论证作用。

（7）层次不清，缺乏逻辑关系：虽然提出许多证据，但因证据与论题缺乏逻辑关系，没有说服力，不能证明论题的正确性。

（8）罗列文献：大量罗列国内外文献资料，甚至罗列与该文无关的综述材料。

（9）泛泛之谈：堆砌众所周知的知识或陈述基本雷同的事实或理论。

（10）报喜不报忧。

五、结论（Conclusions）

结论是根据研究结果的推断，发现了什么规律、说明了什么问题、提出了什么观点等。国内医学学术论文多不单独列"结论"章节，那么通常将结论内容放在讨论章节中给出。

常见毛病：论文中结论表述不明确；结果中给出的论据不足以说明结论；结果如何导出的结论交代不清；甚至论文中的结论内容表述缺失。

六、致谢(Acknolegdement)

科学研究有时需要有关单位、个人的指导和支援。在论文后边致谢中对给予帮助的单位或个人应表示感谢，并说明其贡献和责任。

致谢仅限于对该项研究工作有过实质性贡献的单位或个人(如资助或支持的企业、组织或个人，协助完成研究工作和提供便利的组织或个人，在研究工作中提出建议和提供帮助的人，给予转载和引用权的资料、图片、文献、研究思想和设想的所有者，其他应感谢的组织或个人)，并应该征得被致谢者书面同意。应能使读者可以据此间接判断文中数据和结论等内容的可靠性。

致谢应注意防止出现以下两种倾向，该加的没有加，不该加的加上了。

1. 剽窃　对确实给予实质性帮助的单位或个人，不公开致谢，甚至连研究方法都是从人家那里来的，也只字不提，而自己抢先发表。这就有剽窃掠美之嫌。

2. 强加　把未曾参与、也未曾阅读过论文的某些名教授、专家、领导的大名也写上了，也未征得人家同意。这是强加于人，难免有借名家提高自己身份或有搞"关系学"之嫌。

科学工作者应严守科学道德规范，坚持良好的学风。所在单位领导人审阅文稿是职责所在，一般不必公开署名致谢。

七、参考文献(Reference)

1. 意义　参考文献也是医学论文的一个重要组成部分，参考文献引用是否恰当，书写是否正确、符合规范要求，已成为考核医学论文和医学期刊质量的一项指标。

论文后的参考文献表可有两种：一种是作者在论文中引用有关文献的参考文献列表，置于正文之后；另一种是作者推荐可供读者参考的有关本研究课题的文献题录，置于附录部分。

2. 内容特点

(1)继承性：作者将引用的参考文献列出，是为了说明他自己某些论点、数据、资料是有根据的。既表示尊重和继承前人的研究成果，也是为了自己论文中精简正文的文字，同时也向读者提供进一步检索有关资料的线索，或者方便读者去比较文献记载与自己论文的差异以确信自己论文的独到之处。如果引用前人的资料，而不写出文献，难免有剽窃他人作品之嫌。

(2)限制性：论著一般需列参考文献20篇左右为宜，综述酌情可多一些。要引用研究原著,不引用译文、文摘、转载、私人通讯以及未公开发表的内部资料。已被采用正在出版的原稿,可列入文后参考文献列表中,但应在该刊名后用圆括号注明"在排印中"。

(3)准确性:要求著录项目齐全,排列顺序标准,著录符号和外文字母拼写正确。

(4)时空性:引用文献仅限于亲自阅读过的主要文献,以近3~5年内文献为主,尽量引用国内外具有权威性、影响力较大的中英文期刊。

3. 书写格式　按《GB 7714—2015 信息与文献　参考文献著录规则》的规定参考文献表可以采用"顺序编码制"或"著者-出版年制"。我国生物医学期刊绝大多数选用"顺序编码制",即温哥华格式书写。其书写格式如下。

(1)正文内书写的格式:按引文内容在正文中的出现先后顺序连续编制号码,以角标方式置于方括号内加以标记。在正文中,①引文内容写出原作者姓名的,角码写在原作者姓名右上角。②引文内容未写出作者姓名的,角码写在引文文末右上角。③如果引文的序号作为正文文句的组成部分,则采用与正文相同的字体字号书写数字,而不必角码标注。

(2)文后参考文献表的书写格式:按引用先后顺序连续编码排列于文末。

[期刊]序号 作者姓名(不超过3人者全部写出,超过者只写前3名)后加. 等或. et al. 文题[J]. 期刊名(外文刊名可用标准缩写,不加缩写点),年,卷(期):起讫页. DOI:

[书籍]序号 作者姓名. 书名[M]. 版次(第1版不写). 出版地:出版单位(国外出版单位可用标准缩写,不加缩写点),出版年,起始页。

[报刊]序号 作者姓名. 文题[N]. 报刊名称,出版年-月-日(版次)。

4. 常见毛病

(1)普遍问题是书写格式不正确,内容项目不齐全,错误百出。影响准确查阅该原文献。

(2)把与自己论文关系不大或并非亲自阅读过的文献也列了进去。

(3)有的文献过于陈旧,价值不大。

(4)引用内部资料、学术会议资料汇编,读者难以查询到。如果要引用非公开发表资料,可将引用的内容列入正文,并紧随其后加括号注明出处。

(5)只引用国外文献而有意或无意的不注意引用国内文献。

(6)罗列过多,累赘不精。

(7)该列入的没列入。

第三节　后置部分

后置部分应书写的主要内容有以下几个方面。若无必要，可以不写。

1. 附录　附录是为了便于阅读者理解和认同论文主体内容时附加的详细补充说明等辅助资料，主要用于评审阶段参考，正式发表时一般会删除。

2. 利益冲突　为了保证研究结果的公正性，必须说明与研究资助机构（特别医药、器械企业）有无利益关系。

3. 作者贡献声明　注明作者在研究中贡献，包括提出研究思路、设计研究方案、实施研究过程、整理分析资料、统计学处理、撰写审核论文等。

第二十四章　稿件编辑加工

　　稿件应严格审查政治思想质量，包括符合国家的科技、卫生、出版、宗教、保密等法律法规和规章制度，无违背科学伦理、职业道德，无宣扬伪科学、剽窃造假不端行为等问题；着重评价其创新性、科学性、导向性、实用性等。在综合评估的基础上，对于达到拟刊用标准的稿件进行语言文字编辑加工。

　　语言文字是人类特有的用来表达意思、交流思想的工具。语言文字包括语法修辞、汉字使用、名词术语、数字用法、计量单位、书写规则和标点符号等。据统计，每年全世界约有 1/3 的医学论文因为语言文字方面问题而被搁置起来，得不到及时发表。详见上篇有关章节。

第一节　语法修辞

　　语法是指语言文字使用的规则。语法为语言的结构方式，包括词的构成和变化、词组和句子的组织；修辞就是修饰文字语句，运用各种表现方式，使语言表达得准确、鲜明而又生动有力。

　　医学论文一般使用现代汉语语体文，祖国医学少数原著仍可用文言文，翻译书稿应注意合乎汉语规范。目前多以人民教育出版社出版的张志公主编的《现代汉语》为语法修辞的规范。

第二节　汉字使用

文字是记录语言的符号,是语言表达的书面形式。汉字是我国的法定文字,医学论文应使用规范汉字。规范汉字是指 1986 年 10 月根据国务院批示由国家语言文字工作委员会重新发表的《简化字总表》所收录的简化字,1988 年 3 月由国家语言文字工作委员会和新闻出版署发布的《现代汉语通用字表》中收录的汉字。

1992 年 7 月 7 日新闻出版署、国家语言文字工作委员会颁布的《出版物汉字使用管理规定》中指出,除①整理、出版古代典籍。②书法艺术作品。③古代历史文化学术研究著述和语文工具书中必须使用繁体字、异体字的部分。④经国家有关部门批准,依法影印、拷贝的我国台湾、香港、澳门地区,以及海外其他地区出版的中文报刊、图书、音像制品等出版物以外,禁止使用不规范汉字。

不规范汉字是指在《简化字总表》中被简化的繁体字;1986 年国家宣布废止的《第二批汉字简化方案(草案)》中的简化字;在 1955 年淘汰的异体字(其中 1986 年收入《简化字总表》中的 11 个类推简化字和 1988 年收入《现代汉语通用字表》中的 15 个字不作为淘汰的异体字),1977 年淘汰的计量单位旧译名用字,社会上出版的自造简体字及 1966 年淘汰的旧字形。

一般写作过程中使用汉字,应以商务印书馆出版的《现代汉语词典》为准。

第三节　名词术语使用

医学论文特点之一是医学名词术语较多,使用名词术语也有规范问题。医学名词术语应使用 1987 年国务院批准成立的全国自然科学名词审定委员会审定的名词;药学名词以《中华人民共和国药典》(2015 年版)为准。目前尚无审定的名词,可使用现时通用的名词。如国内尚无统一译名的可参考有关资料自拟,但在文中初次出现时,须在译名后括注原文。

学术用语一般要求用全称，如果重复出现已有通用简称或缩写的，可在论文中初次出现时写全称，并于全称后括注简称或缩写词，该文中以后均用此简称或缩写词，如"冠状动脉硬化性心脏病（下简称冠心病）"。

日常工作或生活中的习惯用缩略语，虽然在工作中大家都可听懂看懂，但不能在医学论文中使用，应写全称，以免误解。

人名、地名：外国人物和地方的译名以商务印书馆出版的各种译名手册为依据，如新华通讯社编《英语姓名译名手册》（2014年第4版）、中国地名委员会编《外国地名译名手册》（1992年）等。普及性读物中的外国人名一律译成中文。

对于人们熟知的外国人名，应按通用标准译法写出译名，如居里夫人、巴甫洛夫、达尔文等。学术著作或高级专业书刊，对一般不熟知的外国人名，一律用外文，第一次出现时，列全名（Smith MS），其后再出现时，则只列姓（Smith）。人名后一律不加"氏"。

中国人姓名，应写全名，不应写为"根据某氏报告"。

用人名构成的术语，凡只用单个汉字表示人名所组成的术语，要用"氏"字，如布氏杆菌、克氏针；凡用多个汉字表示人名所组成的术语，不用"氏"字，如革兰染色、霍奇金病。

冠以外国人名的试验、特征等，如Babinskis sign，不应写成Babinski's征，应写Babinski征。因"s"为外语所有格构词方法，不应与汉字混用。

外国地名尽可能写出译名，对不熟知的地名，可在译名后括注原文。

第四节　日期和时间用法

日期和时间表达方法要求准确，一般情况下，应尽量避免使用没有确定时限的时间代名词，如"目前、最近、不久前、今年、明年、后年、本月、上月、下月、今春、今冬"等。

日期和时间表示法应采用GB 2808—1981《全数字式日期表示法》如1949-10-01—1996-09-30，其中年占4位，月、日各占2位，年、月、日之间加半字线，用"—"分隔任何两个成份。

第五节　数字用法

出于出版物数字写法混乱，给写稿、编辑、排版、校对工作增加了许多负担，同时也不利于电子计算机输入和检索。因此，国家语言文字工作委员会、国家出版局、国家标准局、国家计量局、国务院办公厅秘书局等7单位于1987年1月1日联合公布了《关于出版物上数字用法的试行规定》（国语字〔1987〕第1号），《人民日报》1986年12月31日第3版发表。1995年12月13日国家技术监督局决定，批准、发布为国家标准GB/T 15835—1995《出版物上数字用法的规定》。2011年7月29日修订发布GB/T 15835—2011《出版物上数字用法的规定》。

总的原则，凡是可以使用阿拉伯数字而且又很得体的地方，特别当所表示的数目比较精确时，均应使用阿拉伯数字。遇特殊情形，可以灵活变通，但应力求保持相对统一。重排古籍、出版文学书刊等，仍依照传统体例。新修订标准强调数字用法遵循"得体原则"和"局部体例一致原则"的基础上，通过措辞的调整和示例，进一步明确了具体操作规范。

一、应使用阿拉伯数字的情况

1. 公历世纪、年代、年、月、日、时刻。
2. 记数与计量（正负数、分数、小数、百分数、约数等），科学计量和具有统计意义的数。
3. 非古籍文献标注的版次、卷次、页码。
4. 中华民国纪年和日本年号纪年。

二、应使用汉字的情况

1. 数字作为词素构成定型词、词组、惯用语、缩略语或具有修辞色彩的句子。
2. 邻近的两个数字并列连用，表示概数，连用的两个数字之间不用顿号隔开。
3. 星期几。
4. 夏历和我国清代以前历史纪年。
5. 不定量的词，如"任何一个人"。

三、数字用法其他情况

1. 年份不能缩写,如 1989–1990 年不能缩写为"89–90 年",也不能拆开排在两行中。

2. 4 位和 4 位以上的数字,采用国际通用的 3 位分节,节与节之间空半个阿拉伯数字的位置,不用千位撇分开。

3. 一个用阿拉伯数字书写的多位数不能移行,即一个完整的数字不能拆开移行。

4. 数值间的范围符号应该统一用"~"。

5. 计量单位相同的数值范围表示方法,如 2.6 kg ~ 3.5 kg 应为 2.6 ~ 3.5 kg。

6. 带计量单位的空间或平面表示方法,如 3×4×6 cm 应为 3 cm×4 cm×6 cm 或 3×4×6(cm)。

7. 百分数范围表示法,如 32~35% 应为 32% ~ 35%。

8. 表示幂次相同的数值范围时,幂次不能省略。如 $4×10^9 \sim 5.5×10^9$ 不能写成 $4 \sim 5.5×10^9$。

9. 同一类使用场合的 9 以下数字时,数字用法统一,不能时而用阿拉伯数字,时而用汉字。

10. 5 位以上的数字,尾数零多的可改写为万、千万、十亿、百亿作单位(千克、千米、千瓦等法定计量单位中的词头不在此例)。

11. 数字的增加用倍数,数字的减少用分数或%表示。

12. 分数式一般排成单行,中间用斜线划开。

13. 非 10 进位的计量单位数字不宜用小数,如年岁可写成 1/2 岁或 6 个月,不宜写成 0.5 岁。

第六节　计量单位

20 世纪 50 年代,我国使用的计量单位比较复杂,有我国传统的市制计量单位,也有米制计量单位。1959 年 6 月 25 日国务院发布《关于统一计量的命令》,确定以米制为我国基本计量制度。20 世纪 80 年代初,国务院决定采用先进、实用、简单、科学的国际单位制,1984 年公布了我国法定计量单位。

计量单位的使用以国务院 1984 年 2 月 27 日颁发的《关于我国统一实行法定计量单位的命令》《中华人民共和国法定计量单位的命令》《中华人民共和国法定计量单位使用方法》为准。中国标准出版社 1987 年出版的《量与单位》(修订本),其中有 GB 3100—86 国际单位制其及应用,GB 3102.1—86—GB 3102.13—86 共 15 项有关计量单位的国家标准。

论文中使用计量单位常出现以下问题:

1. 法定单位与非法定单位混用。

2. 仍旧使用已废除的旧制单位。

3. 在组合单位中,国际符号和中文符号并用,如 mg/kg 写作 mg/公斤体重,mg/(kg·h)写成 mg/kg 每小时。但有例外,如 m/人、t/月可并用,因人、月没有国际符号。

4. 用斜线"/"表示相除时,单位符号的分子与分母都与斜线处于同一行内。

若分母中有两个或两个以上单位时,整个分母应加圆括号。在一个组合单位中,斜线只能有一条。组合单位亦可用幂表示法,如 m/(kg·d)也可写成 mg·kg^{-1}·d^{-1}。

5. 在同一篇论文中,国际单位符号和汉字符号混用。

6. 将单位的英语或汉语名称的全称作单位符号使用。

7. 将单位英文名称的缩写词作单位符号使用。

8. 把以人名命名的单位符号的第 1 个字母应用大写误为小写。

9. 普通单位符号的第 1 个字母应小写误为大写。

10. 单位的名称和符号是一个整体不得拆开转行时,强拆变成两行。

第七节 标点符号

标点符号应采用 1990 年 4 月 17 日国家语言文字工作委员会和新闻出版署正式颁布的新的《标点符号用法》。新的《标点符号用法》是在 1951 年 9 月中央人民政府出版总署颁布的《标点符号用法》的基础上修订而成。这次修订内容主要有以下 4 个方面:①标点符号由原来的 14 种增加为 16 种,增加了连接号"-"和间隔号"·"。②简化了说明。③更换了例句。④针对书写排印由竖行改为横行,某些说法也作了相应的变动(见《光明日报》1990 年 4 月 18

日）。1995年被国家标准局批准为国家标准 GB/T 15834—1995《标点符号用法》。2011年12月30日修订颁布 GB/T 15834—2011《标点符号用法》，对原标准做了较大的修改。

医学论文使用的标点符号比较简单，但标点符号用错的却比较多见。以句号（。或．）为例，常见的错误为"。"与"．"混用；该用句号的地方不用，一逗到底；单句中多用了分号，标题之后加了句号等。

第二十五章　各类文体写作特点与要求

第一节　论著类

医学论文的种类和体裁较多，但其中最基本、最具代表性的是学术论著（original article）。论著性医学论文主要有实验研究、临床研究等，均属于一次性文献，是报道基础、临床、预防等研究成果与实践经验的学术论文，它们构成了医学学术性期刊报道内容的核心。作者只要掌握了论著的基本特征和撰写规范，撰写其他类型的医学论文时可以举一反三，触类旁通。

一、论著的基本要求

医学期刊的质量和水平，主要取决于所刊载的学术论文的质量和水平。一篇高质量和高水平的论著应当符合以下要求。

1. 思想性　遵循辩证唯物主义的思想路线，贯彻党和国家的卫生工作方针、政策。遵守科学道德，防止政治性错误和泄密。

2. 创新性　要求论文的内容应比已发表的文献有新发现或发明。基础研究要求选题新颖、方法先进，有新观点。临床研究要求收集的病例数量足够多，观察研究更深入，诊断和治疗方法有创新，治疗效果更佳，提出新的见解等。许多文稿投至期刊后未被采纳，主要是因为作者仅仅简单重复了既往文献或是教科书的内容，所报告的研究成果缺乏新意或创见。

3. 科学性
（1）选题要有足够的科学依据。
（2）采用的材（资）料和选择的方法要有充分的可比性和必要的随机性。
（3）要如实反映研究过程，准确提供观察数据，全面分析研究资料。
（4）要推理具有逻辑性，结论强调严谨性。

4. 实用性　除少量纯理论研究性论文外，大多数医学论著应结合临床、预防工作实际。论著的指导作用越强,实用价值越大,读者才越欢迎。

5. 可读性　医学论著的文字表达要准确、简练、通顺。要使用规范化的科技语体。应能使读者用最少的时间,获取最多的知识和信息。

二、论著的主体结构

医学论著主体内容(正文)表述已形成了一种约定俗成相对固定的格式,即:前言、材(资)料和方法、结果、讨论四章式,普遍适用于绝大多数医学论著。

1. 前言　主要概述研究的背景、目的、研究思路、理论依据、研究方法、预期结果和意义等。某些研究有必要交代研究开始的年月,使读者对本研究主旨和背景有概括的了解,以引出后文。

前言要求点明主题,抓住中心,最重要是给出研究目的。也可以少量引用以往的重要文献并加以分析,但不可长篇幅追溯历史,罗列文献。不要轻易使用"国内外首创""文献未见报道""前人未曾研究"等提法,防止不恰当的自我评价。医学论文的前言部分一般不加章节题名,如"前言"字样。

2. 材(资)料方法　主要介绍研究对象(人或实验动物等,包括对照组)的选择及研究所采用的方法。如果研究对象是人,则章节题名用"对象和方法"或"资料和方法"字样,如果研究对象是实验动物等则用"材料和方法"。

(1)临床研究中的治疗性研究要说明是否为前瞻性的随机同期对照研究;诊断性研究则应交代诊断试验的金标准,新试验的理论依据和方法等。临床研究必须介绍病例和对照组来源、选择标准及一般情况等,并应注明被纳入研究者本人是否知情同意。

(2)实验研究需说明动物的名称、种系、等级、数量、来源、合格证号、性别、年龄、体重、饲养条件和健康状况等。

(3)个人创造的研究方法应详细说明"方法"的细节,以备能够验证重复。改进他人的方法应详述改进之处,并以引用文献的方式给出原方法的出处。直接完全引用他人的方法,应以引用文献的方式标注出该方法的出处,而不需展开描述其具体内容。

(4)药品、试剂应使用化学名称,并注明剂量、单位、纯度、批号、生产单位及生产时间。

(5)仪器、设备应注明名称、型号、规格、生产单位、精密度或误差范围,不必描述其操作原理。

(6)应说明具体的统计学处理方法及其选择依据。

应特别注意临床研究方法必须以不损害患者的利益为准则,实验研究方法应对临床工作有实际指导意义。

3. 结果　这是论著的核心部分。论著的学术价值如何,主要取决于这一部分。

(1)结果中不应简单罗列研究过程中所得到的各种原始材料和数据,而必须是分析归纳后能导出相应结论的内容。有条理地用文字或图、表进行表达。

(2)结果的叙述必须真实和准确。无论结果是阳性还是阴性,肯定还是否定,临床应用成功还是失败,都应该如实反映。

(3)论著中的所有数据都应经过统计学处理。对均数和百分率应进行显著性检验,否则易于造成假象。应注意区别结构指标(比)与强度指标(率)的不同。当统计学的显著性检验显示 P 值 <0.05 或 <0.01 时,应分别写为"差异有显著意义"或"差异有非常显著意义"。

4. 讨论　此段主要是对本研究结果进行解读、评价和推论。这一部分的内容因文而异,大致应包括以下内容:

(1)研究结果导出的结论及其意义,导出结论的主要步骤或依据。将结论放在讨论的前中后任何位置描述均可,只要得体自然就行。需要注意,国内医学期刊发表论文,一般不单列结论章节。

(2)阐述本研究工作的原理和机制,说明本研究材料和方法的特点及其得失。

(3)比较本研究结果与他人结果的异同,分析各自的优越性和不足,并进一步分析出现差异的原因。

(4)对本人研究结果进行理论概括,提出自己的新认识或新观点。

(5)对各种不同的观点进行比较和评价。

(6)提出今后探索方向和展望等。当然以上问题不一定在同一篇论文中面面俱到,要因文制宜,言之有物即可。讨论要紧扣本研究结果,突出新发现和新观点,避免不必要地重复前述章节内容和以往文献曾报道过的内容,但也不能仅仅过于简单地描述为与他人的报告"相一致""相符合"等。讨论一般不列图和表。

三、论著的层次布局

1. 文题　画龙点睛,文题要高度概括全文主旨。①中文文题一般不超过20个汉字。②英文文题应与中文文题内容一致。③文题中一般不使用标点符号。④尽可能不设副标题。⑤避免使用非公知公用的不规范的缩略语、字符、代号等。⑥文题中的外国人名用原文。

2. 作者姓名和工作单位

（1）作者署名表示对论文内容负责，也是对作者著作权的尊重。署名必须是参加全部或主要工作者，并能对论文内容进行答辩且承担责任者。必要时可设通信作者。

（2）作者排序应在投稿时按贡献大小确定，投稿后一般不允许随意增删或改动。

（3）作者工作单位应写全称并注明邮政编码。通信作者还应注明 E-mail 地址。

（4）一经决定刊用的论文，编辑部会要求全部作者在《论文专有使用权授权书》上逐一签名同意将论文专有使用权授予出版者。

3. 中英文摘要

（1）摘要位于正文前，有相对独立性和自明性。一般采用结构式摘要，包括四大要素，即目的、方法、结果、结论。

（2）中、英文摘要采用第三人称写法，不列图、表，不引用参考文献，不加评论和解释。

（3）中文摘要中如果使用英文缩略语，应于首次使用时给出它的中、英文全称；英文摘要中使用缩略语，应于首次使用时给出其英文全称。

（4）中、英文摘要的主要内容要一致。

4. 关键词　是为了便于做文献索引，进行文献检索和读者判断遴选目标论文，而由作者确定的反映论文主题概念的词和词组。

（1）要求每篇论著选择 3~8 个关键词（主题词），置于摘要之后。尽量从美国国立医学图书馆编写的最新版《医学主题词表（medical subject headings，MeSH）》中选取。中文译名可参照中国医学科学院信息研究所编译的《医学主题词注释字顺表》。中医药关键词应从中国中医研究院中医药信息研究所编写的《中医药主题词表》中选取。

（2）要注重首标词（第一个关键词）的选用，它应能反映全文最主要的内容。

（3）必要时可使用未被主题词表收录的自由词作为关键词使用。

5. 正文的要求

（1）注意层次清晰：论著的前言、材（资）料与方法、结果、讨论、参考文献、各节的标题居中，不加序号，用黑体。各节内层次序号依次使用一、二、三、……（序号后用顿号）；（一）（二）（三）……（序号后不用标点）；1.2.3.……（序号后用圆点）；（1）（2）（3）……（序号后不用标点）。也可用 1、2、3

……；1.2、1.2、1.3……；1.2.1、1.2.2、1.2.3 ……。必要时，序号可跳档使用。

（2）合适的篇幅：一般为 6000～8000 个汉字。其中前言约占 5%，材料和方法约占 30%，结果约占 30%，讨论约占 35%。

（3）表、图及文字配合使用：三者内容不宜不必要的重复，以文字表述为主。①表格：常用三横线表，要求简单明了，主谓分明，层次清楚，结构完整，具有自明性。每个表均应有表序号、表题、表头、表体、表注。表头由主语纵标目和谓语纵标目组成，主语纵标目放在表头的左上角，其下方分别列出体现主语标志的横标目具体内容，以指示说明表体中各横行的数字或文字；谓语纵标目分别列在表头主语纵标目的同一横行的右侧，分别指明表体中本纵栏内的具体数字或文字含义。表注放在表格底线的下方。表格中的数据、量、单位、符号及缩略语等，必须与正文一致。②插图：要求主题明确，起到说明和补充文字的作用，具有自明性，即只看图的画面、图例及图题、图注，不必查阅正文，就可理解作者表达意图。图可表达文字不足以说明问题的内容。有些照片图还具有证据作用。线条图纵横坐标标值线应标注在坐标轴线内侧。纵横标目的名称一般为量或测试项目及其单位符号，分别居中置于纵坐标轴线的外侧和横坐标轴线的下方。左、右纵坐标名称的书写均自下而上，顶左底右；横坐标名称的书写均自左至右。图中的量、单位、符号缩略语等必须与正文一致。病理图片应注明染色方法和显微镜下倍数。

（4）重视规范化：正确运用语法和修辞。要求语言准确、简洁、通顺，合乎语法和修辞。①医学名词以全国科学技术名词审定委员会审定、公布，科学出版社出版的《医学名词》和相关学科的名词为准。尚未通过审定的学科名词，可选用最新版《医学主题词表（MeSH）》《医学主题词注释字顺表》《中医药主题词表》中的名词。尚未有通用译名的名词术语，于文内第 1 次出现时注明原词或注释。②中西药物名称应以最新版《中华人民共和国药典》和中国药典委员会编写的《中国药品通用名称》为准，不允许使用商品名称。③计量单位必须执行国务院最新颁布的《中华人民共和国法定计量单位》，并以单位符号表示。具体使用可参照中华医学会编辑出版的《法定计量单位在医学上的应用》一书。④正文中首次出现的非公知公认的中、英文缩略语，应在圆括号内标注中、英文全称和缩略语。

6. 参考文献　作者通过引用参考文献反映论文的科学依据，体现尊重他人研究成果的态度。文献著录原则有以下几点。

（1）引用文献应是作者直接阅读的原著，而不是间接转引他人阅读的原文，要以近3~5年的文献为主。

(2) 一般不提倡引用未公开发表的文献。

(3) 尽量避免引用只是阅读了的摘要作为参考文献。

(4) 摘要中一般不引用参考文献。

(5) 参考文献采用按正文中出现顺序编码的方法标注，著录格式按照拟投稿杂志近期已出版论文中相应类型文献的式样书写。

(6) 书籍中的出版地为该出版社所在的城市名称，当书籍中印有多个出版地时，仅著录第一出版地。

(7) 英文文献的文题均为第一个单词的首字母大写，其余均小写。

7. 脚注　排在正文首页的左下角。常用于注明作者和通讯作者的工作单位、邮编、E-mail 地址、基金资助项目和基金编号。

8. 致谢　对该研究和撰写过程有实质性贡献或帮助，但尚不足以列为作者的组织或个人，应在正文之后致谢。所有致谢必须征得被谢者的书面同意。

以上层次布局在不同系列的期刊中略有差异，实际撰写中注意应符合拟投稿目标杂志的具体要求。

四、实验研究与临床研究撰写论文注意事项

1. 实验研究论文　实验研究论文是医学论文中极其重要的部分，它常反映前瞻性医学科学研究成果的原始文献。撰写中应注意以下几个问题。

(1) 医学实验研究中绝大部分实验用动物进行，各种动物的特点不同，用途各异。为了获得预期研究结果，必须根据实验动物的特点选用符合该实验要求的动物。实验动物的种属选择直接关系到实验的成败，因此始终受到研究者的重视。实验动物的种属选择一般应从以下几方面考虑：①选用与人的功能、代谢、结构及疾病特征相似的动物。②选用解剖生理特点符合实验目的的动物。③选用敏感并具有明显反应的动物。④选用患有类似人类疾病的近交系或突变系动物。

(2) 论文还应写明实验动物的级别：1999年卫生部55号令《医学实验动物实施细则》是研究者开展工作、对实验动物进行依法科学管理的依据。55号令第一章第七条明确规定：卫生部科研课题立项、科研成果鉴定、发表学术论文……，将有无实验动物合格证书作为申报、审批的基本条件。医学研究对实验动物的要求也有明确规定：普通实验动物(一级)只能用于教学试验和某些科研工作的预实验，卫生部级课题及研究生毕业论文等科研实验必须应用二级以上的实验动物。由此可见，医学科研需要使用二级及以上的实验动物。

（3）动物伦理审批，凡是使用实验动物甚至动物组织的均需要获得伦理审批，都需要符合质量要求，否则研究将可能受到不良影响。动物实验研究论文如果不交代或交代不清楚实验条件，包括动物名称、种类、品系、级别、数量、性别、体重、来源等，他人就难以验证重复，也就降低了论文可信性度。

（4）实验数据、统计计算准确无误，统计分析方法得当。

（5）论文书写中应注明获得资助情况。

2. 临床研究论文　临床医生撰写的论文多数属于临床研究类论文，包括临床试验研究和临床经验总结或临床病例分析等。其中临床病例总结或分析多是回顾性的，论证强度较差。当然那些大样本、多中心、有循证医学依据的论证强度较高的临床研究还是很有价值的。而对罕见病、少见病进行回顾性病例总结等叙述性研究，回顾性研究有时还是唯一可行的研究方法。临床研究论文中应避免以下几个方面的问题：

（1）未及时进行临床研究注册。

（2）未办理研究对象伦理审批。

（3）未表明基本研究方法是前瞻性还是回顾性。

（4）该设对照组而未设，或对照组设置不合理。计算错误，统计学方法使用不当。

（5）虽然临床病例总结的病例资料比较容易获得，但回顾性临床病例总结采用的是从果到因的研究方法，因不可能事先设计，未加任何规定，资料往往残缺不全，组与组之间可比性较差。此类论文根据临床积累的病例资料进行总结、分析及判断，推理形成观点，这就难以作出全面的客观的总结，因而学术价值有限。但是，如果选题病种具有特色，譬如作者所在地区与单位具有总结交流价值的地方病、暴发流行的传染病、病例特多或罕见的病种、临床特点有变化的病种等都还是很值得报道的。总之，从疾病的流行病学、病因、临床表现、实验室检查与辅助诊断、诊断依据与诊断标准、鉴别诊断、治疗手段改进、药物不良反应或疾病的预后等着眼，均可立题。病例总结的主题与内容不求全面，但要有特色，可从经验或教训、正反不同角度立题。具有新意的临床表现或疾病的转归也可作为临床病例总结的立题。必须注意病例总结类论文不能写成临床一般性工作总结汇报。

第二节 调研(查)报告

调研报告是对某项工作、某个事件、某个问题，经过深入细致的调查后，将调查中收集到的材料加以系统整理，分析研究，以书面论文形式向组织和领导汇报调查情况或公开发表。医学调研主要是流行病学调查。流行病学调研报告不仅具有一般调研报告的特征，同时还要符合临床医学研究的特点，要求发表调研结果时往往也以临床研究论文的形式表达。

一、调研报告特点

1. 写实性　调研报告是在占有大量现实和历史资料的基础上，用叙述性的语言实事求是地反映某一客观事物。所以充分了解实情和全面掌握真实可靠的素材是写好调查报告的基础。

2. 针对性　调研报告一般有比较明确的意向，相关的调查取证都是针对和围绕某一综合性或是专题性问题展开的。所以调研报告反映的问题集中而有深度。

3. 逻辑性　调研报告离不开确凿的事实，但又不是材料的机械堆砌，而是对核实无误的数据和事实进行严密的逻辑论证，探明事物发生及发展变化的原因，预测事物发展变化趋势，揭示事物本质和规律，得出科学的结论。

二、调研报告种类

1. 情况调研报告　是比较系统地反映某区域或某范围内基本情况的一种调研报告。这种调研报告主要是为了弄清情况，供决策者参考。

2. 典型案例分析　是通过分析典型病例，总结临床工作新经验，从而引导同行正确处置某种临床情况，多以临床研究论文的形式表达。如果是罕见少见单一病例，往往以个案报告的形式表达。

3. 问题调研报告　是针对某一方面的问题，进行专项调查，澄清事实真相，判明问题的原因和性质，确定造成的后果，并提出解决问题的途径和建议，为问题的处置提供依据。大多数临床研究均属此类。

三、调研报告写法

一般性调研报告多由标题和正文两部分组成。

1. 标题　可以有两种写法。一种是规范化的标题格式，即"发文主题"加

"文种",基本格式为"××关于××××的调查报告"等。另一种是自由式标题,包括陈述式、提问式和正副题结合式。如果是要求发表的学术论文,最好用规范化的标题格式或自由式中正副题结合式标题。

2. 正文　一般分前言、主体、结尾三部分。

(1)前言:写法有三种,第一种是写明调查的起因或目的、时间和地点、对象或范围、经过与方法,以及调查人员组成等情况,从中引出中心问题或基本结论来;第二种是写明调查对象的历史背景、大致发展经过、现实状况、主要成绩、突出问题等基本情况,进而提出中心问题或主要观点来;第三种是开门见山,直接概括出调查的结果,如肯定做法、指出问题、提示影响、说明中心内容等。前言要精练概括,直切主题,起到提示和引导的作用。

(2)主体:这是调研报告最主要的部分,这部分详述调查研究的基本情况、做法、结果,以及分析调查研究所得材料中得出的各种具体认识、观点和基本结论。

主体具体叙述调查内容、列举事例和数据并做恰当的议论和分析,概括出经验或规律,是表现调查报告主旨的关键部分。在材料的安排上,要把调查得来的大量材料归纳整理出若干条目,采用小标题式写法,要注意层次清楚,条理分明。有的可按问题的几个方面或几个问题并列地安排材料,即采用横式结构;有的可按事物发展过程的顺序来写,即采用纵式结构。

(3)结尾:是调查报告的结束语,结尾的写法也比较多。可以指出存在的问题和提出解决问题的办法、对策或下一步改进建议;可以总结全文的主要观点,进一步深化主题;可以提出问题,引发进一步思考;也可以展望前景,发出鼓舞和号召。

四、调研报告使用注意事项

1. 调研报告完成定稿时,就应协商明确著作权归属。
2. 调研报告要求公开发表前,应妥善处理不宜公开的内容。

第三节　述　评

述评的准确性及权威性高、引领及指导性强。述评虽然篇幅不拘长短,但一般比较精悍。

一、基本结构

专题述评的基本结构包括论文题目、作者署名、前言、主体、参考文献等。由于作者多为学科专家和课题带头人，有的期刊在发表此类稿件时，在主体之前、文题和署名之后，常附有作者简介及照片，以帮助读者了解作者，增强文章权威性。

二、撰写方法

1. 熟悉被评资料的内容。
2. 搜集评论资料相关素材。
3. 构思和拟定提纲。

三、注意事项

1. 文题写法基本上是被评课题或专题主词语加文体标志性词语，如"评论""述评"等。也可省略文体标志性词语，而以主词语搭配"展望""现状""进展""未来预测"等词语而成。

2. 正文写法视内容而定，没有固定格式。一般可分为研究（发展）现状、存在问题、展望和建议（述评者的观点）三部分。

3. 不必要列出全部参考文献，甚至可不列参考文献。

4. 刊发述评的目的是引起读者对某事项的关注和重视，澄清认识。

第四节 综 述

综述的内容专题性强，涉及范围较窄，具有一定的深度和时间性，具有较多信息较高的参考价值。国内外大多数医学期刊都辟有综述栏目。

一、综述特点

1. 综合性 综述要纵横交错，既要以某一专题的发展为纵线，反映当前课题的进展；又要从专业、学科、跨学科，从国内到国外，进行横的比较。在占有大量素材的前提下，经过综合分析、归纳整理、消化鉴别，使材料更精练、更明确、更有层次和更有逻辑，进而把握该专题发展规律和预测发展趋势。

2. 评述性 专门地、全面地、深入地、系统地论述某一方面的问题，通过对所综述的内容进行综合、分析、评价，反映作者的观点和见解。综述应有综述作者的观点，否则就不成其为综述，而是手册或讲座了。

3. 先进性　综述不是写学科发展的历史，而是要搜集最新资料，获取最新内容，将最新的医学信息和科研动向及时传递给读者。检索和阅读文献是撰写综述的重要前提工作。

一篇综述的质量如何，在很大程度上取决于综述作者对该专题相关最新文献掌握的程度。如果没有做好文献检索和阅读工作，是决不会写出高水平综述的。

二、格式

综述的一般格式为：题名、作者、摘要、关键词、正文、参考文献。其中正文部分又由前言、主体和结语与展望组成。

1. 前言　用200～300字的篇幅，提出问题，包括写作目的、意义和作用，概述问题的历史、资料来源、现状和发展动态，有关概念和定义，选择这一专题的目的和动机、应用价值和实践意义等。如果属于争论性课题，要指明争论的焦点所在。

2. 主体　内容主要包括论据和论证。通过提出问题、分析问题和解决问题，比较各种观点的异同点及其理论根据，从而反映综述作者的见解。为把问题说得明白透彻，可以分为若干个小标题分述。主体部分应包括历史发展、现状分析和趋向预测等几方面内容。①历史发展：要按时间顺序，简要说明这一课题的提出及各历史阶段的发展状况，体现各阶段的研究水平。②现状分析：介绍国内外对本课题的研究现状及各派观点，包括综述作者本人的观点。将归纳、整理的科学事实和资料进行排列和必要的分析。对有创造性和发展前途的理论或假说要详细介绍，并引出论据；对有争论的问题要介绍各家观点或学说，进行比较，指出问题的焦点和可能的发展趋势，并提出综述作者自己的看法。对陈旧的、过时的或已被否定的观点可从简。对一般性读者熟知的问题只简要提及即可。③趋向预测：在纵横对比中肯定所综述课题的研究水平、存在问题和不同观点，提出展望性见解。主体部分内容要写得客观、准确，不但要指明方向，而且要提示捷径，为有志于攀登新高峰者指明方向，搭梯铺路。主体部分没有固定的格式，可以按问题发展历史依年代顺序介绍，也可按问题的现状加以阐述的。不论采用哪种方式，都应比较各家学说及论据，阐明有关问题的历史背景、现状和发展方向。

主体部分的写法有下列几种：

(1) 纵式写法：纵是历史发展纵观。它主要围绕某一专题，按时间先后顺序或专题本身发展层次，对其历史演变、目前状况、趋向预测作纵向描述，从而勾画出某一专题的来龙去脉和发展轨迹。纵式写法要把握脉络分明，即对某一专题在各个阶段的发展动态作扼要描述，已经解决了哪些问题，取得了什么成果，还存在哪些问题，今后发展趋向如何，对这些内容要把发展层次交代清楚，文字描述要紧密衔接。撰写综述忌讳孤立地按时间顺序罗列事实，写成大事记或编年体。纵式写法还要突出一个"创"字。有些专题时间跨度大，科研成果多，在描述时就要抓住具有创造性、突破性的成果作详细介绍，而对一般性、重复性的资料就从简从略。这样既突出了重点，又做到了详略得当。纵式写法适合于动态性综述。这种综述描述专题的发展动向明显，层次清楚。

(2) 横式写法：横是国内国际横览。它就是对某一专题在国际和国内的各个方面，如各派观点、各家之言、各种方法、各自成就等加以描述和比较。通过横向对比，既可以分辨出各种观点、见解、方法、成果的优劣利弊，又可以看出国际水平、国内水平和本单位水平，从而找出差距。横式写法适用于成就性综述。这种综述专门介绍某个方面或某个项目的新成就，如新理论、新观点、新发明、新方法、新技术、新进展等。因为新颖，所以时间跨度虽短，但却备受国际、国内同行关注，研究成果多，发表论文也多，如能及时加以整理，将其写成综述向同行报道，就能起到借鉴、启示和指导的作用。

(3) 纵横结合式写法：在同一篇综述中，同时采用纵式与横式写法。例如，写历史背景采用纵式写法，写当前状况采用横式写法。通过纵、横描述，更广泛地综合文献资料，全面系统地认识某一专题及其发展方向，作出比较可靠的趋向预测，为新的研究工作选择突破口或提供参考。无论是纵式、横式或是纵横结合式写法，都要求做到：一要全面系统地搜集资料，客观公正地如实反映事实；二要分析透彻，综合恰当；三要层次分明，条理清楚；四要语言简练，详略得当。

3. 结语与展望　结语是综述作者对正文部分作扼要的总结，对各种观点进行综合评价，提出自己的看法，指出存在的问题及今后发展的方向和展望。内容单纯的综述也可只表述总结内容而不单列其章节。

4. 参考文献　是综述的重要组成部分。一般参考文献的多少可体现作者阅读文献的广度和深度。对综述类论文参考文献数量多少，在不同的杂志有不同要求，一般以30条以上为宜，以最近3~5年内的最新文献为主。

三、撰写注意事项

1. 题目不宜过大　一般来说，题目过大，则不易把握论文的中心，不易深入透彻。

2. 参考文献不能太陈旧　综述一定要反映最新的研究情况，如果所引述文献都是若干年前的陈旧参考文献，则不能反映最新的研究动态。

3. 文献不宜间接引用　文献综述的作者引用间接文献的现象时有所见。如果综述作者从他人引用的参考文献转引过来，这些文献在他人引用时是否恰当正确、有无谬误，你是不知道的，所以不要间接转引文献。

4. 综述篇幅不易太长　一般4000~6000字。不同杂志编辑部对综述篇幅的要求也不完全一样。综述的作者尤其新手，一定注意要重点突出、观点鲜明、虚话空话少说。

5. 综述并不是简单的文献罗列，综述一定要有作者自己综合和归纳出的观点看法。如果综述只是简单罗列文献，看上去像流水账，缺乏综合分析及提炼出你自己的观点，读者就难以受到启发而获取帮助。

第五节　讲　座

讲座是向读者系统介绍某一专业或专题研究方面的基本知识。要求比教科书的内容更深入、更新颖。内容要深入浅出，图文并茂。此类文稿对基层读者具有指导和启迪作用。所以讲座必须依据读者对象的层次、接受能力及需求选题和取材，同时要注重理论联系实际。根据选题大小和内容多少可以单独成篇。如果系统讲授一门知识篇幅过长时，也可以分成多篇系列专题连续多篇讲座，由一个或多个作者分别撰稿。期刊开辟此栏目多是为适应当时该刊主要读者需求，一般由编辑部命题后请有关专家学者撰写。

讲座文稿在写作上无固定统一的格式和要求，结构上也比较灵活。一般多采用类似教科书式的文体，也可根据内容自创最便于读者接受的形式和体例。篇幅大小应服从编辑部要求。

讲座内容的资料来源广泛无限定，可以来自教科书、专著、期刊、专利等，无论一次或二次文献均可利用，同时也可表述作者对所讲内容的经验教训、体会认识等。所讲内容必须紧扣主题，且要条理清晰、层次分明、重点突出。所讲的问题要明确，阐述问题的依据确凿可靠。所用语言要通俗易懂。讲述中要着重体现新知识、新理论、新成果、新进展。需要引证时，一般采取的方式是直接引用，并在引证内容适当位置注明出处。

第六节 短篇报道

短篇报道实际上就是不附带中英文摘要和关键词的短篇论著,其特点与要求可参照论著的特点与要求。

第七节 个案报道(病例讨论)

个案报道(病例讨论)是少见、罕见的 1 个或几个病例的诊治第一手感性资料的书面报告形式的论文。个案报道的内容重点主要体现典型、明确。病例讨论的内容重点主要是发现存在值得商榷的问题。虽然简短,但对临床实际工作却有很强的指导意义。

一、特点

1. 发现具有特殊性和新颖性的少见、罕见病例,如特殊临床表现、治疗新方法、常规疗法失败的教训、罕见药物不良反应等情况,及时交流新的发现。

2. 行文短小精悍、言简意赅,重在突出"新"和"鲜"的内容上。篇幅一般 600~1 000 字。

二、写作格式

个案报道(病例报告)通常由前言、病例介绍(病历摘要)和讨论三部分组成,除非特别需要,一般不列参考文献。也可仅有病历摘要和讨论两部分。

1. 前言 一般较简短,通常用 1~2 句话简要说明为什么要报告该病例,简要交代有无类似病例的报道,该病在诊断和治疗上的困难和特别意义,该病的危害和预后,以及该病的特殊性等方面的内容。

2. 病例介绍 是个案报道的主要内容,应是经过加工整理的病历摘要(而非照搬原始资料)。包括病例来源、时间、发病情况、临床特点、患者的特异性表现、特征性的症状、体征及检查结果,必要时可增加病理或影像学图片、形态学照片(应避免能分辨患者体貌特征的照片),本院或外院的诊断、治疗经过及效果等。

3. 讨论　是病例介绍的一个延伸（带有一定逻辑推理性），简单介绍疾病的背景（尤其是罕见病）。应突出罕见病的特色，着重讨论诊断、鉴别诊断和确认该病的依据、本病例的新特点和新发现。若为丰富资料，则着重总结成功治愈的经验或失败的教训，提醒临床医生注意有意义但易忽略的问题；如希望说明误诊方面的问题，则应着重分析误诊的原因。讨论的内容根据报道的病例内容不同而有所不同。可以讨论病例的特殊性所在以及报道的目的；也可在复习有关文献的基础上，对比前人的报道提出自己的见解，分析总结诊治方面的经验与教训；也可对该病的危害及预后进行分析；还可从理论上作一定的探讨。总之，讨论的内容应视报道病例的特点和作者报道的目的而定。

三、注意事项

1. 内容精准，文字精练　以罕见或有特殊意义的临床资料为主，诊断标准应描述准确。切忌照搬原始病例，避免使用各种非客观性、推测性的语句。

2. 注意版权，不得擅自投稿　如果是研究生学习期间或进修生进修期间进行的病例分析，应注意病例的所有权，投稿前要征求患者资料所属医院和相关科室的同意，不得擅自投稿。

第八节　荟萃分析（meta 分析）

meta 分析中文译为"荟萃分析"，定义是"The statistical analysis of large collection of analysis results from individual studies for the purpose of integrating the findings"，中文译为：对具备特定条件的、同课题的诸多研究结果进行综合的一类统计方法。广义上的 meta 分析指的是一个科学的临床研究活动，指全面收集所有相关研究并逐个进行严格评价和分析，再用定量合成的方法对资料进行统计学处理得出综合结论的整个过程；狭义上的 meta 分析仅仅是一种单纯的定量合成的统计学方法。

meta 分析就是研究如何综合同类研究结果的一种统计分析方法，就是把相同研究问题的多个研究结果视为一个多中心研究的结果，运用多中心研究的统计方法进行综合分析。meta 统计分析可以分为确定性模型分析方法和随机模型分析方法。较常用的确定性模型 meta 分析有 Mantel-Haeszel 统计方法（仅适用于效应指标为 OR）和 General-Variance-Based 统计方法。然而所有的确定性模型统计方法都要求 meta 分析中的各个研究的总体效应指标（如：两组均数的差值等）是相等的，方差是齐性的（Homogeneity），而随机模型对效应指标没有齐性要求。

一、意义

1. 能对同一课题的多项研究结果的一致性进行评价。
2. 对同一课题的多项研究结果作系统性评价和总结。
3. 提出一些新的研究问题，为进一步研究指明方向。
4. 当研究工作受制于某些条件（如时间或研究对象等）而难以开展时，借助 meta 分析就不失为一种研究选择。
5. 从方法学的角度，对现阶段某课题的研究设计进行评价。
6. 发现某些单个研究未阐明的问题。
7. 由于单个临床试验往往样本较小，难以明确肯定某种效应，而这些效应对临床医生来说又可能是重要的。对小样本的临床试验研究，meta 分析可以统计效能和效应值估计的精确度。因此，设计合理，严密的 meta 分析论文能对证据进行更客观的评价（与传统的描述性的综述相比），对效应指标进行更准确、客观地评估，并能解释不同研究结果之间的异质性。meta 分析符合人们对客观规律的认识过程，与循证医学的思想完全一致，是一个巨大的进步。

二、基本步骤

1. 明确简洁地提出需要解决的问题。
2. 制定检索策略，全面广泛地收集随机对照试验。
3. 确定纳入和排除标准，剔除不符合要求的文献。
4. 资料选择和提取。
5. 各试验的质量评估和特征描述。
6. 统计学处理。
（1）异质性检验（齐性检验）。
（2）统计合并效应量（加权合并，计算效应尺度及 95% 的置信区间）并进行统计推断。
（3）图示单个试验的结果和合并后的结果。
（4）敏感性分析。

（5）通过"失安全数"的计算或采用"倒漏斗图"了解潜在的发表偏倚。

7. 结果解释、作出结论及评价。

8. 维护和更新资料。

三、常见问题

1. 选题的临床意义不大，缺乏推广应用的代表性。或者选题错误，根本没有研究价值。这些均难以发表，造成浪费。

2. 问题明确且已经达成共识，发表价值不大。有争议存在的问题才适合做 meta 分析，通过汇总对比数个同种研究结果，获得更可靠的结论。具有争议性的问题可以通过文献检索或请教该领域专家而获得。

3. 题材不新，意义不大。要选还没有人做过的方面，可以通过文献检索了解国内外哪方面 meta 分析还没有人做，如果有人做了是不是质量偏低？

4. 做 meta 分析的问题表述不清楚，所得结论不明确。

5. 缺乏明确的效应指标。对于危险因素，可以以 OR/RR 值为效应指标，如肿瘤的治疗，××年生存率为效应指标等。

6. 设计科学性差，原始论文不理想，meta 分析就难以进行到底，或所得结果不可靠，结论可信度低。例如研究危险因素的就应当是病例对照研究和队列研究，就要能够提取出四格表资料，且数目也不能太少，否则达不到汇总的效果。如果数目太多，当然没有什么不好，而且结果会更可靠，只是研究所需时间要增加而已。通常纳入研究的文献以 10~30 篇比较合适做 meta 分析。

第二十六章　期刊的结构与出版形式

一本期刊包括封面、目次、正文、插页等。出版形式严格执行新闻出版总署新出报刊〔2007〕376号关于印发《期刊出版形式规范》的通知的规定。

第一节　刊　名

1. 刊名应当简明确切，便于引用；应能明确反映期刊所涉及特定专业的学术和知识领域；也可冠以主办机构名称。若刊名不能完全反映期刊的特定内容，可用副刊名作为补充。

2. 为了便于国际学术交流，期刊应标注同义的外国文字并列刊名。外文刊名须是中文刊名的直译，一般采用英文或拉丁文，字号应小于中文刊名。

3. 刊名应刊印于封一、目次页、版权页和书脊的明显位置，且必须保持一致。期刊封一其他文字标志不得明显于刊名。

4. 外文期刊封一上必须同时刊印中文刊名；少数民族文种期刊封一上必须同时刊印汉语刊名。

5. 中文版期刊应加注汉语拼音刊名。汉语拼音刊名参照 GB 3259—1992《中文书刊名称汉语拼音拼写法》拼写，可刊印在封一、目次页或版权页。

6. 中文刊名不论在期刊的任何位置出现，必须保持名称的一致和完整，不用缩写形式。并列刊名在封一、书脊、目次页、版权页上应以全称表达，在页眉、参考文献表中可以缩写，其缩写形式可参照美国国立医学图书馆（National Library of Medicine，NLM）编印的 NLM's Citing Medicine（http://www.ncbi.nlm.nih.gov/books/NBK7256/）。

7. 期刊必须使用经期刊出版管理部门批准登记的刊名。变更须经批准并获得新的中国标准连续出版物号。批准后应在本刊发出预告，并在新刊出版的第 1 年内，于每期封一上标示原刊名。

第二节 封　面

封面包括封一、封二、封三、封四和书脊。

一、封一

1. 封一应标明中文刊名（包括并列刊名和可能有的副刊名）、汉语拼音刊名、英文刊名，出版年月，卷号，期号（出版增刊时，封一须注明"增刊"样），主办者（刊名已表明主办单位者除外），出版者（必要时），中国标准连续出版物号（ISSN 部分）条码（按 GB/T 16827 的规定，优先位置为封一的左下角，也可为封四的右下角，由新闻出版总署条码中心提供）。不得以总期号代替年、月、期号。

2. 英文刊名应按 GB/T 16827 的规定，纵排时，词序排列为由下至上，即订口朝上时由左向右阅读。

3. 封一标志项目中的数码应按规定采用阿拉伯数字，中文版期刊刊名中的数字采用汉字。

4. 中国标准连续出版物号印在封一的右上角。通常格式为：

ISSN ××××-××××
CN ××-××××/R
ISSN、CN 与数字之间应留 1 个字母的空隙。

5. 期刊条码由前缀码 977（3 位）、数据码（ISSN 前 7 位）、年份码（2 位）、校验码（1 位）以及附加码（2 位）组成，年份码和附加码应与期刊出版的刊期和（或）出版的年份、月份或期号保持一致。条码置于封一或封四下方靠近订口处，条码符号条的方向与装订线平行或垂直。

二、封二、封三、封四

封二可作为封一标志项目的延续。封二、封三和封四均可以视情况刊印版权标志、目次表，或刊印广告，但版权标志和目次表的位置应相对固定。封四下方应刊印中国标准连续出版物号、邮发代号和定价。

三、书脊

1. 平订期刊厚度大于或等于 5 mm 应设计书脊并编排书脊名称。书脊名称应包括刊名、卷号、期号和出版年月。

2. 骑马订期刊或厚度小于 5 mm 的平订期刊，应在封四上方距书脊边缘不大于 15 mm 处排边缘名称，内容为刊名、卷号、期号和出版年月。

3. 中文书脊名称和边缘名称纵排，其中的数字排汉字。英文书脊名称及边缘名称按国际惯例横排，阅读顺序为由上至下，其中的数码排阿拉伯数字。

4. 书脊名称字体、大小、颜色、距离在同一卷的各期应保持一致。

第三节　目次页

1. 期刊每期应编印目次页，对海外发行者还应编印英文目次页。目次页包括版头和目次表两部分。

2. 目次页一般置于封二后的第 1 页。目次页位置在一种期刊的一卷中各期应相同，若需变更，应从新一卷（年）的第 1 期开始。

3. 目次页应独立成页，不宜编入正文连续页码。目次页为多页并有必要时可用罗马数字。

第四节　版权标志

1. 每期应在固定位置（如封四、封二、封三、目次表旁或目次表下方等）登载版权标志，内容应包括：

（1）刊名和可能有的副刊名、并列刊名。

（2）出刊周期。

（3）创刊年份。

（4）卷号（或年份）和期号。

（5）出版日期。

(6)主管者。

(7)主办者。

(8)主编(或总编辑)姓名。

(9)编辑者及其地址、电话、传真、电子信箱、网络地址。

(10)出版者及其地址、电话、传真、电子信箱、网络地址。

(11)印刷者。

(12)发行者及其地址、期刊邮发代号。

(13)中国标准连续出版物号,包括国际标准连续出版物号(ISSN)和国内标准连续出版物号(CN)。

(14)增刊批准号(必要时)。

(15)广告经营许可证号和商标注册号(必要时)。

(16)版权标志及归属。

(17)定价。

2. 对海外发行的期刊,应同时刊印英文版权标志。

3. 用外文或少数民族文字出版发行的期刊,其版权标志应采用相应的文字。

第五节　期刊 CN、ISSN 和条形码

1. 期刊 CN(国内统一连续出版物号)

(1)期刊 CN,以 CN 为前缀,由 6 位数字(前 2 位为地区代码,后 4 位为地区连续出版物的序号)和分类号组成,是由新闻出版总署负责分配给一种期刊的唯一代码。

(2)CN 执行《期刊出版管理规定》和 GB/T 9999—2018《中国标准连续出版物号》相关规定。

(3)获得 CN 的期刊应持有新闻出版总署批准文件、期刊出版许可证,并在新闻出版总署备案。

(4)一个国内统一连续出版物号只能对应出版一种期刊,不得用同一个国内统一连续出版物号再出版不同版本的期刊。

(5)CN 应印在期刊封面、版权页或封底上。

(6)一个 CN 对应一种期刊唯一刊名,期刊更名、变更登记地(跨行政区

域）应获得新的 CN。

2. 期刊 ISSN（国际标准连续出版物号）

（1）期刊 ISSN，以 ISSN 为前缀，包括一位校验码在内的 8 位数字。由 ISSN 中国国家中心分配给每一种获得 CN 并公开发行的期刊的唯一识别代码。

（2）ISSN 执行《中国标准连续出版物号》和《期刊出版管理规定》相关规定。

（3）获得 ISSN 的期刊应持有 ISSN 中国国家中心颁发的 ISSN 证书并在该中心数据库注册。

（4）ISSN 应按规定格式和字体印在期刊封面右上角、版权页或封底上。

（5）获得 CN 并公开发行的期刊应申请 ISSN，期刊更名须获得新闻出版总署批准后申请新的 ISSN。

（6）一个 ISSN 应与该刊的 CN 及刊名保持一致。

3. 期刊条码

（1）出版物条码是由一组按 EAN 规范排列的条、空及其对应字符组成的表示一定信息的出版物标识。期刊条码由前缀码 977（3 位）、数据码（ISSN 前 7 位）、年份码（2 位）、校验码（1 位）以及附加码（2 位）组成，附加码代表刊期，由新闻出版总署条码中心负责制作。

（2）期刊条码执行《出版物条码管理办法》和 GB/T 16827—1997《中国标准刊号（ISSN 部分）条码》等相关规定。

（3）期刊条码由新闻出版总署条码中心统一负责制作。

（4）期刊条码应与该刊的 ISSN 及刊名保持一致。

（5）期刊条码的附加码应与期刊出版的刊期和（或）出版的年份、月份或期号保持一致。

（6）期刊条码应印在封面左下方的位置，印刷质量和色彩应清晰并便于识读。

第六节　卷、期

1. 期刊一般依次分卷期出版。通常为每年出版 1 卷，也可以 1 年出版多卷或多年出版 1 卷，还可以不设卷。卷的编号应是连续的，用阿拉伯数字从

第 1 卷开始。

2. 构成期刊一卷的各期，应该按顺序连续编码。每卷的首期编码为第 1 期。在每卷的最后期适当位置，如封一，或目次页版头，或版权标志块等，注明"卷终"字样。

3. 如果期刊的期次序码因故中断，应在下一期的显著位置标明中断期次和时间。在几期合并出刊时，如第 7、8 期合并出版，应编成第 7-8 期。

4. 若期刊每卷或多卷编辑刊出索引时，应在附有索引的该期封一或目次表上标明。

5. 期刊开本及其幅面尺寸应执行 GB/T 788—1999"图书和杂志开本及其幅面尺寸"的规定。同一种期刊各期的开本尺寸应该相同。改变期刊开本尺寸的，应从新一卷(年)第 1 期开始。

第七节　版面和页码安排

1. 一种期刊的各期，应力求将文章题名、层次标题、正文和如果有的摘要、脚注、图表、参考文献等，用不同的字体和字号以及在编排形式上区别开来，并保持各期排印格调统一。如需要变更，宜从新一卷(年)的第 1 期开始。

2. 期刊的页码，应用阿拉伯数字将全卷(年)各期的正文部分依序连续编码，也可每期从第 1 页开始单独编码。

3. 每期的首页和翻开的右页，均应为单数页码。

4. 在正文部分如有图版和折页，应作为正文的一部分一起编排页码。广告或不属于正文的其他内容，并能独立成章、可以在期刊合订成卷时剔除者，应另编页码，不得与正文页码混同。

5. 封一、封二不应编入期刊的连续页码。封三和封四，如连续刊登正文，应编入期刊的连续页码；如系空白页或只刊载广告和其他非正文内容，则不编入期刊的连续页码。

6. 期刊页码的标志，应置于各页的固定位置。若需变更，宜从新一卷(年)的第 1 期开始。

7. 力戒分散跳页排印文章。确需转页时，应从中断处标注"(下转第 × 页)"字样，并在接续页的接续处注明"(上接第 × 页)"字样。一篇论文只能转页 1 次，而且只能顺转（由数值小的页码转至数值大的页码），不能逆转（由数值大的页码转至数值小的页码）。

第八节　页眉、栏头

1. 正文部分应在页眉或其他适当位置标注刊名、出版年月、卷号和期号。对海外发行的期刊应使用外文（一般为英文）标注相同的信息。并列刊名可使用缩写。

2. 期刊正文部分可以设栏头，栏头用词应与目次表中的栏目名称一致。栏头一般宜标注在每篇文章的文题上方。如果同一栏目的文章连排，栏头可以排在该栏首篇文章的文题上方。

第九节　期刊标识性文字

1. 期刊标识性文字是指版权页规定的记录项目之外，在期刊封面或显著位置上刊登的对期刊进行宣传的文字。

2. 期刊标识性文字执行《期刊出版管理规定》相关规定。

3. 期刊刊名的补充文字说明、期刊内容宣传等标识性文字不得明显于期刊刊名，不得通过颜色、位置等手段突出显示。

4. 期刊标识性文字不得使用毫无实据的、过于夸张的宣传语言，如"世界排名第×名""全球发行量最大""中国唯一的""××领域最早期刊""获奖最多"等。

5. 期刊标识性文字不得刊登不实的被期刊评价数据库收录和获奖信息。

第二十七章 医学期刊审读与评价

医学期刊审读与评价是出版后由相关组织机构对出版物的政治、学术、编辑、印刷装帧、发行，以及社会效益和经济效益等全面检查审核，并根据审读结果作出总体质量评价。以便加强管理，把握办刊方向，规范办刊质量，提高办刊水平。

第一节 医学期刊审读

期刊审读是出版管理部门、主管主办单位履行期刊监管的重要手段，是提高期刊质量的重要措施。早在1992年5月原国家科委下发［92］国科发情字304号《科学技术期刊审读办法》，2009年2月国家新闻出版总署下发新出报刊〔2009〕126号《报纸期刊审读暂行办法》，使期刊审读工作步入法制化、制度化、规范化的阶段。

一、审读方法

审读组织者一是政务管理机关的专门出版质量检查机构聘请固定专家；二是各种各级团体组织定期或不定期临时召集有关专家。审读活动或分散或集中。审读方式有通读全面检查，也有按专项抽检。最终对受检期刊多采取专家定性和定量打分再结合文献计量学指标，作出全面质量评价。

二、审读标准

审读标准均是由审读组织者根据当时有关法律法规和行业规范以及惯例即时制定，当次审读活动有效。就医学期刊而言，国家卫生计划生育委员会（现在的卫生健康委员会）根据国家新闻出版署新出字［2010］294号《报纸期刊出版质量综合评估办法（试行）》和《国全国报纸期刊出版质量综合估指标体系(试行)》的要求,组织制定并发布了《医药卫生期刊合评估体系(试行)》,包括《医药卫生期刊质量综合要求及评估指标》和《医药卫生期刊编排规范》,作为医药卫生期刊审读评价的依据。见附件。

第二节 核心期刊评定

核心期刊是指那些发表高水平论文较多、使用率(含被引率、摘转率和流通率)较高、学术影响较大的期刊。1931年著名文献学家布拉德福首先揭示了文献集中与分散规律,发现某时期某学科1/3的论文刊登在3.2%的期刊上;1967年联合国教科文组织研究了二次文献在期刊上的分布,发现75%的文献出现在10%的期刊中;1971年,SCI的创始人加菲尔德统计了参考文献在期刊上的分布情况,发现24%的引文出现在1.25%的期刊上,等。这些研究都表明期刊存在核心效应,从而衍生了核心期刊的概念。

确认核心期刊的标准是由某些机构或大学图书馆制定的,而且各学校图书馆的定、录入标准也不尽相同。如北京大学图书馆主持编纂的《中文核心期刊要目总览》(简称总览)。其原始编制目的是为"各种类型和不同级别的图书馆采购与收藏中文期刊的参考依据,同时也能成为各个专业和不同层次的读者选择阅读中文期刊的参考依据"。《总览》有130余个学科,覆盖社会科学、自然科学、工程技术等领域。《总览》选定了被摘量、被引量、载文量、影响因子等多个指标,体现了布拉德福文献分布定律和加菲尔德文献集中定律的有效结合,在以上指标的统计之后,通过数学模型计算得到每一个类目的核心期刊,最后由学科专家进行鉴定、微调得来。

医学核心期刊是指经中国新闻出版总署审批准后公开发行的医学学术期刊,经各高校、医学研究机构、医学行政机关等根据期刊刊录文稿被摘引率等系统的对期刊按医学学科进行评定。因国内医学学科核心评定标准不同,所以医学核心期刊目录也不尽相同。

值得注意的是,新闻出版管理部门从未参加过此类评选活动,也从未就学术水平的高低为这些期刊划分过级别。

国内主要核心期刊(或来源期刊)遴选体系:

1. 北京大学图书馆"中文核心期刊要目总览"。
2. 南京大学"中文社会科学引文索引(CSSCI)来源期刊"。

3. 中国科学技术信息研究所"中国科技论文统计源期刊(又称中国科技核心期刊)"。
4. 中国社会科学院文献信息中心"中国人文社会科学核心期刊"。
5. 中国科学院文献情报中心"中国科学引文数据库(CSCD)来源期刊"。
6. 中国人文社会科学学报学会"中国人文社科学报核心期刊"。
7. 万方数据股份有限公司的"中国核心期刊遴选数据库"。

第三节 期刊评价指标体系

一、评价指标框架

随着科技期刊编辑学和文献计量学的发展,学术期刊评价指标体系日臻完善,当前学术期刊质量指标框架和出版单位评估指标框架如下。

期刊质量指标框架

政治质量:指导思想、政策法规、办刊方针、道德规范

学术质量:创新性、科学性、精准性、实用性

编辑质量:编排规范、总体设计、编辑加工、其他要求

出版质量:期刊设计、印制质量、出版发行

学术质量下级:Wep下载率、综合评价总分、同行评议、海外论文比、平均引文数、被引半衰期、引用半衰期、基金论文比、他引率、影响因子、总被引频次

编辑质量下级:审读标准、编校差错率、稿件刊用率、载文量

出版质量下级:版式设计、四封设计、印刷质量、装订质量、发行量、发表时滞、载体种类

出版单位评估指标框架

机构建制:法人治理、机构性质

人员队伍:持证上岗、人员数量、队伍结构

出版环境:人均办公面积、技术设备现值

组织管理:编委会建设、制度建设、年利润总值、年度检验

其他项目:海外出版发行、奖励与处罚、基金资助、数字出版、承担课题

二、评价方法

文献计量学指标在国际上是惯用的期刊定量评价指标,相对比较客观,但由于学科之间的差异,也存在一些不足。以《中国科技期刊引证报告(核心版)》为例,评价期刊有两种方式,即单一指标评价和综合指标评价。具体方法分述如下。

1. 单一指标评价　　主要是指按照影响因子和总被引频次这两个国际通行评价指标,对期刊进行评价。可通过期刊的影响因子排序表和总被引频次排序表确定该期刊在同类期刊中所处的位置,从而对该期刊的学术影响力和学科地位进行评价和评估。还可以通过影响因子总排序表和总被引频次总排序表在不同学科领域中进行横向比较,确定该期刊的位置。单一指标评价因不能反映不同学科期刊的特点和期刊的内在质量,因此具有一定的局限性。

2. 综合指标评价　　由于期刊评价工作是一项非常复杂的工作,涉及领域广,学科差异大,因此单一指标往往难以全面、准确地评价期刊的学术水平和学科地位,这时一般需要通过综合指标评价,以使期刊评价更加客观、全面和准确。要进行期刊的综合指标评价,首先需要建立期刊综合评价指标体系,利用数学方法确定各指标的权重值,然后求出综合指标排序值,最终得到期刊指标的综合排序。

这种期刊评价方法已被广泛地推广和使用,1999年中国科学技术信息研究所在国内首先提出了中国科技期刊综合评价指标体系。根据这一指标体系,计算得出的综合评价总分,即是一种综合评价的结果。中国科学技术信息研究所在每年的中国科技论文统计结果发布中提出的"百种中国杰出学术期刊",就是利用几个主要学术指标通过隶属度转换、加权评分,最终得出每一种期刊的综合指标排序值,完成对期刊的评价。

三、评价期刊常用指标

1. 总被引频次　　某期刊自创刊以来所登载的全部论文在统计当年被引用的总次数,可以显示该期刊被使用和受重视的程度,以及在科学交流中的绝对影响力的大小。

2. 影响因子　　某期刊评价前2年发表论文的篇均被引用的次数,用于测度期刊学术影响力。

$$影响因子 = \frac{该刊前2年发表论文在统计当年被引用的总次数}{该刊前两年发表论文总数}$$

3. 核心即年指标　某期刊当年发表的论文在当年被引用的情况,表示期刊即时反应速率的指标。

$$即年指标 = \frac{该期刊当年发表论文的被引用次数}{该期刊当年发表论文总数}$$

4. 他引率　某期刊总被引频次中,被其他刊引用次数所占的比例,测度期刊学术传播能力。

$$他引率 = \frac{被其他刊引用的次数}{期刊被引用的总次数}$$

5. 引用刊数　引用被评价期刊的期刊数,反映被评价期刊被使用的范围。

6. 扩散因子　期刊当年每被引100次所涉及的期刊数,测度期刊学术传播范围。

$$扩散因子 = \frac{总被引频次涉及的期刊数 \times 100}{总被引频次}$$

7. 学科扩散指标　在统计源期刊范围内,引用该刊的期刊数量与其所在学科全部期刊数量之比。

$$学科扩散指标 = \frac{引用刊数}{所在学科期刊数}$$

8. 学科影响指标　指期刊所在学科内,引用该刊的期刊数占全部期刊数量的比例。

$$学科影响指标 = \frac{所在学科内引用被评价期刊的数量}{所在学科期刊数}$$

9. 被引半衰期　指该期刊在统计当年被引用的全部次数中,较新一半是在多长一段时间内发表的。被引半衰期是测度期刊老化速度的一种指标,通常不是针对个别文献或某一组文献,而是对某一学科或专业领域的文献的总和而言。

10. 权威因子　利用PageRank算法计算出来的来源期刊在统计当年的

PageRank 值。与其他单纯计算被引次数的指标不同的是,权威因子考虑了不同引用之间的重要性区别,重要的引用被赋予更高的权值,因此能更好地反映期刊的权威性。

11. 来源文献量 指符合统计来源论文选取原则的文献的数量。在期刊发表的全部内容中,只有报道科学发现和技术创新成果的学术技术类文献用于作为中国科技论文统计工作的数据来源。

12. 文献选出率 指来源文献量与期刊全年发表的所有文献总量之比,用于反映期刊发表内容中,报道学术技术类成果的比例。

13. AR 论文量 指期刊所发表的文献中,文献类型为学术性论文(Article)和综述评论性论文(Review)的论文数量,用于反映期刊发表的内容中学术性成果的数量。

14. 平均引文数 指来源期刊每一篇论文平均引用的参考文献数。论文所引用的全部参考文献数,是衡量该期刊科学交流程度和吸收外部信息能力的一个指标。

15. 平均作者数 指来源期刊每一篇论文平均拥有的作者数,是衡量该期刊科学生产能力的一个指标。

16. 地区分布数 指来源期刊登载论文所涉及的地区数,按全国 31 个省、自治区和直辖市计(不含港、澳、台地区)。这是衡量期刊论文覆盖面和全国影响力大小的一个指标。

17. 机构分布数 指来源期刊论文的作者所涉及的机构数。这是衡量期刊科学生产能力的另一个指标。

18. 海外论文比 指来源期刊中,海外作者发表论文占全部论文的比例。这是衡量期刊国际交流程度的一个指标。

19. 基金论文比 指来源期刊中,国家、省部级以上及其他各类重要基金资助的论文占全部论文的比例。这是衡量期刊论文学术质量的重要指标。

20. 引用半衰期 指该期刊引用的全部参考文献中,较新一半是在多长一段时间内发表的。通过这个指标可以反映出作者利用文献的新颖度。

21. 离均差率 指期刊的某项指标与其所在学科的平均值之间的差距与平均值的比例。通过这项指标可以反映期刊的单项指标在学科内的相对位置。

$$某项指标的离均差率 = \frac{被评价期刊的指标 - 所在学科内该项指标的平均值}{所在学科内该项指标的平均值}$$

22. 红点指标　指该期刊发表的论文中，关键词与其所在学科排名前1%的高频关键词重合的论文所占的比例。通过这个指标可以反映出期刊论文与学科研究热点的重合度。

23. 综合评价总分　根据中国科技期刊综合评价指标体系，计算多项科学计量指标，采用层次分析法确定重要指标的权重，分学科对每种期刊进行综合评定，计算出每个期刊的综合评价总分。

综合评价总分是根据科学计量学原理，系统性地综合考虑被评价期刊的各影响力指标（总被引频次、影响因子、核心他引率、基金论文比、引文率等）在其所在学科中的相对位置，并按照一定的权重系数将这些指标进行综合集成。

具体的算法如下：

$$综合评价总分 = \sum_{i=1}^{n} \mu_i \kappa_i$$

其中，μ 为各指标的权重系数，κ 为影响力指标的相对位置的得分。κ 的计算公式如下：

$$\kappa = \frac{X - X_{min}}{X_{max} - X_{min}}$$

其中，X 为影响力指标的得分，比如，对于总被引频次指标来说就是该刊的总被引频次。X_{max} 为该刊所在学科的影响力指标的最大值，比如，对于总被引频次指标来说就是该刊所在学科期刊的总被引频次的最大值。X_{min} 为该刊所在学科的影响力指标的最小值，比如，对于总被引频次指标来说就是该刊所在学科期刊的总被引频次的最小值。

各影响力指标对期刊的作用不是同等重要的。因此，不同的指标被赋予了不同的权重系数 μ，权重系数是采用专家打分和层次分析法确定的。在《2017年版中国科技期刊引证报告（核心版）自然科学卷》中，权重系数总和为100，即综合评价总分在 0～100。数值越大，说明该期刊的综合学术质量和影响力越高。

根据综合评价指标体系的设计原理，综合评价总分已经屏蔽了各个学科之间总体指标背景值的差异，可以进行跨学科比较。

附件：卫生部办公厅关于医药卫生期刊综合评估体系(试行)的说明(2013年3月)

关于《医药卫生期刊综合评估体系(试行)》的说明

为加强出版管理，规范医药卫生期刊出版活动，根据国务院《出版管理条例》和新闻出版总署《期刊出版管理规定》，2007年新闻出版总署与卫生部组织医学出版行业专家，在卫生部《中国医药卫生期刊质量管理规范》基础上，经过大量论证，制定了《中国医药卫生期刊监管评估体系(试行)》，并在卫生部主管期刊中推广使用，收到良好的效果。

随着文化体制改革的不断推进，期刊出版事业也得到迅速发展。为进一步促进期刊出版规范化建设，国务院2011年修订颁布了《出版管理条例》，新闻出版总署于2007年4月颁布《期刊出版形式规范》，2008年4月颁布《电子出版物出版管理规定》，2010年12月颁布《全国报纸期刊出版质量综合评估指标体系》，国家质量监督检验检疫总局和国家标准化管理委员会制定的新标准和更新标准也相继出台。根据新形势新要求，2011年9月，卫生部依据上述条例、规范、规定和国家标准，委托中华医学会再次组织相关专家、学者，成立《医药卫生期刊综合评估体系》课题组，对《中国医药卫生期刊监管评估体系(试行)》进行修订，形成《医药卫生期刊综合评估体系(试行)》(简称《体系》)，包括《医药卫生期刊出版质量综合要求及评估指标》和《医药卫生期刊编排规范》两部分内容。本次《体系》修订旨在建立较为全面、科学、公正、客观的期刊质量评估体系，为出版规范化建设提供参考，进一步提高期刊的综合质量，打造一批具有国际竞争力的医药卫生期刊，推动我国医药卫生事业的繁荣与发展。

《体系》中两个文件尚需在试行过程中不断完善，由于时间、人力及水平所限，可能会存在不足，敬请批评指正。在试行过程中，遇有国家相关部门出台的新的法律法规，当本体系条款与之不一致时，按新的法律法规执行。

历次文件起草及参与策划人员名单(按姓氏笔画排列)：于清涛、马劲、马智、王云亭、王汝宽、王志翔、王青、王旄、田翠华、石朝云、刘冰、刘卓宝、刘玮、吕书红、许培扬、吴胜男、吴晓初、张文鸣、张玉华、张宝库、李向东、李恩江、李海燕、李银平、汪谋岳、肖先福、周传敬、范存斌、侯鉴君、钟紫红、戚畅、游苏宁、蔡丽枫、潘伟、燕鸣、魏华。

卫生部办公厅
二〇一三年三月

医药卫生期刊出版质量综合要求及评估指标

为了适应我国医学科技进步和卫生事业发展的需要，进一步加强医药卫生期刊的质量管理，不断提高期刊的质量水平，根据国家有关法规、标准要求，结合医药卫生专业特点，特制定医药卫生期刊出版质量综合要求及评估指标。

1. 主要内容与适用范围

本文件规定了医药卫生期刊出版质量综合要求及评估指标，适用于学术类、技术类、综合类和科普类医药卫生期刊。

2. 引用法规和标准

中华人民共和国国家通用语言文字法. 2000 – 10 – 31

中华人民共和国国务院. 出版管理条例. 2011 – 03 – 19

国务院关于在我国统一实行法定计量单位的命令. 1984 – 02 – 27

中华人民共和国法定计量单位. 1984 – 02 – 27

中华人民共和国法定计量单位使用方法. 1984 – 06 – 09

新闻出版总署. 关于进一步规范出版物文字使用的通知. 2010 – 12 – 24

新闻出版总署. 关于印发《全国报纸期刊出版质量综合评估指标体系（试行）》的通知. 2010 – 12 – 08

新闻出版总署. 电子出版物出版管理规定. 2008 – 04 – 15

新闻出版总署. 期刊出版形式规范. 2007 – 04 – 12

新闻出版总署. 期刊出版管理规定. 2005 – 09 – 30

新闻出版署, 国家语言文字工作委员会. 出版物汉字使用管理规定. 1992 – 07 – 07

国家质量技术监督局, 卫生部. 关于血压计量单位使用规定的补充通知. 1998 – 07 – 27

GB/T 1.1—2009 标准化工作导则 第 1 部分：标准的结构和编写

GB/T 788—1999 图书和杂志开本及其幅面尺寸

GB/T 3179—2009 期刊编排格式

GB/T 3358.1—2009/ISO 3534-1：2006 统计学词汇及符号 第 1 部分：一般统计术语与用于概率的术语

GB/T 3860—2009 文献主题标引规则

GB/T 7408—2005/ISO 8601：2000 数据元和交换格式信息交换日期和时间表示法

GB/T 7713.1—2006 学位论文编写规则

GB/T 7713.3—2009 科技报告编写规则

GB/T 7714—2005 文后参考文献著录规则

GB/T 8170—2008 数值修约规则与极限数值的表示和判定

GB/T 9999—2001 中国标准连续出版物号

GB/T 13417—2009 期刊目次表

GB/T 15834—2011 标点符号用法

GB/T 15835—2011 出版物上数字用法

GB/T 16159—1996 汉语拼音正词法基本规则

GB/T 16827—1997 中国标准刊号（ISSN 部分）条码

GB 3100—1993 国际单位制及其应用

GB 3101—1993 有关量、单位和符号的一般原则

GB 3102—1993（所有部分）量和单位

GB 3259—1992 中文书刊名称汉语拼音拼写法

GB 3469—1983 文献类型与文献载体代码

GB 6447—1986 文摘编写规则

GB 11668—1989 图书和其他出版物的书脊规则

CY/T 35—2001 科技文献章节编号方法

中国文字改革委员会．中国人名汉语拼音字母拼写法．1976-09

中国地名委员会、中国文字改革委员会、国家测绘局．中国地名汉语拼音字母拼写规则．1984-12-25

International Committee of Medical Journal Editors. Uniform Requirements for Manuscripts Submitted to Biomedical Journals: Writing and Editing for Biomedical Publication. 2010-04

3. 期刊出版质量要求

3.1 政治质量要求

3.1.1 指导思想　以邓小平理论、"三个代表"重要思想及科学发展观为指导，坚持辩证唯物主义和历史唯物主义，宣传科学的世界观和方法论，反对各种伪科学。

3.1.2 政策法规　执行国家有关新闻、出版、版权、保密、专利、广告、科技、医药、卫生、中医、人口、环保以及国家主权等方面的法规、政策、条例及其他有关规定。遵守国家相关管理部门有关期刊出版的管理规定。

3.1.3 办刊方针　贯彻"百花齐放，百家争鸣"方针；坚持"自主创新、重点跨越、支撑发展、引领未来"的科技发展方针；坚持"以农村为重点，预防为主，中西医并重，依靠科技与教育，动员全社会参与，为人民健康服务"的卫生工作方针；为医改服务。恪守办刊宗旨和报道范围，交流、传播医药卫生科技成果，促进医学创新和卫生事业发展。

3.1.4 道德规范　倡导社会主义精神文明，树立正确的人生观和价值观，严格遵守科学道德、医学伦理道德和编辑职业道德，抵制各种学术不端行为。

3.2 学术质量要求

3.2.1 学术类期刊

3.2.1.1 创新性　报道医药卫生科技领域的原始性创新成果，包括新发现、新思路、新认识、新理论，或修正、补充、否定已有理论，或具有探讨意义的新问题，或在研究方法上有较大突破，或有较高学术价值，代表学科发展前沿、趋势和方向，或有超前思维和重要科学依据的预测、预见和展望等。

3.2.1.2 科学性　反映本学科学术水平和发展动向，理论依据充分，方法先进，设计科学，数据准确，结果正确，结论可靠。实验研究设计符合随机、对照、可重复原则，以及统计学要求和其他相关规范、标准。临床科研设计符合多中心、大样本、随机对照的原则。须遵循医学伦理道德基本原则，前瞻性研究应有伦理委员会审查报告。在逐步实行临床试验注册制度后，相关临床试验应经过注册。

3.2.1.3 导向性　科技期刊工作是科学研究工作和科学创新工程的重要组成部分，应充分利用自身作为信息源和科研工作"龙头""龙尾"的优势，加速医药卫生科技成果的转化，在促进医学科技创新进步、保障人民健康水平等方面发挥导向作用。

3.2.1.4 实用性　注重理论与实践、当前与长远、应用与储备、学科发展与新学科增长点相结合；注重高新技术和基础性研究转化为现实生产力。

3.2.2 技术类期刊

3.2.2.1 创新性　报道医药卫生科技领域中的创新成果，包括新发明、新思路、新方法、新技术、新实践，或在消化、吸收外来技术基础上的再创造，或对已有技术的改进、提高、优化，或提出实践中亟须解决的技术新问题。

3.2.2.2 科学性　反映本学科技术成果和实践经验，设计科学，方法先进，结果准确，结论可靠，符合有关统计学的要求。临床科研设计力求符合多中心、大样本、随机对照的原则。在逐步实行临床试验注册制度后，相关临床试验应经过注册。

3.2.2.3 导向性　充分利用自身作为信息源和科研工作"龙头""龙尾"的优势，在促进技术创造和发明、推广和普及新技术、加速医药卫生科技成果的转化、保障人民群众健康等方面发挥导向作用。

3.2.2.4 实用性　注重理论与实践、提高与普及、引进与创新相结合；报道内容应紧密结合本学科的实践发展需要。

3.2.3 综合类期刊

3.2.3.1 创新性　论文提出新观点、新认识、新思维、新措施，或提出具有实践意义的新问题、新趋势、新策略，或具有较高的指导价值。

3.2.3.2 科学性　反映本学科科技管理发展动态和交流管理经验，并指导现实工作。选题实用，立论科学，论据可靠，观点明确，论证有力，推理符合逻辑，结论正确。

3.2.3.3 导向性　充分利用自身作为信息源的优势，在宣传卫生方针、政策、法律、法规，以及在指导卫生工作、促进决策和管理科学化、推动卫生事业发展中发挥导向作用。

3.2.3.4 实用性　注重理论与实践、当前与长远相结合，针对卫生工作的热点、难点和焦点，报道内容应紧密结合卫生管理工作的需要。

3.2.4 科普类期刊

3.2.4.1 科学性　内容科学、健康，符合办刊方针。

3.2.4.2 可读性　报道的知识面广，文章通俗易懂，既生动活泼又严肃认真地宣传和普及医药卫生知识，交流医学科技思想方法和信息，提高全民族的医药卫生知识和健康水平。

3.2.4.3 普及性　宣传和推广医药卫生科技成果，为医药卫生科技成果转化和普及服务。

3.3 编辑质量要求

3.3.1 总体设计　有明确的期刊类型、办刊宗旨、编辑方针、报道范围和读者对象，年有计划，期有重点。

3.3.2 编排规范　执行国家和行政主管部门相关法令法规、国家标准和行业标准，参考国际标准，并执行卫生部颁布的《医药卫生期刊编排规范》。

3.3.3 编辑加工　对稿件中文字和技术性问题，通过修改、润饰、标注和整理，达到内容准确、结构严谨、层次清楚、文理通顺、引文正确、图表安排合理，数学公式和反应式以及外文字母书写正确、规格统一、表达规范。科普文章要深入浅出、通俗易懂、图文并茂。

3.3.4 其他要求　载文密度适中，稿件采用率和报道时差符合要求。

3.4 出版发行质量要求

3.4.1 版式设计　期刊版式和谐醒目、清新活跃，文字、图、表安排得体，字体字号搭配得当，体例统一、装饰适度、符合阅读习惯。封面富感染力，美观庄重、内涵丰富、主题突出、构图新颖、简洁明快，著录项目符合国家标准和要求。

3.4.2 印制质量　要求印刷精良，字体清晰，线条规范，墨迹浓淡适宜，不浸不透，无压痕，无"重影"，版面清洁，插图反差强弱适度，层次分明；装订牢固平整，裁切整齐，无缺、损、倒、联、白页等。

3.4.3 出版发行　缩短出版周期，增加载体种类，扩大发行量，准时按期发行。

3.5 出版单位要求

3.5.1 机构建制

3.5.1.1 具有经新闻出版总署批准并履行登记注册、依照国家有关规定设立的独立事业（企业）单位；具有并取得法人资质，独立承担民事责任；具有独立的银行账户（或单独记账）和税户，产权明晰；具有基本的人事权、财务权、业务权，人事管理制度、收入分配制度较完善，可独立地进行所办期刊的编辑、出版活动。

3.5.1.2 未经注册成立具有法人资格的期刊社（杂志社）的期刊，根据《期刊出版形式规范》的要求，出版单位标识为"××编辑部"。

3.5.2 人员队伍

3.5.2.1 持证上岗　实行人员持证上岗制度，社长、总编辑（主编）和编辑部主任须具有"岗位培训合格证"，编辑人员持证上岗。

3.5.2.2 人员数量　应有健全的编辑部，有一定数量的专职编辑人员。

3.5.2.3 人员结构　编辑部人员的岗位结构(编辑、经营、管理)设置合理；编辑人员学历结构应具备大学本科及其以上学历；职称结构应有梯度；专业结构合理。

3.5.2.4 人员培养　有各级各类编辑人员的培养目标和要求，制定具体的培养计划，编辑每人每年参加培训或出席学术会议不少于1次。

3.5.3 条件与手段

3.5.3.1 自有或租赁的固定办公地点，编辑部办公面积原则上不少于30平方米。

3.5.3.2 具备出版工作需要的办公设备，如电话、传真、复印、打印、电脑、扫描、投影、照相等设备。

3.5.3.3 使用稿件编辑管理系统(包括自行开发或购置软件)，实现网上投稿、审稿、退修、查询等功能。积极应用科技期刊论文相似性检测系统(学术不端检测系统)、参考文献辅助编校系统等。

3.5.3.4 具有国内外权威数据库检索系统的使用权，可便捷地查询国内外的医学信息。

3.5.4 组织管理

3.5.4.1 设有健全的编辑委员会。

3.5.4.2 办刊宗旨明确，制定发展规划和年度计划，刊登具体、明确的稿约或投稿须知。

3.5.4.3 具有编辑规范、工作流程、责任编辑制度、审稿制度、校对制度、审读制度、读者反馈等出版管理制度。

3.5.4.4 接受主管部门审查和监督，年度核验合格，并有自检自查管理制度。

3.5.5 两个效益　在注重社会效益的前提下，努力提高经济效益，实现收支平衡或有发展预留基金。

3.5.6 其他项目

3.5.6.1 国际化程度　外文版期刊聘有外籍编委或审稿专家；有海外作者发表论文；与国外出版社(商)合作开展项目。

3.5.6.2 奖励(包括出版单位和期刊)　获得国家级、省部级、行业学(协)会奖励。

3.5.6.3 科研课题　承担国家级、省部级、行业学(协)会研究课题。

3.5.6.4 基金资助　获得国家级、省部级政府出版基金资助。

3.5.6.5 数字出版出版单位通过自建网站或与其他相关机构合作，实现网络优先出版或数字出版。

3.5.6.6 体制改革　编辑部已转企改制，实现集约化(集团化)经营。

4. 评估指标

4.1 政治质量评估标准

4.1.1 指导思想

Ⅰ档：全面贯彻执行。

Ⅱ档：有违背问题，造成一定不良影响。

Ⅲ档：有违背问题，造成严重不良影响。

4.1.2 政策法规

Ⅰ档：全面贯彻执行。

Ⅱ档：有违规问题，造成一定不良影响。

Ⅲ档：有违规问题，造成严重不良影响。

4.1.3 办刊方针

Ⅰ档：全面贯彻落实。

Ⅱ档：有偏离问题，造成一定不良影响。

Ⅲ档：有偏离问题，造成严重不良影响。

4.1.4 道德规范

Ⅰ档：符合要求。

Ⅱ档：有一般问题。

Ⅲ档：有严重问题。

4.2 学术质量评估

4.2.1 学术类、技术类、综合类期刊

4.2.1.1 评估指标

(1)总被引频次：以中国科学技术信息研究所公布的《中国科技期刊引证报告(扩展版)》结果为主要依据。分为3档，量化指标见附件1。

(2)影响因子：以中国科学技术信息研究所公布的《中国科技期刊引证报告(扩展版)》结果为主要依据。分为3档，量化指标见附件1。

(3)他引率：以中国科学技术信息研究所公布的《中国科技期刊引证报告(扩展版)》结果为主要依据。分为3档，量化指标见附件1。

(4)基金论文比：以中国科学技术信息研究所公布的《中国科技期刊引证报告(扩展版)》结果为主要依据。分为3档，量化指标见附件1。

(5)平均引文数：以中国科学技术信息研究所公布的《中国科技期刊引证报告(扩展版)》结果为主要依据。分为3档，量化指标见附件1。

(6)综合评价总分:以前5项结果给予不同的加权赋值后的总分。即:总被引频次加权系数0.31,影响因子加权系数0.31,他引总引比加权系数0.18,基金论文比加权系数为0.10,平均引文数加权系数0.10。分为3档,量化指标见附件1。

4.2.1.2 参考指标

(1)Web即年下载率:以中国科学文献计量评价研究中心等公布的《中国学术期刊影响因子年报(自然科学与工程技术)》结果为主要依据。分为3档,量化指标见附件1。

(2)引用半衰期:反映发表论文引用文献的新颖度,以中国科学技术信息研究所公布的《中国科技期刊引证报告(扩展版)》结果为主要数据。分为3档,量化指标见附件1。

(3)海外论文比:以中国科学技术信息研究所公布的《中国科技期刊引证报告(扩展版)》结果为主要依据。分为3档,量化指标见附件1。

(4)被国外重要检索系统收录情况:是指被"医学文献分析检索系统(MEDLINE)""美国科学引文索引(SCI)""荷兰《医学文摘(EM)》""美国《生物学文摘(BA)》""美国《化学文摘(CA)》""俄罗斯《文摘杂志(AJ)》""日本科技振兴机构数据库(JST)"等国外重要检索系统收录。分为3档,量化指标见附件1。

(5)高相似(复制)论文比:高相似(复制)论文指多篇相似(复制)≥30%或单篇相似(复制)≥15%的论文。以科技期刊论文相似性检测系统(学术不端检测系统)抽检的结果为依据。分为3档,量化指标见附件1。

4.2.2 科普类期刊

4.2.2.1 科学性

Ⅰ档:能全面地反映医学科技知识和发展情况,内容正确;介绍医学新知识、新技术的创新类文章≥30%。

Ⅱ档:能较好地反映医学科技知识和发展情况,内容正确;介绍医学新知识、新技术的创新类文章20%~29%。

Ⅲ档:基本上能反映医学专业的科学技术知识和发展情况,内容正确;介绍医学新知识、新技术的创新类文章10%~19%。

4.2.2.2 普及性

Ⅰ档:深入浅出、通俗易懂、生动活泼地普及医学科技知识,提高大众健康意识和素质的文章≥70%。

Ⅱ档:深入浅出、通俗易懂、生动活泼地普及医学科技知识,提高大众健康意识和素质的文章60%～69%。

Ⅲ档：深入浅出、通俗易懂、生动活泼地普及医学科技知识，提高大众健康意识和素质的文章50%～59%。

4.3 编辑质量评估标准

4.3.1 编排规范

Ⅰ档：完全符合国家标准和《医药卫生期刊编排规范》要求。

Ⅱ档：基本符合国家标准和《医药卫生期刊编排规范》要求，但执行有关标准有疏漏（一期中错误或缺项≤5项）。

Ⅲ档：未能达到国家标准和《医药卫生期刊编排规范》要求，并且有错误或缺项（一期中错误或缺项＞5项）。

4.3.2 编校差错率

Ⅰ档：差错率＜1.0/万。

Ⅱ档：差错率1.0/万～2.0/万。

Ⅲ档：差错率2.1/万～3.0/万。

差错率3.0/万以上视为编校质量不合格，应视情况依据相关规定处理。

4.3.3 报道时差

以学术性期刊为例，技术类、综合类期刊参照附件1进行调整。

Ⅰ档：周刊＜4个月，旬刊＜4个月，半月刊＜5个月，月刊＜6个月，双月刊＜7个月，季刊＜8个月。

Ⅱ档：周刊4～5个月，旬刊4～6个月，半月刊5～7个月，月刊6～8个月，双月刊7～9个月，季刊8～10个月。

Ⅲ档：周刊＞5个月，旬刊＞6个月，半月刊＞7个月，月刊＞8个月，双月刊＞9个月，季刊＞10个月。

4.3.4 稿件录用率 指在1年范围内所收稿件中被录用的比例。分3档，量化指标见附件1。

4.4 出版发行质量评估标准

4.4.1 出版及时性（标准以月刊为例，对半月刊、旬刊、周刊评审时可做适当调整）

Ⅰ档：准期。

Ⅱ档：延期≤10天。

4.4.2 发行增长率

Ⅰ档：年发行量增长率＞2%。

Ⅱ档：年发行量增长率±2%。

Ⅲ档：年发行量增长率 > -2%。
4.5 出版单位评估标准
4.5.1 机构建制
Ⅰ档：完全符合条件要求。
Ⅱ档：基本符合条件要求，但个别项目未达到。
Ⅲ档：未达到条件要求。

4.5.2 人员队伍
Ⅰ档：完全符合条件要求。
Ⅱ档：基本符合条件要求，但个别项目未达到。
Ⅲ档：未达到条件要求。

4.5.3 条件与手段
Ⅰ档：完全符合条件要求。
Ⅱ档：基本符合条件要求，但个别项目未达到。
Ⅲ档：未达到条件要求。

4.5.4 组织管理
Ⅰ档：完全符合条件要求。
Ⅱ档：基本符合条件要求，但个别项目未达到。
Ⅲ档：未达到条件要求。

4.5.5 两个效益
Ⅰ档：社会效益好，且有发展预留基金。
Ⅱ档：社会效益较好，收支平衡或自给有余。
Ⅲ档：社会效益一般，处于负债经营状态。

4.5.6 其他项目
Ⅰ档：具备3.5.6条中全部6条标准中4~6条者。
Ⅱ档：具备3.5.6条中全部6条标准中2~3条者。
Ⅲ档：具备3.5.6条中全部6条标准中1条或以下者。

附件1

期刊出版质量评估量化指标

序号	项目	档次	学术类	技术类	综合类
1	总被引频次（按学科专业排序）	I	前1/3	前1/3	前1/3
		II	中1/3	中1/3	中1/3
		III	后1/3	后1/3	后1/3
2	影响因子（按学科专业排序）	I	前1/3	前1/3	前1/3
		II	中1/3	中1/3	中1/3
		III	后1/3	后1/3	后1/3
3	他引总引比	I	>85.0%	>85.0%	>85.0%
		II	70.0%~85.0%	70.0%~85.0%	70.0%~85.0%
		III	50.0%~<70.0%	50.0%~<70.0%	50.0%~<70.0%
4	基金论文比	I	>30.0%	>10.0%	>5.0%
		II	10.0%~30.0%	5.0%~10.0%	1.0%~5.0%
		III	<10.0%	<5.0%	<1.0%
5	平均引文数	I	≥15	≥13	≥11
		II	12~14	10~12	8~10
		III	9~11	7~9	5~7
6	综合评价总分（按学科专业排序）	I	前1/3	前1/3	前1/3
		II	中1/3	中1/3	中1/3
		III	后1/3	后1/3	后1/3
7	Web即年下载率（按学科专业排序）	I	前1/3	前1/3	前1/3
		II	中1/3	中1/3	中1/3
		III	后1/3	后1/3	后1/3
8	引用半衰期（按学科专业排序）	I	前1/3	前1/3	前1/3
		II	中1/3	中1/3	中1/3
		III	后1/3	后1/3	后1/3
9	海外论文比	I	>10.0%	>5%	>1.0%
		II	5.0%~10.0%	1.0%~5.0%	0.2%~1.0%
		III	<5.0%	<1.0%	<0.2%
10	被国外重要检索系统收录情况	I	SCI 或 MEDLINE 或 EM	MEDLINE 或 EM	EM
		II	EM 或 BA 或 CA	CA 或 AJ	AJ
		III	未收录	未收录	未收录

续表

序号	项目	档次	学术类	技术类	综合类
11	高相似(复制)论文比	I	0%	<5.0%	<5.0%
		II	5.0%~10.0%	5.0%~15.0%	5.0%~15%
		III	>10.0%	>15.0%	>15.0%
12	编排规范	I	完全符合	完全符合	完全符合
		II	每期疏漏或缺项≤5项	每期疏漏或缺项≤5项	每期疏漏或缺项≤5项
		III	每期疏漏或缺项>5项	每期疏漏或缺项>5项	每期疏漏或缺项>5项
13	编校差错率	I	<1.0/万	<1.0/万	<1.0/万
		II	1.0/万~2.0/万	1.0/万~2.0/万	1.0/万~2.0/万
		III	2.1/万~3.0/万	2.1/万~3.0/万	2.1/万~3.0/万
14	报道时差				
	周刊	I	<4个月		
		II	4~5个月		
		III	>5个月		
	旬刊	I	<4个月		
		II	4~6个月		
		III	>6个月		
	半月刊	I	<5个月		
		II	5~7个月		
		III	>7个月		
	月刊	I	<6个月		
		II	6~8个月		
		III	>8个月		
	双月刊	I	<7个月		
		II	7~9个月		
		III	>9个月		
	季刊	I	<8个月		
		II	8~10个月		
		III	>10个月		
15	稿件采用率	I	<25.0%	<30.0%	<30.0%
		II	25.0%~40.0%	30.0%~60.0%	30.0%~60.0%
		III	>40.0%	>60%	>60%

续表

序号	项目	档次	学术类	技术类	综合类
16	出版及时性	I	准期	准期	准期
		II	延期	延期	延期
17	发行增长率	I	>2.0%	>2.0%	>2.0%
		II	±2.0%	±2.0%	±2.0%
		III	>-2.0%	>-2.0%	>-2.0%

医药卫生期刊编排规范

为了加强我国医药卫生期刊的科学管理，推进期刊编排格式标准化、规范化，规范编辑和出版工作，并适应网络化、数字化信息交流的需要，根据有关国家标准及国际行业规范，结合医药卫生专业特点制定本规范。

1 主题内容与适用范围

本规范规定了医药卫生期刊的编排格式。主要适用于学术类和技术类期刊，其他类型期刊可以参照使用。

2 引用法规和标准

中华人民共和国国家通用语言文字法.2000－10－31

中华人民共和国国务院.出版管理条例.2011－03－19

国务院关于在我国统一实行法定计量单位的命令.1984－02－27

中华人民共和国法定计量单位.1984－02－27

中华人民共和国法定计量单位使用方法.1984－06－09

新闻出版总署.关于进一步规范出版物文字使用的通知.2010－12－24

新闻出版总署.电子出版物出版管理规定.2008－04－15

新闻出版总署.期刊出版形式规范.2007－04－12

新闻出版总署.期刊出版管理规定.2005－09－30

新闻出版署，国家语言文字工作委员会.出版物汉字使用管理规定.1992－07－07

国家质量技术监督局，卫生部.关于血压计量单位使用规定的补充通知.1998－07－27

GB/T 1.1—2009 标准化工作导则 第1部分：标准的结构和编写
GB/T 788—1999 图书和杂志开本及其幅面尺寸
GB/T 3179—2009 期刊编排格式
GB/T 3358.1—2009/ISO 3534-1:2006 统计学词汇及符号 第1部分：一般统计术语与用于概率的术语
GB/T 3860—2009 文献主题标引规则
GB/T 7408—2005/ISO 8601:2000 数据元和交换格式 信息交换 日期和时间表示法
GB/T 7713.1—2006 学位论文编写规则
GB/T 7713.3—2009 科技报告编写规则
GB/T 7714—2005 文后参考文献著录规则
GB/T 8170—2008 数值修约规则与极限数值的表示和判定
GB/T 9999—2001 中国标准连续出版物号
GB/T 12346—2006 腧穴名称与定位
GB/T 13417—2009 期刊目次表
GB/T 13734—2008 耳穴名称与定位
GB/T 15834—2011 标点符号用法
GB/T 15835—2011 出版物上数字用法
GB/T 16159—1996 汉语拼音正词法基本规则
GB/T 16751.1—1997 中医临床诊疗术语 疾病部分
GB/T 16751.2—1997 中医临床诊疗术语 证候部分
GB/T 16751.3—1997 中医临床诊疗术语 治法部分
GB/T 16827—1997 中国标准刊号（ISSN部分）条码
GB/T 23237—2009 腧穴定位人体测量方法
GB 3100—1993 国际单位制及其应用
GB 3101—1993 有关量、单位和符号的一般原则
GB 3102—1993（所有部分）量和单位
GB 3259—1992 中文书刊名称汉语拼音拼写法
GB 3469—1983 文献类型与文献载体代码
GB 6447—1986 文摘编写规则
GB 11668—1989 图书和其他出版物的书脊规则
CY/T 35—2001 科技文献的章节编号方法
中国文字改革委员会.中国人名汉语拼音字母拼写法.1976-09
中国地名委员会、中国文字改革委员会、国家测绘局.中国地名汉语拼

音字母拼写规则. 1984 – 12 – 25

International Committee of Medical Journal Editors. Uniform Requirements for Manuscripts Submitted to Biomedical Journals: Writing and Editing for Biomedical Publication. 2010 – 04

3 刊名

3.1 刊名应当简明确切，便于引用；能明确反映期刊所涉及的特定专业的学术和知识领域；也可冠以主办机构名称。

3.2 为了便于国际学术交流，期刊应标注同义的外国文字并列刊名。外文刊名须是中文刊名的直译，一般采用英文或拉丁文，字号应小于中文刊名。

3.3 刊名应刊印于封一、目次页和版权页的明显位置。期刊封一其他文字标志不得明显于刊名。

3.4 外文期刊封一上必须同时刊印中文刊名；少数民族文种期刊封一上必须同时刊印汉语刊名。

3.5 中文版期刊应加注汉语拼音刊名。汉语拼音刊名参照《中文书刊名称汉语拼音拼写法》拼写，可刊印在封一、目次页或版权页。

3.6 中文刊名不论在期刊的任何位置出现，必须保持名称的一致和完整，不用缩写形式。并列刊名在封一、书脊、目次页、版权页上应以全称表达，在页眉、参考文献表中可以缩写，其缩写形式可参照美国国立医学图书馆(National Library of Medicine, NLM)编印的NLM's Citing Medicine(http://www.ncbi.nlm.nih.gov/books/NBK7256/)。

3.7 期刊必须使用经期刊出版管理部门批准登记的刊名。变更须经批准并获得新的中国标准连续出版物号。批准后原则上应在本刊发出预告，并在新刊出版的第1年内，于每期封一上标示原刊名。

4 封面

4.1 封面包括封一、封二、封三、封四和书脊。

4.2 封一

4.2.1 封一应标明：刊名(包括并列刊名和可能有的副刊名)，出版年月，卷号，期号(出版增刊时，封一须注明"增刊"字样)，主办者(刊名已表明主办单位者除外)，出版者(必要时)，中国标准连续出版物号，中国标准连续出版物号(ISSN部分)条码(由新闻出版总署条码中心提供，按GB/T 16827—1997的规定，优先位置为封一的左下角，也可为封四的右下角)。不得以总期号代替年、月、期号。

4.2.2 英文刊名纵排时，词序排列为由下至上，即订口朝上时由左向右阅读。

4.2.3 封一标志项目中的数字应按规定采用阿拉伯数字,中文版期刊刊名中的数字采用汉字。

4.2.4 中国标准连续出版物号印在封一的右上角。通常格式为:

ISSN ××××-××××
CN ××-××××/R

ISSN、CN 与数字之间应留 1 个字母的空隙。

4.2.5 期刊条码由前缀码977(3位)、数据码(ISSN 前7位)、年份码(2位)、校验码(1位)以及附加码(2位)组成,年份码和附加码应与期刊出版的刊期和(或)出版的年份、月份或期号保持一致。条码置于封一或封四下方靠近订口处,条码符号条的方向与装订线平行或垂直。

4.3 封二、封三、封四

封二可作为封一标志项目的延续。封二、封三和封四均可以视情况刊印版权标志、目次表,或刊印广告,但版权标志和目次表的位置应相对固定。封四下方应刊印中国标准连续出版物号、邮发代号和定价。

4.4 书脊

4.4.1 平订期刊厚度大于或等于 5 mm 应设计书脊并编排书脊名称。书脊名称应包括刊名、卷号、期号和出版年月。

4.4.2 骑马订期刊或厚度小于 5 mm 的平订期刊,应在封四上方距书脊边缘不大于 15 mm 处排边缘名称,内容为刊名、卷号、期号和出版年月。

4.4.3 中文书脊名称和边缘名称纵排,其中的数字排汉字。英文书脊名称及边缘名称按国际惯例横排,阅读顺序为由上至下,其中的数字排阿拉伯数字。

4.4.4 书脊名称字体、大小、颜色、距离在同一卷的各期应保持一致。

5 目次页

5.1 期刊每期应编印目次页,对海外发行者还应编印英文目次页。目次页包括版头和目次表两部分。

5.2 目次页一般置于封二后的第 1 页,如需转页,应转至第 2 页;目次页也可以印在封一、封二、封三或封四。目次页位置在一种期刊的一卷中各期应相同,若需变更,应从新一卷(年)的第 1 期开始。

5.3 目次页应独立成页,不宜编入正文连续页码。目次页为多页并有必要时可用罗马数字单独编码,以便于查阅和复制。

5.4 目次页的版头应标明刊名(英文目次页的版头可以仅标明英文刊

名)、并列刊名(如果封一没有排印汉语拼音刊名,还应标明汉语拼音刊名)、出版年月(半月刊、旬刊、周刊还应标明"日")、卷、期或同时标明总期号。在"目次"字样下方编排目次表。

5.5 中文目次表的编排应按照 GB/T 13417—2009 的规定。应列出该期全部文章的题名(包括副题名)、作者姓名(多作者时各作者间可用逗号隔开或留空)、起始页码或起止页码以及分栏编排的栏目名称。英文目次表应与中文目次表对应;也可以只编印要目英文目次表,列出主要文章的题名(包括该栏文章的栏目名称)、作者姓名和起始页码。

5.6 分期连载的文章应在目次表中题名后加注"待续""续一"或"续完"等字样。

5.7 目次表中栏目名称应避免重复并保持相对稳定。栏目的排列次序一般应与文章刊载的顺序一致。同一栏目内的文章应按页码依序排列。

5.8 封一及插页上重要的图片、插图、附表的条目,也应在目次表中列出。

5.9 广告宜单独编制广告目次。广告目次中一般只列广告发布者名称及广告内容的起始页码。

6 版权标志

6.1 每期应在固定位置(如封四、封二、封三、目次表旁或目次表下方等)登载版权标志,内容应包括:

a. 刊名和可能有的副刊名、并列刊名;

b. 出刊周期;

c. 创刊年份;

d. 卷号(或年份)和期号;

e. 出版日期;

f. 主管者;

g. 主办者;

h. 总编辑(主编)姓名;

i. 编辑者及其地址、电话、传真、电子信箱、网络地址;

j. 出版者及其地址、电话、传真、电子信箱、网络地址;

k. 印刷者;

l. 发行者及其地址、期刊邮发代号;

m. 中国标准连续出版物号;

n. 增刊批准号(必要时);

o. 广告经营许可证号和商标注册号(必要时);

p. 版权标志及归属；

q. 定价。

6.2 对海外发行的期刊，应同时刊印英文版权标志。

6.3 用外文或少数民族文字出版发行的期刊，其版权标志应采用相应的文字。

7 卷、期

7.1 期刊一般依次分卷期出版。通常为每年出版1卷，也可以1年出版多卷或多年出版1卷，还可以不设卷。卷的编号应是连续的，用阿拉伯数字从第1卷开始。

7.2 构成期刊一卷的各期，应该按顺序连续编码。每卷的首期编码为第1期。在一卷的最后一期，应在适当位置，如封一，或目次页版头，或版权标志块等，注明"卷终"字样。

7.3 如果期刊的期次序码因故中断，应在下一期的显著位置标明中断期次和时间。在几期合并出刊时，如第7、8期合并出版，应编成第7-8期。

7.4 为期刊每卷或多卷编辑索引时，应在附有索引的该期封一或目次表上标明。

7.5 期刊开本及其幅面尺寸应执行 GB/T 788—1999 的规定。同一种期刊各期的开本尺寸应该相同，如要改变，应从新一卷(年)的第1期开始。

8 版面和页码

8.1 一种期刊的各期，应力求将文章题名、层次标题、正文和摘要、脚注、图表、参考文献等，用不同的字体和字号以及在编排形式上区别开来，并保持各期排印格调统一。如需要变更，宜从新一卷(年)的第1期开始。

8.2 期刊的页码，应用阿拉伯数字将全卷(年)各期的正文部分依序连续编码，也可每期从第1页开始单独编码。

8.3 每期的首页和翻开的右页，均应为单数页码。

8.4 在正文部分如有图版和折页，应作为正文的一部分一起编排页码。广告或不属于正文的其他内容，并能独立成章、可以在期刊合订成卷时剔除者，应另编页码，不得与正文页码混同。

8.5 封一、封二不应编入期刊的连续页码。封三和封四，如连续刊登正文，应编入期刊的连续页码；如系空白页或只刊载广告和其他非正文内容，则不编入期刊的连续页码。

8.6 期刊页码的标志，应置于各页的固定位置。若需变更，宜从新一卷(年)的第1期开始。

8.7 力戒分散跳页排印文章。确需转页时，应从中断处标注"（下转第

×页)"字样,在接页处注明"(上接第×页)"字样。一篇文章只能转页 1 次,而且只能顺转(由数值小的页码转至数值大的页码),不能逆转(由数值大的页码转至数值小的页码)。

9 页眉、栏头

9.1 正文部分应在页眉或其他适当位置标注刊名、出版年月、卷号和期号。对海外发行的期刊应使用外文(一般为英文)标注相同的信息。并列刊名可使用缩写(参见 3.6)。

9.2 期刊正文部分可以设栏头,栏头用词应与目次表中的栏目名称一致。栏头一般宜标注在每篇文章的文题上方。如果同一栏目的文章连排,栏头可以排在该栏首篇文章的文题上方,而无须每篇文章的文题上方均排印栏头。

10 题名

10.1 题名应以准确、简明的词语反映文章中最重要的特定内容。一般使用能充分反映论文主题内容的短语,不使用具有主、谓、宾结构的完整语句。

10.2 题名用词应有助于选定关键词和编制题录、索引等。

10.3 题名应尽量避免使用非公知公认的缩略语、字符、代号等,也不应将原形词和缩略语同时列出。

10.4 英文题名应与中文题名含义一致。

10.5 一般不设副题名。确有必要时,推荐用冒号":"将副题名与主题名分开;或者用与主题名字体、字号不同的文字排印副题名,以示区别。采用后一种编排格式时,在目次表中主题名与副题名用冒号":"隔开。

10.6 题名转行应保持词语的完整性,避免将一个意义完整的词拆开转行。

10.7 题名不得排在页末而不接正文,即避免背题。

11 作者署名和工作单位

11.1 文章均应有作者署名。作者姓名置于题名下方,简讯等短文的作者姓名可标注于文末。

11.2 作者工作单位应注明全称(到科室),包括所在省、自治区、城市名(省会城市可以略去省名)和邮政编码。

11.3 英文摘要中中国作者的姓名用汉语拼音字母标注。汉族作者姓名姓在前,复姓连写,全部大写;名在后,首字母大写,双名间加连字符。名不缩写,姓与名之间空一格。对于复姓或双名中的汉语拼音音节界限易混淆者,应加隔音号"'"。少数民族作者姓名按照民族习俗,用汉语拼音字母音译转写,分连次序依民族习惯。我国香港、澳门、台湾地区作者姓名的书写方式应尊重其传统习惯。外国作者的姓名写法遵从国际惯例。

11.4 署名作者在2人以上(含2人)及以集体作者署名时,应标注通信作者(Corresponding author)。著录通信作者的工作单位全称(到科室)、所在省、自治区、城市名(省会城市可以略去省名)和邮政编码,一般著录于文章首页地脚。为便于读者联系,也可以著录通信作者的电话号码、传真号码和电子信箱地址。集体作者成员姓名可标注于文末。

11.5 英文摘要中的作者单位著录项目应与中文一致,并应在邮政编码后加注国名,如:"100710,China"。

12 摘要

12.1 为便于读者迅速获取信息,期刊应编排论文摘要。对外发行的期刊可以编排外文(一般用英文)摘要。需要提供摘要的论文类型及摘要撰写格式应在期刊的稿约中写明。

12.2 摘要的撰写格式可依栏目而异。同一栏目论文摘要的撰写格式应尽量保持一致。

12.3 摘要应着重反映研究中的创新内容和作者的独到观点;不要简单地重复题名中已有的信息。

12.4 论著类文章摘要的内容应包括研究目的、研究方法、主要发现(包括关键性或主要的数据)和主要结论,一般应写成冠以"目的(Objective)""方法(Method)""结果(Result)"和"结论(Conclusion)"小标题的结构式摘要。建议前瞻性临床试验研究的论著摘要应含有 CONSORT(Consdidated Standards of Reporting Trials)(http://www.consort-statement.org/home)列出的基本要素。

12.5 综述类文章摘要的内容应包括综述的主要目的、资料来源、综述时所选择的研究数目及这些研究是如何选择的、提炼数据的规则及这些规则是如何应用的、数据综合的最重要的结果和结论。可以写成结构式摘要,也可写成指示性或报道—指示性摘要。

12.6 中文摘要一般使用第三人称撰写,不列图、表,不引用文献,不加评论和解释。

12.7 摘要中首次出现的缩略语、代号等,除了公知公认者外,首次出现时须注明全称或加以说明。新术语或尚无合适汉语译名的术语,可使用原文或在译名后括号中注明原文。

12.8 英文摘要一般与中文摘要内容相对应,但为了对外交流的需要,可以略详。

12.9 中文摘要一般置题名和作者姓名下方,英文摘要(含英文题名、汉语拼音作者姓名及工作单位名称)可置中文摘要的下方,也可置参考文献之后，同一种期刊体例应一致。摘要前应冠以"摘要(Abstract)"字样，并采用与正文不同的字体字号排印，以示区别。

13 关键词

13.1 一般每篇论文选取 2~8 个关键词，多个关键词之间以分号隔开。

13.2 关键词尽量从美国 NLM 的 MeSH 数据库(http://www.ncbi.nlm.nih.gov/mesh)中选取，其中文译名可参照中国医学科学院信息研究所编译的《医学主题词表(MeSH)》。未被词表收录的新的专业术语(自由词)可直接作为关键词使用，建议排在最后。中医药关键词应从中国中医科学院中医药信息研究所编写的《中医药主题词表》中选取。

13.3 有英文摘要的文章，应标注与中文对应的英文关键词。推荐将中、英文关键词用显著字体分别排在中、英文摘要下方。"关键词(Keywords/Keywords)"字样另体排在行首。

13.4 无摘要的文章，关键词排印在正文前。

14 临床试验注册号

14.1 为了增加临床试验信息的透明度，提高临床医学研究的质量及公众信任度，世界卫生组织(WHO)于 2004 年开始积极倡导并大力推行临床试验注册制度。国际医学期刊编辑委员会在 2004 年 10 月更新其《向生物医学期刊投稿的统一要求》时，提出从 2005 年 7 月 1 日开始其成员期刊只发表在公共试验注册机构注册的临床试验报告。我国医药卫生期刊也应逐步实施只发表经注册的临床试验报告。

14.2 临床试验注册号应是从 WHO 认证的一级临床试验注册中心获得的全球唯一的注册号。

14.3 临床试验注册号排印在摘要结束处。以"临床试验注册"(Trial registration)为标题(字体、字号与摘要的其他小标题相同)，写出注册机构名称和注册号。

15 收稿日期

15.1 每篇文章均应注明编辑部收到文稿的日期。

15.2 收稿日期可排印在文章首页地脚，也可排印在文末。同一期刊收稿日期标注位置应相同。

15.3 收稿日期采用完全表示法的扩展格式 YYYY-MM-DD 表示。

16 基金项目

16.1 获得基金资助产出的文章应在文章首页地脚以"基金项目："作为标志注明基金项目名称，并在圆括号内注明其项目编号。如果文章首页地脚同时标注作者单位，基金项目的标注应置作者单位上方。

16.2 基金项目名称应按国家有关部门规定的正式名称填写,多项基金应依次列出,其间以分号";"隔开。例如:基金项目:国家自然科学基金(30470751);国家重点基础研究发展计划(973 计划)(2010CB×××××);国家高技术研究发展计划(863 计划)(2006AA××××××);中国博士后科学基金(20100480904)。

17 正文主体部分

17.1 主体的结构

17.1.1 参照 GB/T 7713.1—2006《学位论文编写规则》和 GB/T 7713.3—2009《科技报告编写规则》的规定编写,一般分为前言、方法、结果、讨论四部分。

17.1.2 前言概述研究的背景、目的、研究思路、理论依据、研究方法、预期结果和意义等。仅需提供与研究主题紧密相关的参考文献,切忌写成文献综述。不要涉及本研究中的数据或结论。不要与摘要雷同。

17.1.3 方法描述研究对象(人或实验动物,包括对照组)的选择及其基本情况,以及研究所采用的方法。临床试验研究还应说明试验程序是否经所在单位或地区伦理学委员会的批准,研究对象是否知情同意并签署知情同意书。

17.1.3.1 观察对象为患者,需注明病例和对照者来源、选择标准及一般情况等。研究对象为实验动物,需注明动物的名称、种系、等级、数量、来源(包括动物合格证号)、性别、年龄、体重(体质量)、饲养条件及健康状况等。

17.1.3.2 详述创新的方法及改良方法的改进之处,以备他人重复。采用他人方法,应以引用文献的方式给出方法的出处,无须详细描述。

17.1.3.3 药品及化学试剂必须使用通用名称,并注明剂量和单位。确需使用商品名时,例如新药的临床试验研究,应在其通用名称后的括号内注明商品名及生产厂家。

17.1.3.4 以药材研究为主题的论文,应注明药材的拉丁学名、鉴定人姓名及其工作单位。

17.1.3.5 仪器、设备应注明名称、型号、规格、生产单位。无须描述工作原理。

17.1.3.6 应明确交代研究设计的名称和主要做法。

17.1.3.7 描述统计学方法及其选择依据,差异显著性检验水准,并说明所使用的统计学软件。

17.1.4 结果应着重总结重要的研究结果,实事求是,简洁明了,数据准确,层次清楚,逻辑严谨,不应与讨论内容相混淆。以数据反映结果时,不能只描述导数(如百分数),应同时给出据以计算导数的绝对数。一般应对所得数据进行统计学处理,并给出具体的统计值。例如: $t=2.85$, $P<0.01$。

17.1.5 着重讨论研究结果的创新之处及从中导出的结论,包括理论意义、实际应用价值、局限性,及其对进一步研究的启示。如果不能导出结论,也可通过讨论,提出建议、设想、改进意见或待解决的问题等。应将本研究结果与其他有关的研究相比较,并将本研究结论与目的联系起来讨论。不必重述已在前言部分介绍过的背景和结果部分详述过的数据或资料。不应列入图或表。

17.2 层次标题及编号

17.2.1 层次标题是对本段、本条主题内容的高度概括。各层次的标题应简短明确,同一层次标题的词组结构应尽可能相同,语气一致。

17.2.2 层次标题的分级编号,推荐执行新闻出版行业标准 CY/T 35—2001《科技文献的章节编号方法》,采用阿拉伯数字。

17.2.3 标题层次不宜过多,一般不超过 4 级。

17.2.4 文内接排的序号可用圆括号数码"(1)""1)"或圈码"①"。

17.3 图

17.3.1 图应具有自明性。图的内容不应与正文文字及表格内容重复。

17.3.2 图应有简明确切的题名,连同图序号置于图形下方。图序号一律用阿拉伯数字依序连续编排。只有 1 幅图时应标注"图 1"。

17.3.3 曲线图大小、比例应适中,高度与宽度之比一般以 5∶7 左右为宜,线条均匀,主辅线分明。纵、横标目的量和单位符号应齐全,置于纵、横坐标轴的外侧,一般可居中排列。横坐标标目的著录自左至右;纵坐标标目的著录自下而上、顶左底右。右侧纵坐标标目的著录方式与左侧相同。

17.3.4 图中的量、单位、符号、缩略语等必须与正文中所写一致。为保持图的自明性,对图中使用的缩略语应予注释。

17.3.5 图序、图题居中或齐左排印在图下方,图序与图题之间至少应留 1 个同类字符的空隙。图例可置于图与图题之间,或图的空白处。中文版期刊图题、图例及图内其他文字说明可以只使用中文,也可以中、英文对照,不宜仅使用英文。

17.3.6 照片图要求主要显示部分的轮廓清晰,层次分明,反差适中,无杂乱的背景。人体照片只需显示必要部位,但应能看出是人体的哪一部分。颜面或全身照片,若不需显示眼部和阴部,应加遮盖。使用特定染色方法的显微照片应标明染色方法。显微照片中使用的符号、箭头或字母应该与背景有很好的对比度。涉及尺寸的照片应附有表示目的物尺寸大小的标尺。

17.3.7 图一般随正文,先见文字后见图;也可拼版制图后集中排列于正文的适当位置。拼版图应在图内排印表示图序的角码，在图的下方依序排印图序、图题。需要印在插页上的插图，应在正文引用处标明图所在插页页码，并在插页中图的上方标明文章的题名和所在页码。插页一般不编入正文连续页码，另编插图插页连续页码。

17.3.8 图宽大于版心宽度而又无法缩小制版时，可将图左转 90°排，以版心高度为图宽，双页码图顶向切口，单页码图顶向订口。此类图最好占满或接近占满 1 页，以避免空白过多造成版式不美观。

17.3.9 每幅图须在正文中标明引用处。

17.4 表

17.4.1 表应具有自明性。表的内容不要与正文文字及插图内容重复。

17.4.2 表应按统计学的制表原则设计，力求结构简洁。横、纵标目间应有逻辑上的主谓语关系，主语一般置表的左侧，谓语一般置表的右侧。一般采用三横线表。

17.4.3 表应有序号和简明的表题，居中或齐左排印在表的上方，同一种期刊体例应一致。表序使用阿拉伯数字依序编排。只有 1 幅表时应标注"表 1"。表序与表题之间至少应留 1 个同类字符的空隙。

17.4.4 表中不设"备注"栏，若有需说明的事项，可在表内有关内容的右上角标出注释符号，在表格底线的下方以相同的注释符号引出简练的文字注释。

17.4.5 表中各栏应标明标目词，参数栏的标目词一般为量或测试项目及其单位符号。若表中所有参数的单位相同，单位符号可标注在表的右上方，或表题之后(加括号)。各栏参数的单位不同，单位符号则应加括号标注在各栏标目词后或下方，或在标目词与单位符号之间以逗号","隔开。

17.4.6 表中同一栏的数字必须按位次上下对齐。表中不用"同上""同左""〃"和类似词，一律填入具体数字(包括"0")或文字。若使用符号表示未测或未发现，应在表格底线的下方以简练文字注释。

17.4.7 表中的量、单位、符号、缩略语等必须与正文中所写一致。为保持表的自明性，对表中使用的缩略语应予注释。

17.4.8 表应随正文，一般先见文字后见表。需要转页的表，应在续表的右上角或左上角注明"续表×"，并重复排印表头。

17.4.9 表宽大于版心宽度时，可将表左转 90°排，以版心高度为表宽，双页码表顶向切口，单页码表顶向订口。此类表最好占满或接近占满 1 页，以避免空白过多造成版式不美观。

17.4.10 每幅表须在正文中标明引用处。

17.5 量和单位

17.5.1 应严格执行 GB 3100，3101 和 3102 中有关量、单位和符号的规定及其书写规则，具体执行可参照中华医学会杂志社编写的《法定计量单位在医学上的应用》第 3 版(人民军医出版社 2001 年出版)。

17.5.2 各种量和单位除在无数值的叙述性文字和科普期刊中可使用中文符号外，均应使用量和单位的国际符号。非物理量的单位(例如个、次、件、人等)用汉字表示。

17.5.3 量的符号通常是单个拉丁字母或希腊字母，用斜体排印(pH 值例外)，符号后不加缩写点(圆点)。表示物理量的符号作下标时也应用斜体排印。

17.5.4 单位符号用正体排印，无复数形式，符号后不加缩写点(圆点)。来源于人名的单位符号(例如 Pa，Gy 等)的首字母大写；"升"的符号可用大写"L"，也可用小写"l"，推荐使用大写；其余单位符号均为小写。

17.5.5 词头符号用正体排印，并与紧接其后的单个单位符号构成一个新的单位符号，两者间不留空隙。10^6 以上的词头符号(例如 M，G，T 等)大写，其余小写。词头不能单独使用(例如"μm"不能写作"μ")，也不能重叠使用(例如"nm"不能写作"mμm")。

17.5.6 表示量值时，单位符号应置于整个数值之后，并在其间留一空隙。但平面角的单位度(°)、分(′)和秒(″)，数值和单位符号之间不留空隙。

17.5.7 一般不能对单位符号进行修饰，例如加缩写点、下标、复数形式，或在组合单位符号中插入化学元素符号等，但 mmHg(毫米汞柱)、cmH_2O(厘米水柱)例外，书写时单位符号与化学元素符号之间应留 1 个字母的空隙。人和动物体内压力检测值的计量单位使用 mmHg，cmH_2O，但在文中第 1 次出现时应注明与 kPa(千帕斯卡)的换算系数。

17.5.8 在图、表中表示数值的量和单位时，对量的符号明确的物理量可采用量符号与单位符号相比的形式。例如：m/kg，t/min。鉴于医学专业领域中很多检测指标难以规范量的符号，仍然可以沿用国际通用的表达方式，即列出检测指标名称，在括号内写出单位符号，例如：血糖(mmol/L)；或在检测指标名称与单位符号之间隔以逗号"，"，例如：血糖，mmol/L。同一种期刊体例应一致。

17.5.9 一般情况下，统一用 L(升)作为表示人体检验组分浓度单位的分母，而不使用 mL(毫升)、dL(分升)、mm^3(立方毫米)等作分母。但当涉及高精度测试时，可以用 mL，μL(微升)等作分母。"L"与词头组合时，也可以使用小写字母。同一种期刊体例应一致。

17.5.10 单位符号可以与非物理量的单位(例如件、台、人等)的汉字构成组合形式的单位。例如：件/d(件每天)。

17.5.11 在一个组合单位符号中,斜线不应多于1条。例如：mg/kg/d 应写为 mg/(kg·d)或 mg·kg^{-1}·d^{-1}。

17.5.12 针灸腧穴定位中常以体表骨节为主要标志折量全身各部的长度和宽度,或以被测量者手指表面的特定距离作为度量单位,分别称为"骨度折量寸"和"手指同身寸",不同于旧市制长度单位的"寸",不能换算成米制单位。1997年WHO确定"寸"为经络和腧穴定位的标准计量单位。

17.5.13 表示离心加速作用时,应以重力加速度(g)的倍数的形式表达。例如：600 ×g 离心 10 min。或者在给出离心机转速的同时给出离心半径,例如：离心半径 8 cm, 12 000 r/min 离心 10 min。

17.5.14 ppm, pphm, ppb, ppt 分别为 parts per million, parts per hundred million, parts per billion, parts per trillion 等英文名词的缩写形式,不能作为单位使用。

17.6 数字用法

17.6.1 选用阿拉伯数字

a. 在使用数字进行计量,或当数值伴有计量单位时,为达到醒目、易于辨识的效果,应采用阿拉伯数字。

b. 在使用数字进行编号的场合,为达到醒目、易于辨识的效果,应采用阿拉伯数字。

c. 公历世纪、年代、年、月、日和时刻必须使用阿拉伯数字。年份不能简写。例如：1999年不能写成99年。日期和时间的表示采用全数字式写法。例如：2006年2月18日,写作 2006-02-18 或 20060218 或 2006 02 18(年、月、日之间应留1个数字的空隙);下午3时9分38.5秒写作 15：09：38.5 或 150938.5。

现代社会生活中出现的事物、现象、事件,其名称的书写形式中包含阿拉伯数字,已经广泛使用而稳定下来,应采用阿拉伯数字。例如：3G 手机,维生素 B$_{12}$。

d. 一个用阿拉伯数字书写的数值应在同一行中,避免被断开。

e. 多位整数和小数的分节,可以采用千分空的方式,即从小数点向左和向右每三位数字一组,组间空四分之一个汉字；也可以采用千分撇的方式,即整数部分每三位一组,以","分节,小数部分不分节。同一种期刊体例应一致。恰好四位的整数可以不分节。年份、部队代号、仪器型号等非计量数字不分节。

17.6.2 选用汉字数字

a. 数字作为词素构成定型词、词组、惯用语、缩略语或具有修辞色彩的词句,应使用汉字。例如:二倍体、一氧化碳、十一五规划、十二指肠等。

b. 邻近的两个数字并列连用表示概数时,应使用汉字,连用的两个数字之间不加标点,如七八个人、五十二三岁、两三家医院等。

c. 非公历的历史纪年用汉字。例如:清咸丰十年九月二十日、八月十五中秋节等。

17.6.3 选用阿拉伯数字与汉字数字均可

如果表达计量或编号所需要用到的数字个数不多,选择汉字数字还是阿拉伯数字在书写的简洁性和辨识的清晰性两方面没有明显差异时,两种形式均可使用。例如:100 多件(一百多件),20 余次(二十余次),50 多人(五十多人)。如果要突出简洁醒目的表达效果,应使用阿拉伯数字;如果要突出庄重典雅的表达效果,应使用汉字数字。在同一场合出现的数字,应遵循"同类别同形式"原则来选择数字的书写形式。

17.6.4 参数与偏差范围的表示

a. 数值的范围:一般使用浪纹连接号"~"。例如:5 至 10 可写成 5~10;但 5 万至 10 万应写成 5 万~10 万,不能写成 5~10 万。

b. 幂次相同的参数范围:前一个参数的幂次不能省略。例如:$3 \times 10^9 \sim 5 \times 10^9$ 不能写成 $3 \sim 5 \times 10^9$,但是可以写成 $(3 \sim 5) \times 10^9$。

c. 百分数范围:前一个参数的百分号不能省略。例如:20%~30% 不能写成 20~30%。

d. 单位相同的参数范围:只需写出后一个参数的单位。例如:15~25 ℃ 不必写成 15 ℃~25 ℃,但是不能写成 15°~25 ℃。

e. 单位不完全相同的参数范围:每个参数的单位必须全部写出。例如:36°~42°18′。

f. 偏差范围:参数与其偏差单位相同时,单位可以只写 1 次,并应加圆括号将数值组合,置共同的单位符号于全部数值之后。例如:(15.2 ± 0.2) mm。表示带中心值的百分数偏差时,可以写成 (27 ± 2)%,也可以写成 27% ± 2%,而不应写成 27 ±2%。

g. 极限数值范围:表达极限数值范围的基本组合用语(允许用语)为"大于或等于 A 且小于或等于 B(从 A 到 B)","大于 A 且小于或等于 B(超过 A 到 B)","大于或等于 A 且小于 B(至少 A,不足 B)","大于 A 且小于 B(超过 A,不足 B)",用符号表达,分别为 A≤X≤B、A≤·≤B、A~B、A<X≤B、A<·≤B、>A~B、A≤X<B、A≤·<B、A<B,以及 A<X<B、A<·<B。

17.6.5 数字使用中的注意事项

a. 尾数"0"多的 5 位以上数字,可改写为以万和亿为单位的数。一般情况下不得以十、百、千、十万、百万、千万、十亿、百亿、千亿等作单位(百、千、兆等词头除外)。例如:1 800 000 可写成 180 万;142 500 可写成 14.25 万,不能写成 14 万 2 千 5 百;5000 字不能写成 5 千字。

b. 纯小数必须写出小数点前用以定位的"0"。数值有效位数末尾的"0"也不能省略,应全部写出。例如:确定有效位数到 3 位小数时,1.500,1.750,2.000 不能写作 1.5,1.75,2。

c. 数值的修约按照 GB 8170—2008《数值修约规则与极限数值的表示和判定》进行,其简明口诀为"4 舍 6 入 5 看齐,5 后有数进上去,尾数为 0 向左看,左数奇进偶舍弃"。例如:修约到一位小数,12.149 修约为 12.1;12.169 修约为 12.2;12.150 修约为 12.2,12.250 修约为 12.2。

d. 附带长度单位的数值相乘,每个数值后不能省略计量单位。例如:5 cm × 8 cm × 10 cm,不能写成 5 × 8 × 10 cm 或 5 × 8 × 10 cm³。

e. 一系列数值的计量单位相同时,可以仅在最末一个数字后写出单位符号。例如:60,80,100 mol/L,不必写作 60 mol/L,80 mol/L,100 mol/L。

f. 阿拉伯数字"0"有"零"和"〇"两种汉字书写形式。一个数字用作计量时,其中"0"的汉字书写形式为"零";用作编号时,"0"的汉字书写形式为"〇"。

17.7 统计学符号

17.7.1 排印格式按 GB 3358.3—2009《统计学词汇及符号》的有关规定,统计学符号一律采用斜体排印。

17.7.2 医学期刊中常用的统计学符号

a. 样本的算术平均数用英文小写,中位数用 M。

b. 标准差用英文小写 s,标准误用英文小写 $s_{\bar{x}}$。

c. t 检验用英文小写 t。

d. F 检验用英文大写 F。

e. 卡方检验用希文小写 χ^2。

f. 相关系数用英文小写 r。

g. 自由度用希文小写 ν。

h. 概率用英文大写 P。

17.8 名词术语

17.8.1 医学名词应使用全国科学技术名词审定委员会公布的名词。中医临床诊疗术语、腧穴名称与定位、耳穴名称与定位均有相应的国家标准,应遵照执行。没有通用译名的名词术语于文内第 1 次出现时应注明原词。中西药名以中国药典委员会编写的最新版本《中华人民共和国药典》和《中国药品通用名称》为准。确需使用商品名时应先注明其通用名称。

17.8.2　冠以外国人名的体征、病名、试验、综合征等，人名可以用中译文，但人名后不加"氏"（单字名除外，例如福氏杆菌）；也可以用外文，但人名后不加"'s"。例如：Babinski 征，可以写成巴宾斯基征，不写成 Babinski's 征，也不写成巴宾斯基氏征。

17.8.3　已被公知公认的缩略语可以不加注释直接使用。例如：DNA，RNA，HBsAg，PCR 等。不常用的、尚未被公知公认的缩略语，以及原词过长在文中多次出现者，若为中文可于文中第 1 次出现时写出全称，在圆括号内写出缩略语；若为外文可于文中第 1 次出现时写出中文全称，在圆括号内写出外文全称及其缩略语。例如：流行性脑脊髓膜炎（流脑），阻塞性睡眠呼吸暂停综合征（Obstructive Sleep Apnea Syndrome，OSAS）。不超过 4 个汉字的名词不宜使用缩略语，以免影响可读性。西文缩略语不宜拆开转行。

17.8.4　中国地名以最新公布的行政区划名称为准；外国地名的译名以新华社公开使用的译名为准。

17.9　数学式和反应式

17.9.1　文章中重要的数学式、反应式等可另行排，并用阿拉伯数字连续编序号（式码）。序号加圆括号，右顶格排出。

17.9.2　较长的公式必须转行时，应在"="或者"+""-""×""/"等运算符之前或者"}""]"")"等括号之后转行。上下行尽可能在"="处对齐。

17.9.3　反应式在反应方向符号"→""⇌"等之后转行。式中的反应条件应该用比正文小一号的字符标注于反应方向符号的上下方。

17.9.4　为节省版面，在不引起误解的前提下，上下叠排分式应尽量改成横排分式或负指数。

17.9.5　结构式中键的符号与数学符号应严格区别，例如单键符号"—"与减号"-"，双键符号"="与等号"="等，避免混淆。

17.10　外文字母

17.10.1　正确使用外文字母的正斜体、黑白体、大小写和上下角标，以免发生误解。例如："t"（吨）与"t"（时间）、"V"（伏[特]）与"V"（体积）不可混淆。

17.10.2　外文字母斜体的常用场合

a. 所有的量符号和量符号中代表量及变动性数字的下角标符号。

b. 用字母代表的数和一般函数。

c. 统计学符号。

d. 生物学中属以下(含属)的拉丁文学名。

e. 化学中表示旋光性、分子构型、构象、取代基位置等的符号。例如：左旋 l－，右旋 d－，外消旋 dl－，邻位 o－，对位 p－，顺式 Z－，反式 E－等。

f. 基因符号中的拉丁字母(注：基因符号用大写拉丁字母表示或由大写拉丁字母与阿拉伯数字组合而成)。

g. 在文章中引用的外文书名、刊名和中文书名、刊名的汉语拼音名称。

h. 中药方剂的汉语拼音名称。

17.11 化学元素与核素符号

17.11.1 化学元素符号应当用罗马(正)体排印，首字母大写，在符号后不加圆点。

17.11.2 核素的核子数(质量数)标注在元素符号的左上角。例如：^{14}N，^{60}Co，不写成 ^{14}氮或 N^{14}，^{60}钴或 Co^{60}。

17.11.3 分子中核素的原子数标注在核素符号的右下角。例如：$^{14}N_2$。

17.11.4 质子数(原子序数)标注在元素符号的左下角。例如：$_{82}Pb$，$_{26}Fe$。

17.11.5 离子价和表明阴、阳离子的符号"＋"或"－"标注于元素符号的右上角，离子价数写在符号前。例如：正2价的镁离子，应写成 Mg^{2+}，不宜写成 Mg^{++}。

17.11.6 激发态标注在元素符号的右上角。例如：$^{99}Tc^m$，不写成 ^{99m}锝、Tc^{99m} 或 ^{99m}Tc。

17.12 其他特殊问题

17.12.1 文章中不能写出患者姓名，可采用"患者""例1"等非特定代词。某些特定领域(如放射医学)的特定情况，可按国际惯例用专指性符号代表某一特定病例。

17.12.2 病案号、门诊号、标本号、尸检号以及涉及具体患者的号码一律省略。

17.12.3 "°"是平面角"度"的符号，不能用以表示病变的程度。例如：Ⅲ度烧伤，不能写成"Ⅲ°烧伤"。

17.12.4 用"0"表示手术缝线的号数，可写成"3－0"、"4－0"，不宜写成"000"、"0000"或"3个0"、"4个0"。

18 志谢(致谢)

18.1 对参加部分工作的合作者以及对本项工作有贡献但又不够作者条

件的人,可用简短的文字表示感谢。

18.2 原则上应征得被感谢人的书面同意后,方可提名感谢。

18.3 志谢(致谢)一般置正文之后,参考文献之前。志谢(致谢)不与正文的层次标题连续编码。

19 参考文献

19.1 著录格式执行 GB/T 7714—2005《文后参考文献著录规则》。加入国际医学期刊编辑委员会的期刊可以采用该委员会推荐的 NLM's Citing Medicine(http://www.ncbi.nlm.nih.gov/books/NBK7256)中的格式。

19.2 正文中参考文献的标注

19.2.1 采用顺序编码制,即按文献出现的先后顺序用阿拉伯数字连续编码,并将序号置于方括号中。可根据具体情况分别按下述 3 种格式之一标注。

a. 薛社普等[1]指出棉酚从体内排泄缓慢。

b. 麦胶敏感性肠病的发病有 3 种机制参与[2,4-6]。

c. 间质细胞 cAMP 含量测定方法见文献[7]。

正文指明原始文献作者姓名时,序号标注于作者姓名右上角(如例 a);正文未指明作者或非原始文献作者时,序号标注于句末(如例 b);正文直接述及文献序号将之作为语句的组成部分时,不用角码标注(如例 c)。

19.2.2 图中引用参考文献,按其在全文中出现的顺序编号,引文标注写在图的说明或注释中,图中不应出现引文标注。

19.2.3 表中引用参考文献,按其在全文中出现的顺序编号,在表注中依次标注;或在表中单列一栏说明文献来源,该栏应列出文献第一作者姓名,在姓名右上角标注文献角码。

19.3 文后参考文献表

19.3.1 参考文献一般应采用小于正文的字号,排印在正文之后。"参考文献"字样可以左顶格排,句末不用冒号":";也可以居中排。同一种期刊体例应一致。

19.3.2 各篇文献应按正文标注的序号左顶格依次列出。序号一律用阿拉伯数字,加方括号,与正文中的序号格式一致。只有 1 条参考文献时,序号为"[1]"。

19.3.3 著录文字原则上要求用原文献文字,除版次、期号、册次、页数、出版年等数字用阿拉伯数字表示外,均应保持文献原有的形式。

19.3.4 每条文献著录项目应齐全,不得用"同上"或"ibid"表示。

19.3.5 同一文献作者不超过 3 人,全部著录;超过 3 人,可以只著录前3人，后依文种加表示"，等"的文字。

19.3.6 作者姓名一律姓氏在前，名字在后，外国人的名字采用首字母缩写形式，缩写名后不加缩写点；不同作者姓名之间用逗号"，"隔开，不用"和""and"等连词。

19.3.7 题名后标注文献类型标志对电子文献是必选著录项目，其他文献任选。文献类型和电子文献载体标志代码见 GB/T 7714—2005 文后参考文献著录规则。

19.3.8 出版项中的出版地有多个时，只著录第一出版地。

19.3.9 出版项中的期刊名称，中文期刊用全称；外文期刊采用缩写形式(参见3.6)。

20 文字和标点符号

20.1 严格执行《出版物汉字使用管理规定》，以 1986 年 10 月国家语言文字工作委员会重新发布的《简化字总表》、1988 年 3 月国家语言文字工作委员会和新闻出版署发布的《现代汉语通用字表》为准。

20.2 除特殊需要(如中医古籍整理及文献考证的文章，专向境外发行的期刊等)，不得使用已废除的繁体字、异体字。

20.3 应根据 GB/T 15834—1995《标点符号用法》，正确使用标点符号。以下为使用标点符号需要注意的几点。

a. 在中文版医药卫生期刊中，句号可用"。"，也可用"．"，以采用"。"为宜。

b. 表示数值范围的连接号可用"～"(浪纹)，也可用"—"(一字线)，但表示年历、月历和日历时间段的连接号一律用一字线。在参考文献表中表示文献页码起止范围时，为与外文文献表达方式统一，应采用连字符。连接复合词、重叠词的两个部分的连接号，用连字符。

c. 省略号应采用两个三连点"……"，其后不写"等"字。

d. 撰写外文文章时应遵循外文习惯使用标点符号。例如：英文无顿号"、"，应使用逗号"，"；无浪纹连接号"～"，应使用连字符"-"；无书名号"《》"，书名、刊名用斜体排印。

21 稿约

21.1 期刊应有较详细的稿约，每年至少刊登 1 次，一般刊登在每年(或每卷)第 1 期的适当位置。其他未刊登稿约的各期，应在目次表中注明"本刊稿约见本卷第×期第×页"。

21.2 稿约中应包括期刊的性质、办刊宗旨、读者对象、投稿与撰稿要求、不采用稿件是否退稿以及编辑部联系办法等内容。

21.3 为保障著作权人的合法权益和避免一稿两投或多投,应遵守《中华人民共和国著作权法》的有关规定,在稿约中写明自稿件收到多长时间内发出稿件处理通知。

22 总目次和索引

22.1 期刊可以按需要在每卷(或年)终编印总目次,供全卷(或年)合订成册时装订在卷首。其版头应标明刊名、卷次和出版年份。

22.2 期刊每卷(或年)终应编印索引。索引可以采用主题索引、分类索引、作者索引或关键词索引,索引名称前应冠以刊名、卷次和出版年份;也可以编印累积索引。

22.2.1 主题索引:按主题词汉语拼音字母顺序排列。著录项目:主题词名、题名、作者姓名(3名以上作者可只列出前3名,后加",等"字)、期号、起始页码或起止页码。

22.2.2 分类索引按分类号分类排列。著录项目:分类号(或类名)、题名、作者姓名(3名以上作者可只列出前3名,后加",等"字)、期号、起始页码或起止页码。

22.2.3 作者索引按作者姓名汉语拼音字母顺序或以姓氏笔画为序排列。著录项目:作者姓名、题名、期号、起始页码或起止页码。

22.2.4 关键词索引按关键词汉语拼音字母顺序排列。著录项目:关键词名、题名、作者姓名(3名以上作者可以只列出前3名,后加",等")、期号、起始页码或起止页码。

22.2.5 期刊的总目次或索引另编页码,不与正文部分混同连续编页码,并应从单页起排。

23 增刊和特刊

23.1 增刊是指正常期次以外增加出版的期刊。增刊应单独编号。一卷(年)内若只出版1期增刊,其序号为"增刊1",增刊不应跨卷(年)编序号。

23.2 "增刊×"字样应排印在封一、目次页版头、页眉和版权标志块等位置。

23.3 增刊的内容必须符合正刊的业务范围,开本和发行范围必须与正刊一致,并应按《期刊出版管理规定》报所在地省、自治区、直辖市新闻出版行政部门审批。

23.4 增刊可以编入总期号、总目次和索引。

23.5 期刊的特刊(或专辑)是指按照某一专题或特殊需要而编辑出版的期刊,它可以是正刊的某一期,也可以是增刊。应在其封一上注明"×××above×特刊"或"××××专辑"。

参 考 文 献

[1] 朱新民,陈浩元.医学书刊编辑作者手册[M].北京:光明日报出版社,1987:236-239.
[2] 李兴昌.科技论文的规范表达:写作与编辑[M].北京:清华大学出版社,1995.81-92.
[3] 中国科学技术期刊编辑学会.科学技术期刊编辑教程[M].第2版,2007.
[4] 科学技术文献出版社总编室.编校操作手册[M].北京:科学技术文献出版社,2016.
[5] 科技写作与编辑指南编委会.科技写作与编辑指南[M].北京:地震出版社,2010.
[6] 肖先福,张立红,马智,等.编辑美学[M].北京:大众文艺出版社,2013.
[7] 陈浩元.科技书刊标准化18讲[M].北京:北京师范大学出版社,1998.
[8] 汪继祥.科学技出版社作者编辑手册[M].北京:科学技出版社,2006.
[9] 陈岩波.中国古代医学书籍发展史研究[D].哈尔滨:黑龙江中医药大学,2005.
[10] 孙玉玲.中国学术图书出版发展研究[D].武汉:武汉大学,2004.
[11] 宛玲.医学图书选题策划体系的研究[D].上海:第二军医大学,2002.
[12] 〔美〕达塔斯·史密斯(Datus C. Smith, Jr.)著;彭松建,赵学范译.图书出版指南[M].北京:北京大学出版社,1994.
[13] 黄栩兵.医学论文与书稿编写技巧[M].北京:人民军医出版社,2011.
[14] 陆远强,王劲.医学论文写作与编辑导论[M].杭州:浙江大学出版社,2011.
[15] 许昌泰,富明.医学编辑与医学写作概论[M].西安:第四军医大学出版社,2004.
[16] 霍杰.实用护理论文写作[M].海口.海南出版社,1992.
[17] 耿棐.医学类图书设计研究[D].北京:北京服装学院,2010.
[18] 黎雪.医学图书选题策划要点——江苏科学技术出版社出版实例谈[J].出版发行研究,2004,19(6):27-29.
[19] 阮爱萍.医学图书出版策划研究[D].上海:第二军医大学,2006.
[20] 林靖.历届国家图书奖医药卫生图书获奖情况简析[J].科技与出版,2004,22(3):32-34.
[21] 孙宇.获奖图书的学术评价研究[J].出版科学,2008,16(3):46-48.
[22] 杨春华.生物医学著作学术影响力定量评价的实证研究[J].科技与出版,2013,31(11):125-128.
[23] 尚军.医学纸书出版中二维码应用刍议[J].出版广角,2015,20(10上):76-77.
[24] 王颖、杨艳荣.参考文献不可小觑[J].现代情报,2003,33(9):176-178.
[25] 黄文华.国际临床病例报告撰写要求的最新进展——2016年CARE清单及国际著名医学期刊病例报告投稿要求[J].肿瘤,2016,36(12):1403-1406.

[26] 刘燕.医学病例类图书的市场需求及出版前景预测[J].科技与出版,2011,29(2):33-34.

[27] 孙光荣.医案研究与撰写的思路与方法[J].北京中医药大学学报(中医临床版),2013,20(5):3-6.

[28] 刘志国、樊代明.从中美医学教材差异探讨临床医学教材的改革方向[J].黑龙江高教研究,2006,36(2):175-176.

[29] 王斌全.我国近代护理书籍概述[J].护理研究,2008,22(7下):1973.

[30] 李静、姜安丽.护理学定位为一级学科的必要性[J].护理学杂志,2008,23(5):73-74.

[31] 李洁.从涓涓细流到浩浩江河——两岸版权贸易中的科技文献出版社[J].海峡科技与产业,2000,12(5):50.

[32] 陈晓凤,等.国内阅读疗法应用于护理研究的文献计量分析[J].泰山医学院学报,2015,36(3):303-305.

[33] 陆施婷,等.名老中医经验传承模式研究概述[J].中华中医药杂志,2017,32(8):3629-3631.

[34] 杨建宇,等.浅谈医案的写作与编辑——兼论中医大师孙光荣教授研究中医典型医案的学术思想[J].光明中医,2011,26(11):2369-2373.

[35] 曲倩倩、田杨、李亚军.一带一路背景下学术图书走出去——以中医药图书走出去工作实践为例[J].出版广角,2015,20(3):69-71.

[36] 赵华杰、赵磊.洪昭光现象的健康传播学思考[J].江苏卫生保健,2004,6(1):37-38.

[37] 孟昭美、夏泽民.医学科普精品书编辑模式的战略思考[J].出版参考,2010,22(5):27.

[38] 滕树龙、张宇蕾.美国日本科普考察报告[N].北京科技报,2008-7-7(56).

[39] 王静雪、孙宇.浅谈漫画在医学科普图书出版中的重要意义[J].科技与出版,2016,34(3):102-104.

[40] 邵益文.30年编辑学研究综述[J].编辑之友,2008,23(6):95-103.

[41] 黄先蓉、刘玲武.我国编辑出版学高等教育的回眸与思考[J].中国出版史研究,2016,2(3):119-129.

[42] 郭有声谈谈医学书稿语言文字的编辑加工[J].中国编辑,2006,4(5):47-49.

[43] 李玉为.科技图书编辑规范化研究[D].北京:北京印刷学院,2010.

[44] 刘清田.学术著作出版规范常见问题与对策[J].现代出版,2014,21(4):46-49.

> 附录部分内容均采用二维码图片显示,每条附录的序号与二维码序号相对应,用微信"扫一扫"即可阅读。

附录一 编辑出版法规、政策、标准

一、出版物管理

1. 中华人民共和国国务院令.出版管理条例(第4次修正).2016-02-06.
2. 国家新闻出版总署令(第36号).图书出版管理规定.2008-02-21.
3. 国家新闻出版总署.期刊出版管理规定.2005-09-30.
4. 国家新闻出版总署令(第26号).图书质量管理规定.2004-12-24.
5. 国家新闻出版总署(新出报刊[2007]376号).关于印发《期刊出版形式规范》的通知.2007-04-12.
6. 国家新闻出版总署.关于印发《报纸期刊审读暂行办法》的通知.2009-02-09.
7. 国家新闻出版总署新闻报刊司.报纸期刊出版质量综合评估办法(试行).2010-12-08.
8. 国家新闻出版总署新闻报刊司.关于印发《全国报纸期刊出版质量综合评估指标体系(试行)》的通知.2010-12-08.
9. 国家版权局,国家发展和改革委员会令(第11号).使用文字作品支付报酬办法.2014-09-23.

二、语言文字

1. 中华人民共和国国家通用语言文字法. 2000－10－31.

2. 国家新闻出版总署(新出政发[2010]17号). 关于进一步规范出版物文字使用的通知. 2010－11－23.

3. 国家新闻出版署,国家语言文字工作委员会. 出版物汉字使用管理规定. 1992－07－07.

4. GB/T 16159—2012 汉语拼音正词法基本规则

5. GB/T 28039—2011 中国人名汉语拼音字母拼写规则

6. 中国地名委员会、中国文字改革委员会、国家测绘局(中地字[84]第17号). 中国地名汉语拼音字母拼写规则(汉语地名部分). 1984－12－25.

7. GB/T 15834—2011 标点符号用法标准

8. GB/T 15835—2011 出版物上数字用法

9. GB/T 7408—2005 数据元和交换格式 信息交换 日期和时间表示法
10. GB/T 8170—2008 数值修约规则与极限数值的表示和判定
11. GB/T 3358.1—2009 统计学词汇及符号 第1部分：一般统计术语与用于概率的术语

三、计量单位

1. 国务院. 中华人民共和国法定计量单位. 1984-02-27.
2. 国家计量局. 中华人民共和国法定计量单位使用方法. 1984-06-09.
3. GB 3100—1993 国际单位制及其应用
4. GB 3101—1993 有关量、单位和符号的一般原则

1　　　　2

3　　　　4

四、编辑出版

1. GB/T 788—1999 图书和杂志开本及其幅面尺寸
2. GB 3259—1992 中文书刊名称汉语拼音拼写法
3. GB 11668—1989 图书和其它出版物的书脊规则
4-1. GB/T 9999.1—2018 中国标准连续出版物号 第1部分：CN
4-2. GB/T 9999.2—2018 中国标准连续出版物号 第2部分：ISSN
5. GB/T 16827—1997 中国标准刊号（ISSN 部分）条码
6. GB/T 13417—2009 期刊目次表
7. GB/T 3179 期刊编排格式
8. CY/T 35—2001 科技文献的章节编号方法
9. GB/T 7713.1—2006 学位论文编写规则
10. GB/T 7713.3—2014 科技报告编写规则
11. GB/T 3860—2009 文献主题标引规则

12. GB 6447—86 文摘编写规则
13. GB 3469—83 文献类型与文献载体代码
14. GB/T 7714—2015 信息与文献　参考文献著录规则
15. GB/T 12451—2001 图书在版编目数据
16. GB/T 5795—2006 中国标准书号
17. GB/T 12906—2008 中国标准书号条码

| 12 | 13 | 14 |
| 15 | 16 | 17 |

五、中华人民共和国新闻出版行业标准（CY）·学术出版规范

1. CY/T 118—2015 学术出版规范 一般要求
2. CY/T 119—2015 学术出版规范 科学技术名词
3. CY/T 120—2015 学术出版规范 图书版式
4. CY/T 121—2015 学术出版规范 注释
5. CY/T 122—2015 学术出版规范 引文
6. CY/T 123—2015 学术出版规范 中文译著
7. CY/T 124—2015 学术出版规范 古籍整理
8. CY/T 170—2019 学术出版规范 表格
9. CY/T 171—2019 学术出版规范 插图
10. CY/T 172—2019 学术出版规范 图书出版流程管理
11. CY/T 173—2019 学术出版规范 关键词编写规则
12. CY/T 174—2019 学术出版规范 期刊学术不端行为界定

| 1 | 2 | 3 |

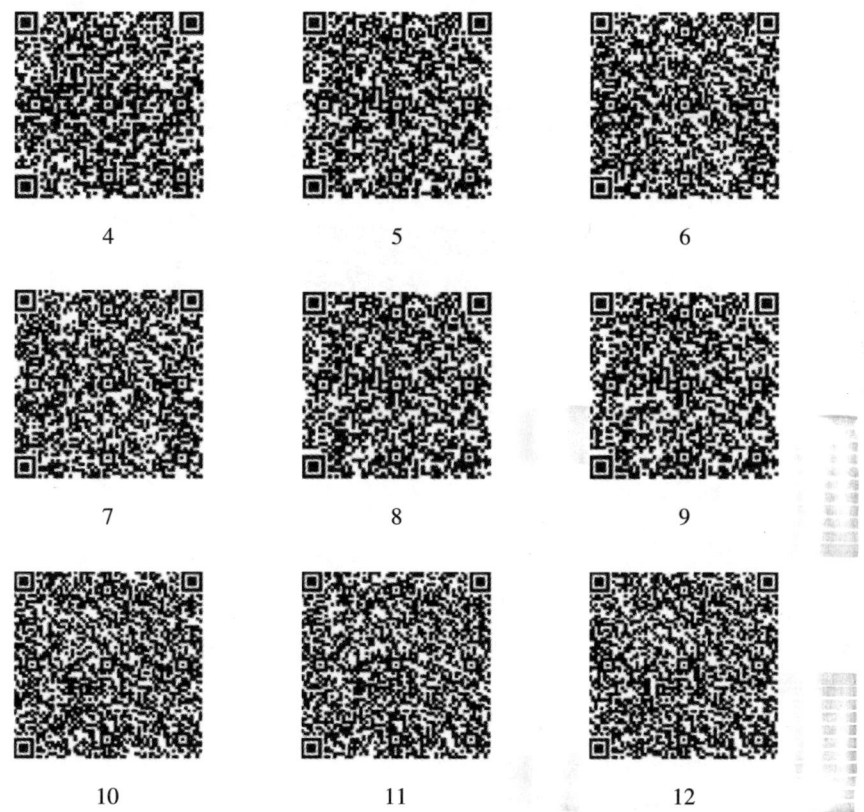

附录二 临床常用检验正常参考值

附录三　医学英文缩略语中文注释

致 谢

感谢中国医学著作网在本书编写出版过程中给予的大力支持与帮助